中国民族地理通论

潘玉君 张谦舵 肖 翔 等 著

国家自然科学基金项目
云南省"云岭名师"暨潘玉君名师工作室 成果
民族教育信息化教育部重点实验室

科学出版社
北京

内 容 简 介

本书遵循马克思主义民族理论、地理研究综合范式理论和民族地理学一般理论与方法，系统阐述了民族地理学问题和中国民族地理。全书共八章。其中，整体的民族地理考察分布在第一章，突出民族生存空间的奠定、民族演进的地理基础及环境变迁与民族空间格局变化的关系、现代民族空间格局与地理环境的关系等。各个民族地理的考察分布在第二至第五章，详细说明了民族体质人类学特征、社会文化地理（生存环境、语言及濒危语言、文字、信仰等方面的地理特征）、人口地理等，部分民族还涉及地理观念、支系及其语言地理、区域性人类实践活动等内容。跨地域的民族地理研究主要包括华侨华人地理和跨界民族地理，分别分布在第六章和第七章。华侨华人地理回顾了华侨华人的形成及其现代分布，以及华侨华人的来源空间。跨界民族地理回顾了跨界民族的形成历史，并撰写了跨界民族地理分区，详细介绍了每个跨界民族地理区中的跨界民族结构及其跨界史。民族地理分区和民族地区发展分布在第八章。本书对中国民族地理进行了简明而系统的阐述，对于科学认识和系统研究民族团结进步、民族地区科学发展和促进民族地理学乃至人文地理学发展，具有重要意义。

本书可供有关专家学者和政府工作人员阅读参考，也可作为地理学、民族学和教育学等专业本科生、硕士研究生和博士研究生教材。

图书在版编目（CIP）数据

中国民族地理通论/潘玉君等著. —北京：科学出版社，2017.4
ISBN 978-7-03-052224-5

Ⅰ. ①中⋯ Ⅱ. ①潘⋯ Ⅲ. ①中华民族–民族地理 Ⅳ. ①K28

中国版本图书馆 CIP 数据核字（2017）第 054207 号

责任编辑：文　杨　程雷星/责任校对：张小霞
责任印制：张　伟/封面设计：迷底书装

科 学 出 版 社 出版
北京东黄城根北街 16 号
邮政编码：100717
http://www.sciencep.com

北京东华虎彩印刷有限公司 印刷
科学出版社发行　各地新华书店经销

*

2017 年 4 月第 一 版　开本：787×1092　1/16
2017 年 8 月第二次印刷　印张：12 3/4
字数：314 000
定价：89.00 元
（如有印装质量问题，我社负责调换）

编辑委员会

主　编　潘玉君

副主编　张谦舵　肖　翔（常务）　孙　俊　姚　辉

编　委　（以姓氏笔画为序）

丁文荣　马佳伸　马前涛　马颖涛　王　爽　王文静
牛爱启　甘德彬（执行）　成忠平（执行）　吕赛鸰
朱海艳　华红莲　庄立会　刘淑芬　孙　俊　杜　斌
李　润　李春娟　杨　磊　杨文正　肖　翔　张迁平
张明军　张谦舵　陈永森　陈锡才　武友德　周　兵
郑省念　赵兴国　施　玉　娄　昭　姚　辉　徐　娟
高庆彦　郭映泽　童　彦　赫维人　潘玉君

目 录

导言　民族地理学元认识 ……………… 1
　　第一节　民族与民族地理知识 ………… 1
　　第二节　民族地理学学科位置及其历史认识 ………………………… 1
　　第三节　民族地理学研究对象与研究核心 …………………………… 2
　　第四节　民族地理学学科体系 ………… 2
　　第五节　民族地理学研究范式 ………… 3
　　第六节　民族地理学科学发展 ………… 3
第一章　民族地理基础及其空间格局 …… 4
　　第一节　民族的历史地理基础 ………… 4
　　　　一、地理环境及其变迁与民族发展、民族分布及民族关系 …………… 4
　　　　二、中华民族生存空间的奠定 ……… 7
　　　　三、地理环境变迁与中华民族空间格局的演变 …………………… 10
　　第二节　民族的现代地理基础 ………… 17
　　　　一、民族的自然地理基础 …………… 17
　　　　二、民族的人文地理基础 …………… 21
　　第三节　民族构成与分布格局 ………… 27
　　　　一、民族构成及其变化 ……………… 27
　　　　二、民族分布的基本格局 …………… 31
　　第四节　民族分布聚居格局 …………… 38
　　　　一、民族走廊及其分布格局 ………… 38
　　　　二、民族聚居区及其分布格局 ……… 42
第二章　人口较多且分布较广民族地理 … 48
　　第一节　汉族民族地理 ………………… 48
　　　　一、民族基本特征 …………………… 48
　　　　二、民族发展变化与分布格局 ……… 49
　　第二节　回族民族地理 ………………… 50
　　　　一、民族基本特征 …………………… 50
　　　　二、民族发展变化与分布格局 ……… 51
　　第三节　藏族民族地理 ………………… 52
　　　　一、民族基本特征 …………………… 52
　　　　二、民族发展变化与分布格局 ……… 53
　　第四节　彝族民族地理 ………………… 54
　　　　一、民族基本特征 …………………… 54
　　　　二、民族发展变化与分布格局 ……… 55
　　第五节　苗族民族地理 ………………… 56
　　　　一、民族基本特征 …………………… 56
　　　　二、民族发展变化与分布格局 ……… 57
　　第六节　满族民族地理 ………………… 58
　　　　一、民族基本特征 …………………… 58
　　　　二、民族发展变化与分布格局 ……… 58
　　第七节　壮族民族地理 ………………… 59
　　　　一、民族基本特征 …………………… 60
　　　　二、民族发展变化与分布格局 ……… 60
　　第八节　蒙古族民族地理 ……………… 61
　　　　一、民族基本特征 …………………… 62
　　　　二、民族发展变化与分布格局 ……… 62
　　第九节　畲族民族地理 ………………… 63
　　　　一、民族基本特征 …………………… 63
　　　　二、民族发展变化与分布格局 ……… 64
　　第十节　维吾尔族民族地理 …………… 65
　　　　一、民族基本特征 …………………… 65
　　　　二、民族发展变化与分布格局 ……… 65
　　第十一节　瑶族民族地理 ……………… 67
　　　　一、民族基本特征 …………………… 67
　　　　二、民族发展变化与分布格局 ……… 67
　　第十二节　土家族民族地理 …………… 68
　　　　一、民族基本特征 …………………… 68
　　　　二、民族发展变化与分布格局 ……… 69
　　第十三节　朝鲜族民族地理 …………… 70
　　　　一、民族基本特征 …………………… 70
　　　　二、民族发展变化与分布格局 ……… 71
　　第十四节　布依族民族地理 …………… 72

一、民族基本特征……………………72
　　二、民族发展变化与分布格局………73
第三章　人口较多且分布较狭民族地理…75
　第一节　哈萨克族民族地理……………75
　　一、民族基本特征……………………75
　　二、民族发展变化与分布格局………75
　第二节　侗族民族地理…………………76
　　一、民族基本特征……………………77
　　二、民族发展变化与分布格局………77
　第三节　傣族民族地理…………………78
　　一、民族基本特征……………………78
　　二、民族发展变化与分布格局………79
　第四节　白族民族地理…………………80
　　一、民族基本特征……………………80
　　二、民族发展变化与分布格局………81
　第五节　傈僳族民族地理………………82
　　一、民族基本特征……………………82
　　二、民族发展变化与分布格局………82
　第六节　黎族民族地理…………………83
　　一、民族基本特征……………………84
　　二、民族发展变化与分布格局………84
　第七节　哈尼族民族地理………………85
　　一、民族基本特征……………………85
　　二、民族发展变化与分布格局………86
　第八节　仡佬族民族地理………………87
　　一、民族基本特征……………………87
　　二、民族发展变化与分布格局………87
　第九节　佤族民族地理…………………89
　　一、民族基本特征……………………89
　　二、民族发展变化与分布格局………89
　第十节　拉祜族民族地理………………90
　　一、民族基本特征……………………90
　　二、民族发展变化与分布格局………91
　第十一节　东乡族民族地理……………92
　　一、民族基本特征……………………92
　　二、民族发展变化与分布格局………93
　第十二节　水族民族地理………………94
　　一、民族基本特征……………………94
　　二、民族发展变化与分布格局………94
　第十三节　纳西族民族地理……………95
　　一、民族基本特征……………………96
　　二、民族发展变化与分布格局………96
第四章　人口较少且分布较广民族地理…98
　第一节　高山族民族地理………………98
　　一、民族基本特征……………………98
　　二、民族发展变化与分布格局………98
　第二节　锡伯族民族地理………………100
　　一、民族基本特征……………………100
　　二、民族发展变化与分布格局………100
　第三节　塔塔尔族民族地理……………101
　　一、民族基本特征……………………102
　　二、民族发展变化与分布格局………102
　第四节　俄罗斯族民族地理……………103
　　一、民族基本特征……………………104
　　二、民族发展变化与分布格局………104
　第五节　达斡尔族民族地理……………105
　　一、民族基本特征……………………105
　　二、民族发展变化与分布格局………106
　第六节　赫哲族民族地理………………107
　　一、民族基本特征……………………107
　　二、民族发展变化与分布格局………107
　第七节　鄂伦春族民族地理……………109
　　一、民族基本特征……………………109
　　二、民族发展变化与分布格局………109
　第八节　乌孜别克族民族地理…………110
　　一、民族基本特征……………………111
　　二、民族发展变化与分布格局………111
　第九节　土族民族地理…………………112
　　一、民族基本特征……………………112
　　二、民族发展变化与分布格局………113
　第十节　鄂温克族民族地理……………114
　　一、民族基本特征……………………114
　　二、民族发展变化与分布格局………115
　第十一节　布朗族民族地理……………116
　　一、民族基本特征……………………116
　　二、民族发展变化与分布格局………117
　第十二节　柯尔克孜族民族地理………118
　　一、民族基本特征……………………118

二、民族发展变化与分布格局……… 118
第十三节　羌族民族地理…………… 119
　一、民族基本特征………………… 120
　二、民族发展变化与分布格局……… 120
第十四节　景颇族民族地理………… 121
　一、民族基本特征………………… 121
　二、民族发展变化与分布格局……… 122

第五章　人口较少且分布较狭民族地理… 124
第一节　阿昌族民族地理…………… 124
　一、民族基本特征………………… 124
　二、民族发展变化与分布格局……… 124
第二节　普米族民族地理…………… 125
　一、民族基本特征………………… 126
　二、民族发展变化与分布格局……… 126
第三节　德昂族民族地理…………… 127
　一、民族基本特征………………… 127
　二、民族发展变化与分布格局……… 128
第四节　仫佬族民族地理…………… 129
　一、民族基本特征………………… 129
　二、民族发展变化与分布格局……… 129
第五节　毛南族民族地理…………… 130
　一、民族基本特征………………… 131
　二、民族发展变化与分布格局……… 131
第六节　珞巴族民族地理…………… 132
　一、民族基本特征………………… 132
　二、民族发展变化与分布格局……… 133
第七节　撒拉族民族地理…………… 133
　一、民族基本特征………………… 134
　二、民族发展变化与分布格局……… 134
第八节　怒族民族地理……………… 136
　一、民族基本特征………………… 136
　二、民族发展变化与分布格局……… 136
第九节　京族民族地理……………… 138
　一、民族基本特征………………… 138
　二、民族发展变化与分布格局……… 138
第十节　塔吉克族民族地理………… 139
　一、民族基本特征………………… 139
　二、民族发展变化与分布格局……… 140
第十一节　独龙族民族地理………… 141

　一、民族基本特征………………… 141
　二、民族发展变化与分布格局……… 142
第十二节　裕固族民族地理………… 143
　一、民族基本特征………………… 143
　二、民族发展变化与分布格局……… 143
第十三节　门巴族民族地理………… 144
　一、民族基本特征………………… 145
　二、民族发展变化与分布格局……… 145
第十四节　保安族民族地理………… 146
　一、民族基本特征………………… 146
　二、民族发展变化与分布格局……… 147
第十五节　基诺族民族地理………… 148
　一、民族基本特征………………… 148
　二、民族发展变化与分布格局……… 148

第六章　华侨华人地理…………………… 150
第一节　华侨华人的含义及其分布
　　　　演变………………………… 150
　一、华侨华人的含义……………… 150
　二、华侨华人空间分布的演变…… 151
第二节　当代华侨华人空间分布及
　　　　其特征……………………… 152
　一、空间分布格局………………… 152
　二、空间分布特点………………… 153
第三节　唐人街空间分布及其华侨
　　　　华人源地格局…………… 155
　一、唐人街空间分布……………… 155
　二、华侨华人源地格局…………… 156

第七章　跨界民族地理…………………… 158
第一节　跨界民族及其类型与分区… 158
　一、跨界民族的基本概念及基本
　　　要素……………………………… 158
　二、跨界民族问题的产生………… 159
　三、跨界民族的类型及基本特征… 159
　四、中国跨界民族区……………… 160
第二节　东北跨界民族区…………… 160
第三节　北部跨界民族区…………… 161
第四节　西部跨界民族区…………… 162
第五节　西南跨界民族区…………… 165

第八章　民族地理分区…………………… 169

第一节　东北民族大区 …………… 169
　一、民族的地理基础 …………… 169
　二、民族的空间结构 …………… 170
　三、民族的区域特征 …………… 170
第二节　北部民族大区 …………… 171
　一、民族的地理基础 …………… 171
　二、民族的空间结构 …………… 172
　三、民族的区域特征 …………… 173
第三节　西北民族大区 …………… 173
　一、民族的地理基础 …………… 173
　二、民族的空间结构 …………… 174
　三、民族的区域特征 …………… 175
第四节　西南民族大区 …………… 175
　一、民族的地理基础 …………… 175
　二、民族的空间结构 …………… 176
　三、民族的区域特征 …………… 177
第五节　中部民族大区 …………… 177
　一、民族的地理基础 …………… 177
　二、民族的空间结构 …………… 178
　三、民族的区域特征 …………… 179
第六节　东南民族大区 …………… 179
　一、民族的地理基础 …………… 179
　二、民族的空间结构 …………… 180
　三、民族的区域特征 …………… 181

参考文献 …………… 182

导言　民族地理学元认识

第一节　民族与民族地理知识

"物以类聚"和"人以群分"这一普遍法支配着人类。当种族、语言、地域、生活、价值观和世界观等方面的同一性成为聚分的决定性因素时，无数具有一定共性的"个体"的人便形成了不同的"类群"的人，不同类群之间便有了一定程度的质的区别。当种族共同性、地域共同性、语言共同性和经济生活共同性的综合作用，深远地影响"类群"的人的时候，"类群"的人便形成了民族及其支系。民族及其支系也因此成为反映人的类群之间差别的最重要的指称性标志或标准。长期共同生活在同一地域、适应或选择同一地理环境（不仅指自然地理环境，还指经济地理环境和人文地理环境乃至综合地理环境）并与其协调共生的诸多"类群"的人，其"民族性"逐渐被"地域性"取代。同时，随着科学技术及其教育的发展，共同地域和传统意义上的共同语言的同一性的作用将不断减弱。当这种作用减弱到一定程度时，民族及其分支也将逐渐消亡。取而代之的将是阶层，阶层将成为比民族及其分支更为重要的人的类群划分标准。因此，民族是"自然-历史"过程的产物。

对民族这一"自然-历史"过程的产物的研究，形成了关于民族的认识论、方法论和知识论，形成了关于民族的知识——民族的常识知识、民族的宗教知识、民族的神话知识、民族的伦理知识、民族的科学知识和民族的哲学知识。其中，关于民族的科学知识和民族的哲学知识是关于民族的理论知识。科学哲学家波谱尔将世界划分为世界Ⅰ、Ⅱ、Ⅲ。其中，世界Ⅲ是知识世界，有其自身的发生发展规律。遵循这一理论，民族的理论知识世界是关于民族的世界Ⅲ。遵循客观知识生产的简单模式和基本模式不断生产出新的民族理论知识，这些民族知识既是整体性的又是学科性的。关于民族理论知识的学科主要有民族学、人类学、历史学和地理学，民族地理的理论知识是民族学和地理学之间的知识世界。

第二节　民族地理学学科位置及其历史认识

作为地理学与民族学之间交叉学科的民族地理学，既属于地理学，是人文地理学乃至地理学的主要分支学科之一；又属于民族学，是民族学的主要分支学科之一。同时，它作为部门人文地理学或部门地理学，与哲学、历史学、社会学、政治学、语言学、宗教学、心理学和生态学，以及经济学特别是区域经济学等诸多人文学科和社会科学有着密切联系。民族地理学作为人文地理学乃至地理学的主要分支学科，其发展态势可以从学科"外史"或"内史"来看待：第一，从"外史"论看，其发展也大致经历了与其母体——地理学一致的发展过程，即古代民族地理朦胧探索阶段、近代民族地理学实证探索阶段和现代民族地理实证研究阶段，今后将进入后现代民族地理学科范式构建阶段；第二，从"内史"论看，其发展大致经历了民族地理"地方性常识知识"探索阶段、民族地理"地方性科学知识"积累阶段和民族地理"一般性科学知识"探索阶段,现在正处于亟待开展包括研究范式在内的学科范式的构建与完善阶段。我国是世界上民族及其聚居区种类最为丰富的国家之一,蕴涵着丰富的"民族地理资源",是民族地理学学科范式构建和完善这一创新的重要地区之一。这种构建与完善,应当遵循"历史与逻辑同一"原则进行。

第三节 民族地理学研究对象与研究核心

任何一个学科都有其鲜明的研究对象和研究核心,研究对象和研究核心是这个学科的上一级学科的研究对象与研究核心的具体化。古老而年轻的民族地理学,始终面临着"民族地理学的研究对象是什么"等问题尚没有形成学术界的共同答案的局面。一门学科的研究对象问题之所以是这门学科的最根本问题,是因为它的内容、它与其他学科的关系、它的社会功能等都是由它的研究对象决定的。研究对象是否明确,直接决定着该学科的发展水平和成熟程度,决定着它的科学性的含量。如何回答民族地理学的研究对象是什么这个问题呢?对于该学科的研究对象的最一般认识、哲学认识和科学实践认识,是回答民族地理学的研究对象乃至任何一门学科的研究对象的重要理论基础。《现代汉语词典》对研究对象的解释为:研究对象是指行动或思考时,作为目标的人或事物。《毛泽东选集·第一卷》从马克思主义哲学的角度,阐述了研究对象问题,写道:"科学研究的区分,就是根据科学对象所具有的特殊矛盾性。因此,对某一现象的领域所特有的某一矛盾的研究,就构成了某一门学科的对象"。杰出的科学家钱学森院士从科学哲学层面和科学实践层面,在《论地理科学》中更加精辟地论述了学科的研究对象问题。他论述道:"各个学科所面对的研究对象都是客观实际,不同学科之间的差别,不在于研究对象,而在于它们研究的角度不同,研究的侧面有所不同。"作为地理学分支学科人文地理学的主要分支——民族地理学,遵循演绎即由一般到具体和特殊的逻辑思路,其研究对象和研究核心是地理学研究对象(地球陆地表层空间系统)与研究核心(人地关系地域系统)的具体化。所以,关于民族地理学的研究对象这个问题的方法论,可以从研究对象的矛盾特殊性、研究角度的独特性和研究侧面的选择性等方面来回答。因此,民族地理学的研究对象是地球陆地表层民族空间系统,研究核心是民族人地关系地域系统。

第四节 民族地理学学科体系

民族地理学应该是一个完整的知识系统。从科学哲学和知识论看,民族地理学的知识系统中,应该包括典型的民族地理事物、典型的民族地理问题、民族地理科学概念、民族地理思想、民族地理规律、民族地理假设、民族地理学说、民族地理学假说和民族地理知识体系等基本的民族地理知识形态。目前,这些应该有的民族地理知识形态,多数还尚处于"潜知识"阶段,需要民族地理工作者遵循科学哲学、科学方法论和知识论,以及地理学思想方法进行"自觉"的系统构建。构建的路径应该是"自上而下"的演绎和"自下而上"的归纳统一。民族地理学的知识体系形态的基本知识,是通过学科体系来反映的。关于民族地理学的学科体系,迄今尚缺少基于地理学学科的系统认识、研究和成果。民族学和人类学关于民族地理学的学科位置和学科体系的观点,是有一定道理的。着眼于地理学,在民族地理学中,应该包括的分支学科有:理论民族地理学、应用民族地理学和区域民族地理。其中,理论民族地理学要回答民族地理学的研究对象、研究核心、民族地理概念系统、研究方法论等诸多民族地理本体问题、认识问题和方法问题，以及知识问题。应用民族地理学要回答将理论民族地理学理论知识应用到区域民族地理（实践）的路径问题、将区域民族地理实证研究特别是个案研究成果理论化为理论民族地理学知识的路径问题、民族地理信息系统和地图，以及地理考察、统计处理等研究方法。区域民族地理应该包括区域历史民族地理和区域现代民族地理，它们均包括世界民族地理、大洲民族地理、国家民族地理、省域民族地理和市域民族地理等不同区域尺度的民族地理。中国民族地理属于区域民族地理中的国家民族地理，既包括历史成分又包括现代成分。民族地理学及其分支——中国民族地理，是地理学及各个分支学科中迄今研究得最为薄弱的分支学科之一。它对区域科学发展将起到越来越大的作用。

第五节　民族地理学研究范式

"范式"是一个重要概念。"范式"作为术语或名词始于科学哲学家库恩，他在其论著中诠释了"范式"概念的若干内涵。但是，"范式"科学内涵的系统阐述则源于康德。他在《未来形而上学导论》中阐述了"范式"科学内涵。由于民族地理学是地理学的分支学科或人文地理学的分支学科，所以，地理研究范式同样适用于民族地理学。笔者所著《地理科学导论》等阐述了 20 世纪 80 年代其就开始思考、研究和阐述并逐渐构建的"地理研究综合范式理论"。这个理论包括地理科学问题（该问题是地理科学研究起点）和地理研究基本维度两个部分的内容。其中，地理研究维度包括科学研究维度、价值研究维度和伦理研究维度。其中，科学研究维度包括空间秩序研究维度、时间序列研究维度和动因机制研究维度。这一理论同样适用于民族地理研究。作为"中国人文地理丛书"之一的《中国民族地理》（潘玉君等，2014）遵循这一理论，研究和表述了中国民族地理系统问题，该书入选国家科学技术学术著作出版基金项目，受到国家自然科学基金资助的关于云南民族地理研究项目的支持。

第六节　民族地理学科学发展

民族地理学思想源于西方世界的古希腊时代和东方世界的殷商时代，学科萌芽于 19 世纪德国人文地理学家 F.拉策尔的《人类地理学》和《民族学》中的民族地理学，迄今基本上处于"自由"发展态势。在自由发展过程中，民族地理学家和地理工作者比较多地针对某一具体的民族地理问题，运用传统地理学研究方法开展实证研究。而对于民族地理学问题鲜见开展系统的理论研究。显然，民族地理学的未来发展应该呈现"自觉"发展态势。如何自觉发展呢？系统研究、科学回答和系统阐述民族地理学的若干基本问题即元问题是必须开展的学科性工作。这些元问题包括：民族地理学的研究对象、民族地理学的研究核心、民族地理学的学科体系、民族地理学的基本价值、民族地理学的基本规律、民族地理学的研究范式和民族地理学的基本方法等。而对这些元问题的研究主要有互补的两个路径：第一，基于大量实证研究的"归纳的逻辑路径"；第二，基于地理学和科学哲学理论研究的"演绎的逻辑路径"。两个互补的研究路径的综合需要"民族地理试验"平台，而中国就是这样的平台。因此，在中国开展民族地理及民族地理学研究，将丰富和发展具有中国特色和时代特点的地理学。

第一章 民族地理基础及其空间格局

第一节 民族的历史地理基础

现代中华民族及其空间格局，是在一个半封闭且具有强烈内部区域差异的地理环境条件下，经数千年缔造而成的。地理环境的半封闭性及其内部差异，深刻影响着中华民族作为一个独立民族实体的必然趋势及演变过程中的"万邦""五方""多元一体"等阶段性的多种格局特征（王恩涌等，2004）。现代中华民族的形成及其空间格局，不但在较大尺度范围内受静态地理环境的影响，而且动态的地理环境变迁及其区域响应，深刻影响着中华民族的演化，尤其是民族关系的发展，也影响着中华民族空间格局的变迁。作为民族影响因素的地理环境及其变迁总是与中华民族早期的政治、经济、文化等交织在一起，共同缔造了现代中华民族及其空间格局。

一、地理环境及其变迁与民族发展、民族分布及民族关系

地理环境及其变迁的区域响应对中华民族空间格局的影响，是通过直接的及间接的方式作用于多种社会的、经济的、文化的和民族的因素来实现的，深刻地影响着民族发展、民族分布及民族关系。

（一）地理环境与民族发展、民族分布

在静态特征上，地理环境对民族发展和分布的影响，在较大尺度，尤其在人类文明的早期，效应明显（王恩涌等，2008）。马克思和恩格斯说："自然界起初是作为一种完全异己的、有无限威力的和不可制服的力量与人们对立的，人们同它的关系完全像动物同它的关系一样，人们就像牲畜一样服从它的权力"。列宁又说："地理环境的特性决定着生产力的发展，而生产力的发展又决定着经济关系及在经济关系后面的所有其他社会关系的发展"。普列汉诺夫也指出，"（人类生产、生活方式无不）依赖于该社会的历史环境的影响，但人类发展的地理背景无疑地表现出强烈的影响"。

在马克思主义看来，地理因素（环境）是通过在一定地方、在一定生产力的基础上所产生的生产关系来影响人的（夏鼐，1985）。对于早期文明而言，由于生产力低下，构筑庞杂的生产关系实在困难，地理因素对人类活动的影响自然很大，某种程度上甚至近似地决定着人类活动，构成地理环境与人类活动的强相关性，甚至因果关系。马克思曾将自然条件划分为两大类：一类是"生活资料的自然富源，如具有肥力的土壤、渔产丰富的水等"；另一类是"劳动资料的自然富源，如奔腾的瀑布、可以航行的河流、森林、金属、煤炭等"，前者在历史文明的初期有决定性的意义，而后者在较高的历史发展阶段才能起重大作用，我国著名文化地理学家王会昌（2010）先生对此非常赞同。

而在实际研究中，地理对历史、民族演进的影响，近代以来极为重视。作为中国近代新史学的领军人物，梁启超特别强调地理学之于历史研究的重要性，倡导以地理学的视角从事历史研究，因当时局势所制，实际上论述的内容明显与民族有关。自 1901 年起，梁启超论著了《中国史叙论》《论中国学术思想变迁之大势》《地理与文明之关系》《亚洲地理大势论》《欧洲地理大势论》《中国地理大势论》等，说"治史者于地理之背景，终不能蔑视也"，并认为"历史者，因空际时际之关系而发生意义者"，于民族关系又说"地理与历史，最有紧切之关系，是读史者所最当留意也。高原适于牧业，平原适于农业，海滨、河渠适于商业，寒带之民，擅长战争，温带之民，能生文明，凡此皆地理历史之公例也"。此虽有"地理环境决定论"之嫌，却大体说明了地理环境对民族及其关系格局的影响，后来的学者多有此方面论述。吕思勉（2009）也曾经给出过两个关于中华民族演进的总结：一个是共时性的；一个是历时性的，以说明中国地理环境的一致性及差异性对文化认同的影响。钱穆（1983）则更注重中国地理环境的内倾性对民族发展的影响。费孝通（1989a，1989b）"中华民族的多元一体分布格局"理论的首要基础即是对中华民族"生存空间"的解析。

20 世纪 80 年代初，白寿彝（1989）主持制定的多卷本《中国通史》导论卷的撰写提纲，其中的第二章是"地理环境"，这对学界后来研究中国历史（其中当然包括民族史）影响很大。后来，该章编撰者瞿林东（1999）将地理条件与中国历史进程关系的几个问题修订、补充发表，突出地理条件局部的独立性和整体的统一性与历史上政治统治的关系问题时，梳理了历朝统一与分裂局面后，指出："造成这种历史现象的原因固然有种种，而中国地理条件之局部的独立性和整体的统一性的特点，是一个不可忽视的原因"，"割据政权的建立，必须具备一定的地理条件，即必须有地方上的经济条件作基础"。但这种地理环境的差异性，对于中华民族的一体趋势而言也是有利的，尽管有时实现的方式是非正常的，但民族冲突，几乎是无法避免的。四川大学童恩正（1994）说："中原地区以北，地接内蒙古大草原，自古即是游牧民族活动场所。游牧民族与农业民族，由于经济活动、生活方式、信仰习俗的不同，其矛盾是不可避免的。从经济上讲，农业民族可以离开游牧民族而存在，游牧民族却经常需要农业民族的产品。"

所以，地理环境对中华民族及其格局的影响，具有某种必然性。后来的总结证明了这一点，中华民族生存空间的整体统一性的区域差异性，对中华民族发展过程中的多元及其不平衡性，对中华民族发展的一体化过程、对中华民族空间格局的演进等，产生了重要影响（李克建，2007）。

（二）地理环境变迁与民族关系发展

地理环境的变迁，深刻影响着中华民族关系的发展，当然也影响着中华民族分布格局的演变，其中又集中体现在民族迁徙问题上。杨建新（2006）说："历史上中国少数民族的迁徙，不仅是认识和解读我国各民族自身发展的重要因素，还是认识和解读我国多民族格局形成、发展及我国民族关系发展的重要因素……社会经济发展、自然生态环境的变迁、战争和民族政策的变化促进了民族的迁徙"。

但是，由于地理环境的变迁往往是一种整体性的效应，尤以气候变迁为主要诱发因素，牵一发而动全身。虽然引起民族迁徙的原因很多，但地理环境的变迁至少起着诱发的作用，管彦波（2010）总结说："中国古代，以中高纬度地区地理环境的变迁为潜在动力，以气候的变化及旱灾、雪灾等自然灾害为触发因素不断引发游牧社会的动荡与危机，进而导致他们周期性的南迁,这在一定程度上影响了中国古代历史的进程"。葛全胜等(2002)也认为,气候是自然环境中的重要因素。而在自然灾害方面,以旱涝为主要影响因素,也与我国民族空间格局变迁有关,张丕远等(1997)研究的我国近2000年来旱涝发生情况也表明其与我国民族迁徙史在时间序列上具有很强的一致性。所以,地理环境变迁与民族关系发展的研究,多以气候变迁为主线或考察依据。

同时,考察中国地理环境变迁与民族关系发展,在时间上多取三代或秦汉以来。一方面,此前的民族关系,资料有限;另一方面,中华民族作为民族群体,即使是汉民族的形成,大体也在三代或秦汉。

中国气候变迁的研究始于1925年竺可桢(1925a,1925b)发表的《南宋时代我国气候之揣测》和《中国历史上气候之变迁》两篇论文,利用历史文献记载推测了我国南宋和各个历史时期的气候状况及其与现代气候的差异,并分析了太阳黑子对气候变迁的可能影响,为我国的气候变迁研究奠定了基础。同期或稍后的研究还有胡焕庸、谢义炳、张汉松、丁文江、吕炯、周廷儒、蒙文通、徐中舒、杨钟健等的文献(周书灿,2007)。经过几代人的不断努力,我国在历史时期温度变化研究方面已取得了长足的进展,从而深化了对我国历史时期气候变化的认识,葛全胜等(2011)最近编著的《中国历朝气候变化》,是此方面的力作,给出秦汉以来冷暖变化情况是:①自秦朝以来,中国冷暖变化大致可以划分为公元前210~公元180年、公元181~540年、541~810年、811~930年、931~1320年、1321~1920年、1921~2000年等七个阶段;②公元前210~公元180年、541~810年、931~1320年、1921~2000年等四个阶段相对温暖,东中部地区的冬半年气温分别较今(指1951~1980年)高0.27℃、0.48℃、0.18℃和0.2℃;③公元181~540年、811~930年、1321~1920年等三个阶段相对寒冷,东中部地区的冬半年气温分别较今低0.25℃、0.28℃和0.39℃。

而在此期内,王会昌(1996)研究了历代游牧民族政权疆域南界的纬度变化情况(表1-1),分四个阶段:中国北方游牧民族偏居塞外;中国北方游牧民族割占黄河流域;中国北方游牧民族政权与农业王朝长期分庭抗礼;中国北方游牧民族入主中原农业王朝。这可能是中华民族发展、分布、关系的最好写照了。而王会昌考察的重点正是"2000年来中国北方游牧民族南迁与气候变化"。张允锋等(2008)的研究说明了2000年来中国历史时期重大事件与气候变化的关系:气候温暖时期,降水丰沛,中国北方游牧民族北撤,与中原王朝和平共处,多为太平盛世时期;气候寒冷时期,气候干燥,北方游牧民族南迁,农民暴动频繁,多为朝代更替。陈家其(1996)的研究还说明了中国近2000年重大气象灾害群发时期都在数百年气候变暖的背景下的暖期和冷的背景下的冷期,以及气候转折时期。

表1-1 中国历代游牧民族政权疆域南界的纬度变化情况

阶段	时代	政权界线(北/南)	纬度(N)	今地名
Ⅰ	秦	匈奴/上谷郡	41°42'	内蒙古锡林郭勒盟太仆寺旗炮台营子
	西汉	乌桓/幽州刺史部上谷郡	41°18'	河北省张家口市二台东
	东汉	鲜卑/幽州刺史部上谷郡	40°56'	河北省张家口市东北
Ⅱ	三国	鲜卑/魏 幽州上谷郡	40°56'	同上
	西晋	鲜卑/幽州上谷郡	40°56'	同上
	东晋	前秦/东晋 豫州戈阳郡	32°18'	河南省息县临河镇
	南北朝	北朝 北齐/南朝 陈	30°24'	湖北省浠水县下巴河镇

续表

阶段	时代	政权界线（北/南）	纬度（N）	今地名
间歇期	隋	突厥/涿郡	44°00′	内蒙古锡林郭勒盟阿巴嘎旗南
	唐	回纥/河北道 妫州	43°30′	内蒙古锡林郭勒盟查干诺尔
Ⅲ	五代十国	契丹/北周	39°24′	河北省涞源县塔崖驿
	北宋	辽/北宋	39°6′	河北省易县南管头
	南宋	金/南宋	32°18′	河南省息县临河镇
Ⅳ	元	中国大陆南缘	22°30′	广东省惠东县港口
	明	鞑靼/京师开平卫	42°40′	内蒙古锡林郭勒盟正镶白旗北
	清	中国大陆南缘	22°30′	广东省惠东县港口

注：①以115°E经线上的纬度变化为准；②元、清两代只取中国大陆纬度。

资料来源：王会昌，1996.

另外，吴静和王铮（2008）的研究表明：气候变化在2000年来历史人口分布的全局演化过程中起了主导驱动作用，在单影响要素的情景中，气候变化对全局人口分布形成的贡献率最大；南重北轻的人口分布格局发生在910年左右，以安史之乱导致的战祸和动荡的社会条件为主要演化动力；胡焕庸线中国人口东西部分布格局形成于1235~1255年，1230~1260年的气候突变为该人口分布特征线形成的主要动力。郑景云等（2001）的研究表明，2~11世纪，我国东部干湿分异为东西分异，西（西北）干东（东南）湿；12~15世纪，东西分异与南北分异并存，但仍以东西分异为主；而16~19世纪则为南北分异，北干南湿。这与我国古代经济重心的"东移南迁"在空间格局和时间序列上均具一致性，也与我国民族的生存型迁徙、空间格局的演变有关。王铮等（2005）的研究也说明我国历史时期整个农业生产潜力对降水条件的变化敏感，特别是干旱、半干旱区。这就很容易解释地理环境变迁（尤其是气候变迁）所引起的大规模北方民族南迁的历史了。当然，考虑中华民族演进过程中的复杂性，气候变迁与民族演进机制之一的关键，即是气候变迁的区域响应。一般而言，暖期季风雨带北移，季风系统维持时间较长，北方民族王朝会得到不断稳固和强大，进而对南方王朝构成威胁；反之，则北方民族王朝会被迫南进。这样一种趋势的后果是，中华民族演进过程中的不断融合，几乎是必然的。而且，由王朝国家到民族国家的建立，也几乎是必然的（周平，2009）。

这些总体状况说明：正是以地理环境的变迁为诱发因素（尤其是气候变化），导致了中华民族各群体经济结构的严重调整，从而产生大规模的生存型迁徙，构成了中华民族早期迁徙的主要类型；而与之相伴的，则是中华民族各族间政治、经济、文化等的严重调整，当然也作用到了民族分布和民族关系。

二、中华民族生存空间的奠定

虽然，现代大多中国民族问题研究很少涉及地质时期，但实际上，这是一个避不开的问题，主要原因在于：其一，影响人类文明的诸多地理因素其形成时间尺度是地质尺度；其二，地质事件对影响人类文明的诸多地理因素具有重要影响，甚至是决定性的；其三，中华民族空间格局的演进及现代特征，在较大尺度上仍然反映了地质时期诸多地理因素的基本格局。

对于中华民族空间格局演进影响的地质事件，则必须推前至第四纪新地质构造运动，其总体上奠定了中华民族的生存空间。

在较大尺度上，地质活动影响下的地貌结构，与气候、水文、土壤、生物（包括植物和动物）等是相互影响的，进一步地影响人类活动，人类活动又反过来影响自然地理环境。中华民族空间格局的演进，自然应该从这种整体性关联中获得解释，或寻求解释。

而第四纪新地质构造运动，应该是撰写中华民族空间格局演进的开端，进而构建中华民族空间格局由"自然史"到"自然与人文"的演进文本。

340Ma BP 的第四纪新地质构造运动，导致了青藏高原的整体隆升和东亚大陆断陷盆地的发育（陈富斌，1992）。对此，徐建新（2008）以"横断事件"作为"横断走廊"由来的基础[①]。而从实际来看，青藏高原隆升所造就的，不仅是"横断走廊"，实质上是"六大板块"和"三大走廊"（或其他学者的观点），因为青藏高原隆升对中国地理历史的影响可以说是根本性的，在较大尺度上青藏高原隆升与印度-欧亚板块碰撞机制、地壳质量平衡过程、地区和全球气候变化、海洋化学、大气化学和生物演化等多种地质物理及生物化学过程联系在一起（张冉等，2008），尤其对地理上的地势、地貌、气候、水文、土壤、植被等均有着重要影响，而这些影响又延伸到不同区域的生产发展，即不同区域的民族发展历程，这当然对中华民族的空间格局具有深远影响。

（一）现代地貌格局的奠定：半封闭性、三大阶梯、地貌形态复杂化和破碎化

研究表明，中国今天的地貌形态，在青藏高原隆升时期即大体奠定，其总特征是：青藏高原巨大隆升，第二阶梯区由400～500m上升至1000m，东部地区不断下沉（吴传钧等，1998）。这一总体特征，与中华民族的"板块与走廊"具有一定关联性。姜枚等（2006）的研究表明，印度板块向北推进和青藏高原隆升使得来自塔里木的高速体向北俯冲到天山达 200km 以下的深度，而来自准噶尔盆地的高速体则没有明显地向南推进，由南向北的推进是天山山脉隆升的主要动力，而在青藏高原和天山之间的广大盆地，构成了西北民族走廊的主要区域。朱筱敏等（2003）的研究表明，柴达木盆地沉积地层强烈的构造变形及湖盆环境突变与青藏高原隆升有关：沉积环境、介形虫和植物孢粉化石及磁性地层研究表明，2.5 Ma BP 以来，青藏高原共经历了 2.52～2.28 Ma BP、1.94～1.66 Ma BP、1.38～1.1 Ma BP、0.71～0.5 Ma BP 和 0.24～0.09 Ma BP 5 次强烈的隆升阶段，分别对应于青藏运动 B 幕和 C 幕、昆黄运动（昆仑-黄河运动）A 幕和 B 幕，以及共和运动。程捷等（2001）的研究表明，在青藏高原昆黄运动的影响下，云南全区发生了一次显著的构造运动——元谋运动，造成更新统的褶皱、断裂变形和金沙江的全线贯通，形成云南西部河流的南北走向，其中的分界线即为金沙江，这与现在的该区民族分布的南北沿江分布是有关联的，日本民族学家金丸良子对此深有研究。

可见，青藏高原隆升在地势地貌上对中华民族演进具有重要影响：其一，青藏高原隆升使得中国地貌形态表现为三级分异，但又自西北向东南倾斜，此为中华民族的向心力奠定了坚实的地理基础；其二，在自西北向东南倾斜的地貌格局下，三级分异和众多地貌形态组合

[①]实际上，"横断事件"后的青藏高原隆升才是"横断走廊"形成的关键，而其引用文献的作者陈富斌也建议："以横断事件为起点的地壳构造运动称为青藏高原运动"，即地质学家所说的"青藏高原隆升（起）"。由此看来，"横断事件"改称"青藏高原隆升事件"更为恰当，也是地质学家一惯的做法。

相间分布，为中华民族的"多元"提供了先天性的地理基础，但三级阶梯内的类似地貌形态可能影响着区域性的"多元"走向"一体"，即"板块与走廊"民族格局；其三，地貌形态的复杂化和破碎化，构成了不同民族群体的生态类型，对中华民族分布的"大杂居，小聚居，普遍散居"特征发展是有利的。

（二）现代气候格局的奠定：三大分区及区域气候变化响应

青藏高原隆升促成了中国气候分异的总体特征：夏季受海洋影响的湿润季风区、向干燥方向发展的西北干燥区、向高寒方向发展的青藏高原区（周廷儒，1982）。在青藏高原隆升影响下，24~22Ma BP，控制中国大陆环境的环流系统就由行星风系转变为由季风风系为主导的风系系统，这对中国境内的能量、热量循环和交换过程，以及降水、温度等气候要素的震荡幅度和时空分布格局产生了巨大影响，在较大程度上决定了中国现代自然地理环境的基本特征和时空格局。而且，在古近纪时期行星风系控制下，中国的气候分异纬向特征明显，但季风风系形成后，促成纬向格局发生重大调整，导致中国现代气候分异具有纬向特征的同时，具有东西干湿分异的特点（葛全胜等，2011）。而据孙湘君和汪品先（2005）的研究，季风风系形成后，我国气候具有了显著的季节性。这样，我国气候的时空特征即已初步形成。

而第四纪初的 2.6Ma BP 前后，是青藏高原急剧隆升的关键时期，青藏高原隆升至 2000m 以上（李吉均和方小敏，1998）。葛全胜等（2011）认为，2000m 是一个重要的临界高度，这使中国大气环流东西和南北方向的运动都受到明显干扰，引起中国乃至全球大气环流格局的明显变化，形成了具有现代意义的亚洲季风。

吴锡浩和安芷生（1996）推测，青藏高原巨大高原及其周边高耸山岭的升高与相应下垫面性状的改变，对对流层大气的动力和热力作用，是全球气温降低、北半球冰川或冰盖发育及亚洲季风气候形成和递变的主导因素。据刘晓东（1999）的研究，青藏高原隆升促使了亚洲季风系统的形成和发展、高原季风形成，并影响北半球中纬度干旱气候的发展、黄土高原的形成与沙漠化扩展等。范广洲和程国栋（2003）的研究表明，高原隆升对西北地区降水有明显影响：隆升前，西北地区年降水比现在偏多约 150mm；随着高原隆升，西北地区年降水量逐步减少，到高原隆升至临界高度时，西北地区降水比高原隆升前减少了约 77mm，但仍比现在多约 73mm。王跃等（1996）的研究表明，青藏高原隆升与中国沙漠形成演化具有因果关系的阶段性：受高原隆升的地质、气候等综合效应影响，中国沙漠于第四纪初先在贺兰山以东、长城以北地区形成；1.6Ma BP 以后高原北侧出现有利于风沙活动的干旱多风环境，沙漠扩展至西北地区；1.1Ma BP 以后高原隆升对周围环境的影响基本定型，在日趋干旱的背景下，这期间中国北方沙漠演化主要受东亚季风盛衰和地形因素的控制。方小敏等（2003）的研究则表明，青藏高原的隆升和盆地外围山脉的隆升等构造运动使内陆盆地干旱效应加强。

这样一来，随着青藏高原的隆升，中国现代气候的三大分区即已形成，并具时空结构：东部地区形成主要受太平洋影响的湿润季风区，且升温和降水集中于夏季；西北地区则因距四大洋较远，又受周围高大山体阻隔，全年干旱，但受蒙古西伯利亚冷高压影响，降水集中于冬季；青藏地区则全年寒冷。加上青藏高原隆升而导致的中国全境地貌形成复杂化，形成气候的垂直带性分异，则中国气候变异更为复杂，较小时空尺度上更是如此。

气候的这一时空格局，对历代民族活动产生了重要影响，既促成了中华民族的"多元一体"格局,又影响了"大杂居、小聚居、普遍散居"特征的形成。之所以这样说,是因为气候变化往往影响着诸多人类发展的地理因素,形成复杂的生态地理环境,为早期不同类型文明提供了地理基础,当然对中华民族的演进具有重要影响。

所以,青藏高原的隆升是我国现代气候"三向梯带"和季节分明形成的根本原因,青藏高原的隆升、中国地貌形态复杂化、中国气候发展干湿区分明,三者具有一定程度上的因果关系,而对于中华民族的空间格局,三者缺一不可。

所以可以认为,在青藏高原隆升的影响下,中国全境地貌结构呈三级分异的同时,多种地貌形态相关分布,尤其在三大阶梯过渡带上,地貌形态极为复杂。并且,由于前述的地理环境整体性,在三大阶梯的过渡带及海陆交错上,往往形成复杂的地理环境,如西北荒漠绿洲交错带、西南川滇农林交错带、东部海陆交错带、北方森林草原交错带、北方农牧交错带(高吉喜等,2009)。而这些交错带或过渡带,由于历史时期多种人类活动的可能性及民族迁徙,构成了复杂的民族格局及对应的文化。

中华民族起源、形成、发展的历史,其族体结构与文化发展,是以"多元起源、多区域不平衡发展,反复汇聚与辐射"的方式做"多元"与"一体"辩证运动的,区域性的多元统一而建构中华民族的多元一体,形成"大杂居,小聚居,普遍散居"的分布特征,其地理基础,或者说是中华民族的生存空间,正是青藏高原隆升奠定的。

三、地理环境变迁与中华民族空间格局的演变

现代中华民族空间格局的形成,经历了长达数千年的演变,由远古的"满天星斗"至"万邦"演为"五方",最终又向着"多元一体"格局演进,前后可分五大阶段:①旧石器时代至新石器时代,是中华文明(广义)的萌芽阶段,表现为"满天星斗"的文化格局;②远古传说时代,中华民族各族群萌芽,黄河文明兴起,进入"万邦时代";③夏至秦,是中华民族血缘关系向地缘关系转变的最重要时期,也是中华民族的大交流时期,以"华夷之辩"为中心的"五方格局",是早期族群格局关系向现代民族格局关系转换的最重要时期;④汉至隋唐,是现代中华民族空间格局的初步成型时期,此期中华民族区域性的和全国性的"多元一体"均得到发展,也是很多现代民族的形成时期和民族大交流时期,一体化趋势大大发展,民族杂居、聚居、散居特征显现;⑤五代至明清,是现代中华民族空间格局整固、定型时期,现代民族格局特征在此期形成。1840年以后,中华民族的发展进入了新的发展阶段——自觉发展阶段。

(一)中国早期文明发展的地理基础

研究表明,8.0~3.0ka BP,中国大陆处于一个十分温暖湿润的时期,即"仰韶温暖期"(下文将提到其时间范围的确定)。施雅风等研究表明,7.2~6.0ka BP,中纬度地带年均气温较现在高3~4℃。浦庆余(1980)的研究表明,此期我国亚热带北界在汾河—永定河—北京一线,比现在的秦岭—淮河一线北移了3~8个纬度,大河村遗址一带的森林中仍存在多种亚热带常绿阔叶树种,如青冈栎、栲和冬青,以及亚热带落叶阔叶树种,如枫杨、化香、枫香、漆、山毛榉、水蕨等。而在降水上,7.5~5.0ka BP,中国年均降水量比现在多500~600mm。这些条件对中国早期文明是极为有利的,旧石器和新石器文化遗址如满天星斗式分布在中国大陆上,即使在青藏高原现在为无人区的地区,当时也有人类活动。

徐旺生认为，全新世以后，北部地区冰原消失，先前生活在这里的狩猎者和从黄河流域进入该地的驯化和狩猎者在此营狩猎生活，驯养业遂因狩猎而逐渐产生，其依据是大量的考古发现，表明中国北方广大地区在石器时代广泛分布着以细石器为特征的细石器文化，而其来源则是黄河流域的山西存在着两个石器系统，即"大石片砍砸器-三棱大尖状器系统"和"船头刮削器-雕刻器系统"，末次冰期结束以前的以采集经济为代表的大石器系统文化遗址，在长城以北始终没有发现过，末次冰期过后，全球气温回升，大石器系统文化向北进入内蒙古高原地区（黄其煦，1987）。蓝勇（2002）注意到，新石器文化是一种原始农业文化，是从旧石器打制石器的采集狩猎过渡到农业、采集、狩猎并行的阶段，气候转暖自然有利于各个地区旱地农作物的生长，对于人类原始耕作是有利的。可以说，全新世气候转暖，对早期文明乃至整个人类文明的影响，是历代史书不可忽略的一笔。

对于气候变迁与文明发展，此间还有一个重要插曲："仰韶温暖期"这一概念日益受到重视，由地理学家涉及，历史学家充分发展。竺可桢（1972）发表的《中国近五千年来气候变迁的初步研究》一文与国际学术界认同的全新世中期出现过世界性的气候回暖期——"全新世气候最佳适宜期"的看法正相吻合。由于这一时期和仰韶文化存在有一定的关系，龚高法等（1987）专门探讨了仰韶温暖期的气候状况，主张仰韶温暖期的起讫年代为 8.0~3.0ka BP，并具体分析了我国东北、华北、西北、黄河中下游、长江流域、华南、西南等地区在这一时期的气候状况。满志敏（1992）专门研究了黄淮海平原仰韶温暖期的气候特征。邹逸麟（1993）在《黄淮海平原历史地理》一书中专门讨论了仰韶温暖期的黄淮海平原气候。王星光（2005）认为，仰韶温暖期尽管与仰韶文化相关，但并不仅仅限于仰韶文化的时期，也就是说，并不仅指 6.0~5.0ka BP 的仰韶文化时期，而是要远远大于这一时期，仰韶温暖期的起讫时间在 8.0~3.0ka BP。而此期间，方修琦等（2004）的研究表明，我国农牧业活动的地域特征是北方旱作南方稻作，在北方旱作区之外为渔猎文化，在南方稻作区之南的华南可能为渔猎文化或以薯类栽培为主的地区，并且旱作区和稻作区的北界都较现代偏北，水稻种植北界达到 35°N，较现今北移了 2~3 个纬度，北方旱作相应向北扩展到现今以畜牧为主或半农半牧的内蒙古长城地带及西北的甘青地区，其中粟是最主要的旱作栽培作物。

而对于南方，研究表明：7.2~6.0ka BP 华南温度比今高 1℃，长江流域高 2℃，华北、东北及西北可能高 3℃，青藏高原南部达 4~5℃，冬季升温幅度更大于年平均温度，百年级的增暖相伴夏季风的扩张和冬季寒潮的衰退，植被带北迁西移，内蒙古、新疆、青海和西藏普遍出现高湖面指示着降水量有较大幅度的增长，中国东部则在 6.5~5.0ka BP 出现全新世中的最高海面，高于现今 1~3m，导致沿海地区约 70000km² 被海水所淹，达到全新世最大海侵范围（施雅风等，1993）。与之对应，不难联想到早期中华文明的发展轨迹，或者中华文明发展的早期可以获得这些地理因素上的解释。

（二）黄河文明的地理基础

虽然旧石器和新石器时代我国文化遗址满天星斗式遍布全国大江南北，但在距今约 4000 年，全球气候普遍转寒，世界几大文明都明显衰退[①]，中国早期文明也如此。不过，中国的黄河文明却显得有些例外，不仅率先进入文明社会，还造就了声威远播的黄河文明，这既与

[①] 包括古埃及文明、古希腊文明、美索不达米亚古文明、古印度文明等。

黄河的形成演化有关，也与当时特殊的气候条件有关。

早更新世晚期，古黄河尚未形成，当时，每个湖盆都为当地河流水系的发育中心，其中有的河流渐渐扩展，成为黄河的前身。刘志杰和孙永军（2007）的研究表明，黄河的形成与青藏高原隆升有关：古近纪和新近纪青藏高原经两期隆升和两度夷平，新近纪开始快速隆升，经青藏运动、昆黄运动和共和运动三阶段，青藏高原隆升过程中黄河断续下切形成一系列阶地，黄河中游（积石峡至三门峡）诞生并随之与下游贯通，从此现代黄河出现。

气候方面，进入约 5.0ka BP 年时，在全球普遍转寒的情况下，竺可桢（1972）的研究却表明，在 5.0～3.0ka BP 中，即从仰韶文化至安阳殷墟，黄河流域大部分的时间年均气温较现在高 2℃左右，1 月温度则比现在高 3～5℃。施雅风（1993）的研究发现，中国的大暖期升高值是全球最大的地区，又是全球冬季升温最高的地区之一，这与青藏高原的隆起有关，其使得东亚大陆季风加强的同时，来自内蒙古高原的冬季风，越过青藏高原大大削弱（吉林师范大学等，1980）。王星光（2005）的研究表明，在 7.0～6.0ka BP 仰韶温暖期的鼎盛时期，现为干旱草原的青海湖滨当时为针叶阔叶混交林，从发现的紫果云杉残木可推知当时的年降水量达 600mm 左右，温度高于现代 3℃左右，在海河流域、渤海湾、胶州湾和鲁北平原，出现了现生长在亚热带的水蕨、水青冈、枫香、山核桃、铁杉、杨梅等。这与当时夏季风增强，冬季风减弱有关。即使是在北方，在 8.5～7.0ka BP 的时期，根据青海湖、黄土高原、内蒙古白素海、河北东部、辽南地区、螺髻山等地的孢粉资料，当时的温度也比现在高 2～4℃（李先登，1993）。而在仰韶文化时期，亚热带界线在汾河—永定河—北京一线，黄河文明的区域基本上是亚热带气候。

不过，在气候变化的区域差异方面，南北的区域响应对于黄河文明可能具有潜在的影响。全新世大暖期中国全境温度变化如下：东部地区年均气温较今高约 2.5℃，长江流域约为 2℃，长城以北约为 3℃，青藏高原地区则达 4～5℃，不难理解当时的自然地理条件是有利于人类活动的，尤其高纬度和高海拔地区响应明显。而且，从季节性增温看，冬季增温幅度远高于夏季。而当时的降水，除总量比现在多外，等降水量线普遍北移，其中贺兰山以西的西北部地区降水量较今高 50～100mm。从这里，不难理解中国早期文化遗址的满天星斗式分布。

而对于黄河文明的发展，除上述整体的气候条件外，与现今气候相比，伏旱是影响我国农业生产的主要气候因素之一。但在全新世大暖期，与现代伏旱北界的秦淮一线相比，北移了 2～3 个纬度，同期的森林-草原分界线也较今偏西偏北（葛全胜等，2011）。同时，黄河流域土质疏松，黄土是由西北气流从亚洲内陆搬迁而来，逐渐飘洒沉积而成的，其成岩作用不强，这些风成的黄土在结构上呈现出均匀、细小、松散、易碎的特点，这就使得粗笨的木耒、石铲等原始工具容易入土和耕作（蓝勇，2000）。而且当时在植被方面，黄土高原森林广布，关中盆地河网密布，这当然有利于农耕、渔捞、狩猎和采集等原始生产活动。

这里还有一个不容忽视的问题，即黄河改道（李鸿杰等，1992）。历史时期，江河改道对于早期文明的发展利弊皆有，如黄河在孕育发展中汇集支流，贯通湖泊，形成庞大的水系和众多的冲积扇，为人类早期的渔猎和农耕文明提供了有利条件，也为华夏文明的形成提供了适宜的地理环境（杨玉珍，2008），但每次黄河改道，伴随的是泛滥成灾，此间插曲繁多，却导致中华先民适应自然环境能力的提高，所以方修琦等（2004）认为中华民族正是在抗御与适应自然环境变化所导致的灾害性影响的过程中创造了独具特色的中华文明。但在最近 5000 年，黄河在北区（今黄河河道以北）行径的时间长达 3326 年，这无疑给予了早期文明发展一个长时期的稳定态势，现今黄河下游的豫东、鲁西地区，在仰韶—龙山文化时期，是十分低洼的平原地带，河网纵横，湖泊密布。而据刘振和（1963）的研究，我国黄河水量一直趋于减小，距今4200年前保持在约7500亿 m^3 以上，距今4200～2700年前在600～800亿 m^3，而今则约为400亿 m^3。葛全胜等（2011）认为，气候温暖时，黄河河道弯曲，多分叉，向北摆动；而气候寒冷时，河道较顺直、单一，向南偏移，其原因是不同气候时期河流侧蚀强度的差异；气候寒冷，海平面处于较低位置，河流流量较小，其深切侵蚀较于侧蚀更显突出；而气候温暖时，海平面处于较高位置，河流的侧向侵蚀则更显突出。葛全胜等所述依据来源于吴忱等（2001）对黄河中下游距今3000年以来河道的变迁研究，而在此之前，黄河水量较之要高$200m^3$ 以上，这极有可能造成当时的关中平原如现在的黄河下游一样河网密布，有利于早期人类的发展。

同时，区位因素也是极为重要的。严文明先生曾强调"河洛文明"（黄河文明的策源地）的区位优越性，因为他认为中国文明的起源不是在一个狭小的地方，也不是在边远地区，而是首先发生在地理位置适中、环境条件也最优越的黄河流域和长江流域的广大地区，但由于地理环境不同，文明化的过程也有所不同，在相互作用过程中逐渐从多元一体走向以中原（河洛）为核心，以黄河流域和长江流域为主体的多元一统格局，再把周围地区也带动起来（陈隆文，2010）。费孝通（1989b）对此也有认识，尤其集中于新石器文化时代黄河中下游间的文化交流甚至替代。这种区位优势，当然存在于整个黄河文明所在原区域，王会昌（2010）对此有相似论述。徐昭峰（2010）最近也总结说："中原地区独特的地理位置，使得东西、南北文化在此交汇、碰撞，不同族群在此交流、融合。优越的地理位置和适中的气候，使得多元性农业经济在中原地区并存发展。中原地处黄河中游，这既使其免遭史前洪水的极大破坏，又将其推向治理史前洪水组织中枢的位置。正是中原地区独特的地理位置形成的诸多有利因素，决定了中原地区的先民最早走向文明，建立国家。"而历史文献《史记·周本纪》载西周国家营建洛邑的原因即提到"此天下之中，四方入贡道里均"。

（三）夏至秦：华夏鼎立与"五方格局论"的地理基础

夏、商、周三代更替，即"华夏中心"的确立。而当时的其他区域，仍处于族群林立的"万邦"状态，其原因，当然很大程度上归结于复杂地理条件不适宜农业生产，结果，或因山河险阻或因高寒或因其他因素，中国边疆地带的民族发展并不一致。而中原地带则不同，农业需要国家建制，族群之间的土地争夺早已随着人口增长而成为政治常项，三皇五帝时代就征战不息，民族大迁徙也早已展开，国家的形成，既是历史的必然，又是地理的必然。其至有学者说，尧、舜、禹部落为主体的"自愿联合"的庞大的部落联盟，其主要职能就是对肆虐的自然灾害和无序的争战的一种应力机制，即以各氏族部落的相互凝聚的共同力量，来抗拒单个氏族、部落所无法抵御的洪水、干旱；通过联盟内社会整合，达到同一地域部落集团的有序化，弥灭内部争战或抵御其他部落入侵。

至商中期，我国气候已急转直下了，但因当时气温比现在高得多，影响并不是非常明显，而至西周晚期，我国气温达到了宋以前的最低。竺可桢的研究表明，"周朝的气候，虽然最初温暖，但不久就恶化了"。吴定祥的研究也表明，约公元前1000年，我国青藏高原有一次大的冰封，正值西周中期。而在历史文献上，古本《竹书纪年》载："周孝王七年，冬大雨雹，江汉冰，牛马冻死""周幽王四年，六月陨霜"。西周疆域如此寒冷，那么，处于北部的区域自然可想而知。而与寒冷相伴的,是长期的大旱,古本《竹书纪年》载:"周厉王二十一年、二十二年、二十三年、二十四年、二十五年、二十六年皆连年大旱,王徙于彘"。此间,关于西汉干旱的古籍,代有著述或考释。以现在气候学的解释来看,高寒实际上是由蒙古西伯利亚冷高压强盛引起的,高寒南下的冷气流除造成冰冻外,降水也非常少,对此,蒙文通先生说:"西周末造,一夷夏迁徙之会也。而迁徙之故,殆原于旱灾,实以于时气候之突变"。在这样的背景下,汉室迁都频繁,王室衰微与地理因素是分不开的,因为此期农业发展抗灾性较低,一旦发生天灾,农业减产,民乱,王室亦乱。

史学界一般认为,在此期间,西周王朝政治走向腐败给了戎狄可乘之机,尤其王室衰微后,诸夏群龙无首,北方民族也就大举南进或内迁。然而,即使王室不衰微,北方民族仍会大举南下,这是地理因素影响下的历史之必然。

之所以如此说,原因在于北方民族大多处于游牧阶段,周代气候急转直下,中原地区尚天灾连年,北方地区的牧业更是难以承受,南下实是不得已之选择,也是必然发生的历史事件,只不过王权衰落,内讧不消的西周王朝使得北方民族南下更为容易罢了。这样一来,春秋的"华夷之辩"自然就与气候变化关联起来,及至秦统一六国,既完成了族群上的"万邦"结束,又完成了地域上的"万邦"结束,此仅以中原地区而言,而中原以外的"万邦"则依然如故,但发展也是必然存在的。

这样一来,由地理因素到历史因素,夏至秦而形成的"五方格局论"线索基本上是清晰的:①黄河文明进入方国阶段以来,历经夏、商、周三代更替,中原地区的族群关系基础已由血缘关系转向地缘关系,周王朝的"同姓不婚"和分封制扮演了重要角色;②西周中期以来的严峻气候,不仅影响了周朝的社会经济发展,对北方民族而言更是雪上加霜,被迫其南下寻求生路;③随着"华夷之辩"和北方民族的南下,最终形成了对民族格局的初步认识——"五方格局论",而其中的核心即为以华夏为中心的文化认同;④由于西周大举分封、气候急转直下、北方民族大举南下等,新的"万邦"纷争不止,经春秋战国至秦,新的"万邦"结束,也结束了中原地区的"万邦时代"。

(四)秦汉至隋唐:中华民族空间格局的初步成型及其地理基础

中国历史,尤其是中国民族的历史,进入汉代,民族融合重心便开始向南北两极转移了,尤其以北方民族冲突和融合问题突出,由此展开了见诸文献的"农牧冲突(与融合)"史,此被著名史学家吕思勉(2009)称为中国民族[①]的第一次向外开拓,但也不妨称为第一次北方民族的大举南进及随之而来的南北民族大融合。

而在此期间,民族冲突与融合机制中,地理因素同样是不可忽视的。据葛全胜等(2011)的研究,秦汉前期,我国东中部地区气温较好[②],西北地区较寒冷,而干湿度则西部、北方和西部优越,全境表现为"北湿南干"。这在一定程度上既利于东中部地区的发展,又利于北方游牧业的发展,所以此期匈奴已崛起,自秦即已侵扰中原。较好的气候持续了近200年,进入东汉时气温就开始转寒冷了,进入我国近3000年来第二个寒冷期,一直持续到魏晋南

---

① 这里的中国民族指的是汉族。
② 这里的东中部地区指中国东中部季风区,即今大兴安岭—阴山—贺兰山—乌鞘岭—巴颜喀拉山—唐古拉山—冈底斯山一线以东(原注)。

北朝结束，贾思勰所著的《齐民要术》载石榴树的栽培"十月中以蒲藁裹而缠之，不裹则冻死也。二月初乃解放"。

而隋唐则是我国近3000年来的第三个温暖期。对应于此期北方民族大举南进的事实，始于两汉交替之时，此时刚好处于气候急转直下的时期。一般而言，早期的农业对自然环境有强烈的依赖，气候寒冷自然导致农业为基础的中央王朝元气大伤，如加横征暴敛，则必生民变。而若此时周边民族已取得长足发展，且受天灾，那么北方民族南进就是一种必然而且可行的生存策略，况且对于中国全境来说，一旦北方不适宜游牧，唯一的土地获得就只能是农耕世界（王会昌，2010），而据葛全胜等（2011）的研究，汉末北方地区的气候较秦代的冷湿转为冷干，这种气候对于北方游牧民族生产生活是极为不利的。即使是在黄河流域，气候渐趋寒冷，水体大为减少，气候干燥加之黄土高原经过长期开发，天然植被被严重破坏，水土流失加剧，土壤肥力下降，水利灌溉日益困难，由此引起了水旱灾害（葛剑雄和胡云生，2007）。

汉末，在中央王朝内发生大规模的农民起义，其原因当然无法排除气候变冷而带来的农业歉收，《汉书》卷74《魏相传》就载"夫风雨不时，则伤农桑；农桑伤，则民饥寒；饥寒在身，则亡廉耻，寇贼奸宄所系生也"。据葛全胜等（2011）的研究，汉以后，中国东中部气候干湿格局发生重大变化：由"南干北湿"（以黄河为界）转变为"东干西湿"（以太行山为界），这对中原农业生产的影响是很大的。加之汉末政治腐败，赈灾不力，由经济动荡演为政治动荡，是不可避免的。而此时的北方，匈奴政权已得到统一，却又遇寒冷气候，其风险自然比中原地区要强烈得多，汉末的社会动乱，无疑给北方民族南进增加了成功的机会，而在冷兵器时代，游牧民族的武器并没有较农耕世界落后多少，战略战术上的机动性则是农耕世界所无法比拟的。而至公元46~108年，北方气候更加恶劣，匈奴也再次分裂为南北两部，或受其他民族攻击，或受汉攻击，南匈奴内附汉朝后，北匈奴也被迫降汉或西迁。

然而，气候持续变冷虽有利于解除北方匈奴的侵扰，却无法挽回内部动乱的败局，以致魏、蜀、吴三分天下，但此时胡羌、鲜卑已占据河套地区，及至东晋，实际上仅控制着南方半壁江山，北方则为强大的前秦政权，同时北方民族崛起，最终上演成"五胡十六国"局面（张敏，2002）。这样一来，中华民族显现出一种整体的南迁规律，大部分北方民族迁至中原一带，而中原一带汉为主体的大量人口则大量南渡，在中原地区，民族杂居态势非常明显，江统在《徙戎论》中有"关中之人百余万口，率其少多，戎狄居半"之载，而迁走的"另一半"汉人，大多入南方了。

从某种程度上说，魏晋南北朝时期的社会大动乱，最终上演了民族大冲突和融合剧幕，从结果来看，融合大于冲突，甚至有的民族政权采取的是强制汉化的政策，如北魏孝文帝，规定同姓禁婚，提倡同汉人通婚。这里有一个问题值得注意，即凡冷干时期，往往是北方民族入主中原，汉族中央王朝偏安江南，这几乎是中国历史上的通例。之所以如此，乃在于此类气候时期，以农业立国的中央王朝本身无法强盛，而北方民族也无法北返原生存地，只能尽力南下，而在气候长期冷干的情况下，实行本民族的汉化某种程度上说是"顺天人之举"，魏晋南北朝时期就是一个典例。据葛全胜等（2011）的研究，魏晋南北朝时，干旱是整个中国（尤其是东部地区）长期的、大范围存在的现象，结合上述论述自然知道南宋偏安江南，北方民族政权长期占据中原及以北广大区域的原因了。

至隋唐暖期，汉族重掌天下，但唐王朝的民族政策较前代大大改变了，和亲次数空前增加,自然有利于中央王朝与周边政权的民族交往与融合。可以说,唐王朝是有史以来第一个空前的民族融合期,王会昌(2010)从文化的角度给予了高度评价。不过,在"开元盛世"后期,气候转冷的迹象就已隐约浮现,全国干湿格局发生重大变化,而当时拥兵自重的安禄山,其所辖三镇:平卢、范阳、河东处于农牧过渡带上,自然最为敏感,加上此时唐政府赈灾不力,最终酿成"安史之乱"。"安史之乱"很大程度上改变了中国的经济、政治、文化中心,对民族格局的演进也有重要影响。

(五)五代至明清:中华民族空间格局在整固中定型

南北朝时期,中国经济中心的东移南迁已见端倪,经隋唐的开发,至宋,南方经济发展已超过北方,进而导致中国社会发展的新格局。张家驹(1957)认为宋王朝的南渡,标志着南方经济文化的空前发展,随着政治中心的南移,中国社会就完全进入南盛北衰的新阶段,因此,这一历史事件,成为中国南部发展历史中的关键。而随着民族大一统政权的更替,尤其元、清两代的蒙、满民族发展和入主中原,最终又一统天下,不仅北方民族已呈稳定态势,西北地区、青藏高原、西南地区和南方地区也如此。至此,中华民族以血缘关系为基础的民族关系全面让位于地缘关系和文化关系。

对于中华民族的空间格局来说,经五代、宋、元、明、清的努力,已基本定型:其一,有宋、元、明、清四代,国家大一统格局下,北方、东北、西北、青藏、西南、南方,甚至中原地区,民族分化与重组渐以地缘和文化缘为基础,羁縻政策至改土归流,地缘关系得到加强的同时文化缘也在加强;其二,大量的民族迁徙,尤其是汉民族的边移,大大加强了民族融合,这对于文化缘的加强有着不可磨灭的贡献,至清后期西方势力介入,文化缘关系大大加强。

而从地理因素角度上看,此期约1000年,我国气候寒冷期持续之长,是最为明显的,约800年,而且明清之际的气温为夏以来最低。这样一来,自秦汉以来的北方民族南进,最终演变为入主中原,且元、清两代,中国领土范围达到空前之大,民族成分也有所增加,尤其西北地区和东北地区,是外来民族本土化的重要时期。

据葛全胜等(2011)的研究,两宋气候表现为由暖干向小冰期转变,其中"五代"前期较冷,后期转暖,但气温在南宋时也在0℃以下,而后进入长期的寒冷状态。这种气候状况:一方面造成中原地区长期生产受限,中央王朝实力大减,无暇顾及北方边地;另一方面造成北方民族长期意欲南进。事实正是如此,自辽以来,两宋疆域,仅是华南的半壁江山,宋灭,则北方民族开始入主中原,而后有清。从某种程度上说,元、清两代大帝国,是自秦汉以来北方民族南进的一种延续。元、清两代,均处气候恶劣之期,有明一代,气候相对较为适宜。这里有两个问题值得注意:其一,北方民族入主中原,往往意味着中央王朝版图的空前扩大,元、清两代均如此;其二,北方民族入主中原,往往伴随的是民族大迁徙,尤其以军事战略为目的的迁徙,元、清两代都是空前的。实质上,由于北方民族往往控制着北方广大地域,入主中原时,自然扩大了中央王朝的版图,若再加上行政上的管理措施,尤其承袭汉民族的郡县制,则自然会加强民族融合。而军事上的镇边等因素,是统治策略上的必然延伸,结果导致以蒙、满及其亲附民族的全国性分布。

第二节 民族的现代地理基础

民族的现代地理基础是指现代地理环境对民族起源、发展、迁徙和分布的影响，包括现代自然地理环境和现代人文地理环境两方面，其影响表现在民族分布格局（世居地、聚居地、分布规模等）社会经济、社会文化等方面。现代自然地理环境和现代人文地理环境对民族的影响同等重要，所影响的主要方面各有侧重。其中，现代自然地理环境更多地影响着民族起源、世居地和历史时期的迁徙，现代人文地理环境更多地影响着民族的发展、现代时期的迁移和分布。

一、民族的自然地理基础

民族的自然地理基础即现代自然地理环境对包括少数民族在内的民族的起源、世居地和历史时期的迁徙的影响。气候、地貌、水文、土壤和生物等自然地理要素，以及它们所构成的自然综合体及其地域分异，决定了人类生存条件和生活型资源、生产型资源的地域性和地域差别。这种生存条件和生活资源的地域性和地域差别有不同的空间尺度。温度带、干湿地区和自然区等较大空间尺度地域及其分异（郑度等，2008），总体上决定了民族的起源、世居地和历史时期的迁徙。即使在今后，自然地理环境及其分异，在宏观上仍然决定着中华民族的活动（生命活动、生活活动、经济活动、军事活动和科学活动等）空间中的生活活动空间和经济活动空间。同时，现代自然地理环境还是现代人文地理环境的基础。

（一）自然地理环境的整体特征

我国位于 3°51′N~53°33′N 和 73°33′E~135°5′E，属于全球陆地最集中的部分（牛文元，2007），大约有 98%的疆土位于 20°N～50°N，亚热带和温带所占面积特别广大，各占 26%以上和 45%以上（中国科学院《中国自然地理》编辑委员会，1985）；又位于全球最大的大陆（欧亚大陆）的东岸和全球最大的大洋（太平洋）的西岸，东临太平洋，西北深入亚洲内陆，有湿润、半湿润、半干旱和干旱等多样的水分条件。在多次大地构造运动作用下，我国陆地上形成了西高东低在的三大地势阶梯，且地貌复杂。面积达 230 万 km^2 的青藏高原耸峙于西南，平均海拔在 4000m 以上，是最高阶梯，从热力和动力两个方面深刻地影响着环流结构和我国气候。这些因素综合作用，决定了我国自然地理环境具有陆地面积广阔、亚热带和温带面积比例甚高、陆地环境和海洋环境兼具、季风影响强大深远、地势西高东低和自然地理环境复杂多样等整体特征。

（二）自然地理环境的地域分异

中国现代自然地理环境的地域分异是地带性自然地域分异因素、非地带性自然地域分异因素和其他自然地域分异因素，以及历史继承综合作用的结果。地带性自然地域分异因素和非地带性自然地域分异因素这两种基本的自然地域分异因素同等重要，但在不同地区所起的主要作用不同。多重自然地域分异规律的综合作用，支配着中国的自然地域分异格局。对于自然地理环境多样性和复杂性的认识，主要是通过自然地理和生态区划及其方案来反映的。

20世纪50年代以来,我国自然区划成果很多,其中,黄秉维(1959,1989)、侯学煜等(1963,1988)、赵松乔(1983)、席承藩等(1984)、任美锷等(1979,1992)、郑度等(2008)的方案在全国都有相当影响。郑度将全国划分为11个温度带、21个干湿地区和49个自然区(表1-2)。这一区划系统反映了中国自然地理环境的复杂性和多样性。中国自然地理环境的复杂性和多样性,为中华民族的发展、多样性、分布类型等奠定了自然地理基础。中华民族,无论是古代民族还是近代民族和现代民族,在逐渐科学地认识这些丰富多彩的自然地理环境及其规律的基础上,或顺应或改造这些自然地理环境,逐渐在与自然地理环境、以自然地理环境为基础的人文地理环境的协调共生和控制共生中发展起来。

表1-2 中国生态地理区域系统

温度带	干湿地区	自然区
Ⅰ寒温带	A湿润地区	ⅠA1 大兴安岭北段山地落叶针叶林区
Ⅱ中温带	A湿润地区	ⅡA1 三江平原湿地区
		ⅡA2 小兴安岭长白山地针叶林区
		ⅡA3 松辽平原东部山前台地针阔叶混交林区
	B半湿润地区	ⅡB1 松辽平原中部森林草原区
		ⅡB2 大兴安岭中段山地草原森林区
		ⅡB3 大兴安岭北段西侧森林草原区
	C半干旱地区	ⅡC1 西辽河平原草原区
		ⅡC2 大兴安岭南段草原区
		ⅡC3 内蒙古东部草原区
		ⅡC4 呼伦贝尔平原草原区
	D干旱地区	ⅡD1 鄂尔多斯及内蒙古高原西部荒漠草原区
		ⅡD2 阿拉善与河西走廊荒漠区
		ⅡD3 准噶尔盆地荒漠区
		ⅡD4 阿尔泰山地草原、针叶林区
		ⅡD5 天山山地荒漠、草原、针叶林区
Ⅲ暖温带	A湿润地区	ⅢA1 辽东胶东低山丘陵落叶阔叶林、人工植被区
	B半湿润地区	ⅢB1 鲁中低山丘陵落叶阔叶林、人工植被区
		ⅢB2 华北平原人工植被区
		ⅢB3 华北山地落叶阔叶林区
		ⅢB4 汾渭盆地落叶阔叶林、人工植被区
	C半干旱地区	ⅢC1 黄土高原中北部草原区
	D干旱地区	ⅢD1 塔里木盆地荒漠区
Ⅳ北亚热带	A湿润地区	ⅣA1 长江中下游平原与大别山地常绿落叶阔叶混交林、人工植被区
		ⅣA2 秦巴山地常绿落叶阔叶林混交林区

续表

温度带	干湿地区	自然区
Ⅴ 中亚热带	A 湿润地区	ⅤA1 江南丘陵盆地常绿阔叶林、人工植被区
		ⅤA2 浙闽与南岭山地常绿阔叶林区
		ⅤA3 湘黔高原山地常绿阔叶林区
		ⅤA4 四川盆地常绿阔叶林、人工植被区
		ⅤA5 云南高原常绿阔叶林、松林区
		ⅤA6 东喜马拉雅南翼山地季雨林、常绿阔叶林区
Ⅵ 南亚热带	A 湿润地区	ⅥA1 台湾中北部山地平原常绿阔叶林、人工植被区
		ⅥA2 闽粤桂低山平原常绿阔叶林、人工植被区
		ⅥA3 滇中南亚高山谷地常绿阔叶林、松林区
Ⅶ 边缘热带	A 湿润地区	ⅦA1 台湾南部山地平原季雨林、雨林区
		ⅦA2 琼雷山地丘陵半常绿季雨林区
		ⅦA3 西双版纳山地季雨林、雨林区
Ⅷ 中热带	A 湿润地区	ⅧA1 琼南与东、中、西沙诸岛季雨林、雨林区
Ⅸ 赤道热带	A 湿润地区	ⅨA1 南沙群岛区
HⅠ 高原亚寒带	B 半湿润地区	HⅠB1 果洛那曲高原山地高寒灌丛草甸区
	C 半干旱地区	HⅠC1 青南高原宽谷高寒草甸草原区
		HⅠC2 羌塘高原湖盆高寒草原区
	D 干旱地区	HⅠD1 昆仑高山高原高寒荒漠区
HⅡ 高原温带	A/B 湿润/半湿润地区	HⅡA/B1 川西藏东高山深谷针叶林区
	C 半干旱地区	HⅡC1 祁连青东高山盆地针叶林、草原区
		HⅡC2 藏南高山谷地灌丛草原区
	D 干旱地区	HⅡD1 柴达木盆地荒漠区
		HⅡD2 昆仑北翼山地荒漠区
		HⅡD3 阿里山地荒漠区

资料来源：郑度等，2008.

（三）现代自然地理环境对民族的影响

复杂多样的自然地理环境为远古人类提供了多元的生存和生活的可能空间，为民族起源和民族迁徙进而形成民族走廊奠定了重要的自然地理基础。这里主要分析三个问题。

第一，从地方尺度自然地理环境分析为什么西南特别是云南省起源和诞生的少数民族数量如此之多。西南地区尤其是云南地貌的复杂性，导致地方尺度自然地理环境的复杂性和多样性。具有多样性和复杂性的地方尺度的自然地理环境，在"万邦时代"及其前后历史时期（此时古羌人已大部南下并部分迁徙至云南省境内），成为具有原始经济活动和原始文化活动多样性的各个人类类群生存、生活和发展的最为直接的地理基础。做一思想实验[①]，来分析云南省为什么有那么多的民族起源。如果没有地貌阻隔（在滇西北地区还有典型的河流阻隔）等限制不同地方尺度上的类群之间的生殖交流、生活交流、生产交流和文化交流，那么，不同类群之间的差别将逐渐缩小，类群的数量将会减少，类群的规模将会扩大。这意味着以类群为基础的，具有共同地域、共同语言和共同经济生活等一致性的民族的种类将会很多。然而，云南的地方尺度的自然地理环境多样复杂且不便于类群之间的交流，因此民族的数量是非常多的。

第二，从全大陆尺度自然地理环境分析为什么有阿尔泰民族走廊及为什么这里诞生的民族数量如此少并且多是迁徙的民族。全大陆尺度的自然地域分异包括纬度地带性和经度地带性等。纬度地带性在我国北部表现为半干旱和干旱特点，东西横亘着以干旱和半干旱气候、草原植被和草原森林植被为主要自然地理特征的多个自然区。自然地理环境相对一致和广袤的特点，决定了这一地区有可能成为若干民族特别是适应了半干旱草原环境的民族东西纵横的地区，是民族迁徙和迁移的通道。再进行思想实验：①假定在这一地区，"万邦时代"及其前后，有数以十计的活动范围有限的以多种形态存在的人的类群（事实上正是如此）；②由于他们所依赖的生存、生活和原始生产活动环境大致相同，他们逐渐掌握了具有较大统一性的生活、生产方式和技术；③随着能源输入和生产模式的变化，能源输入由单一的依赖人的肌肉进化到不仅依赖人的肌肉还依赖牲畜和简单天然动力，在这种情况下，人的类群及其个体的活动范围不断扩大的趋势；④在扩大的过程中，这一广袤的地域并无太大的天然阻隔；⑤人的类群及其个体的活动范围不断扩大的趋势和愿望逐渐成为现实；⑥于是，这一广袤地域的不同类群的类型和规模不断变化，形成了比"万邦时代"的类群的数量少得多、类群的单体规模大得多、不同类群的差别小得多的一个时代；⑦最终，在这起源诞生的民族数量就比较少。

对比西南（尤其是云南省）和西北两区域，前者因地理环境多样地理阻隔效应明显，后者则反之。随着族群的发展，除静态的交流因素外，动态的交流因素对民族演进也有着强烈的影响。在相对均质的区域中，族群发展所需要的资源争夺往往导致战争，民族战争的过程同时也是民族分化、组合的过程。而且，西北民族传统生计方式往往是牧业，与西南民族的农业方式相比更依赖于稳定、良好的地理环境（尤其是气候环境）[②]，这就不难理解西北地区在历史上战争次数远远超过西南地区的情况了。所以，西南地区的远古民族（包括古羌人南下的部分）演变成现代民族的可能性更大（现代民族结构事实上也是如此），而西北地区则可能性要小一些。事实上，现代西北地区的民族，主体是迁徙起源的民族[③]和古代民族分化后重组的民族。另外，中国西南古代民族大多与现代民族有更直接的渊源关系，而西北的

---

① 思想实验是科学研究的一种方法，它超越实验室实验而又与之有共同的实践基础。思想实验对于人类思想，尤其是科学思想的发展，有着不可替代的作用，这可以从一系列改变世界科学的思想实验例子中来探讨，如伽利略的自由落体运动、麦克斯韦妖、牛顿的水桶、爱因斯坦的电梯、爱因斯坦火车、薛定谔的猫等。思想实验理论的开创者是马赫，马赫将实验的全过程分为几个阶段：人们通常先进行思想实验，然后进行物质实验，最后用思想实验加以反思。两者之间并非并列的关系，也非同时进行，他指出，思想实验远远先于物质实验，并且为物质实验作了准备（见恩斯特·马赫，2005）。从发生认识论的角度看，人类大部分的实验都可以视为广义的实验室实验和思想实验的结合，民族地理学理论的建设也有这种发生过程。

② 详见本书第五章。

③ 详见本书第三～六章各民族第一节。

古代民族则大部分已消失。因此，假如将西南民族结构的特征用"地理阻隔效应"来解释的话，那么西北民族结构的特征则可以用"地理通道效应"来解释，除上述"思想实验"及论证材料外，还可以从人种结构特征、宗教信仰格局、语言系统关系（不止中国民族的语言）等方面来论证①。

第三，从作为自然地理要素的地貌及其多样性看，它是怎样影响少数民族分布的。本书第六章使用地形起伏度指数（relief degree of land surface，RDLS）来反映地貌的复杂程度，并将其与少数民族人口数量、少数民族人口比重和少数民族构成成分等进行对比分析，发现地貌深刻地影响着少数民族分布。在地形起伏度指数较大的地区，少数民族人口数量、少数民族比重和少数民族成分都比较高。

必须认识到，自然地理环境对民族的影响主要表现在民族起源、世居地等。自然地理环境对民族的影响将逐渐让位给人文地理环境。

二、民族的人文地理基础

民族的人文地理基础即中国现代人文地理环境对包括少数民族在内的中华民族的发展、迁移和分布的影响。以自然地理环境及其区域差别为基础而形成的人文地理环境及其区域差别，深刻地影响着我国人口发展、迁移和分布，也深刻地影响着我国少数民族人口的发展、迁移和分布。在人文地理环境及其区域差别中，经济地理环境及其区域差别和社会地理环境及其区域差别的综合作用导致社会福祉的区域差距（全国科学技术名词审定委员会，2006）。面对社会福祉区域差距不断扩大的人文地理环境，包括少数民族在内的中华民族因无法改变，而选择了适应——迁移适应。因此，经济地理环境及其区域差别和社会地理环境及其区域差别就成为影响包括少数民族在内民族的空间偏好的最重要因素（全国科学技术名词审定委员会，2006）。经济地理环境和社会地理环境的区域差别乃至区域差距对民族人口发展、迁移和分布的影响，势必成为少数民族人口规划要考虑的重要因子之一。

（一）民族的经济地理基础

民族的经济地理基础即经济地理环境对少数民族的发展、迁移和分布的影响：经济地理格局嬗变和经济发展省份差距是影响少数民族发展、迁移和分布的最直接的经济地理基础。

1. 经济地理格局的嬗变

新中国成立以来，我国的经济发展战略和格局发生了一系列变化。①新中国成立初及"一五"时期的"沿海、内地"两大经济地带。考虑国防安全和改变不合理工业布局等因素，国家将经济建设的重点从沿海向内地转移，形成"沿海、内地"经济格局。②20世纪60年代初期的"一线、二线、三线"经济地带。当时由于中国面临着严峻的周边局势，毛泽东把全国划分为前线、中间地带和三类地区，分别简称一线、二线和三线。三线建设的重点在四川、贵州、云南、重庆、陕西、甘肃全境和河南、湖北、湖南的西部地区。③20世纪80年代初期的"沿海、内地、边疆"经济地带。改革开放初期，中国开始以经济特区为突破口逐步开放沿海地区，在沿海地区实行一系列的优惠政策，促进沿海地区经济发展。同时，由于自身

---

① 人种结构特征见本书第一章；宗教信仰格局、语言系统关系可从本书第三~六章各民族第一节相关内容中窥其一斑。

经济发展水平低、国家支持力度不够等，内地及边疆地区的步伐远落后于东部沿海地区。④20世纪80年代后期至90年代的"东、中、西"三大经济地带。六届人大四次会议指出"七五期间以至90年代，要加速东部沿海地带的发展，同时把能源、原材料的建设重点放在中部，并积极做好进一步开发西部地带的准备"。并明确指出东部包括辽宁、河北、天津、北京、山东、江苏、上海、浙江、福建、广东、海南、广西沿海12个省（自治区、直辖市），中部地区包括黑龙江、吉林、内蒙古、山西、河南、安徽、江西、湖北、湖南9个省（自治区），西部包括四川、重庆、云南、贵州、西藏、陕西、甘肃、宁夏、青海、新疆10个省（自治区、直辖市）。从此，东中西三大地带成为中国区域经济格局的基本划分单位。⑤21世纪初新的"东、中、西"三大经济地带。国家实行西部大开发战略、振兴东北等老工业基地战略和中部崛起战略等宏观战略，推动全国区域经济宏观格局发生变化，形成新的"东、中、西"三大经济地带。其中，东部包括辽宁、吉林、黑龙江、河北、天津、北京、山东、江苏、上海、浙江、福建、广东、海南13个省（自治区、直辖市），中部经济地带包括山西、安徽、河南、湖北、湖南、江西6个省，西部经济地带包括内蒙古、西藏、青海、新疆、广西、重庆、四川、贵州、云南、陕西、甘肃、宁夏12个省（自治区、直辖市）。不断嬗变的经济地理格局深刻影响着近年来经济发展的省份差距。这种不断变化的区域经济布局，深远影响着今后经济发展的省份差别。

2. 经济发展的省份差距

经济发展的省份差距表现在经济发展水平、产业结构、经济增长效率等多个方面上。其中，经济发展的省份差距对少数民族迁移和分布的影响最为直接。近十多年来，全国的GDP和人均GDP分别从1998年的88402.28亿元、6765元（以1998年为基期的可比价），增长到2009年的233398.01亿元、17486元，年均增长率分别达到9.69%、9.02%。各省份之间的人均GDP的差距（图1-1）及其变化成为经济发展的重要特征。

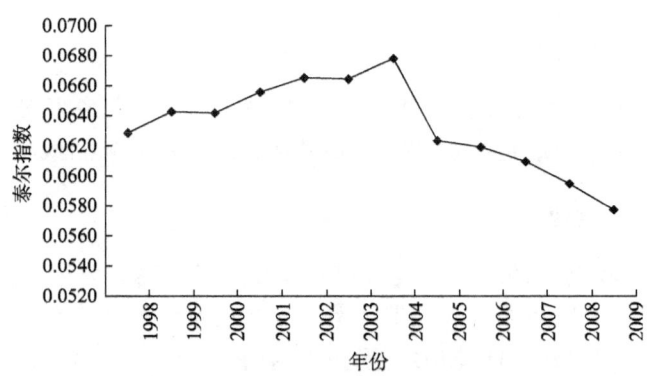

图1-1 全国省际人均GDP泰尔指数状况

近十年来，各省份人均GDP分布状况如图1-2所示。人均GDP占全国比值上升较多的省区包括江苏、福建、辽宁、山东、内蒙古、河南、湖北和吉林。其中，人均GDP上升最快的是内蒙古，1998~2009年从5085元增加到24893元，年均增长率达到15.53%。人均GDP占全国比值下降较多的地区是新疆和云南，分别从0.94、0.64下降到0.83和0.62。将2009年中国内地各地区按人均GDP可分为五个收入水平：①高收入组（28161~62426元），包括上海、天津、北京、江苏、浙江、福建、辽宁、广东和山东。②较高收入组（19587~

24893元），包括内蒙古、黑龙江、湖北、吉林。③中等收入组（16649~19078元），包括河北和重庆，人均GDP分别为19078元和16649元。④较低收入组（12666~15415元），包括湖南、海南、河南、安徽、新疆、四川、陕西、山西、青海、广西、江西。⑤低收入组（6598~11680元），包括贵州、甘肃、西藏、云南、宁夏。从分组结果看，除内蒙古外大多数少数民族聚居区的经济发展水平较低，其中宁夏、云南、西藏、甘肃、贵州，这些都是少数民族人口比例很高的地区，且处于边疆地区，其人均收入都很低，分在低收入组中。其中贵州的人均GDP最低，只有6598元，不到上海的1/9。而东部地区除了河北和海南的人均GDP在中低水平外，其他东部地区都属于高收入组。

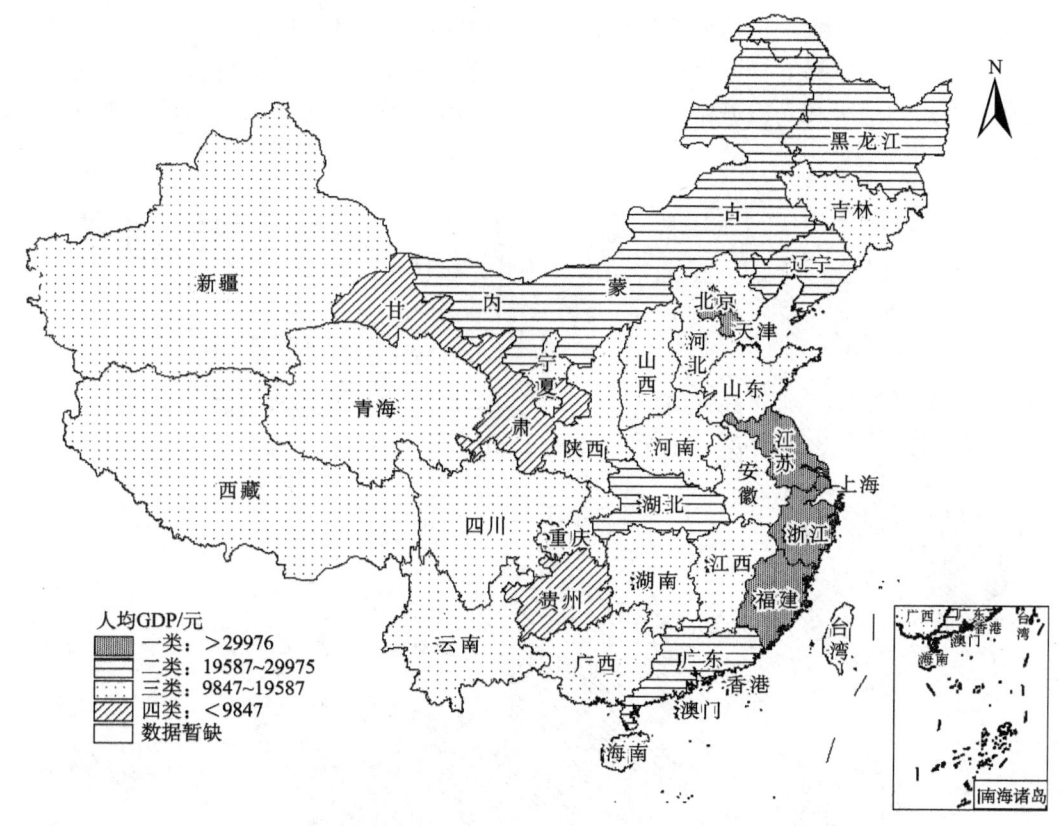

图1-2　全国各省区人均GDP分布状况

（二）民族的社会地理基础

民族的社会地理基础即社会地理环境对少数民族的发展、迁移和分布的影响。城镇化的省区差距和中国发展指数的省区差距是影响少数民族发展、迁移和分布的最直接的社会地理基础。

1. 城镇化的省份差距

城镇化是伴随着社会经济发展和人们生活方式转变过程出现的一种现象，主要表现为农村人口不断向城镇转移，第二、第三产业不断向城镇聚集，从而使城镇数量增加，城镇人口增加的过程。通常情况下，运用人口城镇化率（城镇化水平）来衡量地区的城镇化水平，一般以市人口和镇人口占全部人口的百分比来表示。2009年,全国平均城镇化率达到46.59%,比2003年提高了6.09个百分点,但是其基尼系数和泰尔指数分别高达0.1599和0.0172。虽然全国整体城镇化水平上升较快,但是各地区城镇化水平差异还比较大(图1-3)。城镇化率高于全国平均水平的有14个地区,排在前12位的都在49.13%以上,包括上海、北京、天津、广东、辽宁、浙江、江苏、黑龙江、内蒙古、吉林、重庆、福建。不难发现,这些地区除内蒙古和重庆外,其他地区分布在东部。城镇化率在39.85%~49.13%的包括海南、山东、宁夏、湖北、山西、陕西、湖南、江西、河北、安徽、青海,这些地区,既有东部地区,也有中西部地区,其中中部地区较多。城镇化率在20%~39.85%的地区包括新疆、广西、四川、河南、云南、甘肃、贵州、西藏,这些地区都分布在西部地区,其中西藏的城镇化率仅为23.8%。可以看出,人口城镇化率高低分三个层次,分布状况与经济发展水平差异性有着很高的相关性,经济发展水平高的地区其人口城镇化率也高,经济发展水平低的地区其人口城镇化率也低。

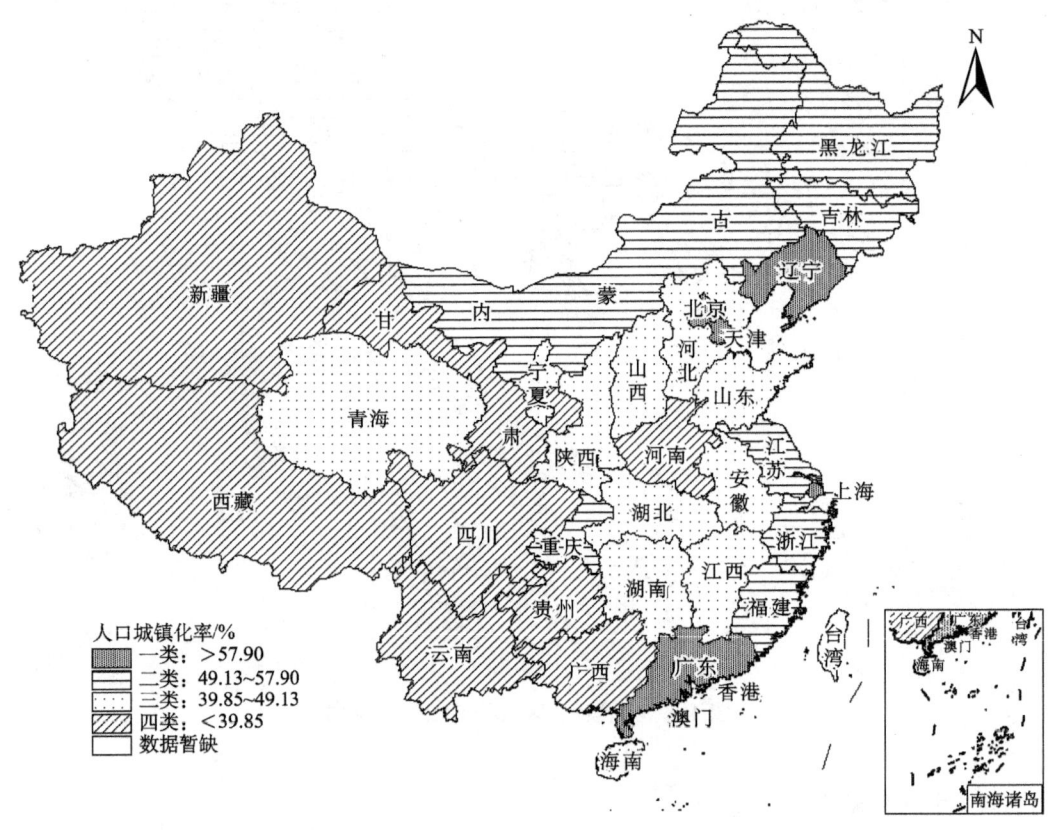

图1-3 全国各省区人口城镇化率状况

2. 中国发展指数的省份差距

中国发展指数(RUC China Development Index,RCDI)[①]借鉴了人类发展指数(human development index,HDI)[②],由4个分指数组成,4个分指数由15个指标构成,分指数构成

---

① 中国发展指数是中国人民大学三大发布指数之一,自2007年年初起每年定期发布。
② 联合国制定的度量人类发展的指数。

如下：健康指数，教育指数，生活水平指数，社会环境指数。2010年中国发展指数及其分指数健康指数、教育指数、生活水平指数和社会环境指数有较大差距（图1-4）。各地区的中国发展指数及分指数差别较大：①中国发展指数的基尼系数和泰尔指数分别为 0.0444 和 0.0014；②中国健康指数的基尼系数和泰尔指数分别为0.0532和0.0019；③中国教育指数的基尼系数和泰尔指数分别为 0.0495 和 0.0022；④中国生活水平发展指数的基尼系数和泰尔指数分别为 0.0701 和 0.0034，是各分指数中差异性最大的，说明全国范围内人们的生活水平的差异性很大，且差距主要存在于经济发达的东部地区与经济落后的西部地区；⑤中国社会环境发展指数的基尼系数和泰尔指数分别为 0.0292 和 0.0005，地区间社会环境的差异性是各分指数中最低的。

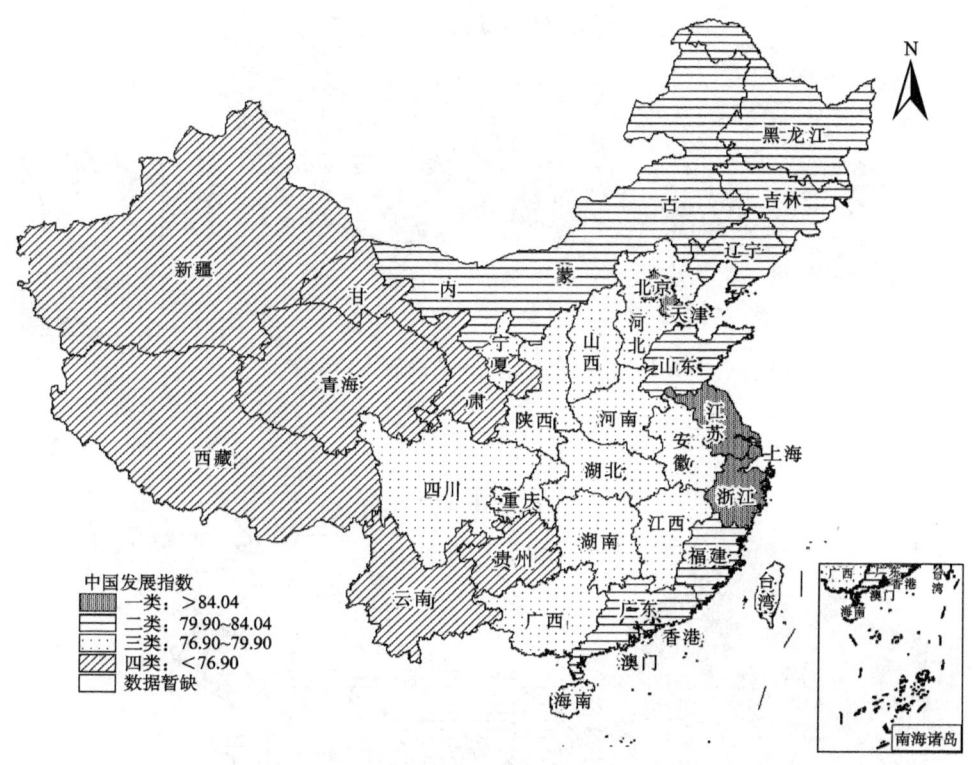

图1-4　全国各省区中国发展指数

（三）少数民族人口及其与人文地理基础关系

1. 少数民族人口数量的省区差别

我国少数民族人口数量分布的省区差别较大（图1-5）。其中，少数民族数量和比重高的省区主要有新疆、内蒙古、辽宁、贵州、云南、广西，分布在我国北部、西北和西南边疆，属于大陆型边疆省区；少数民族数量和比重低的省（直辖市）主要有山东、江苏、安徽、上海、浙江、江西、福建和陕西等，分布在我国东部地区，属于海洋型边疆省份。这样的分布格局，特别是少数民族数量和比重高省份的分布格局将深远地影响少数民族迁移，成为民族认同福祉型迁移的最主要动力，是主要民族的迁入地。

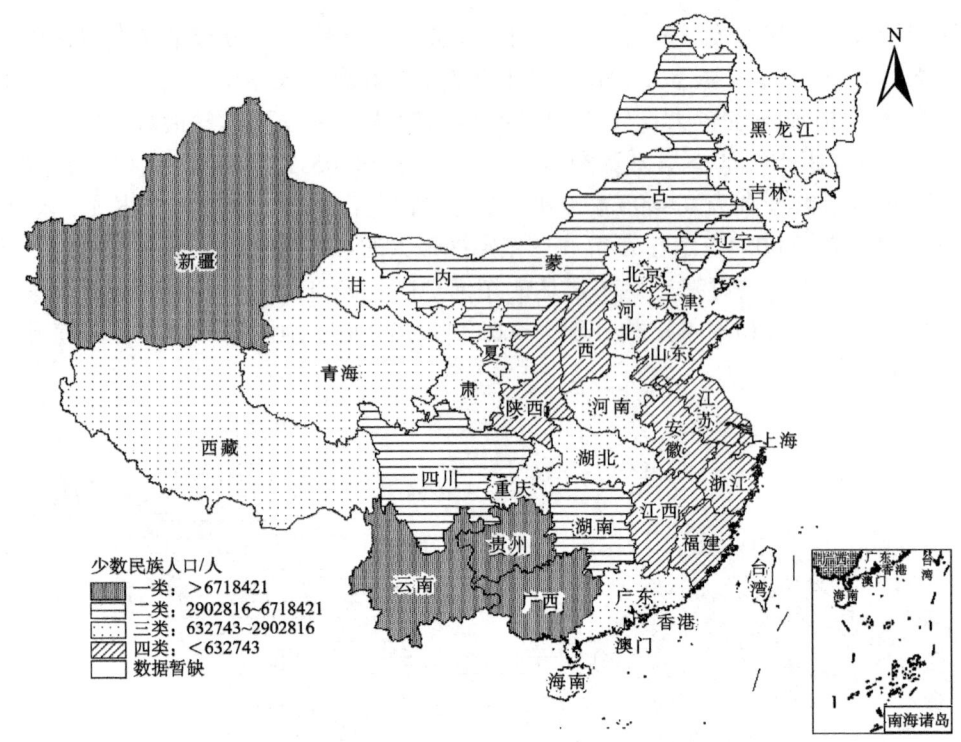

图 1-5　全国各省区少数民族人口数量

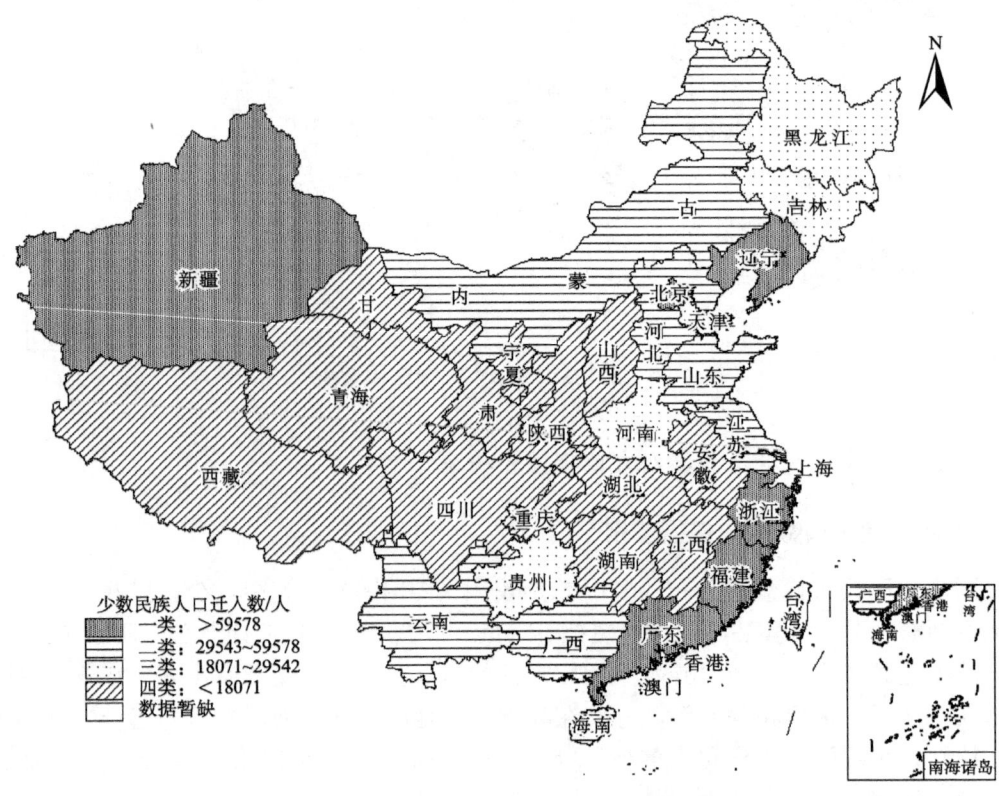

图 1-6　全国各省区少数民族人口迁入数量状况

2. 少数民族人口迁移的省份差别

近年来,少数民族人口迁移数量较多。从迁入省份的分布看,迁入少数民族人口较多的地区主要分布在我国边疆省份(图1-6)。其中,迁入数量较多的省(自治区、直辖市)有辽宁、北京、河北、山东、江苏、上海、浙江、福建、广东、广西、海南、云南、新疆和内蒙古等。这些地区分为两类:一类是经济社会发展水平高、原来少数民族比重较小的省份;另一类是经济社会发展水平较低、少数民族比重高的省份。从经济和社会分析看,少数民族人口迁移的动力主要有两类:一类是经济社会福祉型的,迁入经济社会发展水平高省份的主要属于这类;另一类是少数民族认同福祉型的,迁入少数民族比重高省份的主要属于这类。

第三节 民族构成与分布格局

中华民族是中国56个民族及若干未识别民族群体的总称,各民族之间人口数量差距较大,社会发展水平差距较大,分布具有"大杂居,小聚居,普遍散居"的特点,未识别群体主要分布于西南地区(尤其是贵州)。

一、民族构成及其变化

新中国成立以来特别是改革开放以来,党和国家的民族政策及其贯彻,极大地促进了少数民族及少数民族地区的发展。少数民族人口、城镇化水平、少数民族就业结构和少数民族教育等发生巨大变化。

(一)民族人口数量及其变化

至2010年,我国少数民族人口有了较快发展,这一发展表现在人口数量等多方面(表1-3)。具体来看,汉族是我国人口构成的主体,少数民族占总人口的比重不到10%。少数民族人口构成中,人口数量较多的为壮族、回族、满族、维吾尔族、苗族等,其民族人口数量的全国排序较前几次普查发生了变化,其中回族由第三上升为第二,人口数量在万人以下的民族有塔塔尔族、珞巴族、高山族、赫哲族、独龙族和鄂伦春族。较全国第五次人口普查的民族人口数来看,各民族中人口数增长较快的为怒族、布朗族、普米族、京族、撒拉族和塔吉克族,而人口数量增长较慢的民族有塔塔尔族、乌孜别克族、高山族、独龙族、毛南族和仫佬族等,其人口数量均为负增长。除表1-3中所列外,我国的民族及数量构成上,还有未识别的少数民族群体和加入我国国籍的外国人。其中,未识别民族群体人数较多的省份是贵州、浙江、云南、福建、西藏和江苏。

表1-3 我国少数民族人口数量状况 (单位:万人)

民 族	人口数	民 族	人口数	民 族	人口数	民 族	人口数
蒙古族	598.18	哈尼族	166.09	土族	28.96	俄罗斯族	1.54
回族	1058.61	哈萨克族	146.26	达斡尔族	13.20	鄂温克族	3.09
藏族	628.22	傣族	126.13	仫佬族	21.63	德昂族	2.06
维吾尔族	1006.93	黎族	146.31	羌族	30.96	保安族	2.01

民 族	人口数	民 族	人口数	民 族	人口数	民 族	人口数
苗族	942.60	傈僳族	70.28	布朗族	11.96	裕固族	1.44
彝族	871.44	佤族	42.97	撒拉族	13.06	京族	2.82
壮族	1692.64	畲族	70.87	毛南族	10.12	塔塔尔族	0.36
布依族	287.00	高山族	0.40	仡佬族	55.07	独龙族	0.69
朝鲜族	183.09	拉祜族	48.60	锡伯族	19.05	鄂伦春族	0.87
满族	1038.80	水族	41.18	阿昌族	3.96	赫哲族	0.54
侗族	288.00	东乡族	62.15	普米族	4.29	门巴族	1.06
瑶族	279.60	纳西族	32.63	塔吉克族	5.11	珞巴族	0.37
白族	193.35	景颇族	14.78	怒族	3.75	基诺族	2.31
土家族	835.39	柯尔克孜族	18.67	乌孜别克族	1.06	汉族	122084.45

数据来源：国务院人口普查办公室，国家统计局人口和就业统计司，2012；台湾数据暂缺。

自 1953 年的全国第一次人口普查起，我国迄今共进行了六次人口普查，普查结果显示（图 1-7），我国少数民族人口在这 50 多年中有了较快发展。少数民族人口总数由 1953 年的 3500 万增长至 2010 年的 1.11 亿。1953~1990 年人口的年平均增长率持续增长，1990 年以后开始降低。

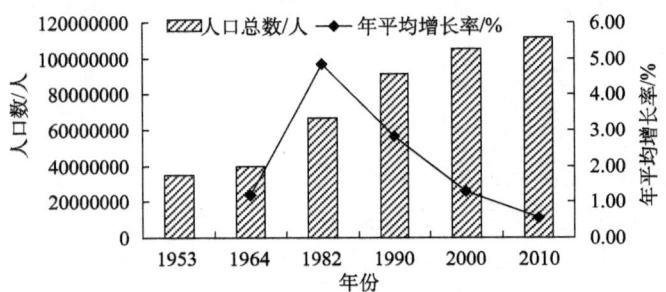

图 1-7 少数民族历次普查人口变化状况

（二）民族年龄结构

对少数民族年龄结构的研究，是少数民族人口发展预测、人口与资源环境等协调发展研究的基础。我国少数民族人口年龄结构如图 1-8 所示，属成年型，呈静止态势。其中，人口最多的年龄段为 20~24 岁，人口数为 1070 万人；人口较多的年龄段为 50 岁以下各年龄段的人口，其各年龄段内的人口数量相对差异较小；人口最少的年龄段为 100 岁及其以上，这个年龄段的人口数占少数民族总人口的千分之一以下。少数民族人口的年龄结构与全国及汉族人口的差异如图 1-9 所示，少数民族人口年龄结构中 0~19 岁、25~34 岁及 100 岁以上人口的比重高于全国及汉族人口比重，青、少年人口比重较高，而 35~100 岁人口比重则少数民族小于全国及汉族人口。

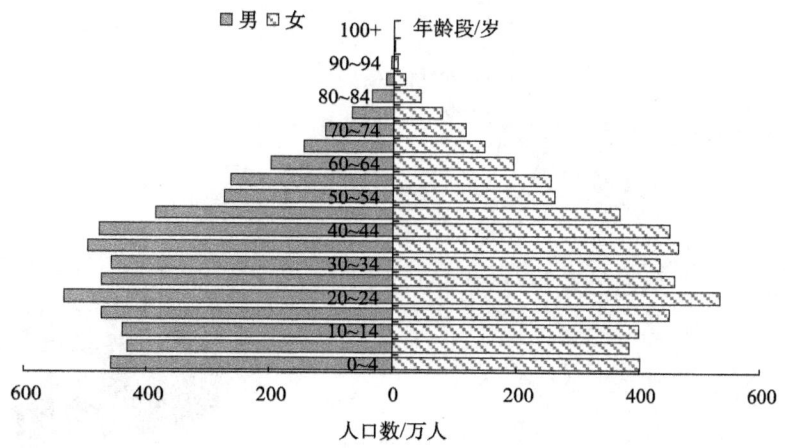

图 1-8　2010 年少数民族人口年龄结构

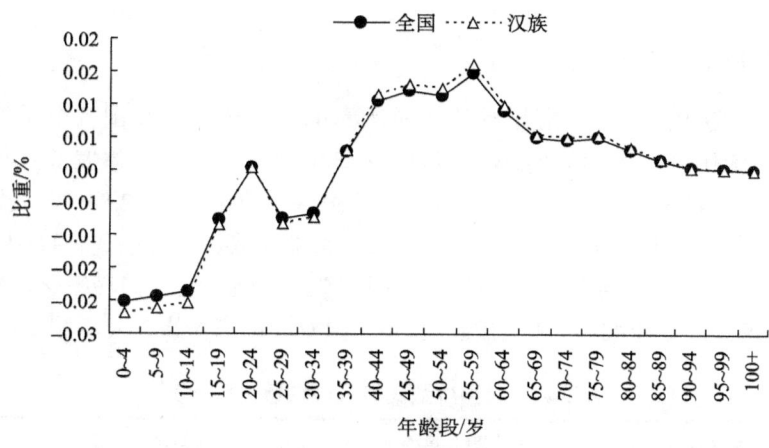

图 1-9　2010 年少数民族较全国及汉族人口年龄段的比重对比

（三）民族教育结构

教育状况既是少数民族发展水平的重要度量指标，也深刻影响着少数民族的发展。据 2010 年人口普查资料分析，少数民族人口的教育结构如图 1-10 所示。未上过小学的人口比例少数民族高于全国比例水平；初中及以上教育阶段中，少数民族人口占其总人口的比例低于全国比例水平；阶段受教育人口主导分布上，少数民族大致处于"小学—初中"中下段，低于全国的"小学—初中"中上段水平。

（四）民族就业结构

2010 年我国少数民族三次产业从业人口比例如图 1-11 所示，少数民族人口的就业多集中在第一产业，二、三产业所占比例较小，同时也小于全国及汉族人口在二、三产业中所占比重。其中，第二产业中制造业的从业人口比例最大，占第二产业从业人口的 67.16%；第三产业中比例较大的为批发和零售贸易、餐饮行业，以及交通运输、仓储和邮政业，约占第三产业从业人口的一半以上；其余分行业所占比重较小。

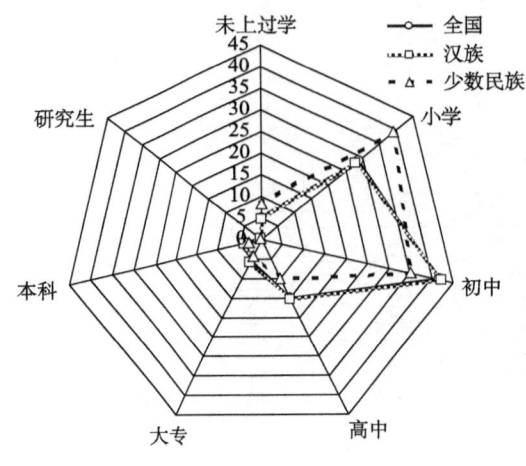
图 1-10　2010 年少数民族教育结构

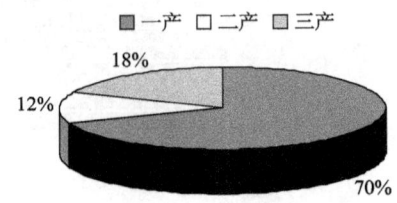
图 1-11　2010 年少数民族就业结构

(五) 民族城镇化水平

受区位条件、历史过程和发展现状等多重因素的综合影响,我国各个民族之间的人口城镇化率存在较大差距。其中,我国少数民族的人口城镇化率水平整体偏低,与汉族的人口城镇化率差距很大。如表 1-4 所示,2010 年我国少数民族城镇化率为 32.84%,城镇化率水平低于汉族的 51.87%。其中,城镇化率水平较高的民族为俄罗斯族、朝鲜族、乌孜别克族、赫哲族、高山族、塔塔尔族和鄂伦春族,其人口城镇化率均高于 50%;而人口城镇化率较低的民族有傈僳族、珞巴族、德昂族、布朗族、拉祜族、怒族、独龙族和东乡族,人口城镇化率低于 17%。

表 1-4　我国少数民族人口城镇化率状况

民　族	人口城镇化率/%	民　族	人口城镇化率/%	民　族	人口城镇化率/%	民　族	人口城镇化率/%
蒙古族	46.19	哈萨克族	23.09	仫佬族	44.25	保安族	19.35
回　族	53.50	傣　族	32.32	羌　族	30.87	裕固族	47.84
藏　族	19.72	黎　族	26.17	布朗族	15.48	京　族	54.85
维吾尔族	22.38	傈僳族	10.76	撒拉族	30.08	塔塔尔族	59.56
苗　族	25.63	佤　族	18.44	毛南族	33.98	独龙族	16.65
彝　族	18.88	畲　族	32.78	仡佬族	35.53	鄂伦春族	58.81
壮　族	34.37	高山族	60.34	锡伯族	52.96	赫哲族	67.71
布依族	26.23	拉祜族	16.26	阿昌族	22.88	门巴族	22.82
朝鲜族	69.39	水　族	19.54	普米族	20.23	珞巴族	14.12
满　族	43.74	东乡族	16.69	塔吉克族	18.89	基诺族	22.67
侗　族	30.47	纳西族	36.10	怒　族	16.48	少数民族	32.84
瑶　族	23.33	景颇族	19.72	乌孜别克族	68.34	汉　族	51.87
白　族	34.26	柯尔克孜族	19.03	俄罗斯族	84.59	全　国	50.27
土家族	34.92	土　族	32.42	鄂温克族	54.16		
哈尼族	17.36	达斡尔族	57.58	德昂族	15.11		

数据来源:国务院人口普查办公室,国家统计局.中国 2010 年人口普查资料(上、中、下);台湾数据暂缺。

二、民族分布的基本格局

（一）民族的水平分布格局

1. 民族人口数量的水平分布格局

我国少数民族人口数量的水平分布可以从不同的区域尺度进行研究：省域尺度、市域尺度、县域尺度及乡域尺度等。本书在前人省域尺度考察的基础上，从市域尺度进行。

1）民族人口数量水平分布的省域格局

少数民族主要聚居在西部和边疆地区。从分布的地理位置来看，西部 12 省份居住着全国近 70%的少数民族人口，西南和西北是少数民族分布最集中的两个区域；边疆 9 省区居住着全国近 60%的少数民族人口，边境县 2000 多万人口约一半是少数民族，有近 30 个民族与国外历史上同一民族毗邻而居[①]。

2）民族人口数量水平分布的市域格局

据 2000 年人口普查资料，我国少数民族人口数量的地市分布大的格局为：西部多于东部，特别是西南地区，少数民族人口数量较多，分布也较为集中。具体分布中，少数民族人口数量较多的地区为：河北北部和内蒙古东部的部分地区，甘肃中部西南部地区，新疆西部地区，云南、四川、广西、贵州、重庆内的部分地区和湖南西部地区。少数民族人口数量分布较少的地区集中在北京、天津、山西、陕西、河南、山东、安徽、上海、江西、浙江、广东和福建 12 个省份的大部分地区。

少数民族人口数量分布的区域差异，还可以用基尼系数（G）定量计算。基尼系数（G）是衡量少数民族人口地市分布差异的主要方法：

$$G = \frac{1}{2n(n-1)u} \sum_{j=1}^{n} \sum_{i=1}^{n} |E_j - E_i|$$

式中，G 为区域基尼系数；$|E_j - E_i|$ 为任何两个次级地域（省区）指标之差的绝对值（$i, j=1, 2, 3, \cdots, 31$）；n 为次级地域（省区）总个数；u 为全部次级地域（省区）指标平均值。各少数民族的地市分布差异计算中：基尼系数越大，说明该民族在各地市的分布越不均衡，则该民族的分布相对集中；反之，基尼系数越小，说明该民族在各地市的分布越趋于均衡，则该民族的分布相对分散。通过对全国 345 个地市州盟（2000 年）少数民族人口数量的 G 系数计算发现，少数民族人口数量在我国的地市分布上差异明显，其 G 系数达到 0.7406，说明我国少数民族人口数量在地市尺度分布上较为集中。

2. 民族人口构成的水平分布格局

1）少数民族人口比重的水平分布

"少数民族人口比重"即少数民族人口占总人口的比重，是指该地区内的少数民族人口数量与该地区总人口数量的比值，它是少数民族人口组成的重要度量指标。在地市分布上，我国少数民族人口比重大致呈现自西向东递减的趋势。其中，少数民族人口比例较高的地市

[①] 国家民族事务委员会研究室. 统一多民族的中国和中华民族的多元一体. 北京：民族出版社，2009.

集中在辽宁、内蒙古、新疆、青海、西藏、青海、云南和广西等省区的部分地区。少数民族人口比例较低的省份则集中在东、中部的大部分地区。在少数民族人口比重的区域差异上，计算得出 2000 年我国各地市少数民族人口比重的 G 系数为 0.7499。它与汉族人口分布的 0.4212 和全国人口分布的 0.3721 相比较，少数民族人口比重在各地市的分布差异较大。

2) 少数民族构成成分的水平分布

一个地区少数民族的构成情况，除可以从少数民族人口总数、少数民族人口种类分别进行测量外，还可以从综合考虑少数民族人口总数和少数民族人口种类的角度进行测量。这样综合测量的指数就是"少数民族成分构成指数（T）"。其计算公式为

$$T_i = \sum_{i=31} \frac{P_j}{p_{ij}} (j=1,2,3,\cdots,m)$$

式中，T_i 为第 i 个地区的民族成分指数；P_j 为第 j 个民族的人口数；p_{ij} 为 i 地区 j 类民族的人口数；本式中 m=55。T 越大，说明这个地区的民族构成成分就越复杂。

计算结果显示（表 1-5 和图 1-12），我国各省份所含的少数民族构成成分差异明显，少数民族成分指数最高的云南与少数民族成分指数最低的山西民族成分指数相差 15.28；分布上大致自西向东、自西南向东北递减；少数民族成分较多的省区大部分为我国的边疆地区。

表 1-5 我国少数民族成分构成指数的省域分布

地区	T	地区	T	地区	T	地区	T
北京	0.31	上海	0.16	湖北	0.40	云南	15.31
天津	0.10	江苏	0.24	湖南	1.28	西藏	2.34
河北	0.46	浙江	0.68	广东	0.79	陕西	0.05
山西	0.03	安徽	0.12	广西	4.00	甘肃	3.15
内蒙古	3.01	福建	0.78	海南	0.97	青海	1.92
辽宁	1.64	江西	0.21	重庆	0.28	宁夏	0.23
吉林	0.81	山东	0.24	四川	1.75	新疆	6.85
黑龙江	1.89	河南	0.37	贵州	4.65		

数据来源：根据国家统计局编《中国 2010 年人口普查资料》（上、中、下）统计数据计算得出；表中少数民族包括未识别民族人数和外国人入籍人数；台湾数据暂缺。

（二）民族的垂直分布格局

地形起伏度对区域人口分布有较强的影响，全国 85%以上的人口居住在地形起伏度小于 1 个基准山体（相对高差≤500m）的地区，人口密度与地形起伏度的对数曲线拟合度为 0.91（封志明等，2007）。在民族的垂直分布研究中，民族分布与山地海拔之间有相关关系，微观的民族垂直分布是由地势决定的，而各民族在微观垂直分布模式中所处的具体层位，却又有人文和社会的深刻根源（尹绍亭，1989）。地形起伏度指标（relief degree of land surface，RDLS）能比较全面地反映垂直分异情况。其表达式为

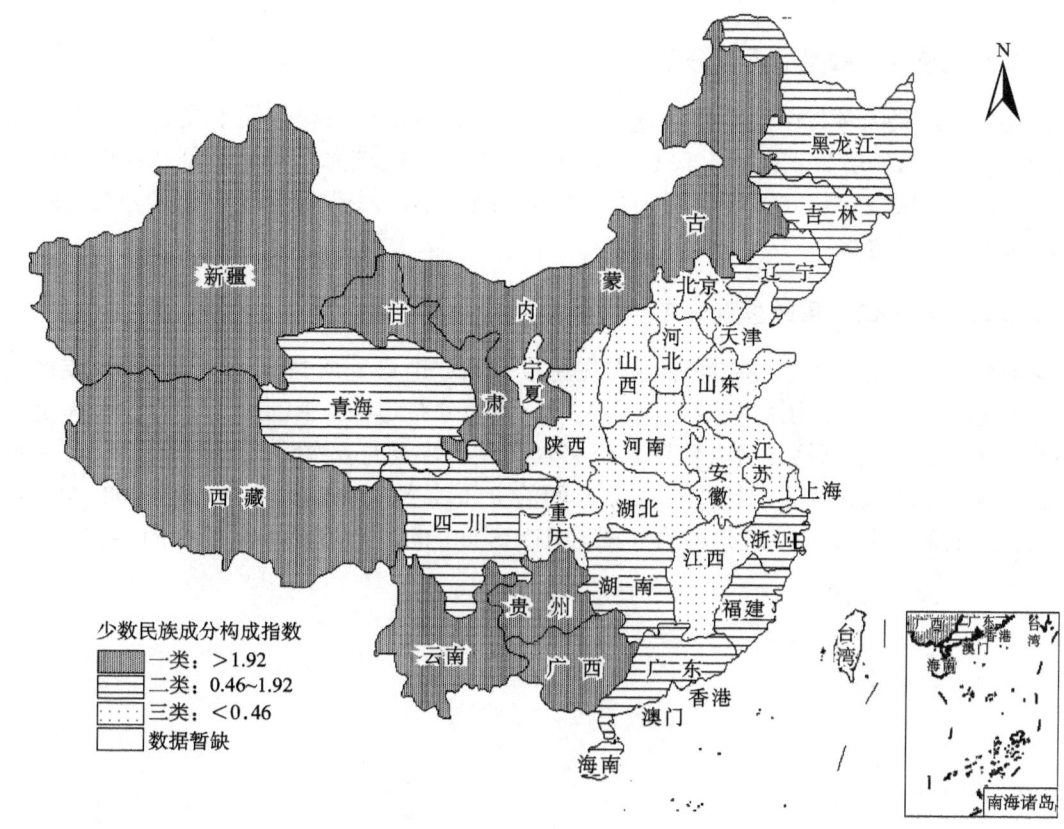

图 1-12 中国 2010 年少数民族构成成分的省域分布

$$RDLS = \{[\max(h) - \min(h)] / [\max(H) - \min(H)]\} \times \{1 - P(A)/A\}$$

式中，$\max(h)$ 为地区的最高海拔高度（m）；$\min(h)$ 为地区的最低海拔高度（m）；$\max(H)$ 为全国的最高海拔高度（m）；$\min(H)$ 为全国的最低海拔高度（m）；$P(A)$ 为地区平地所占面积（km²）；A 为地区的陆地总面积（km²）。该指标以全国的极值海拔差作为标准，测评了 30 个省区的地形起伏状况（其中重庆市并入四川省进行计算）。从指标的计算过程可以看出，该指标反映了省区地形的起伏情况，同时也是各省区参照全国的海拔基准值，反映的一组各省区平均海拔高差的状态值（表 1-6）。

表 1-6 我国各省区地形起伏度

地区	RDLS	地区	RDLS	地区	RDLS	地区	RDLS
北京	0.0455	上海	0.0010	湖北	0.2087	云南	0.5201
天津	0.0061	江苏	0.0198	湖南	0.2105	西藏	0.6670
河北	0.1115	浙江	0.1185	广东	0.1341	陕西	0.2510
山西	0.2034	安徽	0.0552	广西	0.2452	甘肃	0.3401
内蒙古	0.1307	福建	0.1933	海南	0.1062	青海	0.4507
辽宁	0.0625	江西	0.1923	重庆	0.5418	宁夏	0.2341
吉林	0.0793	山东	0.0508	四川	0.5418	新疆	0.3680
黑龙江	0.0693	河南	0.0833	贵州	0.4752		

资料来源：牛文元，2007.

1. 少数民族人口数量的垂直分布

研究得出，我国各省区的少数民族人口数量与其 RDLS 的相关性不显著，相关系数为 0.45。说明在我国目前少数民族人口总量的垂直分布上，区域海拔和地形复杂程度的影响因素较弱，但较全国人口与 RDLS 之间关系的研究结果相比，少数民族人口数量分布更趋向于地形起伏度较大的地区。

2. 少数民族人口比重的垂直分布

受种种因素影响，少数民族集中分布在海拔较高、地势复杂的地区，是我国民族格局的现状。研究结果显示，我国省域少数民族人口比重的分布与各省 RDLS 之间存在较为明显的相关性（图 1-13）。依据第二次人口普查至第六次人口普查的五次普查数据，运用 SPSS16.0，计算五次普查中少数民族人口比重与 RDLS 间的 R^2 值依次为 0.674、0.703、0.708、0.724 和 0.729，我国省域少数民族人口比重的分布与 RDLS 间的相关性呈递增趋势（图 1-14）。以上

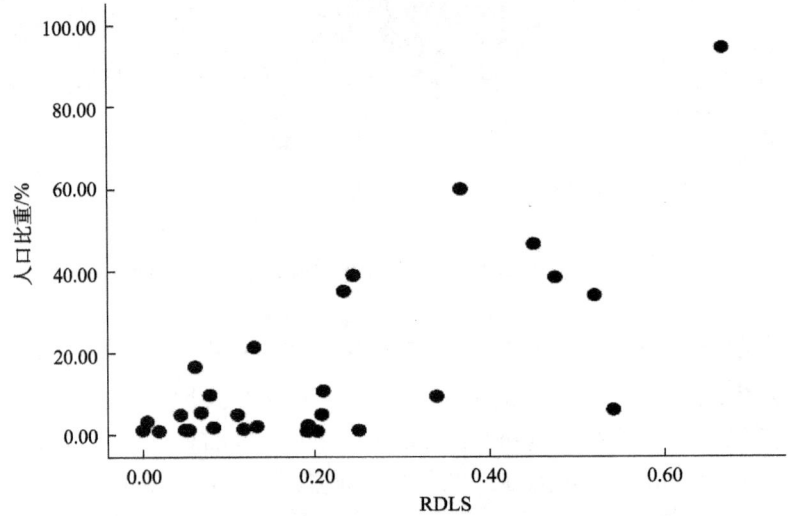

图 1-13 2010 年我国少数民族人口比重与 RDLS 的相关性分析

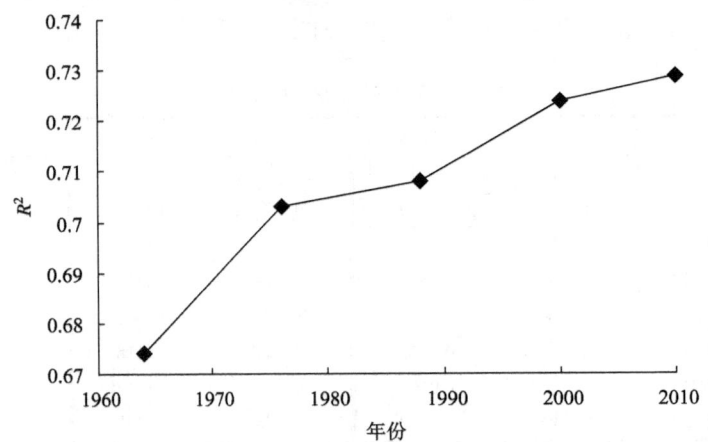

图 1-14 1964~2010 年我国少数民族人口比重与 RDLS 相关性的时段分析

分析结果显示，我国少数民族省域分布在时间上与各省区 RDLS 间相关性逐渐变大，少数民族人口比重的分布存在逐步趋向地形起伏度较大地区的趋势，人口重心持续西移。这一结果的产生，一方面是由于 1964 年以来汉民族的人口增长速度高于少数民族；另一方面，也与少数民族人口流动缓慢这一特点密不可分。

3. 少数民族构成成分的垂直分布

少数民族人口数量在我国的具体表现为，西部高原盆地地区，少数民族的数量分布较多；东部平原地区，少数民族人口分布较少。说明在人口的垂直分布上，少数民族的集中聚集更趋于海拔较高、地势起伏较大的地区，这与少数民族的民族起源和发展过程是紧密相关的。在我国的三大经济行政区域分布上（图 1-15），西部 9 个省份所分布的少数民族成分指数（T）为 43.54，约占我国少数民族成分指数的 79.13%；中部 9 个省份所分布的少数民族成分指数（T）为 5.11，约占我国少数民族成分指数的 9.29%；东部 12 个省份所分布的少数民族成分指数（T）为 6.37，仅占我国少数民族成分指数的 11.58%。

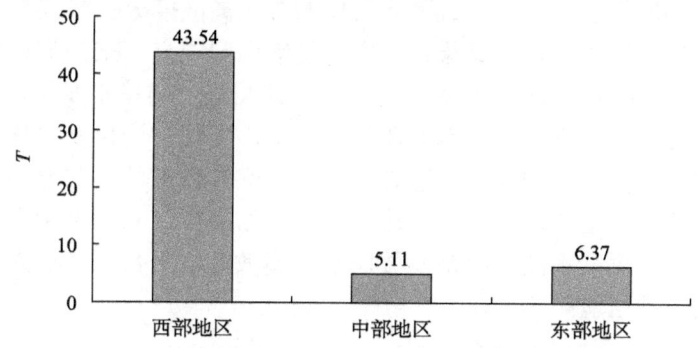

图 1-15　我国东、中、西三大地带少数民族成分构成

（三）民族的水平-垂直分布格局

中国的地势起伏和地貌类型多样，决定了民族及人口分布的复杂性。人口分布重心及其分布可能是综合反映民族的水平-垂直分布格局的较好方法。张善余（2003）在研究中指出（表 1-7）：少数民族主要分布在西部地区，我国近年来人口分布重心继续向西移动；汉族人口分布重心向西向南移动，少数民族人口分布重心向东向北移动；考虑人口自然增长率因素的差异，预计少数民族人口分布重心将缓慢西移（张善余，2003）。根据第六次人口普查

表 1-7　中国少数民族人口分布重心

年份	汉族		少数民族	
1964	114°30′ E	32°45′ N	106°02′ E	30°56′ N
1982	114°19′ E	32°39′ N	106°07′ E	30°47′ N
1990	114°17′ E	32°36′	106°02′ E	30°33′ N
2000	114°17′ E	32°28′ N	106°57′ E	30°34′ N

资料来源：张善余和曾明星，2005.

少数民族的分布情况，可以看出这一西移的趋势还在继续，具体移动状况有待进一步研究。

（四）少数民族人口的集散分布

从民族的聚居程度来看，蒙古族人口的73%居住于内蒙古，藏族人口居住于西藏和四川的占该民族的70%左右，维吾尔族99%以上聚居于新疆，壮族人口聚居于广西的约有92%，其他如布依族、白族、傣族、哈萨克族、东乡族和土族等十几个民族在西部某一省区的集中程度也都在98%以上。在各民族县域分布研究中，选取离散度这一指标方法，具体计算中，设离散度为L：

$$L_i = 1 - \sum \frac{x_i^2}{X_i^2}$$

式中，L_i为第i个民族的县域离散度；x_i为第i个民族在各县区的人口分布数；X_i为第i个民族的总人口数，$i=55$。

研究结果如表1-8所示：①各少数民族人口的县域离散度分布较汉族和全国人口普遍偏低，但其均值仍在0.81以上。这一结果：一方面是新中国成立以来国家积极的民族政策引导和支持的影响，形成了民族间融合加深、56个民族共同进步的稳定发展形势；另一方面，民族间融合的加深，必然伴随着意识形态的碰撞，表现出文化的同化及异化，这无疑也加剧了少数民族文化传承与保护工作的难度。②各少数民族间离散度的县域分布差异不大，其基尼系数仅为0.1251，处于稳定的均衡状态，这也与"团结奋斗、共同繁荣"的民族发展的时代主题相符。③尽管相关程度不高，但是少数民族的离散度与少数民族的人口数量、人口城镇化率、受教育程度等都呈现正相关。

表1-8 我国少数民族的县域分布离散度

民族	L	民族	L	民族	L	民族	L
蒙古族	0.9824	哈尼族	0.9095	土族	0.8669	俄罗斯族	0.9412
回族	0.9940	哈萨克族	0.9626	达斡尔族	0.9188	鄂温克族	0.8462
藏族	0.9918	傣族	0.9459	仫佬族	0.7115	德昂族	0.7140
维吾尔族	0.9724	黎族	0.9105	羌族	0.7875	保安族	0.2681
苗族	0.9886	傈僳族	0.9292	布朗族	0.8415	裕固族	0.5075
彝族	0.9889	佤族	0.8205	撒拉族	0.6059	京族	0.5914
壮族	0.9828	畲族	0.9759	毛南族	0.6880	塔塔尔族	0.9502
布依族	0.9642	高山族	0.9606	仡佬族	0.8258	独龙族	0.5102
朝鲜族	0.9656	拉祜族	0.7846	锡伯族	0.9517	鄂伦春族	0.9085
满族	0.9859	水族	0.7566	阿昌族	0.7306	赫哲族	0.9091
侗族	0.9525	东乡族	0.7766	普米族	0.7147	门巴族	0.3907
瑶族	0.9703	纳西族	0.5601	塔吉克族	0.5782	珞巴族	0.6671
白族	0.9300	景颇族	0.7476	怒族	0.6006	基诺族	0.1497
土家族	0.9690	柯尔克孜族	0.8406	乌孜别克族	0.8979	G	0.1251

数据来源：国务院人口普查办公室，国家人口统计司.中国2000年人口普查资料；表中少数民族不包括未识别民族人数和外国人入籍人数；台湾数据暂缺。

（五）未识别族体的分布

我国有大约 10 万人群的民族归属尚未明确确定。这些未明确确定民族归属的人群主要分布在贵州、云南、西藏等省份。

"僜"家人，主要分布在贵州黄平、凯里、麻江、关岭、瓮安、福泉、镇宁、兴仁、黔西等地。其中以黄平、凯里两地最多。虽然"僜"家人已经被识别为苗族，但结论与当事群体的意愿不一致，他们不认同这一结论，且周边的苗族也不承认他们是苗族（王希恩，2010）。其语言为"僜"家话，根据语言情况，该族体可能归属为苗族、瑶族或畲族。

蔡家人，主要分布在贵州西部和云南东北部交界地区，其语言为蔡家话，根据语言情况，该族体可能归属为壮族、布依族、傣族、侗族、仫佬族、水族、毛南族、仡佬族、瑶族、黎族、彝族。

穿青人，分布在贵州西北部，主要集中于毕节地区，安顺、六盘水等地。虽然穿青人已经识别为是汉族的一部分，但结论与当事群体的意愿不一致，他们不承认这一结论，自认为是一少数民族（王希恩，2010）。其语言属于汉语，根据语言情况，该族体可能归属为汉族。

夏尔巴人，分布在我国西藏与尼泊尔、印度东北部等交界处，主要聚居于后藏聂拉木县樟木口岸的立新，学布岗村。"夏尔巴人"虽经过识别，但因识别意见不一致而被搁置，难以确定其族属，有人认为是藏族的一个支系，也有人认为与藏族同源，但在长期发展中已形成了单一民族（王希恩，2010）。目前，根据当地政府的意见，按藏族的一支来对待。夏尔巴人的语言为藏语、尼语混杂而成的语言，根据语言情况，该族体可能归属于藏族。

僜人，约有 2 万人，分布在察隅河流域。西藏察隅河及其上游的西支流额曲（又称贡日嘎布河）流域，是僜人聚居的主要地区。自称"达让"的僜人分布在额曲流域；自称"格曼"的僜人则分布在察隅河上游的北段。在实际控制线与中印传统习惯边界线之间的我国领土上，包括察隅河南北走向的一段，察隅河由东南转为西北走向一段的北侧的杜莱曲和格多曲流域，也有僜人居住。其中"格曼"分布在察隅河南北走向的一段，"达让"分布在杜莱曲流域，中间的格多曲流域则为"格曼"和"达让"交错居住的地区。僜人虽经识别，但因识别意见不一致而被搁置，难以确定其族属。经过调查，僜人已确定不是汉人，也不是藏人，但他们属于珞巴族的一支还是单一民族，未取得一致意见（王希恩，2010）。其语言为格曼语与达让语，根据语言情况，该族体可能归属于景颇族、独龙族、怒族、珞巴族。

临高人，集中居住在海南岛的临高、儋县、澄迈、琼山、海口市郊区等四县一市郊的 47 个乡村范围，共有 51.6 万余人。对于海南省临高人的族属有壮族说，汉族、黎族、傣族、壮族融合说，汉族说。总之，关于临高人的族属问题，众说纷纭，莫衷一是，由不同的依据而得出不同族属的分析意见。因此，尊重临高人干部和群众的意愿，仍以汉族对待（王希恩，2010）。其语言为汉藏语系侗台语族台语支的一种，台语支包括国内的壮语、布依语、傣语，根据语言情况，该族体可能归属为壮族、布依族或傣族。

佤米人，主要分布在勐腊县磨憨镇南欠村和勐伴镇佤米村两个寨子。其语言为布兴话，属于南亚语系孟高棉语族，南亚语系孟高棉语族包括佤语、德昂语、布朗语和克木语，因此可能的民族归属为佤族、德昂族或布朗族。

拉基人，主要分布在云南文山壮族苗族自治州马关县南部的几个乡和与之毗邻的越南北部地。其语言为拉基语，属于汉藏语系侗台语族仡央语支，汉藏语系侗台语族仡央语支包括仡佬语、拉基语、普标语、布央语和越南北部的拉哈语等。根据语言情况，该族体可能归属为仡佬族、彝族、壮族、瑶族。

族体海南省"苗族"，主要分布在海南岛。海南岛苗族虽经识别，但族属未定，对于海南岛苗族的族属有瑶族说、苗族说，但是这些苗族的大多数干部和群众，包括苗族主要负责干部，一直认为他们是苗族，40 年来对被认定为苗族是满意的。据此，遵照"名从主人"的原则，按照本民族大多数人民的意愿，仍定为苗族（黄光学和施联朱，2005）。

疍民，近代以来，四川、两湖、云、贵等地的疍民多已汉化，逐渐在文献记载中消失，而文献记载较多的是广东、广西、福建 3 个省份水上居住的疍民。其中居住在广东的最多，广东的疍民主要集中在珠江流域、沿海地区和韩江流域，尤以珠江流域的番禺、南海、顺德、三水、香山、新会、东莞等最为集中。广西以梧州、柳州、南宁为最多。福建沿海一带与闽江流域均有疍民，而以福州为最多，少数分布于长乐、永泰、南平等地。1955 年中央派出畲民、疍民识别调查小组赴广东等地区进行调查时，深感各地疍民内部联系疏远，彼此很少往来，民族认同感和民族自我意识比较淡薄，没有明显要求承认自己的民族成分，族属认定反映不强烈。本书认为疍民原为少数民族，但长期以来已自然同化于汉族，民族特征逐渐消失，民族关系十分密切，民族自我意识淡薄，因此没有必要再从汉族里把疍民分出成为一个单独的民族（黄光学和施联朱，2005）。

第四节　民族分布聚居格局

民族分布聚集格局主要表现为民族走廊和民族聚居区两种形式。前者主要与历史时期民族迁徙有关，后者主要与现代时期行政区划有关。

一、民族走廊及其分布格局

（一）民族走廊的概念

民族走廊是解读我国民族分布格局的重要理论，是费孝通先生"中华民族多元一体"格局理论的重要组成部分。"民族走廊"在我国早已有之，但把它从民族学研究的视角提出来的则是费孝通先生，费先生是在 1978 年、1981 年和 1982 年有关民族问题的三次发言中逐步提出和完善藏彝走廊、西北走廊、岭南走廊等"民族走廊"概念[①]的。

费先生对"民族走廊"概念给予了高度关注，他在第一次讲话中说："我们以康定为中心向东和向南大体上划出了一条走廊，这条走廊中一向存在着的语言和历史上的疑难问题，一旦串联起来，有点像下围棋，一子相连，全盘皆活。这条走廊正处在彝藏之间，沉积着许多现在还活着的历史遗留，应当是历史与语言科学的一个宝贵的园地。"在第二次讲话中又说："假如我们能把这条走廊都描写出来，可以解决很多问题，如民族的形成、接触、融合、变化等。"已故著名民族学家、人类学家李绍明（2010）曾评价说："民族走廊的研究不但对这一走廊（指'藏彝走廊'）中的各民族有着重大意义，而且对于整个中华民族乃至世界

---

① 1978 年 9 月在中国人民政治协商会议全国委员会民族组会议上的发言；1981 年 12 月在中央民族学院民族研究所座谈会上的发言；1982 年 5 月在武汉社会学研究班及中南民族学院部分少数民族同志座谈会上的发言。这三次发言内容均经整理后发表（费孝通，1980，1982a，1982b）。

各民族的'文化自觉'皆有重要作用。"

20世纪90年代初，李绍明（1995）首次对"民族走廊"作了定义。他在《西南丝绸之路与民族走廊》一文中写到："民族走廊是费孝通先生根据民族学界多年来的研究提出的一个新的民族学概念。民族走廊指一定的民族或族群长期沿着一定的自然环境如河流或山脉向外迁徙或流动的路线。在这条走廊中必然保留着该民族或族群众多的历史与文化的沉淀。"由于李绍明对"民族走廊"的讨论所针对的是具体的"藏彝走廊"，而且主要是与古代交通和文化交流相联系，未涉及全国民族格局的问题，所以李星星（2005）后来对"民族走廊"概念作了一个综合："'民族走廊'是在中国特定的自然历史条件下形成的、处于古代冲积平原农业文明区域边缘、属一定历史民族或族群选择的、多半能够避开文明中心政治经略与开发，既便于迁徙流动又便于躲避以求自我保存的、其地形复杂而又依山川自然走向平面呈条带状的特殊地带，这些特殊地带也是中国少数民族的摇篮。"

这些民族走廊通过文化涵化等文化变异途径形成具有廊道式组合特征的文化景观，正日益成为多学科交叉研究的焦点之一。因此，对于我国地域空间较大范围的"民族（文化景观）廊道式组合"这一民族学、人类学和地理学等现象，20世纪70年代开始，已有学者给予了充分注意并开展有关研究。费孝通将其称为民族走廊。"民族走廊"是表达民族文化景观廊道式组合的重要概念。

（二）主要的民族走廊

远古时期民族分布的地域性和民族迁徙、扩散的连续性，决定了民族走廊的地域系统性。各个既已认识到的、地域空间尺度较大的各个民族走廊，和将不断认识到的在这些民族走廊内部的、地域空间尺度比较小的各个民族走廊，构成了具有地域联系属性和地域人地属性的民族走廊地域系统。其中，地域空间尺度较大的民族走廊有：阿尔泰民族走廊（李星星）[①]、西北民族走廊、藏彝民族走廊[②]、古氐羌民族走廊（李星星）、土家-苗瑶民族走廊（李星星，范围大致与武陵民族走廊同）和南岭民族走廊（李星星称"壮侗民族走廊"）。

1. 阿尔泰民族走廊

阿尔泰民族走廊位于75°E～120°E，42°N～50°N。东起东北大兴安岭及辽河上游一线；西迄西北阿尔泰山及天山西端一线；其南界在燕山、阴山、河西走廊北侧至塔里木河一线；北界在额尔古纳河、贝加尔湖南侧至阿尔泰山一线。包括新疆、甘肃、内蒙古、黑龙江等行政区域。主要有藏族、蒙古族、回族、土族、东乡族、撒拉族、裕固族、保安族、哈萨克族、满族等少数民族（李星星，2005）。

阿尔泰民族走廊由两个次级走廊组成，每一次级走廊对应着一定语支文化的迁徙、扩散路径。①北路走廊——其东端，越大兴安岭，可进入东北松嫩平原，或沿小兴安岭进入三江（黑龙江、松花江、乌苏里江）平原，并转入俄罗斯西部滨海地区；其西端，沿天山北侧，以及沿阿尔泰山南侧，可分两路西出，经哈萨克丘陵，通往西伯利亚及东欧平原。②南路走廊——其东端，从大兴安岭南侧即辽河上游地区向东，可入东北辽河平原，并直至长白山区

---

① 此处表示提出者，未标者均为费孝通提出，下同。
② 藏彝民族走廊的研究是最为多产的领域，四川大学有《藏彝走廊研究丛书》。

和朝鲜半岛；其西端，沿天山南侧，可西出帕米尔山口，再沿兴都库什山两侧，往东南入印度河流域，往西南入伊朗高原，直至西亚。或者，在兴都库什山北侧顺锡尔河、阿姆河，经里海、咸海都拉平原，可西进东欧平原及黑海沿岸。

如果"阿尔泰走廊"西段的南界再宽一些，就大致可以包括费孝通所说的"西北民族走廊"。这样看来，"西北民族走廊"是"阿尔泰走廊"的组成部分。西北民族走廊虽是一个独特且相对完整的一个地理单元，但是内部地貌和气候等自然要素复杂多样，使得其内部呈现地域分异而出现地域结构的空间差异，据此可以得到"西北民族走廊"主要由三部分组成（秦永章，2011）：①"河西走廊"也称"甘肃走廊"，位于甘肃西北部，东起乌鞘岭，西至甘肃、新疆交界的星星峡，南靠祁连山，北依走廊北山（马鬃山、合黎山和龙首山）。包括武威市、张掖市、酒泉市、金昌市、嘉峪关市等。②"河湟走廊"，北接祁连山南麓，西以青海日月山为界，南至甘南藏族自治州北端的达力加山、太子山一带，东至兰州的广大地区。包括大通县、湟源县、湟中县、民和县、乐都县、互助县、平安县、化隆县、循化县、同仁县、尖扎县、贵德县、临夏市、临夏县、康乐县、永靖县、广河县、和政县、东乡族自治县、积石山保安族东乡族撒拉族自治县等。③"洮岷地区"大致包括合作市、夏河县、碌曲县、玛曲县、临潭县、迭部县、舟曲县、临洮县、渭源县、漳县、岷县、文县、宕昌等。

2. 西北民族走廊

西北民族走廊由两条走廊构成，不仅包括从甘肃到新疆的这条历史上著名的东西向的民族走廊即河西民族走廊，还包括与该走廊呈"丁"字形，从祁连山脉向南直至横断山区（即藏彝走廊地区）的呈南北向的陇西走廊。河西走廊位于甘肃省西北部，东起乌鞘岭，西至甘肃、新疆交界的星星峡，南靠祁连山，北依走廊北山（马鬃山、合黎山和龙首山），形成南北宽数十至百余公里，东西长约1000km的狭长地带，因位于黄河以西，又称河西走廊，其地理范围是现在的武威、张掖、酒泉、金昌、嘉峪关所包括的区域，合计21个县市，27万多平方公里。陇西走廊由北端的河湟走廊和南端的洮岷走廊两段构成。河湟走廊大致包括青海省的西宁市（下辖大通县、湟源县、湟中县）及海东地区（民和县、乐都县、互助县、平安县、化隆县、循化县），黄南藏族自治州的同仁县和尖扎县，海南藏族自治州的贵德县，甘肃省的兰州市及临夏回族自治州1市7县（即临夏市、临夏县、康乐县、永靖县、广河县、和政县、东乡族自治县、积石山保安族东乡族撒拉族自治县）。洮岷走廊包括甘肃省南部洮河流域的甘南藏族自治州全境（即合作、夏河、碌曲、玛曲、临潭、迭部、舟曲7个市县），以及毗邻的定西市属的临洮、渭源、漳县、岷县4县和陇南地区的文县、宕昌2县，这是洮岷走廊的核心地区，如果稍微扩展开来，也可把洮岷地区向东北延伸至今天的兰（州）—天（水）铁路一线，或直抵陇山（费孝通，1997；秦永章，2011）。

3. 藏彝走廊

藏彝走廊位于97°E～104°E，25°N～34°N。北起甘青交界的西倾山南侧阿尼玛卿山至岷山一线；南抵滇西高黎贡山、怒山及云岭南端，以及金沙江南侧至乌蒙山西侧一线；西界沿巴颜喀拉山西侧，南抵横断山系西北伯舒拉岭、他念他翁山、宁静山之北端；东界由北而南自岷山东侧沿龙门山、邛崃山、大凉山外侧，直抵乌蒙山以西。包括青海果洛、海南，甘肃甘南地区，青海鄂陵湖、玉树，西藏昌都、察隅，云南腾冲、保山、永平、洱源、宾川、元谋、昭通、会泽，四川平武、北川、九顶山、宝兴、天全、峨边、马边等。主要有藏、羌、彝、傈僳、白、纳西、普米、独龙、怒、哈尼、景颇、拉祜等少数民族等，500多万人。走廊中主要的民族聚集区有四川甘孜藏族自治州、阿坝藏族羌族自治州、凉山彝族自治州，云南迪庆藏族自治州和怒江傈僳族自治州等（费孝通，1980；李绍明，1994，2006；李星星，2005；石硕，2009）。

藏彝走廊由五个次级走廊组成，每一次级走廊对应着一定语支文化的迁徙、扩散路径。①自青藏高原沿阿尼玛卿山（积石山）两侧，从黄河大拐弯处东进，以及从甘南洮河上游地区南进，而入川西北草原地区。一些在岷山西侧沿岷江上游南下，一些则从黄河南侧进入大渡河上游，并沿大渡河南下，这大体是羌语支族群迁徙扩散的历史通道。②在青海玉树地区金沙江东侧及巴颜喀拉山南麓，东入雅砻江上游，再向雅砻江下游、金沙江流域，以及大渡河、安宁河流域运动，这大体是羌语支及部分彝语支族群迁徙扩散的历史通道。③在青海巴颜喀拉山西侧，沿金沙江、澜沧江及两江之间的宁静山、云岭山路，南出云南剑川、洱源地区（由此延伸，而后可沿哀牢山、元江一线运动），这大体是彝语支族群迁徙扩散的历史通道。④从青海与西藏交界的唐古拉山脉东段两侧，沿怒江、澜沧江上游及两江之间的他念他翁山、怒山山路，南出云南保山、腾冲一带（再由腾冲往西，经缅甸之密支那进入伊洛瓦底江上游；或从保山一带东进洱海地区，再入澜沧江下游和元江流域），这大体是缅语支和部分彝语支族群迁徙扩散的历史通道。⑤在藏东沿雅鲁藏布江北侧、念青唐古拉山南侧，东入藏东南察隅地区，再顺察余勒河可转入东北印度，并通过印缅边界一些山口入缅甸，进至缅甸亲敦江和伊洛瓦底江上游地区，这大体是缅语支迁徙扩散的历史道路。

4. 古氐羌民族走廊

古氐羌走廊位于104°E～111°E，31°N～34°N。西起岷山北麓洮河、渭河上游及白龙江流域、汉水上游地区，即甘肃临夏、甘南和陇西地区，大概在甘肃岷县、陇西一线；东迄秦岭、大巴山东端，大概在陕西商南至湖北武当、房县一线；其北界沿渭河一线；其南界在大巴山脉南侧一线。包括青海、甘肃、四川、重庆、陕西、河南、湖北等（李星星，2005）。

古氐羌走廊由三个次级走廊组成，每一次级走廊对应着一定语支文化的迁徙、扩散路径。①于渭河上游地带西接河西走廊，东沿渭河进入关中平原，这大体为古羌族群迁徙扩散的历史通道。②在洮、岷地区，西接河、湟及祁连山南路；东取岷山—米仓山—大巴山—巫山山路，或取汉水上游河谷通道，可东入长江、汉水下游地区即江汉平原；其东南端接"土家-苗瑶走廊"，这大体为古氐、羌族群迁徙扩散的历史通道，土家族先民部分即取此道进入"土家-苗瑶走廊"。③沿岷山北麓东入或从渭河流域经陇南南下，至白龙江、西汉水流域及嘉陵江上游地区；再向东即接大巴山、汉水通道；向南则与"藏彝走廊"东界部分重合，即沿龙门山东侧，接四川盆地西北部边缘地带，这大体为氐人族群迁徙扩散的历史通道。

5. 土家-苗瑶民族走廊

土家-苗瑶民族走廊位于108°E～111°E，26°N～31°N。北起巫山、长江一线；南抵乌江、沅江上游湘、黔、桂交界地区，南端接珠江上游北盘江、南盘江地区；东界在武陵山、雪峰山西北端一侧，大体在鄂西长阳、湘西慈利、隆回至桂北越城岭一线；西界沿长江与乌江，大体在渝东南石柱、彭水至黔东北务川、思南，以至黄平、都匀一线。包括重庆、云南、贵州、广西、湖北、湖南等。这一区域自古就活动着三苗、百濮、百越、巴人等许多族群，今天仍然生活着土家、苗、侗、瑶、白、维吾尔等 30 多个民族。走廊中主要的民族聚集区有湘西土家族苗族、黔东南苗族侗族、黔南布依族苗族和黔西南布依族苗族等自治州（李星星，2005；费孝通，2008；潘乃谷，2008；黄柏权，2010）。

土家-苗瑶民族走廊由五个次级走廊组成，每一次级走廊对应着一定语支文化的迁徙、扩散路径。①在长江巫山峡区借峡道南入"走廊"，北接大巴山及汉水中游地区，南经鄂西清江流域，入沅江和乌江流域，这大体是古土家语族群迁徙扩散的历史通道。②从长江入清江，进入鄂西清江流域，并与沅江上游酉水流域相汇；也可转至乌江流域，向南入黔东北及黔东南，这大体是古土家语及部分苗语支族群迁徙扩散的历史通道。土家语族群多走水路，苗语支族群则多择山路。③从长江溯乌江及其支流与沅江流域相接，由此南下入黔，这大体也是土家语及苗语支族群迁徙扩散的历史通道。④从洞庭湖区溯沅江及武陵山道进入"走廊"，并溯沅江上游支流及两侧山道南下，抵黔东南苗岭及黔桂交界地区，这大体是古苗语支族群迁徙扩散的历史通道。⑤从洞庭湖区于沅江东侧，沿雪峰山—越城岭—都庞岭—萌渚岭山路，南下湘、桂、黔交界地带，并入桂东山区，这大体是古瑶语支族群迁徙扩散的历史通道。从湘、桂、黔交界地带沿大庾岭，借南岭山道往东，则可能是畲语支族群迁徙扩散的历史通道。⑥从淮河流域至洞庭、鄱阳两湖之间，沿南北走向的大别山—幕阜山—九岭山—武功山—万洋山山路，南接大庾岭，这大体也是古苗瑶语族群尤其瑶语支、畲语支族群迁徙扩散的历史通道。

6. 南岭民族走廊（壮侗走廊）

"壮侗走廊"（费孝通称其为"南岭走廊"）位于 104°E～116°E，23°N～26°N。东起闽南武夷山区；西迄珠江支流北盘江、南盘江上游地区，即黔、桂、滇交界地区，直抵乌蒙山；其北界在南岭北侧一线；其南界大约以北回归线为界，包括云南、贵州、广西、广东、湖南、江西、福建等。主要有壮、布依、侗、仡佬、仫佬、毛南、瑶、苗、畲等少数民族。南岭走廊现有少数民族人口约 1750 万，占当地总人口的 1/4 左右。在黔、桂、湘、粤交界处的一些州市和地区，少数民族人口比例高达 40%～50%；在桂北的河池、桂西北的百色、黔南、黔东南等地少数民族人口比例都超过了 60%，有些地方的少数民族人口比例高达 80%左右（费孝通，1982a，1982b；李星星，2005；王元林，2006）。

壮侗走廊由两个次级走廊组成，每一次级走廊对应着一定语支文化的迁徙、扩散路径。①溯珠江而上，沿珠江支流红水河北侧向西，经苗岭南侧，入黔南、黔西及滇东地区，这大体是古侗水语支族群迁徙扩散的历史通道。②沿红水河南侧及郁江往西，经左、右江流域，入越南及滇东，这大体是古壮傣语支族群迁徙扩散的历史通道。

二、民族聚居区及其分布格局

（一）民族聚居区的概念

民族聚居区是指非主导地位的民族在主导民族环境中的集中居住区（全国科学技术名词审定委员会，2006），在我国今后除了主要包括民族地方和民族村落外，还包括城市民族区。其中，民族地方有民族自治区、民族自治州、民族自治县（民族自治旗、区）和民族乡（镇）

四级。《中华人民共和国民族区域自治法》是《中华人民共和国宪法》规定的民族区域自治制度的具体化，明确提出，具有地方自治属性，民族地方有民族自治区、民族自治州和民族自治县（民族自治旗、区），是我国民族区域自治政治制度的具体体现。实行民族区域自治是中国共产党遵循马克思主义民族理论，根据中国国情，总结人民民主革命过程中民族工作经验，而制定的基本国策之一。民族自治地方的建立，充分考虑了民族聚居区及其规模和类型，已建立的民族自治地方，大致有三个类型：①以一个少数民族聚居区为基础建立的民族自治地方；②以一个人数较多的少数民族聚居区为基础，包括其他人数较少的少数民族聚居区而建立的民族自治地方；③以两个或多个少数民族聚居区为基础联合建立的民族自治地方。

（二）省级民族聚居区

民族自治区是省级民族聚居区，也是最高一级的民族聚居区。第一，在地缘上，属于陆域边疆型的民族自治区有内蒙古自治区、新疆维吾尔自治区和西藏自治区，属于海域边疆型的民族自治区有广西壮族自治区，属于陆域腹地型的民族自治区有宁夏回族自治区；第二，在类型上，西藏自治区属于以一个少数民族聚居区为基础建立的民族自治区，新疆维吾尔自治区属于以一个人数较多的少数民族聚居区为基础又包括其他人数较少的少数民族聚居区而建立的民族自治区。

1. 内蒙古自治区

内蒙古自治区成立于1947年5月1日，是新中国第一个民族自治区，是最大的蒙古族聚居区，有蒙古、汉、满、回、达斡尔、鄂温克、鄂伦春、朝鲜等49个民族。截至2011年年底，全区总人口为2481.71万人，比上年增加9.51万人。其中，城镇人口比重约为57%，乡村人口比重为43%左右，自然增长率为3.5‰。2011年出生率为8.9‰，死亡率为5.4‰。

内蒙古自治区辖有的民族聚居区有：①县区级民族聚居区——鄂伦春自治旗、鄂温克自治旗、莫力达瓦达斡尔族自治旗和呼和浩特市回民区，这4个民族聚居区都是非蒙古族的民族聚居区。②乡镇级民族聚居区——莫力达瓦达斡尔族自治旗巴彦鄂温克民族乡、莫力达瓦达斡尔族自治旗杜拉尔鄂温克民族乡、鄂温克族自治旗巴彦塔拉达斡尔民族乡、扎兰屯市萨马街鄂温克民族乡、扎兰屯市达斡尔民族乡、扎兰屯市鄂伦春民族乡、阿荣旗查巴奇鄂温克民族乡、阿荣旗新发朝鲜民族乡、阿荣旗音河达斡尔鄂温克民族乡、阿荣旗得力其尔鄂温克民族乡、额尔古纳市三河回族乡、额尔古纳市室韦俄罗斯民族乡、科尔沁右翼前旗满族屯满族乡、赤峰市松山区当铺地满族乡、喀喇沁旗十家满族乡、凉城县曹碾满族乡等16个乡镇级非蒙古族民族聚居区。

2. 新疆维吾尔自治区

新疆维吾尔自治区成立于1955年10月1日，是最大的维吾尔族聚居区。历史上，曾有许多部落、民族在新疆聚居。汉代主要有塞、月氏、乌孙、羌、匈奴和汉人。魏晋南北朝是中国民族大融合时期，各民族迁徙往来频繁，又有柔然、高车、吐谷浑等许多古代民族进入新疆。隋、唐时期，突厥、吐蕃等古代民族对新疆历史进程产生了重要影响。9世纪中叶，大批回鹘人进入新疆。辽朝皇族耶律大石率众西迁，征服新疆地区，建立西辽政权，一批契丹人由此进入新疆。13世纪初，成吉思汗率军进入新疆后，把他征服的地方分封给其子孙。回鹘人进一步同化、融合了部分契丹人、蒙古人。清朝政府为进一步加强新疆边防，从东北陆续抽调满、锡伯、索伦（达斡尔）等族官兵驻防新疆，他们成为新疆少数民族中的新成员。新疆维吾尔自治区有维吾尔、汉、哈萨克、回、柯尔克孜、蒙古、塔吉克、锡伯、满、乌孜别克、俄罗斯、塔塔尔等13个主要民族。少数民族人口占全区人口的60%以上，维吾尔族人口占全国的99%以上。

新疆维吾尔自治区辖有的民族聚居区有：①地市级民族聚居区——巴音郭楞蒙古自治州、博尔塔拉蒙古自治州、克孜勒苏柯尔克孜自治州、昌吉回族自治州、伊犁哈萨克自治州等5个；②县区级民族聚居区——焉耆回族自治县、察布查尔锡伯自治县、木垒哈萨克自治县、和布克赛尔蒙古自治县、塔什库尔干塔吉克自治县、巴里坤哈萨克自治县等6个；③乡镇级民族聚居区——吐鲁番地区鄯善县东巴扎回族乡、和田地区皮山县瑙阿巴提塔吉克民族乡、皮山县康克尔柯尔克孜族乡、和硕县乌什塔拉回族乡、奇台县大泉塔塔尔族乡、奇台县五马场哈萨克族乡、奇台县乔仁哈萨克族乡、木垒哈萨克自治县大南沟乌孜别克族乡、昌吉回族自治州玛纳斯县旱卡子滩哈萨克族乡、玛纳斯县塔西河哈萨克族乡、玛纳斯县清水河哈萨克族乡、阜康市三工河哈萨克族乡、阜康市上户沟哈萨克族乡、昌吉市阿什里哈萨克族乡、呼图壁县石梯子哈萨克族乡、呼图壁县独山子哈萨克族乡、阿克陶县塔尔塔吉克族乡、塔什库尔干塔吉克自治县科克亚柯尔克孜族乡、喀什地区泽普县布依鲁克塔吉克族乡、莎车县孜热甫夏提塔吉克族乡、察布查尔锡伯自治县米粮泉回族乡、特克斯县阔克铁热克柯尔克孜族乡、特克斯县呼吉尔特蒙古族乡、伊宁县愉群翁回族乡、尼勒克县科克浩特浩尔蒙古族乡、霍城县伊车嘎善锡伯族乡、霍城县三宫回族乡、昭苏县胡松图喀尔逊蒙古族乡、昭苏县察汗乌苏蒙古族乡、昭苏县夏特柯尔克孜族乡、塔城市阿西尔达斡尔族乡、乌苏市塔布勒合特蒙古族乡、乌苏市吉尔格勒特郭楞蒙古族乡、额敏县额玛勒郭楞蒙古族乡、额敏县霍吉尔特蒙古族乡、乌什县亚曼苏柯尔克孜族乡、温宿县博孜墩柯尔克孜族乡、伊吾县前山哈萨克民族乡、哈密市德外里都如克哈萨克族乡、哈密市乌拉台哈萨克族乡、布尔津县乔木哈纳斯蒙古族乡、阿勒泰市汗德尕特蒙古族乡等42个。

3. 广西壮族自治区

广西壮族自治区成立于1958年3月15日，是最大的壮族和瑶族聚居区。广西地域早在80万年前就有原始人类繁衍生息。距今10万~2万年，在今桂西、桂南、桂北山区活动着的古人类进入以血缘为纽带的母系社会初期；约在5万年前，广西古人类进入旧石器时代晚期；2万~1万年前，境内人类学会制造和使用钻孔砾石及磨尖石器；距今1万~6000年，境内人类开始走出岩洞与河谷，向平原和滨海地区发展，出现原始农业、畜牧业和制陶业。现有壮、瑶、苗、侗、仫佬、毛南、京、回、彝、水、仡佬等民族。其中，壮族是我国少数民族中人口最多的民族，约占全区总人口的1/3，占全国壮族人口的9/10以上，主要分布在南宁、柳州、百色、河池、来宾、崇左、防城港、贵港、钦州等市。瑶族是我国南方少数民族之一，约占广西全区总人口的3%，占全国瑶族人口的60%以上。

广西壮族自治区辖有的民族聚居区有：①县区级民族聚居区——龙胜各族自治县、金秀瑶族自治县、融水苗族自治县、三江侗族自治县、隆林各族自治县、都安瑶族自治县、巴马瑶族自治县、富川瑶族自治县、罗城仫佬族自治县、环江毛南族自治县、大化瑶族自治县、恭城瑶族自治县 12 个民族自治县。②乡镇级民族聚居区——梧州市蒙山县长坪瑶族乡、蒙山县夏宜瑶族乡、贺州市八步区黄洞瑶族乡、贺州市八步区大平瑶族乡、昭平县仙回瑶族乡、钟山县两安瑶族乡、钟山县花山瑶族乡、贵港市平南县马练瑶族乡、平南县国安瑶族乡、防城港市上思县南屏瑶族乡、南宁市马山县古寨瑶族乡、马山县里当瑶族乡、上林县镇圩瑶族乡、三江侗族自治县同乐苗族乡、三江侗族自治县富禄苗族乡、三江侗族自治县高基瑶族乡、融水苗族自治县滚贝侗族乡、融水苗族自治县同练瑶族乡、柳州市柳城县古砦仫佬族乡、临桂县宛田瑶族乡、临桂县黄沙瑶族乡、灵川县大境瑶族乡、灵川县兰田瑶族乡、全州县蕉江瑶族乡、全州县东山瑶族乡、兴安县华江瑶族乡、灌阳县洞井瑶族乡、灌阳县西山瑶族乡、资源县车田苗族乡、资源县两水苗族乡、资源县河口瑶族乡、平乐县大发瑶族乡、荔浦县蒲芦瑶族乡、桂林市雁山区草坪回族乡、百色市右江区汪甸瑶族乡、田东县作登瑶族乡、田林县潞城瑶族乡、田林县利周瑶族乡、田林县八桂瑶族乡、田林县八渡瑶族乡、田林县福达瑶族乡、田林县弄瓦瑶族乡、凌云县伶站瑶族乡、凌云县朝里瑶族乡、凌云县沙里瑶族乡、凌云县玉洪瑶族乡、凌云县力洪瑶族乡、西林县足别瑶族苗族乡、西林县普合苗族乡、西林县那佐苗族乡、河池市南丹县八圩瑶族乡、南丹县里湖瑶族乡、南丹县中堡苗族乡、天峨县八腊瑶族乡、凤山县平乐瑶族乡、凤山县江洲瑶族乡、凤山县金牙瑶族乡、东兰县三弄瑶族乡、东兰县五联瑶族乡、东兰县中山瑶族乡、环江毛南族自治县驯乐苗族乡、宜州市北牙瑶族乡、宜州市福龙瑶族乡等 63 个。

4. 宁夏回族自治区

宁夏回族自治区成立于 1958 年 10 月 25 日，是最大的回族聚居区。旧石器时代晚期已有原始人类活动；新石器时代，宁夏南部森林草原河谷地带已出现农耕文化，北部草原地带为游牧狩猎文化。以后游牧民族势力扩大至全区。秦代为抗御匈奴，屯田戍边。汉武帝年间曾大批移民，沿黄河两岸修渠引水，大规模开发引黄灌区，使地近荒漠的黄河沿岸平原逐步成为谷稼殷实的绿洲。南北朝末期，这里已有"塞上江南"美誉。宁夏回族自治区是回族最大的聚居区，占全区总人口的 1/3 以上，占全国回族总人口的 1/5 左右。主要分布在同心、海原、西吉、固原、泾源和吴忠等县市，其回族比例达 50%以上。其中，泾源县回族人口比例高达 95%以上。回族在自治区内主要从事农牧业。此外，有满、蒙古、东乡等 20 余个少数民族。

5. 西藏自治区

西藏自治区成立于 1965 年 9 月 9 日，是最大的藏族聚居区。藏族人口约占区内人口的 95%以上，占全国藏族总人口的 50%左右，分布于区内各地。此外，还有门巴、珞巴、回、纳西等民族。门巴族主要分布在藏东南地区，以达旺地区最为集中，从事农林业生产；珞巴族主要分布在察隅至门隅地区，大部分集中在洛隅。另外，作为未识别族群的僜人约有 2 万人，分布在察隅河流域。西藏察隅河及其上游的西支流额曲（又称贡日嘎布河）流域，是僜人聚居的主要地区。自称"达让"的僜人分布在额曲流域；自称"格曼"的僜人则分布在察隅河上游的北段。在实际控制线与中印传统习惯边界线之间的我国领土上，包括察隅河南北走向的一段，察隅河由东南转为西北走向一段的北侧的杜莱曲和格多曲流域，也有僜人居住。其中"格曼"分布在察隅河南北走向的一段，"达让"分布在杜莱曲流域，中间的格多曲流域则为"格曼"和"达让"交错居住的地区。作为未识别族群的夏尔巴人，分布在我国西藏与尼泊尔、印度东北部等交界处，主要聚居于后藏聂拉木县樟木口岸地区。

西藏自治区辖有错那县麻麻门巴族乡、错那县贡日门巴族乡、错那县吉巴门巴族乡、错那县勒门巴族乡、林芝县更章门巴族乡、米林县南伊珞巴族乡、墨脱县达木珞巴族乡、芒康县纳西民族乡、隆子县斗玉珞巴民族乡9个乡镇级民族聚居区。这些民族乡都是非藏族民族乡，是镶嵌在以藏族为主体民族的文化基底上的文化斑块。

（三）地市级民族聚居区

地市级民族聚居区是民族自治州。18个民族拥有地市级民族聚居区，分布在我国的9个省份。

1. 民族自治州的民族分布

18个民族拥有地市级民族聚居区，不同民族所具有的民族自治州的数量有很大差别：①10个及其以上民族自治州的民族有藏族，包括甘孜藏族自治州、阿坝藏族羌族自治州、迪庆藏族自治州、甘南藏族自治州、玉树藏族自治州、海南藏族自治州、黄南藏族自治州、海北藏族自治州、果洛藏族自治州、海西蒙古族藏族自治州。②有5个及以上、10个以下民族自治州的民族有苗族，如恩施土家族苗族自治州、湘西土家族苗族自治州、黔东南苗族侗族自治州、黔南布依族苗族自治州、黔西南布依族苗族自治州、文山壮族苗族自治州等。③有2个及以上、5个以下民族自治州的民族有蒙古族、彝族、回族、土家族、傣族。④有1个民族自治州的民族有朝鲜族、哈萨克族、白族、壮族、侗族、哈尼族、傈僳族、景颇族、达斡尔族、羌族、柯尔克孜族。

2. 民族自治州的省份分布

吉林、湖北、湖南、四川、贵州、云南、甘肃、青海、新疆等9个省份中有地市级民族聚居区。不同省份所具有的民族自治州的数量有很大差别。其中，云南有西双版纳傣族自治州、德宏傣族景颇族自治州、怒江傈僳族自治州、大理白族自治州、迪庆藏族自治州、红河哈尼族彝族自治州、文山壮族苗族自治州、楚雄彝族自治州等8个；青海有玉树藏族自治州、海南藏族自治州、黄南藏族自治州、海北藏族自治州、果洛藏族自治州、海西蒙古族藏族自治州等6个；新疆有巴音郭楞蒙古自治州、博尔塔拉蒙古自治州、克孜勒苏柯尔克孜自治州、昌吉回族自治州、伊犁哈萨克自治州等5个；贵州有黔东南苗族侗族自治州、黔南布依族苗族自治州、黔西南布依族苗族自治州等3个；四川有甘孜藏族自治州、凉山彝族自治州、阿坝藏族羌族自治州等3个。

（四）县区级民族聚居区

1. 民族自治县的民族分布

我国多数少数民族都有民族自治县一级的民族聚居区，不同民族所具有的民族自治县区的数量有很大差别。①苗族自治县有城步苗族自治县、靖州苗族侗族县、麻阳苗族自治县、融水苗族自治县、琼中黎族苗族自治县、保亭黎族苗族自治县、秀山土家族苗族自治县、西阳土家族苗族自治县、彭水苗族土家族自治县、威宁彝族回族苗族自治县、松桃苗族自治县、镇宁布依族苗族自治县、紫云苗族布依族自治县、关岭布依族苗族自治县、印江土家族苗族自治县、务川仡佬族苗族自治县、道真仡佬族苗族自治县、屏边苗族自治县、禄劝彝族苗族自治县、金平苗族瑶族傣族自治县等20个（5个单一苗族自治县）。②彝族自治县有峨边彝族自治县、马边彝族自治县、威宁彝族回族苗族自治县、峨山彝族自治县、江城哈尼族彝族自治县、宁蒗彝族自治县、巍山彝族回族自治县、石林彝族自治县、南涧彝族自治县、寻甸回族彝族自治县、元江哈尼族彝族傣族自治县、新平彝族傣族自治县、漾濞彝族自治县、禄劝彝族苗族自治县、宁洱哈尼族彝族自治县、景东彝族自治县、景谷傣族彝族自治县、镇沅彝族哈尼族拉祜族自治县18个（8个单一）。③回族自治县有孟村回族自治县、大厂回族自治县、威宁彝族回族苗族自治县、巍山彝族回族自治县、寻甸回族彝族自治县、张家川回族自治县、门源回族自治县、化隆回族自治县、民和回族土族自治县、大通回族土族自治县、焉耆回族自治县、呼和浩特市回民区、郑州市管城回族区、洛阳市瀍河回族区、开封市顺河回族区15个（10个单一）。④瑶族自治县有江华瑶族自治县、连南瑶族自治县、连山壮族瑶族自治县、乳源瑶族自治县、金秀瑶族自治县、都安瑶族自治县、巴马瑶族自治县、富川瑶族自治县、大化瑶族自治县、恭城瑶族自治县、河口瑶族自治县、金平苗族瑶族傣族自治县12个（11个单一）。⑤满族自治县有青龙满族自治县、丰宁满族自治县、围场满族蒙古族自治县、宽城满族自治县、新宾满族自治县、岫岩满族自治县、清原满族自治县、本溪满族自治县、桓仁满族自治县、宽甸满族自治县、伊通满族自治县11个（10个单一）。

2. 民族自治县的省份分布

河北、内蒙古、辽宁、吉林、黑龙江、浙江、河南、湖北、湖南、广东、广西、重庆、四川、贵州、云南、甘肃、青海、新疆和海南等19个省份中有地市级民族聚居区。不同省份所具有的民族自治州的数量有很大差别。其中，云南有峨山彝族自治县、澜沧拉祜族自治县、江城哈尼族彝族自治县、孟连傣族拉祜族佤族自治县、耿马傣族佤族自治县、宁蒗彝族自治县、贡山独龙族怒族自治县、巍山彝族回族自治县、石林彝族自治县、玉龙纳西族自治县、屏边苗族自治县、河口瑶族自治县、沧源佤族自治县、西盟佤族自治县、南涧彝族自治县、墨江哈尼族自治县、寻甸回族彝族自治县、元江哈尼族彝族傣族自治县、新平彝族傣族自治县、维西傈僳族自治县、漾濞彝族自治县、禄劝彝族苗族自治县、金平苗族瑶族傣族自治县、宁洱哈尼族彝族自治县、景东彝族自治县、景谷傣族彝族自治县、双江拉祜族佤族布朗族傣族自治县、兰坪白族普米族自治县、镇沅彝族哈尼族拉祜族自治县等29个民族自治县；广西有龙胜各族自治县、金秀瑶族自治县、融水苗族自治县、三江侗族自治县、隆林各族自治县、都安瑶族自治县、巴马瑶族自治县、富川瑶族自治县、罗城仫佬族自治县、环江毛南族自治县、大化瑶族自治县、恭城瑶族自治县等12个民族自治县；贵州有威宁彝族回族苗族自治县、松桃苗族自治县、三都水族自治县、镇宁布依族苗族自治县、紫云苗族布依族自治县、关岭布依族苗族自治县、玉屏侗族自治县、印江土家族苗族自治县、沿河土家族自治县、务川仡佬族苗族自治县、道真仡佬族苗族自治县等11个民族自治县。

第二章 人口较多且分布较广民族地理

第一节 汉族民族地理

汉族人口为 1220844520 人（国务院人口普查办公室和国家统计局人口和就业统计司，2012），是世界人口最多的民族，广泛分布于中国各省（自治区、直辖市），海外华人华侨中汉族也占较大比重（见第六章）。汉族源于三代，其前身是"华夏族"。秦汉之后，汉族与中华各族在血缘、地缘及政治、文化等方面均有大量交流，与中华各族共同缔造了中华民族。大体以长江为界，汉族分蒙古人种北方和南方两大类群，且北方汉族各地人群之间遗传距离较小，南方汉族各地人群之间遗传距离较大，南、北汉族均与当地少数民族的血缘相近。汉族社会文化特征具有多样性和地域性，其语言文字、哲学思想、科学传统等对中华文明影响深远。

一、民族基本特征

汉族分蒙古人种北方和南方两大类群，且北方汉族各地人群之间遗传距离较小，南方汉族各地人群之间遗传距离较大（肖春杰和杜若甫，2000）。利用MNSs基因座的研究还发现高加索人种和蒙古人种间基因交流自西向东、向南的梯变在汉族中也有体现，但南、北方蒙古人种间的基因流动所造成的汉族基因差异居主要地位（肖春杰和杜若甫，2000）。与此同时，汉族遗传特征的南北差异还与中华民族的南北差异有关，由于长期的民族基因交流，汉族北方群体与中华民族北方群体遗传距离较近，而汉族南方群体则与中华民族南方群体遗传距离较近，图 2-1 所示为部分汉族南北群体与部分中华民族南北群体的遗传距离关系（杜若甫等，1998）。

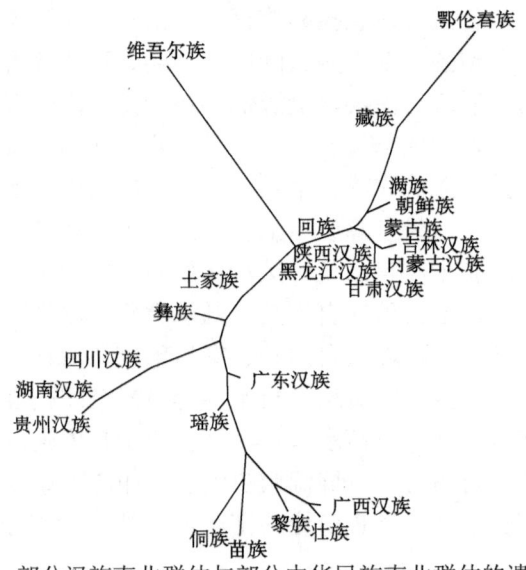

图 2-1 部分汉族南北群体与部分中华民族南北群体的遗传距离

资料来源：杜若甫和肖春杰，1997.

汉族文化源远流长，近代发生嬗变以前在很长时期内是典型的农业文明。汉族分布随着其历史逐渐扩展，今汉族在全国各省区均有大量分布，具有多样的自然、人文、经济地理环境，形成了丰富、广博、深厚的社会文化特征。汉语是汉族的本民族语言，属于汉藏语系。方言有的又称地方话。方言虽然只是在一定的地域中通行，本身却也有一种完整的系统。方言都具有语音结构系统、词汇结构系统和语法结构系统，能够满足本地区社会交际的需要。同一个民族的各种地方方言与这个民族的共同语，一般总是表现出"同中有异、异中有同"的语言特点。方言的形成有社会、历史、地理等方面的因素，如人口的迁移、山川地理的阻隔等；也有属于语言本身的要素差异，如语言发展的不平衡性，不同语言的相互接触、相互影响等。方言根据性质可分地域方言和社会方言两种。地域方言是语言因地域方面的差别而形成的变体，是全民语言的不同地域上的分支，是语言发展不平衡在地域上的反映。社会方言是同一地域的社会成员在职业、阶层、年龄、性别、文化教养等方面的社会差异而形成不同的变体。汉语包括北方方言（官话方言）、吴方言、湘方言、赣方言、客家方言、闽方言、粤方言七种方言（邢公畹，2007）。汉族有本民族文字——属表意兼表音类型的汉文。汉族的宗教信仰复杂，兼容并蓄。崇拜祖先，也有自然崇拜和鬼神崇拜。道教是汉族土生土长的传统宗教，它提倡积德修善、修炼成仙、长生不老。汉族人有的信仰道教和佛教，也有些信奉天主教、基督教。

二、民族发展变化与分布格局

新中国成立以来，汉族人口总体呈增长的趋势（图2-2；国务院人口普查办公室，1983；国务院人口普查办公室和国家统计局人口和就业统计司，1993，2002，2012）。

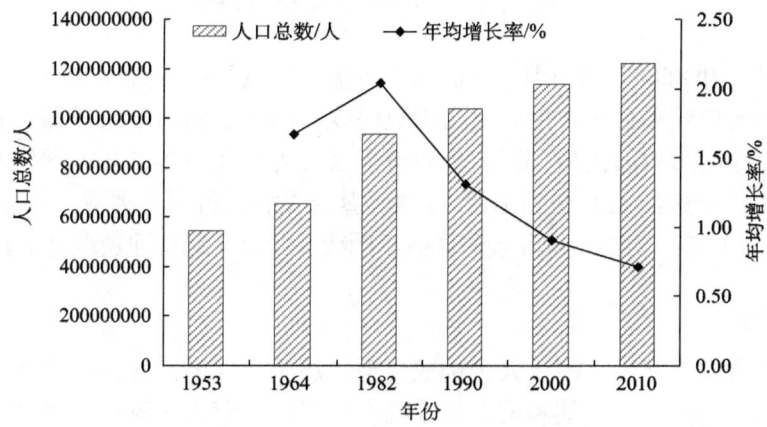

图2-2 汉族历次普查的人口变化情况

在人口密度分布上（图2-3），汉族人口高密度区在上海、天津和北京，这3个城市的汉族人口密度均在782.76人/km² 以上，其中最高的是上海，高达3921.21人/km²。汉族人口密度相对较高的省份有江苏、山东、河南、广东、浙江、安徽、河北、重庆、湖北和福建，这些省份的汉族人口密度在281.66~782.76人/km²。相对较低的省份是湖南、江西、辽宁、山西、海南、陕西、四川、吉林、贵州和广西，这些省份的汉族人口密度在80.57~281.66人/km²。低密度区的省区有云南、黑龙江、宁夏、甘肃、内蒙古、新疆、青海和西藏，这些省份的汉族人口密度均在 80.57 人/km² 以下，其中最低的是西藏，仅有 0.20 人/km²。

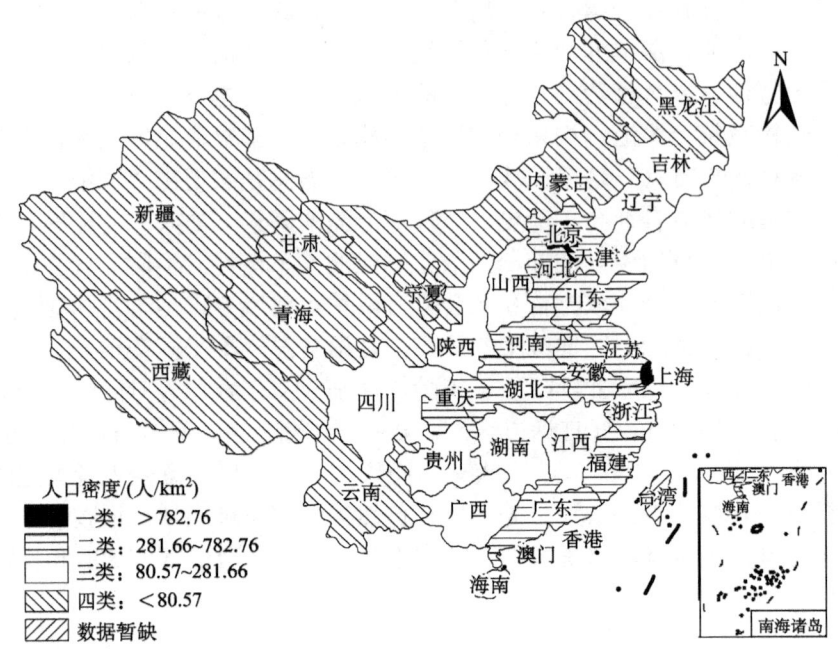

图 2-3　汉族人口密度分布的省域格局

第二节　回族民族地理

回族人口为 10586087 人（国务院人口普查办公室和国家统计局人口和就业统计司，2012），是我国人口较多且分布最广泛的少数民族。回族是隋唐以来以穆斯林为主体，同中国境内各民族交往而形成的民族。回族体质特征表现为南北两群，北方回族属于蒙古人种北方类型，南方回族（海南，还可包括福建、云南）属于蒙古人种南方类型。回族穆斯林文化特征表现明显。受各地自然、人文地理环境的影响，回族在社会文化特征表现出明显的区域性。

一、民族基本特征

由于历史渊源的多元性，回族人种构成典型地属于多元的：北方回族属于蒙古人种北方类型；福建、云南的回族因长期和南方各族融合可能属于蒙古人种南方类型；海南回族也属于蒙古人种南方类型。回族体质特征如下（李树春，2010）：身材中等偏高，黑发直形，男性胡须较少；头型多高头型、圆头型和狭头型；面型以中等型、阔面型和狭面型为多；眼裂开度中等，半数以下有蒙古褶，上眼睑褶皱发育好；鼻根中等高，鼻梁直形，鼻基水平方向，鼻尖以尖小和中间型为主，鼻孔多三角形和圆形，属狭鼻型；耳垂多圆形和三角形，多数无达尔文结节；红唇中等偏厚。不过，由于族源差异，不同地区的回族体质形态有一定差异，如海南回族与宁夏回族相比，海南回族体部测量数据值均小于宁夏回族，而头面部值却多大于宁夏回族，这与海南回族的祖先大约在 700 年前由中南半岛漂泊、定居于海南，而宁夏回族祖先多源于中亚、西亚有关。

回族是中国分布最广的少数民族，宁夏、甘肃、河南、新疆、青海、云南、河北、山东、安徽、辽宁等省份分布较多（黄庭辉，2002）。由于分布广泛，回族地理环境表现出典型的多样特征。受多样化的生存环境影响，以及在与相邻地区之间和有关民族之间的协调共生中，回族逐渐形成了具有区域性、多样性的社会文化。回族多通用汉语。海南三亚的回族，居住在羊栏区回辉和回新两个乡内，以回辉语（Utsat，Tsat，Huihui）为主要交际工具。回辉语属于南岛语系（郑贻青，2007a），是一种濒危语言。居住在青海省海南藏族自治州尖扎县康杨镇的部分回族使用康家语（Kangjia），属阿尔泰语系蒙古语族（斯钦朝克图，2007），也是一种处于濒危等级的濒危语言。回族的社会文化典型地受自然地理环境和以经济、宗教信仰为主的人文地理因素的影响。回族经济活动呈现多层次、多结构的特点：甘、青、宁地区以农业为主，兼营畜牧业；新、内地区农牧结合，或以牧业为主；河南、河北、山东除务农外多兼营季节性小商业和小手工业；云南及西南各省多商农兼营，或以商业、运输业为主；东北以林业为主；海南及沿海地区有航海和渔业；散居全国城镇的回族多从事商业和各种服务业（杨圣敏和丁宏，2003）。回族人大多信仰伊斯兰教，并且是中国伊斯兰教的主要发展者之一。中国伊斯兰教随着回族的发展也在发展变化，其变化主要在明末清初，主要标志是伊斯兰教义同中国传统文化的结合，原来各地的礼拜寺多以清净、清修、净觉、真教等命名，这时渐渐统称为清真寺。

二、民族发展变化与分布格局

新中国成立以来，回族人口总体呈增长的趋势（图2-4；国务院人口普查办公室，1983；国务院人口普查办公室和国家统计局人口和就业统计司，1993，2002，2012）。

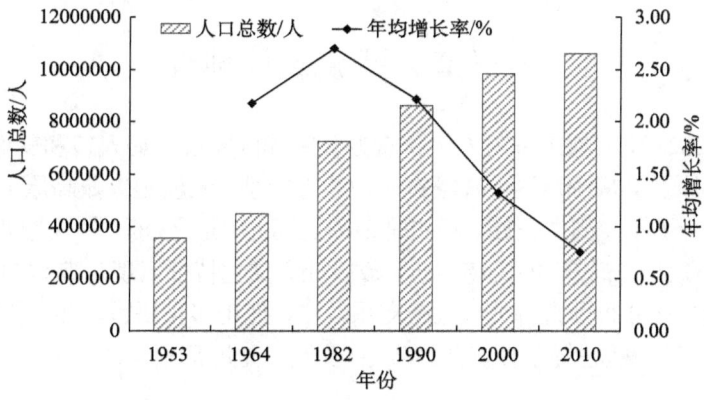

图 2-4 回族历次普查的人口变化情况

从人口比重分布上看，回族的分布表现为三种区域类型，即集中分布区、分散分布区和零星分布区（图2-5）。集中分布区是宁夏和甘肃，它们的回族人口总数为3432461人，占全国回族总人口数量约32.42%，其中宁夏的回族人口总数最多，达到2173820人，占全国回族总人口数量的比例约为20.53%。分散分布区是新疆、河南、青海、云南、河北、山东、安徽、北京、辽宁、内蒙古、贵州、天津、陕西、江苏、吉林和福建，这些省份的回族人口总数为6490729人，占全国回族总人口数量的比例约为61.31%。除上述省份外，其余省份均属于零星分布区，这些省份的回族总人口数为662897人，占全国回族总人口数量的6.26%，其中，江西的回族人口总量最少，共8902人。

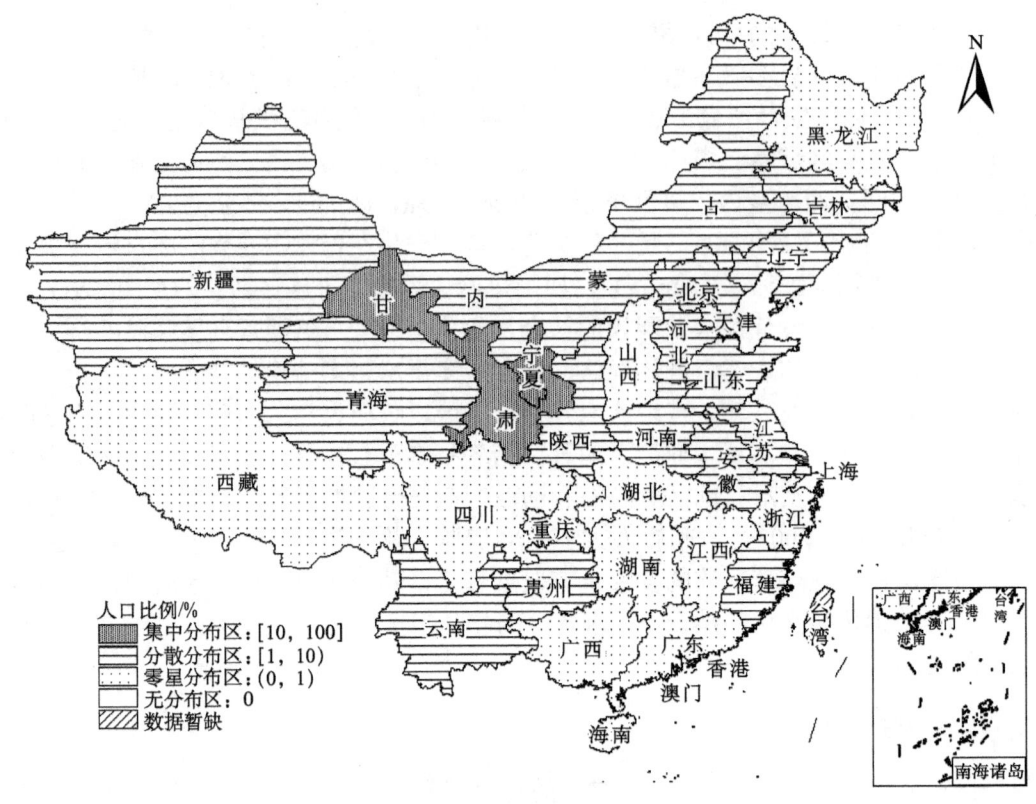

图 2-5　回族分布的省域格局

第三节　藏族民族地理

藏族人口为 6282187 人（国务院人口普查办公室和国家统计局人口和就业统计司, 2012），主要分布于青藏高原及其周围地区，属蒙古人种北方类型。藏族是青藏高原上的古老民族，其形成过程中吸收、融合了不少周边民族。藏族是中印之间、中尼之间和中不之间的非主体型跨界民族，是中国人口较多且分布较广的民族之一。藏族社会文化特征表现为典型的高原山地民族社会文化，且有明显的文化分布垂直特征。藏族支系较多，使用多种语言，并且具有高原民族特色的医学。由于支系繁多，藏族所使用语言较多，且多数已是濒危语言。

一、民族基本特征

藏族属蒙古人种北方类型。其体质特征表现为（李树春, 2010）：身材中等，黑发直形，发质较硬，体毛稀少；头型多阔头型；面型阔面型为多；褐色眼，眼裂开度中等偏狭，眼裂斜度外高内低，有蒙古褶；鼻根中等高，鼻梁直形，鼻孔卵圆形，属狭鼻型或中鼻型；耳垂多圆形和方形，多数无达尔文结节；唇中等厚，唇型稍突，颧骨突出。

藏族一直生活在青藏高原地区。藏语是藏族的本民族语言，属于汉藏语系藏缅语族藏语支（瞿霭堂, 2007）。藏族主要使用的藏语有卫藏、康、安多三种方言（瞿霭堂, 2007）。藏族有本民族文字——属拼音文字类型的藏文（中国大百科全书编委会, 1988）。藏族支系主要有康巴、安多、嘉绒（旧称嘉戎）、白马、扎巴、贵琼、木雅、尔苏、多须、里汝、史兴、纳木依等（石硕，2010）。藏族传统的主要经济活动是高原畜牧业，牧区又有游牧、半游牧、定居牧业之分，季节性游牧明显，同时有藏区高原农业，南部河谷地带还可种植水稻、玉米等作物。藏族经济活动的一大特征是垂直性明显。藏族早期信仰"本教"（俗称"黑教"）。现在大部分人信仰大乘佛教，且有"政教合一"的社会政治体制特征。

二、民族发展变化与分布格局

新中国成立以来，藏族人口总体呈增长的趋势（图2-6；国务院人口普查办公室，1983；国务院人口普查办公室和国家统计局人口和就业统计司，1993，2002，2012）。

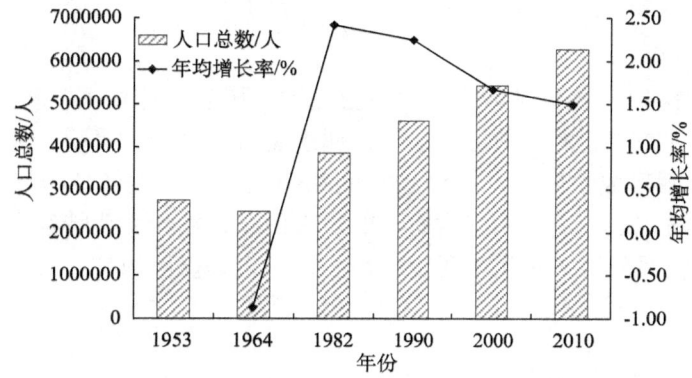

图2-6 藏族历次普查的人口变化情况

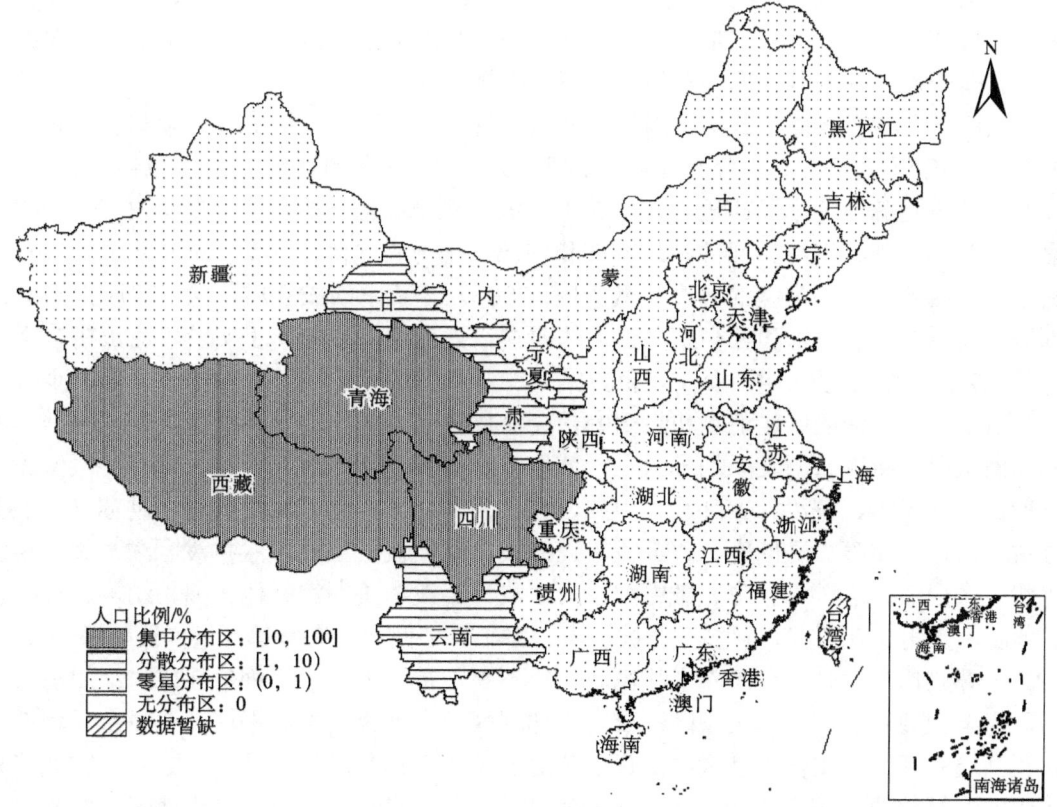

图2-7 藏族分布的省域格局

在人口比重分布上，藏族的分布表现为三种区域类型，即集中分布区、分散分布区和零星分布区（图2-7）。集中分布区是西藏、四川、青海，这3个省份的藏族人口总数为5587971人，占全国藏族总人口数量的比例约为88.95%，其中，西藏的藏族人口总数最多，达到2716388人，占全国藏族总人口数量的比例约为43.24%。分散分布区是甘肃和云南，这两个省份的藏族人口总数为630616人，占全国藏族总人口数量的比例约为10.04%。除上述省份外，其余省份均属于零星分布区，这些省份的藏族人口总数为63600人，占全国藏族总人口数量的1.01%，其中，海南的藏族人口最少，仅有248人。

第四节 彝族民族地理

彝族人口为8714393人（国务院人口普查办公室和国家统计局人口和就业统计司，2012），是中国人口较多且分布广泛的少数民族之一，属于蒙古人种南方类型。彝族是古羌人南下与当地土著居民融合而形成的民族，是中越之间和中老之间非主体型跨界民族（国外称倮倮族）。彝族主要分布在云、贵、川三省交界的广大山区，社会文化特征表现为典型的山地民族社会文化。彝族支系较多，使用多种语言，且多数已是濒危语言。

一、民族基本特征

彝族属于蒙古人种南方类型。其体质特征表现为（李树春，2010）：身材中等偏矮；头型属于中头型；皮肤颜色较浅；多为中-阔面型；发直而黑，男性眉毛较浓；眼裂开度中等，眼裂斜度外高内低，多有蒙古褶；鼻根高度中等，鼻梁平直，男性鼻基部水平，女性鼻尖上翘，鼻孔多圆形；耳垂呈方形；多为凸唇型，下颏直型。

彝族广泛分布在西南的云南、四川、贵州三省，其中云南全境均有大量彝族分布，四川主要分布在南部，贵州主要分布在西部，形成一个跨省区的连续分布地域结构（普忠良，2002）。彝语是彝族的本民族语言，她属于汉藏语系藏缅语族彝语支（陈士林等，2007）。彝语分北部、东部、南部、西部、东南部和中部六个方言（陈士林等，2007）。彝族有本民族文字——属音节文字类型的彝文（戴庆厦，2009）。新中国成立后，党和政府根据彝族人民创制、改革文字的要求和社会主义建设的要求，先后帮助彝族初步实验了凉山拼音文字方案，于1975年制定了《四川彝文规范方案》。彝族是拥有悠久历史和丰富文化的少数民族之一。由于彝族特殊的居住地缘和封闭的社会文化背景，彝族的支系纷繁复杂。根据学者的考察和确认可以将彝族的支系划分为：诺苏泼、纳苏泼、聂苏泼、罗婆、罗武、倮倮泼、伯彝、所都、阿灵泼、罗泼、罗卧泼、阿武、阿乌儒、六米、俫俐、阿哲濮、勒苏濮、撒苏、车苏泼、密期、摩察、洗期麻、改苏泼、迷撒泼、纳罗泼、土家、濮拉泼、濮瓦泼、栗泼、腊鲁泼、撒尼泼、尼泼、撒弥、撒摩都、阿系泼、葛泼、杀期泼、他鲁苏、纳若、莨峨、他留、他谷、支里、咪西苏、阿多濮、披沙夷、新丁、广西蛮、海彝等（云南民族事务委员会，1999）。彝族历史上是一个半农半牧民族，经不断迁徙，形成了三种生计方式：川滇大小凉山地区为杂粮栽培农耕文化类型区；云南中部坝区及南部为河谷、平坝及亚热带丘陵地区种植水稻，属农耕经济文化类型区；贵州部分地区及凉山部分高寒山区除一定农作物栽培外还从事牧业，属耕牧经济文化类型区（杨圣敏和丁宏，2003）。云南、贵州地区的彝族村寨，大多建在地势平缓的小坡上，住宅依地势自然分布。彝族信仰原始宗教，崇拜"万物有灵"，少数彝族人信仰佛教、道教、基督教和天主教。图腾崇拜有虎、蜂、竹等，以黑虎为主。

二、民族发展变化与分布格局

新中国成立以来，彝族人口总体呈增长的趋势（图2-8；国务院人口普查办公室，1983；国务院人口普查办公室和国家统计局人口和就业统计司，1993，2002，2012）。

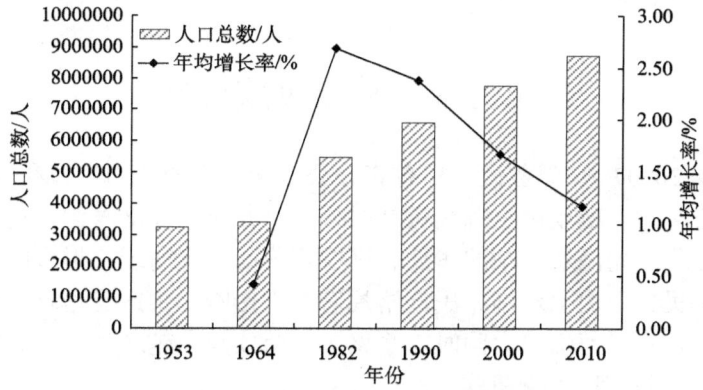

图2-8 彝族历次普查的人口变化情况

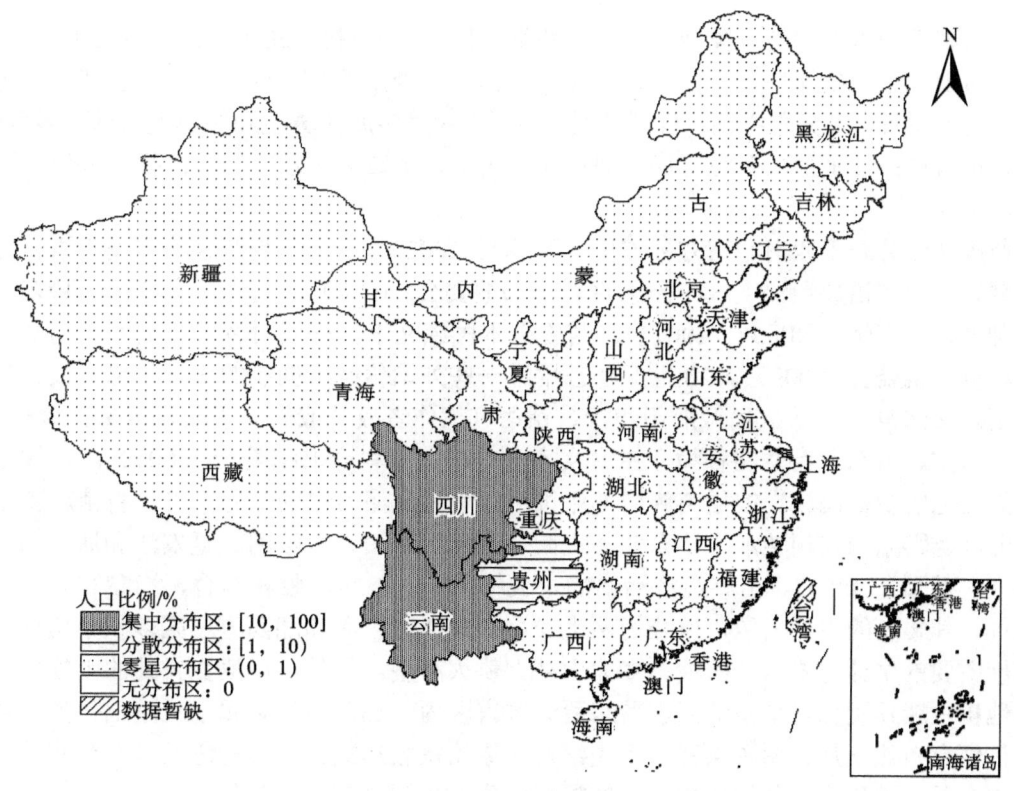

图2-9 彝族分布的省域格局

在人口分布比重上，彝族的分布表现为三种区域类型，即集中分布区、分散分布区和零星分布区（图2-9）。集中分布区是云南和四川，这两个省份的彝族人口总数为7685163人，占全国彝族总人口数量的比例约为88.19%，其中，云南的彝族人口最多，达到5041210人，占全国彝族总人口数量的比例约为57.85%。分散分布区是贵州，该省的彝族人口总数为834461人，占全国彝族总人口数量的比例约为9.58%。除上述省份外，其余省份均为零星分布区，这些省份的彝族人口总数为194769人，占全国彝族总人口数量的比例约为2.23%，其中，西藏的彝族人口最少，共396人。

第五节　苗族民族地理

苗族人口为9426007人（国务院人口普查办公室和国家统计局人口和就业统计司，2012），属于蒙古人种南方类型。苗族可上源至黄帝时代的"九黎"部落联盟，是中国上古较大的部族群体之一，因与华夏先民及后来的华夏、汉族相争而数次南迁，形成广布全国南方各省的分布格局，在中华民族历史上对南方民族格局有重大影响。由此受地理及历史因素的影响，苗族文化极为发达，多样而深厚，同时支系繁多。苗族是中越之间、中缅之间和中老之间非主体型跨界民族，在越南称为赫蒙族。

一、民族基本特征

苗族属于蒙古人种南方类型，其体质特征表现为（李树春，2010）：身材矮小，肤色深；男性多为中面型和狭面型，女性多为狭面型；体毛稀少，发黑，直型发；眼裂开度中等，眼裂斜度内外平行，多无蒙古褶；直型鼻梁，鼻翼微突，多属狭鼻型和中鼻型，鼻孔多呈卵圆；红唇，正唇形；耳垂形状多为方形、圆形和三角形，多数无达尔文结节；腿型多为短腿或中腿型。

苗族广泛分布于西南、南方各省份（石茂明，2002）。苗语是苗族的本民族语言，她属于汉藏语系苗瑶语族苗语支（中国大百科全书编委会，1988）。苗语包括湘西、黔东、川黔滇三种方言（王辅世和应琳，2007）。苗族有本民族文字——属拼音文字类型的苗文（中国大百科全书编委会，2009）。20世纪初曾用过一些外国传教士创制的拼音字母，仅在部分地区使用。1956年，中央人民政府组织汉、苗语言工作者改革或创制了湘西苗文、黔东苗文、川黔滇苗文、滇东北苗文四种拉丁拼音文字（中国大百科全书编委会，2009）。苗族是拥有着灿烂文化的少数民族。依据苗族内部服饰、语言和风俗习惯的差异，可以将苗族支系划分为：湘西、黔东南、川黔滇、滇东北、贵阳、惠水、麻山、罗泊河、重安江和海南岛10个支系（王慧琴，1988）。苗族经济活动的一大特点是农、林、牧相结合，渔猎和采集处于辅助地位。其传统的生计大致可以分为两大类型：黔东方言区和湘西方言区多从事山地耕猎，是苗族主要的生计方式；云南境内多为山林刀耕火种型。另外，川滇交界处的苗族生计类型是山地耕牧或丘陵稻作型，湘西、黔东两大方言区内一部分苗族则属于丘陵稻作型。苗族的主要信仰有自然崇拜、图腾崇拜、祖先崇拜等原始宗教形式。独具特色的是，苗族的信仰与其历史有关，被称为"苗族历史"的苗族服饰常常也记录着苗族的信仰。

二、民族发展变化与分布格局

新中国成立以来,苗族人口总体呈增长的趋势(图2-10;国务院人口普查办公室,1983;国务院人口普查办公室和国家统计局人口和就业统计司,1993,2002,2012)。

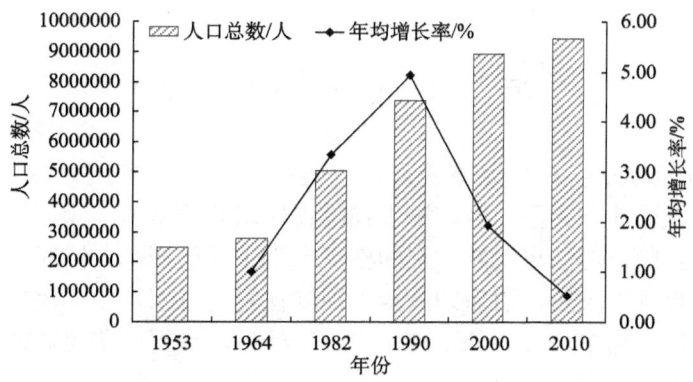

图 2-10 苗族历次普查的人口变化情况

在人口分布比重上,苗族的分布表现为三种区域类型,即集中分布区、分散分布区和零星分布区(图2-11)。集中分布区是贵州、湖南和云南,这些省份的苗族人口总数为7231531人,占全国苗族总人口数量的比例约为76.72%,其中,贵州的苗族人口数量最多,达到

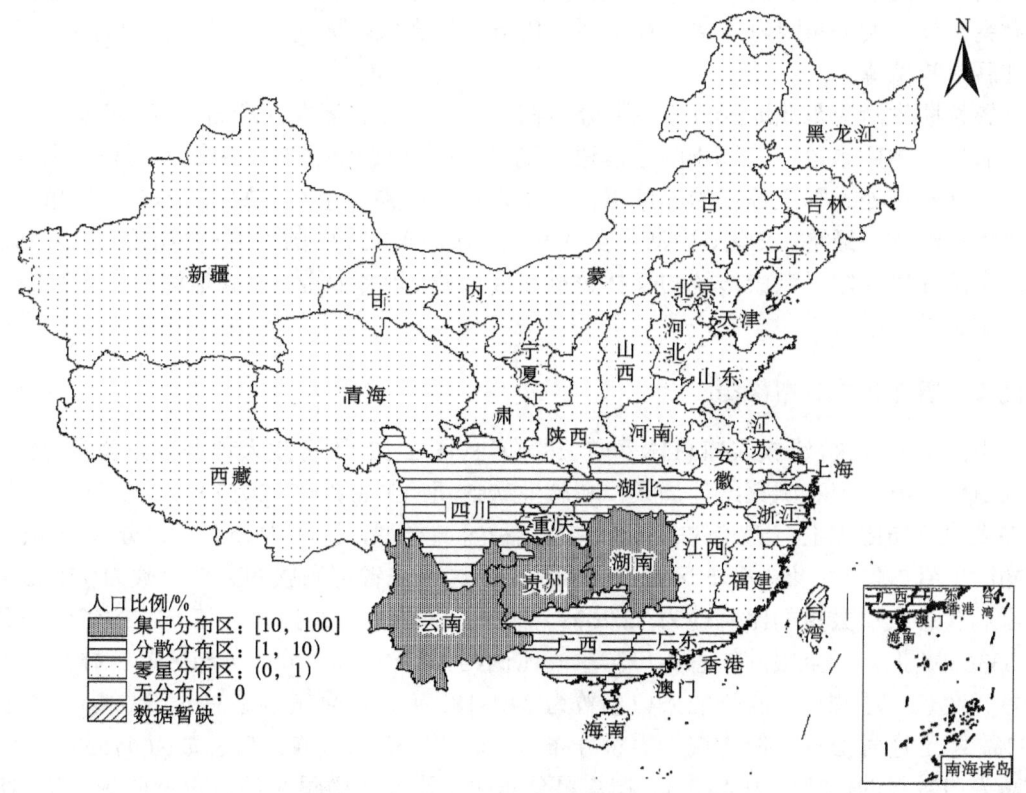

图 2-11 苗族分布的省域格局

3968400 人，占全国苗族总人口数量的比例约为 42.10%。分散分布区是重庆、广西、浙江、广东、湖北和四川，这些省份的苗族人口总数为 1861372 人，占全国苗族总人口数量的比例约为 19.75%。除上述省份外，其余省份均为零星分布区，这些省区的苗族人口总数为 333104 人，占全国苗族总人口数量的比例约为 3.53%，其中，西藏的苗族人口总数最少，共 416 人。

第六节 满族民族地理

满族人口为 10387958 人（国务院人口普查办公室和国家统计局人口和就业统计司，2012），属于蒙古人种北方类型。满族源于我国古代东北的肃慎集团，今主要分布在东北地区。满族至清统一全国，对中华民族的空间格局产生了重要影响。清时期，是中华各族寻求"正统"的最后"自发"阶段，清后期因西方国族视野的进入，中华民族各少数民族在"正统"地位奠定的基础上向中华民族的"自觉"阶段演进，使得中华民族的"多元一体"以文化自觉而奠定。

一、民族基本特征

满族属于蒙古人种北方类型。其体质特征表现为（李树春，2010）：身材中等；头型多圆头型、高头型和阔头型；面型多为狭面型和中面型；发旋，男性胡须少；眼裂开度中等，眼裂斜度外高内低，无蒙古褶，上眼睑褶皱少；鼻根中等偏低，鼻梁直，鼻尖及鼻基部水平，鼻翼微突，鼻宽大于两眼内角宽；耳垂多三角形，耳壳大多无达尔文结节；口宽中等，正唇型，红唇中等偏薄。

满族长期生活于东北地区，今主要分布在辽宁、河北、黑龙江和吉林（赫时远，2002）。满语是满族的本民族语言，属于阿尔泰语系满-通古斯语族满语支（中国大百科全书编委会，1988），是一种处于垂危等级的濒危语言。满族有本民族文字——属拼音文字类型的满文。由于满族与汉族在经济、文化、生活上交往密切，通用汉文（中国大百科全书编委会，1986）。满族的生活环境决定了满族传统的森林狩猎和采集业，现多农业。满族信仰的宗教有萨满教、佛教、喇嘛教。

二、民族发展变化与分布格局

新中国成立以来，满族人口总体呈增长的趋势（图 2-12；国务院人口普查办公室，1983；国务院人口普查办公室和国家统计局人口和就业统计司，1993，2002，2012）。

在人口分布比重上，满族的分布表现为三种区域类型，即集中分布区、分散分布区和零星分布区（图 2-13）。集中分布区是辽宁和河北，这两个省份满族的人口总数为 7506206 人，占全国满族总人口数量的比例约为 72.26%。其中，满族人口总数排在第一位的省份是辽宁，达到 5336895 人，占全国满族总人口数量的比例约为 51.38%。分散分布区是吉林、黑龙江、内蒙古和北京，这些省份满族的人口总数为 2403182 人，占全国满族总人口数量的比例约为 23.13%。除上述省份外其他均属于零星分布区，这些省份的满族人口总数为 478570，占全国满族总人口数量的比例约为 4.61%，在零星分布区中满族人数最少的省份是西藏，有 718 人。

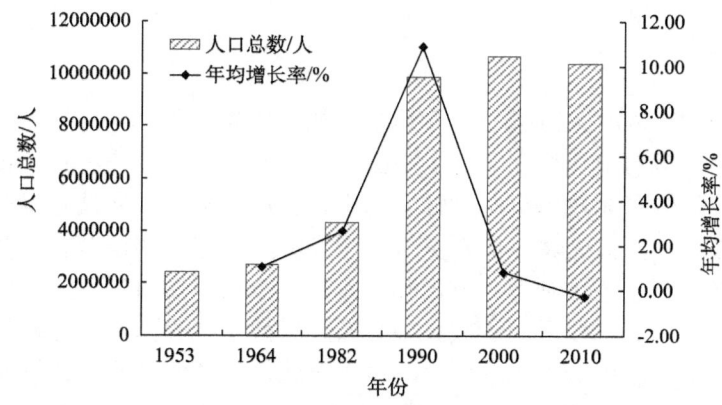

图 2-12　满族历次普查的人口变化情况

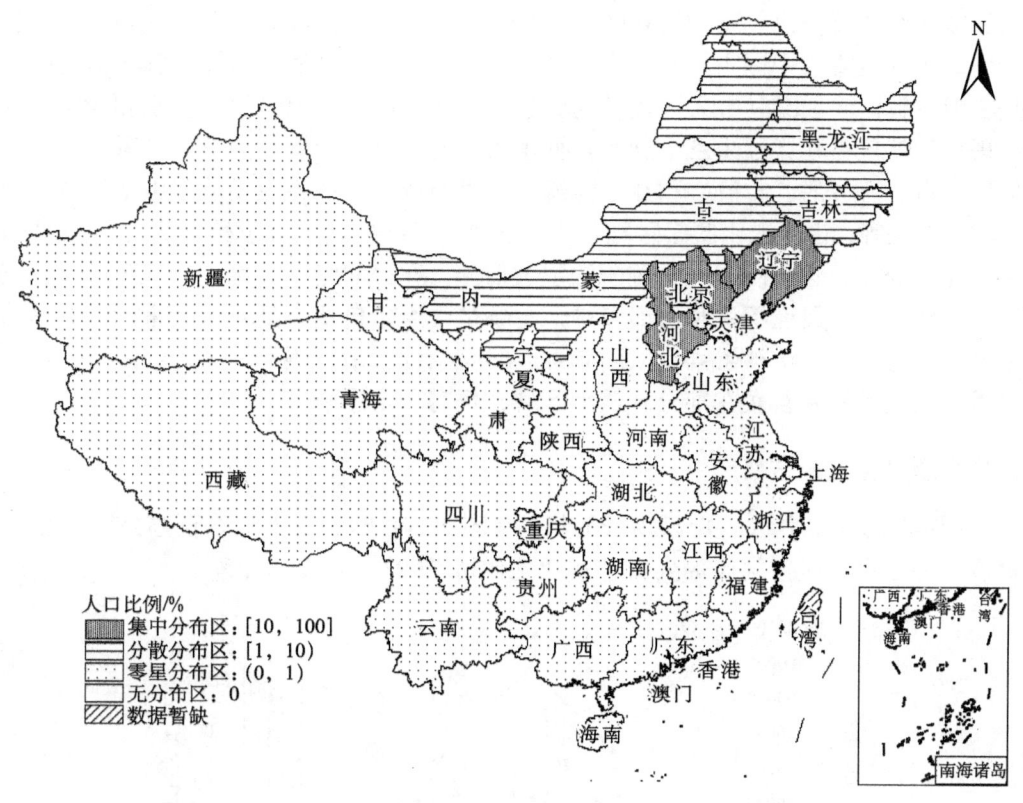

图 2-13　满族分布的省域格局

第七节　壮族民族地理

壮族人口为 16926381 人（国务院人口普查办公室和国家统计局人口和就业统计司，2012），属于蒙古人种南方类型。壮族与古代越人有渊源，是古代西南地区较为庞大的族群。今壮族主要分布于广西、云南、广东等省份。壮族是典型的山地民族，这在其社会文化特征中体现明显。壮族是中越之间非主体型跨界民族，在越南称岱、侬族。

一、民族基本特征

壮族是典型的蒙古人种南方类型。其体质特征表现为：亚中等身材；面型较宽，属阔面型；头型较宽，男性多为中头型，女性多为圆头型；直发黑色，褐色眼，眼裂开度中等，眼裂斜度内外平行，男性多无蒙古褶，女性多有蒙古褶；鼻根低，男性鼻梁多为直型和波型，女性多为凸型和波型，鼻尖上翘，鼻翼宽大；唇型多为凸型唇和正型唇，红唇中等偏厚；耳壳多无达尔文结节，耳垂多为圆形、方形和三角形（李树春，2010）。

古越人活动地域广泛，今天的壮族集中分布于广西中、西部及与之毗邻的云南的文山壮族苗族自治州。壮语是壮族的本民族语言，属于汉藏语系壮侗语族壮傣语支（王均，2007）。壮语包括南部、北部两种方言。壮族有本民族文字——属拼音文字类型的壮文。壮族原有一种方块壮字，是借用汉字表音或表义，或者依照汉字创造出来的新字，用它来记录、创作和传抄壮族歌谣或故事传说（王均，2007）。1955年，党和人民政府帮助壮族创制了一种以拉丁字母为基础的壮文（中国大百科全书编委会，1986）。壮族是我国拥有悠久历史的少数民族，是我国少数民族大家庭中人数较多的民族之一。民族学者通过科学鉴别和考察，依据壮族内部语言的特色将壮族分为三个支系。据李甫春的研究，壮族分为三大支系：左江流域的"布侬"、右江流域的"布僚"和红水河流域的"布依"。壮族主要从事山地农业，坝区多种植水稻、甘蔗等，山区或山腰多种植玉米、薯类，低纬度地区有香蕉、龙眼、荔枝等水果，兼营手工业和商业。壮族没有形成统一的宗教信仰，在民间是巫、麽、师三种并存的局面，尤其笃信万物有灵、灵魂不灭和信奉多神，主要是由原始自然崇拜发展而来的，这些自然崇拜主要是：土地崇拜、雷神崇拜、太阳崇拜、月亮崇拜、山石崇拜、火神崇拜等。不过，道教、佛教、天主教和基督教在部分壮族地区现在仍有一定影响。

二、民族发展变化与分布格局

新中国成立以来，壮族人口呈增长的趋势（图2-14；国务院人口普查办公室，1983；国务院人口普查办公室和国家统计局人口和就业统计司，1993，2002，2012）。

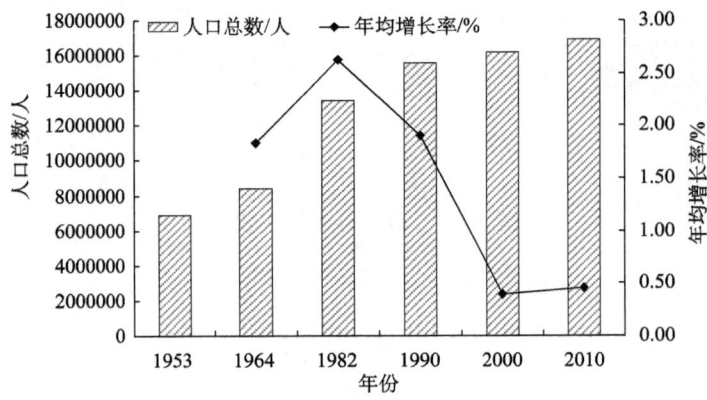

图2-14 壮族历次普查的人口变化情况

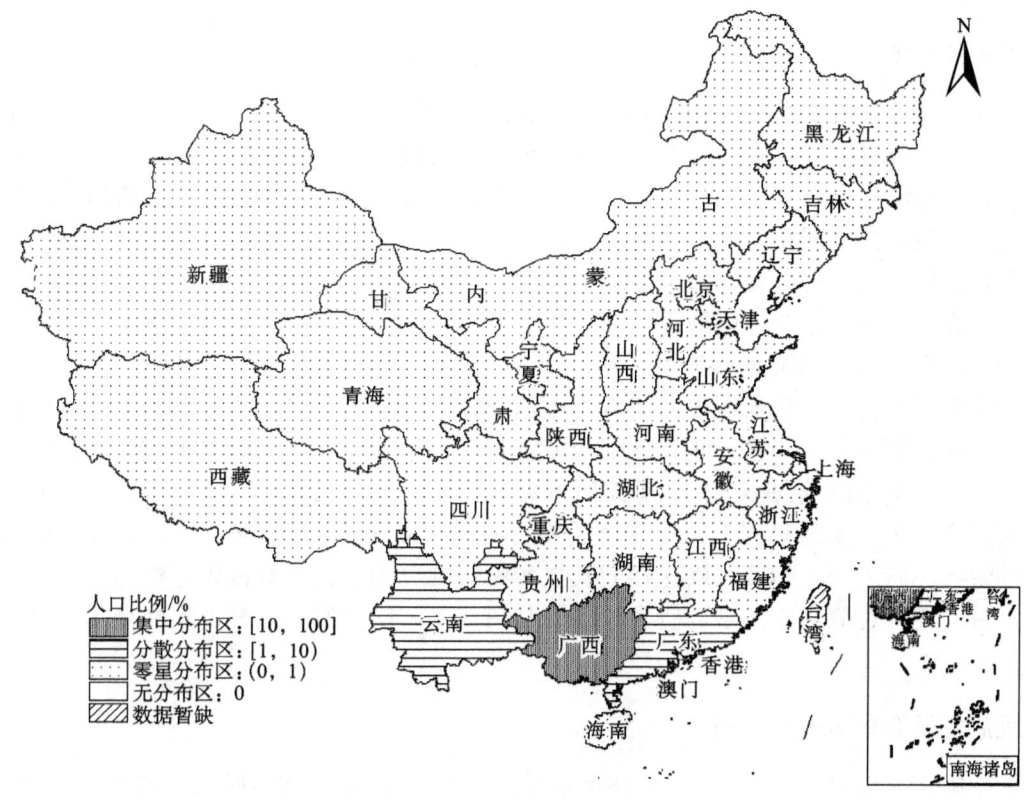

图 2-15 壮族分布的省域格局

在人口分布比重上,壮族的分布表现为三种区域类型,即集中分布区、分散分布区和零星分布区(图 2-15)。集中分布区为广西,该自治区壮族的人口总数为 14448422 人,占全国壮族总人口数量的比例约为 85.36%。分散分布区是云南和广东,这两个省份壮族的人口总量为 2092769 人,占全国壮族总人口数量的比例约为 12.36%。除上述省份外其余均属于零星分布区,这些省份的壮族人口总数为 385190 人,占全国壮族总人口数量的比例约为 2.28%,其中西藏的壮族人口分布最少,为 173 人。

第八节 蒙古族民族地理

蒙古族人口为 5981840 人(国务院人口普查办公室和国家统计局人口和就业统计司,2012),属于蒙古人种北方类型。蒙古族是中蒙之间单边主体型、划界型跨界民族,中俄之间非主体跨界民族。蒙古族于 13 世纪初形成,是典型的草原民族,并建立了全国性政权。蒙古族今主要分布于北方草原地区(云南有一部分),是北方草原民族中数量较多且分布较广的民族之一。蒙古族领导建立的元朝,对中华民族的民族成分和民族格局产生了重要影响,元西征所带回的"色目人"族群复杂,后多因滞留中土从军、从商或其他行业,形成新的民族。

一、民族基本特征

蒙古族属蒙古人种北方类型。其体质特征表现为（李树春，2010）：身材高大，指距大于身高。眼裂开度中等，眼裂斜度多为内外平行，多数有上眼睑皱褶和蒙古褶。鼻根中等，鼻被平直，鼻翼微突，多属中鼻型。耳垂男性多为圆形，女性多为圆形和三角形。头型属圆头型和高头型。面型属狭面型。男性属长躯干型，女性属中躯干型，男女均属中胸型、中肩型和中骨盆型。四肢分型属于中腿型和中臂型。

蒙古族长期生活于北方草原区。蒙古族本民族的语言是属于阿尔泰语系蒙古语族的蒙古语语种，具有元音丰富而辅音较少，从汉语、突厥语、满-通古斯语、藏语、梵语、希腊语和俄语等借词的特点。我国境内的蒙古语可以划分为内蒙古、卫拉特、巴尔虎布里亚特三种方言。蒙古族使用文字可考最早的是回鹘式蒙古文，使用这种文字最早的文献是《也松格碑》（1225 年）。回鹘式蒙古文到 17 世纪时发展成为两支：一支是通行于蒙古族大部分地区的现行蒙古文；另一支是只在卫拉特方言区使用的托忒文（道布，1986）。蒙古族是中国北方古老的游牧民族之一，随着民族迁移的发生和民族融合的加剧，蒙古族完整的支系已无资料考证，目前国内对蒙古族支系的研究较多的是图瓦人。现在信教的蒙古族群众基本上信仰喇嘛教。

二、民族发展变化与分布格局

新中国成立以来，蒙古族人口总体呈增长的趋势（图 2-16；国务院人口普查办公室，1983；国务院人口普查办公室和国家统计局人口和就业统计司，1993，2002，2012）。

在人口分布比重上，蒙古族的分布表现为三种区域类型，即集中分布区、分散分布区和零星分布区（图 2-17）。集中分布区为内蒙古和辽宁，这两个省份蒙古族的人口总数为 4883959 人，占全国蒙古族总人口数量的比例约为 81.65%。其中，蒙古族人口总数排在第一位的是内蒙古，达到 4226090 人，占全国蒙古族总人口数量的比例为 70.65%。分散分布区是河北、新疆、吉林、黑龙江、青海、北京和河南，这些省份蒙古族的人口总数为 847675 人，占全国蒙古族总人口的比例约为 14.17%。除上述省份外其余均属于零星分布区，这些省份的蒙古族人口总数为 250206 人，占全国蒙古族总人口数量的比例约为 4.18%，其中，西藏的蒙古族人口最少，共 307 人。

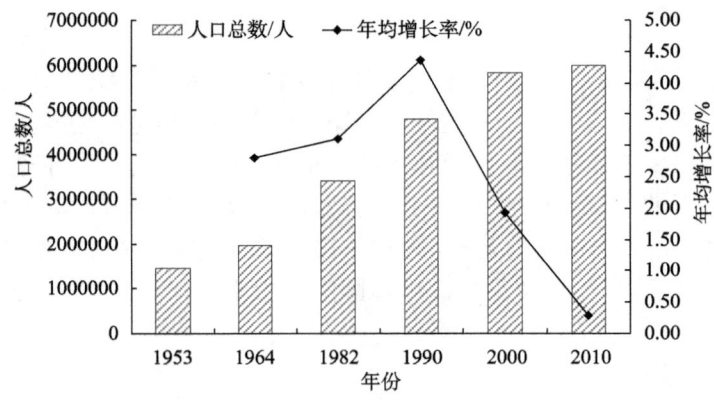

图 2-16　蒙古族历次普查的人口变化情况

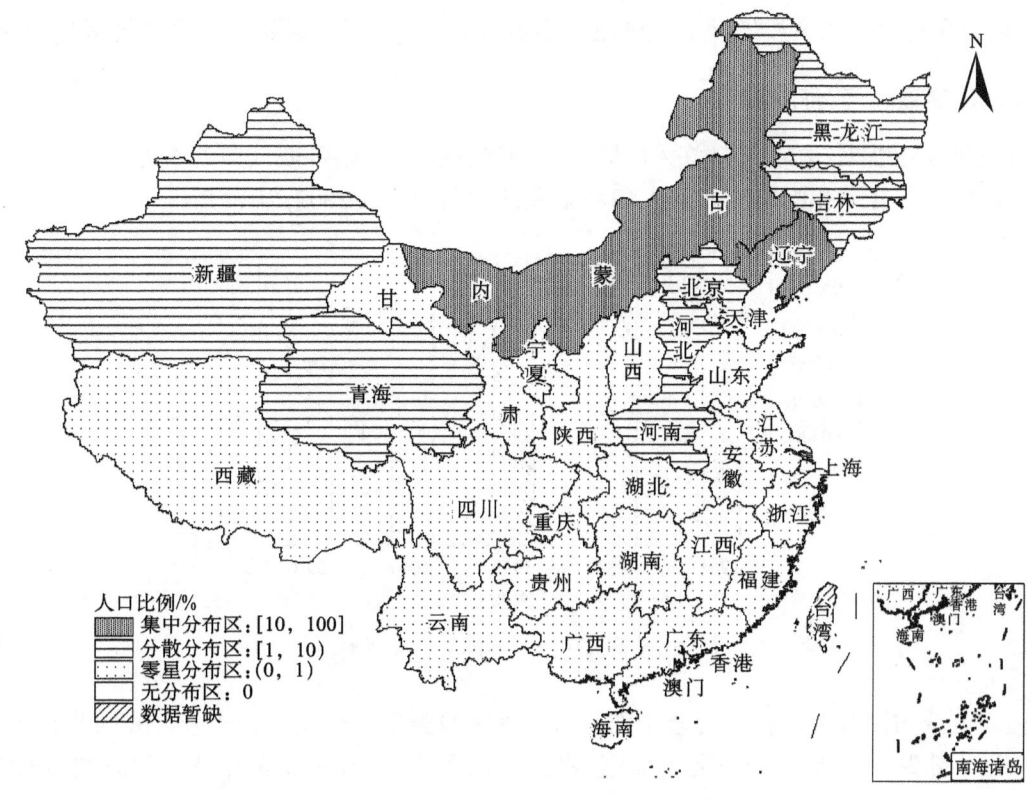

图 2-17 蒙古族分布的省域格局

第九节 畲族民族地理

畲族人口为 708651 人（国务院人口普查办公室和国家统计局人口和就业统计司, 2012），属于蒙古人种南方类型。畲族与汉晋所称"南蛮"有渊源，其分布地在历史上有较大变迁，今主要分布于福建、浙江、江西、广东等省份，是我国人口较多且分布较广的少数民族之一。

一、民族基本特征

畲族属于蒙古人种南方类型。畲族体质特征表现为（李树春, 2010）：身材中等偏矮，肤色浅黄，发色黑褐。头型多中头型和高头型。眼裂斜度外高内低，无蒙古褶。鼻梁较直，鼻翼不突，属于狭鼻型。耳垂多圆形或方形。唇薄。胸部发育好，腿长。骨盆向外突出明显。

畲族长期生活于东南沿海的福建、浙江、江西、广东等省份（赫时远等, 2002）。畲语（She）是畲族的本民族语言，属于汉藏语系苗瑶语族苗语支（毛宗武和蒙朝杰, 2007），是一种处于垂危等级的濒危语言。畲语可分为莲花、罗浮两种方言。分布在莲花山区的惠东、海丰两地的畲语是莲花方言；分布在罗浮山区的博罗、增城两地的畲语是罗浮方言。畲族除使用畲语外，在一定的地域交集处还使用其他民族语言。例如，在福建、浙江、江西、安徽等省及广东的潮安区、丰顺县的畲族使用属于汉语的客家方言。畲族没有本民族文字，通用汉文。畲族是一个典型的山地农耕民族。畲族过去信仰盘瓠、祖灵崇拜、自然神崇拜、图腾崇拜,道教和佛教传入畲族地区后逐渐融入畲族的日常生活中,且道教在畲族地区影响很深。

二、民族发展变化与分布格局

新中国成立以来,畲族人口总体呈增长的趋势(图2-18;国务院人口普查办公室,1983;国务院人口普查办公室和国家统计局人口和就业统计司,1993,2002,2012)。

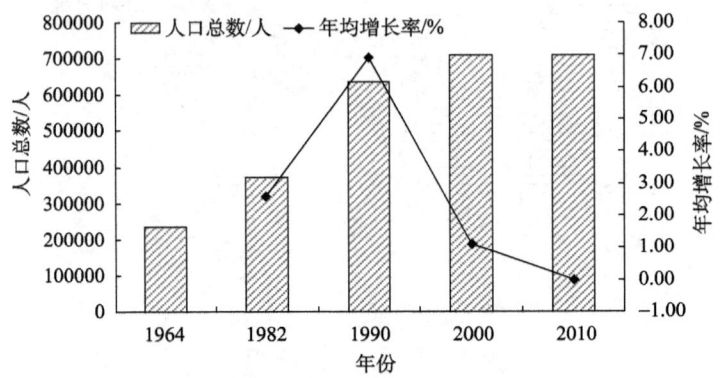

图2-18 畲族历次普查的人口变化情况

在人口分布比重上,畲族的分布表现为三种区域类型,即集中分布区、分散分布区和零星分布区(图2-19)。集中分布区为福建、浙江和江西,这3个省份的畲族人口总数为622858

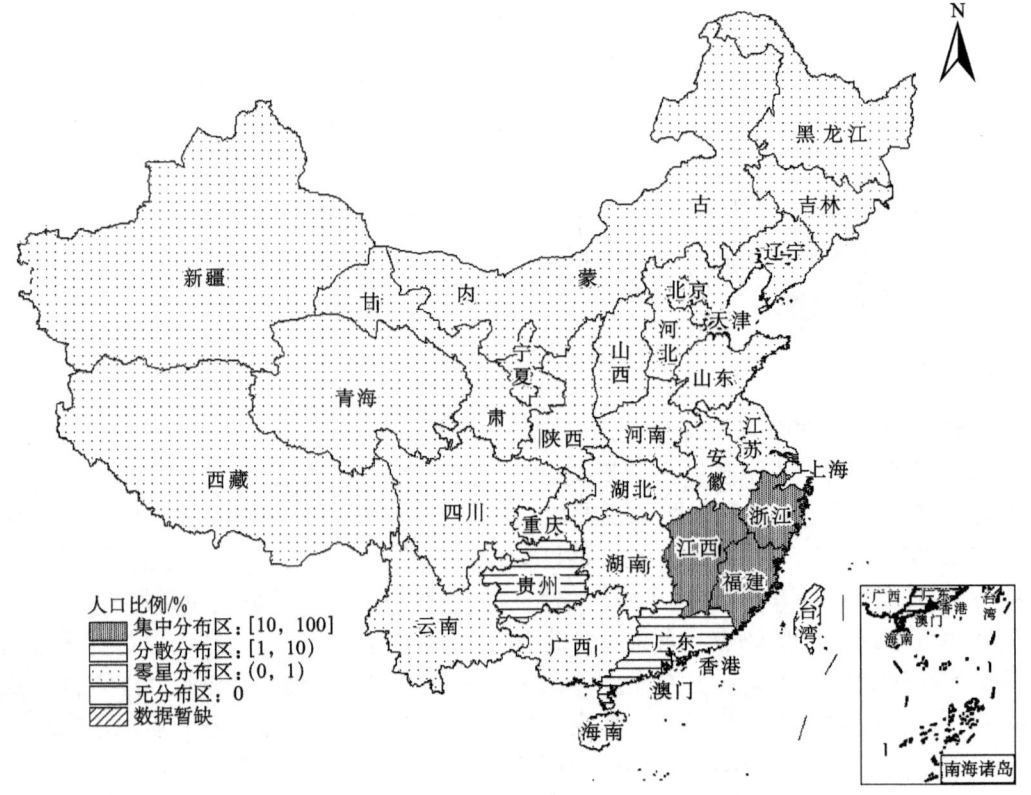

图2-19 畲族分布的省域格局

人，占全国畲族总人口数量的比例约为 87.89%，福建的畲族人口最多，达到 365514 人，占全国畲族总人口数量的比例为 51.58%。分散分布区是贵州和广东，这两个省份的畲族人口总数为 66107 人，占全国畲族总人口数量的比例约为 9.33%。除了上述 5 个省份外其余省份均属于零星分布区，零星分布区的畲族人口总数有 19686 人，占全国畲族总人口数量的比例约为 2.78%，西藏的畲族人口最少，仅有 8 人。

第十节 维吾尔族民族地理

维吾尔族人口为 10069346 人（国务院人口普查办公室和国家统计局人口和就业统计司，2012），属于蒙古人种北方类型，具有高加索人种的血缘成分。维吾尔族是一个经"联合"或"融合"而形成的民族，是中哈之间、中吉之间和中阿之间非主体型跨界民族，今多分布于新疆维吾尔自治区，是我国西北地区唯一人口较多且分布较广的少数民族。维吾尔族的生活环境是典型的西北荒漠、绿洲，在长期的生活实践中维吾尔族与其他西北民族一道创造了坎儿井、绿洲等与自然地理环境协调共生的人文-经济生产实践方式。

一、民族基本特征

维吾尔族体质特征主要表现为蒙古人种北方类型，但明显具有高加索人种血缘成分（李树春，2010）：身材较高，黑色直形发，眉毛发育好，黑褐色眼，眼裂中等，眼裂斜度内外平行，上眼睑皱褶发育好，约半数人有蒙古褶。鼻根较高，直型鼻梁，鼻尖向前，鼻孔卵圆，狭型鼻。红唇，唇薄，多为凸唇型。面型多卵圆，头型多阔头型、圆头型和高头型。

维吾尔族长期生活于新疆地区，现今也主要聚居于新疆（湖南的常德市、桃源县和汉寿县也有少量分布）（雅森·吾守尔，2002）。维吾尔语是维吾尔族的本民族语言，属于阿尔泰语系突厥语族西匈语支（中国大百科全书编委会，1988）。维吾尔语可划分为中心、和田、罗布三种方言。其中，中心方言分布在东自哈密西至莎车的广大地区。和田方言分布在莎车以东的和田地区及且末、若羌等县所辖的部分地区。罗布方言分布在塔克拉玛干沙漠以东塔里木盆地的尉犁县所辖的大部分地区和若羌、轮台县所属的小部分地区（赵相如，2007）。维吾尔族有本民族文字——属拼音文字类型的维吾尔文，曾使用过突厥文、回鹘文、察合台文（中国大百科全书编委会，1988）。维吾尔族经济活动以农业为主，兼营手工业和商业。维吾尔族一般为几十户甚至几百户聚成村落，村落中沟渠纵横、果木成荫、院内遍植果木花草，独门独户，居住环境雅静。维吾尔族信仰伊斯兰教，主要是伊斯兰教中正统派——逊尼派。追溯维吾尔族所信奉的伊斯兰教种类，绝大多数都是阿拉伯和中亚地区各种教派影响下的结果，它们或是由外国人传入，或是由中国穆斯林引进。

二、民族发展变化与分布格局

新中国成立以来，维吾尔族人口总体呈增长的趋势（图 2-20；国务院人口普查办公室，1983；国务院人口普查办公室和国家统计局人口和就业统计司，1993，2002，2012）。

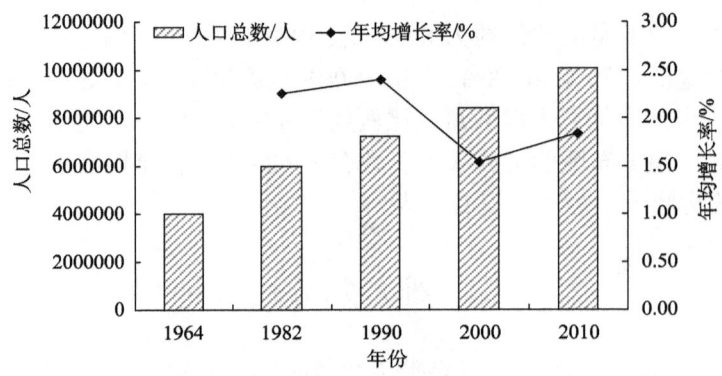

图 2-20　维吾尔族历次普查的人口变化情况

在人口分布比重上，维吾尔族的分布表现为两种区域类型，即集中分布区、零星分布区（图 2-21）。集中分布区是新疆，该自治区维吾尔族的人口总量为 10001302 人，占全国维吾尔族总人口数量的比例约为 99.32%。除新疆外，其余省份均属于零星分布区，这些省份的维吾尔族人口总数为 68044 人，占全国维吾尔族总人口数量的比例约为 0.68%，其中西藏的维吾尔族人数最少，为 205 人。

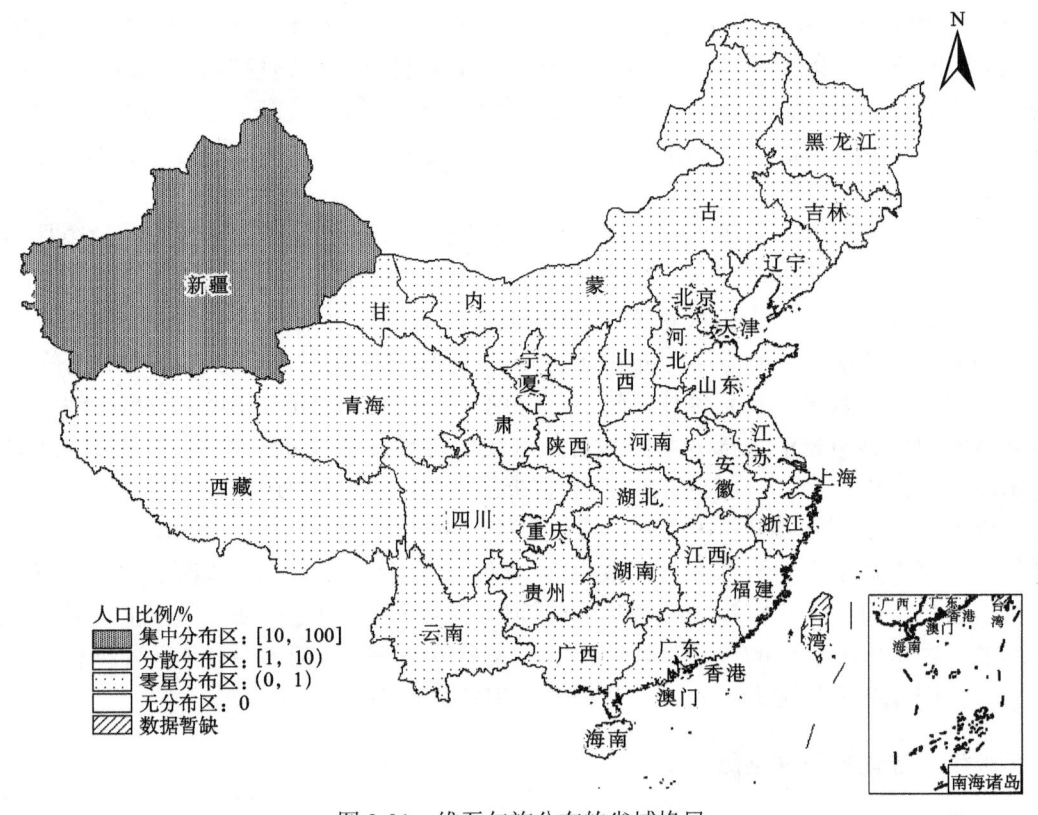

图 2-21　维吾尔族分布的省域格局

第十一节 瑶族民族地理

瑶族人口为 2796003 人(国务院人口普查办公室和国家统计局人口和就业统计司,2012),是典型的蒙古人种南方类型。瑶族族源为古代的"摇民",于宋时形成单一民族。瑶族分布地历史上多有变迁,今主要分布在广西、湖南、云南、广东、贵州等省份,其生存环境主要是山地。瑶族是中国人口较多且分布较广的少数民族之一,支系较多,使用多种语言,使用的瑶语方言、土语较多。瑶族是中越之间、中缅之间和中老之间非主体型跨界民族。

一、民族基本特征

瑶族是典型的蒙古人种南方类型。其体质特征表现为(李树春,2010):身材矮小,体型属中间型。男性头型属于圆头型、高头型和中头型,女性多数属狭头型。皮肤浅棕色。男性多为阔面型,女性多为超阔面型。发直而黑,眉毛男性中等,女性稀少。眼裂开度中等,眼裂斜度外高内低,多有蒙古褶。鼻根高度中等,鼻梁平直,鼻尖上翘。少数有达尔文结节,耳垂呈方形和三角形。多为凸唇型,红唇,厚度中等。

瑶族长期活动于华南地区相互毗邻的广西、湖南、云南、广东、贵州等省份(蒙凤姣,2002)。瑶语是瑶族的本民族语言,也称勉语,属于汉藏语系苗瑶语族瑶语支(李增祥,2007a),包括勉、金门、标敏、藻敏四种方言(毛宗武,2007)。瑶族没有本民族文字。瑶族根据语言系属划分为四大支系:①瑶语支的盘瑶和八排瑶。②苗语支的布努瑶、花瑶、白裤瑶、红瑶、花蓝瑶、青瑶、长衫瑶和八洞瑶。③汉语方言的平地瑶和白领瑶,以及部分红瑶。④侗水语支的茶山瑶和那溪瑶。瑶族早期过着游牧生活,现以山地农业为主。瑶族信仰自然崇拜、图腾崇拜、鬼魂崇拜、祖先崇拜。元明时期,佛教和道教开始传入瑶族生活地区,它们共同影响着瑶族人民的信仰,其中道教对瑶族地区影响深远。

二、民族发展变化与分布格局

新中国成立以来,瑶族人口总体呈增长的趋势(图 2-22;国务院人口普查办公室,1983;国务院人口普查办公室和国家统计局人口和就业统计司,1993,2002,2012)。

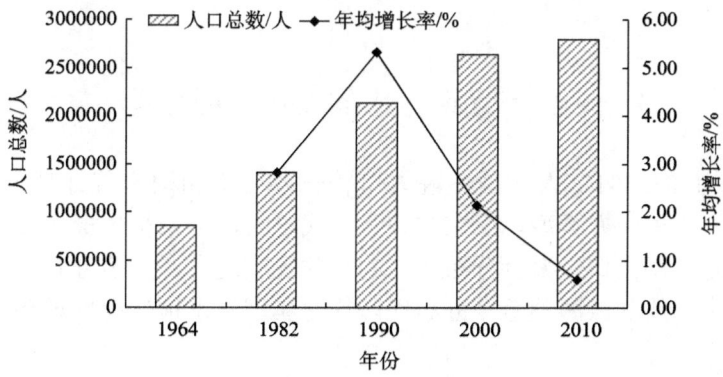

图 2-22 瑶族历次普查的人口变化情况

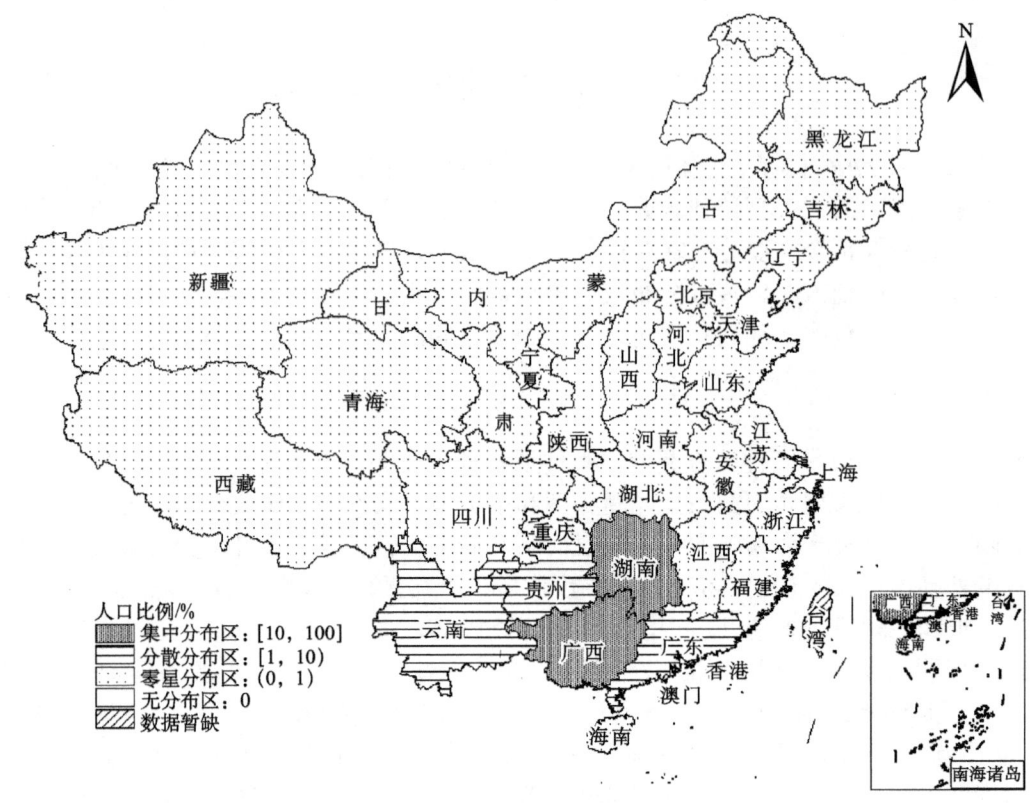

图 2-23 瑶族分布的省域格局

在人口分布比重上，瑶族的分布表现为三种区域类型，即集中分布区、分散分布区和零星分布区（图 2-23）。集中分布区是广西和湖南，这两个省份瑶族的人口总量为 2206721 人，占全国瑶族总人口数量的比例约为 78.92%。其中，瑶族人口总数排在第一位的省份是广西，为 1493530 人，约占全国瑶族总人口数量的 53.42%。分散分布区是广东、云南和贵州，这 3 个省份瑶族的总人口数为 537059 人，占全国瑶族总人口数量的比例约为 19.21%。除上述省份外其余均属于零星分布区，这些省份的瑶族人口总数为 52223 人，占全国瑶族总人口数量的比例约为 1.87%，在零星分布区中瑶族人口分布最少的省份是西藏，为 137 人。

第十二节 土家族民族地理

土家族人口为 8353912 人（国务院人口普查办公室和国家统计局人口和就业统计司，2012），属于蒙古人种南方类型。土家族源于古代巴人，于宋初步形成民族共同体，至清最终定型。土家族是中国人口较多且分布较广的少数民族之一，今多分布于湖南、湖北、贵州和重庆等省份。土家族的族源地至今分布地，均是典型的山地生存地理环境。

一、民族基本特征

土家族属于蒙古人种南方类型。其体质特征表现为（李树春，2010）：身材较矮小，黑发直形；头型多圆头型、高头型和中头型；面型多为阔面型；眼裂斜度外高内低，多数有蒙古褶和上眼睑皱褶；鼻根中等高，鼻梁直微凹，鼻基底水平稍下垂，属中等偏狭鼻型，女性属中鼻型和窄鼻型；耳垂多圆形，多数有达尔文结节；正唇型，红唇较厚，下颏多直型。

土家族长期活动于湘鄂西地区，今主要聚居于相互毗邻的湖北的恩施土家族苗族自治州、湖南的湘西土家族苗族自治州及贵州东北的铜仁（谭德宇，2002）。土家语是土家族的本民族语言，属于汉藏语系藏缅语族土家语支（田德生，2007）①。土家族现存语言可分南、北两个方言区。两种方言均在湘西。使用南部方言的人，分布在泸溪县潭溪乡；使用北部方言的人，分布在龙山、保靖、古丈等县。土家族没有本民族文字。土家族历史上从事过采集活动，现以农业生产为主，但林、牧、副、渔均有发展。土家族聚落多依山傍水而建。土家族信仰多神，无单一宗教，有少数人信仰道教、天主教和基督教。

二、民族发展变化与分布格局

新中国成立以来，土家族人口总体呈增长的趋势（图 2-24；国务院人口普查办公室，1983；国务院人口普查办公室和国家统计局人口和就业统计司，1993，2002，2012）。

人口分布比重上，土家族的分布表现为三种区域类型，即集中分布区、分散分布区和零星分布区（图 2-25）。集中分布区是湖南、湖北、贵州和重庆，这些省份土家族的人口总数为 7568188 人，占全国土家族总人口数量的比例约为 90.59%，其中，湖南的土家族人口总量最多，达到 2632452 人，占全国土家族总人口数量的比例约为 31.51%。分散分布区是浙江、广东和福建，共 529349 人，占全国土家族总人口数量的比例约为 6.34%。除上述省份外，其余省份均为零星分布区，这些省份的土家族人口总数为 256375 人，占全国土家族总人口数量的比例约为 3.07%，其中，西藏的土家族人口总量最少，为 451 人。

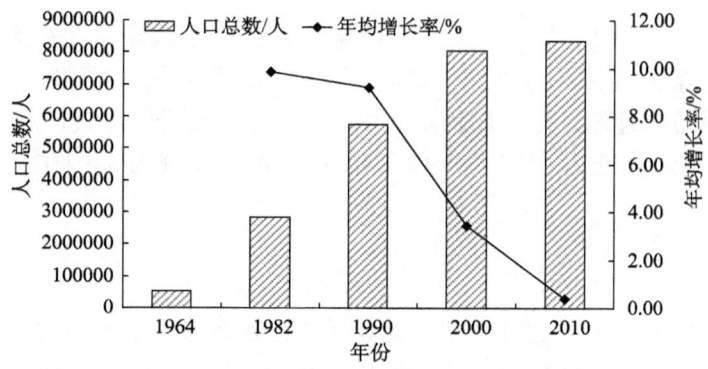

图 2-24 土家族历次普查的人口变化情况

---

① 联合国科教育、科学及文化组织将土家语分南北两个语种，即北部土家语（Northern Tujia or Biji）和南部土家语（Southern Tujia or Mozi），均是处于濒危等级的濒危语言。

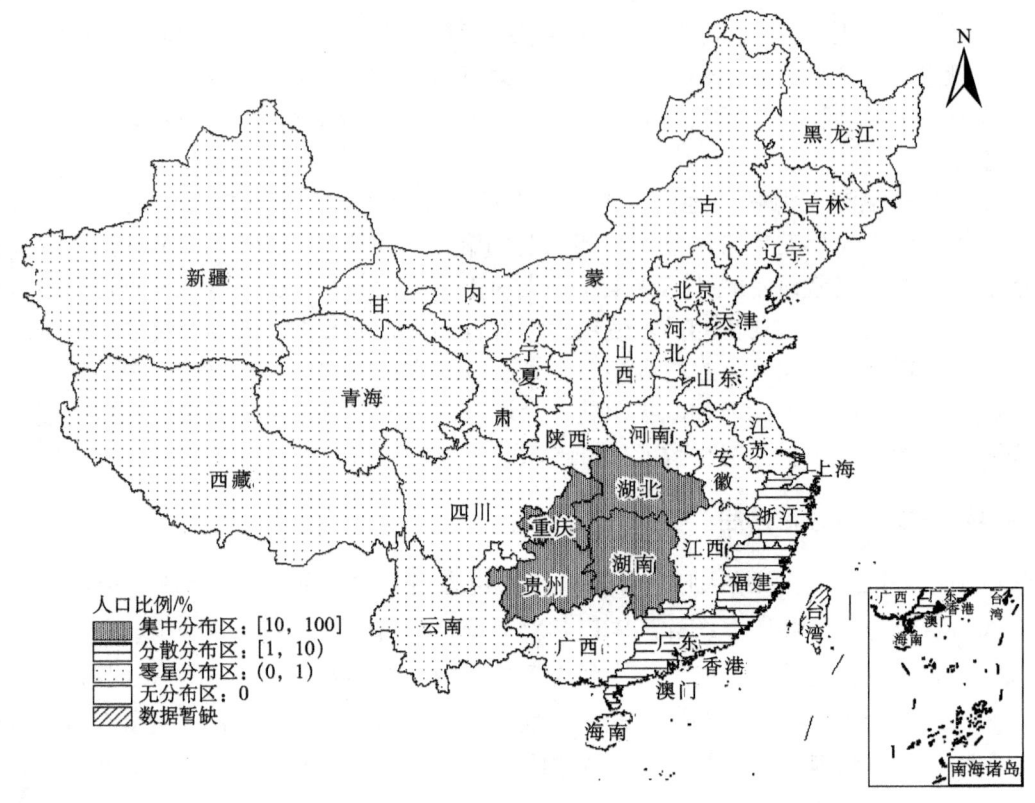

图 2-25 土家族分布的省域格局

第十三节 朝鲜族民族地理

朝鲜族人口为 1830929 人（国务院人口普查办公室和国家统计局人口和就业统计司，2012），是典型的蒙古人种北方类型。朝鲜族是中朝之间单边主体型、由朝鲜迁入型跨界民族，19 世纪中叶以来逐渐迁居中国而形成中华民族的一部分。今天，中国的朝鲜族主要分布于东北三省。朝鲜族迁入中国并形成中华民族的一部分对于中华民族文化发展多有增色。

一、民族基本特征

朝鲜族是典型的蒙古人种北方类型。其体质特征表现为（李树春，2010）：身材中等偏矮，黑发直形；头型多圆头型和阔头型；面型多为卵圆型；眼裂开度狭窄，眼裂斜度外高内低，蒙古褶显著，上眼睑皱褶发育好；鼻根中等偏低，男性鼻背直凸，女性鼻梁多凸型，鼻尖和鼻基底方向，男性多水平，女性多上翘；鼻翼突度不显著，鼻孔多卵圆型，男性属高鼻型和中鼻型，女性属中鼻型和窄鼻型；男性耳垂多圆形，女性耳垂多三角形，多数有达尔文结节；红唇中等厚，下颏多直型或微突。

朝鲜族长期生活于东北地区，今主要聚居于东北毗邻的吉林、黑龙江、辽宁三省，吉林的延边朝鲜族自治州是最大的聚居区（严圣钦，2002）。朝鲜语是朝鲜族的本民族语言，属于阿尔泰语系满-通古斯语族（赵习，2007）。朝鲜语是朝鲜族所使用的语言。朝鲜语在中国境内有六种方言：西北、东北、中部、西南、东南和济州岛方言（宣德五等，1985），方言之间略有差别。朝鲜语除济州岛方言外，其他五种方言在朝鲜族聚居地均能找到其代表性地区。东北方言主要分布在吉林延边朝鲜族自治州和黑龙江牡丹江地区；西北方言主要分布在辽宁东部；东南方言主要分布在黑龙江西部和吉林中部；中部方言和西南方言分散在东北三省与其他方言交错在一起。朝鲜族有本民族文字——属拼音文字类型的朝鲜文，曾使用过吏读。朝鲜族在古代使用汉字，于1444年1月创制了文字"训民正音"，后来改称朝鲜文。现在朝鲜语都用朝鲜文拼写（中国大百科全书编委会，1988）。朝鲜族以农业为主，兼营林、渔业和餐饮业。朝鲜族信奉多种宗教，有基督教、天主教等，东学教系统的天道教、侍天教等，檀君教系统的檀君教、大倧教和元倧教，吁哆教系统的太乙教、普天教等是朝鲜族特有的民族宗教。

二、民族发展变化与分布格局

新中国成立以来，朝鲜族人口总体呈增长的趋势（图2-26；国务院人口普查办公室，1983；国务院人口普查办公室和国家统计局人口和就业统计司，1993，2002，2012）。

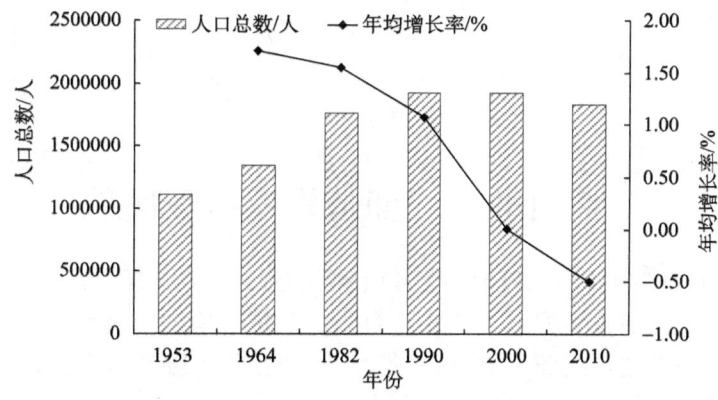

图2-26 朝鲜族历次普查的人口变化情况

在人口分布比重上，朝鲜族的分布表现为三种区域类型，即集中分布区、分散分布区和零星分布区（图2-27）。集中分布区是吉林、黑龙江和辽宁，这三个省份的朝鲜族人口总数为1607510人，占全国朝鲜族总人口数量的比例约为87.80%，吉林的朝鲜族人口总量最多，达到1040167人，占全国朝鲜族总人口数量的比例为56.81%。分散分布区是山东、北京、上海、内蒙古和天津，这5个省份的朝鲜族人口总数为157904人，占全国朝鲜族总人口数量的比例约为8.62%。除上述8个省份外其余省份均属于零星分布区，这些省份的朝鲜族人口总数为65515人，占全国朝鲜族总人口数量的比例约为3.58%，其中，西藏的朝鲜族人口最少，仅为26人。

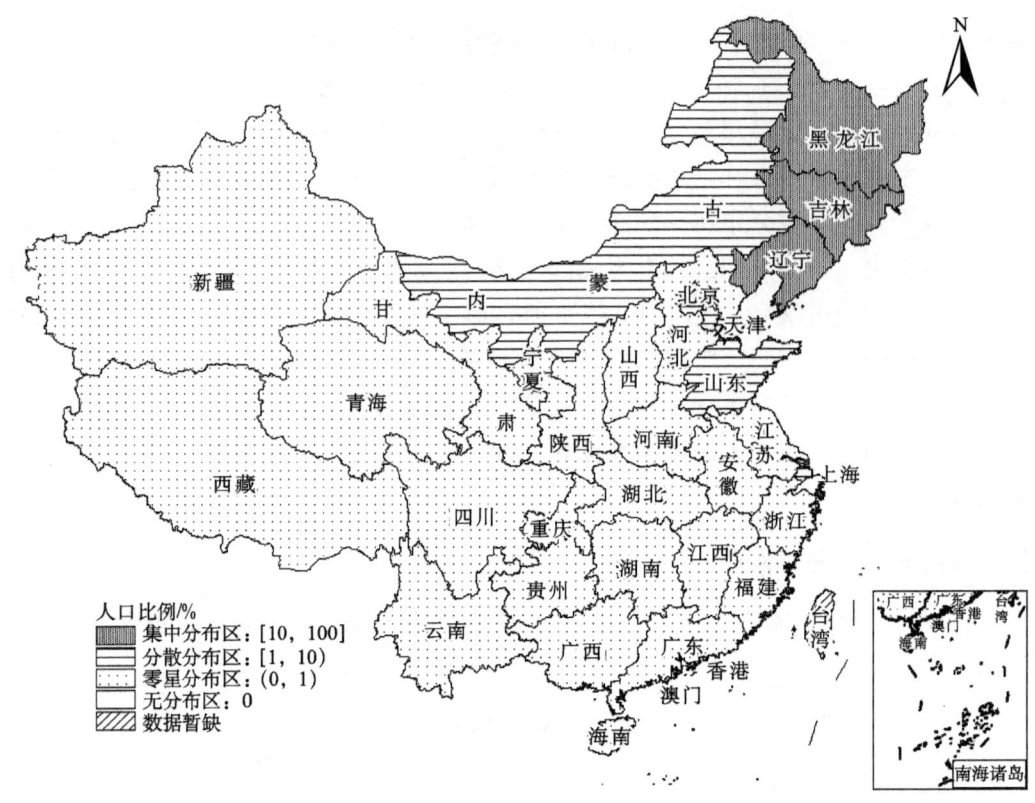

图 2-27 朝鲜族分布的省域格局

第十四节 布依族民族地理

布依族人口为 2870034 人（国务院人口普查办公室和国家统计局人口和就业统计司，2012），属于蒙古人种南方类型。布依族一直生活于贵州境内，至清形成一个独立的民族，今多分布于贵州，是中越之间非主体型跨界民族。布依族生存环境主要是山地地理环境。布依族支系较多，使用多种语言，多为濒危语言。

一、民族基本特征

布依族属于蒙古人种南方类型。其体质特征表现为（李树春，2010）：身材矮小，躯干较宽，皮肤黄色或浅黄；黑发直形；头型多圆头型和中头型；面型多阔面型；褐色眼，眼裂开度中等偏宽，眼裂斜度外高内低，多缺失蒙古褶，上眼睑皱褶发育好；鼻根中等或低型，鼻翼高度中等，属中鼻型；耳垂多圆形，其次为三角形；上唇高度中等。

布依族世代居住在贵州省相邻的两个复合型自治州——黔南布依族苗族自治州和黔西南布依族苗族自治州（周国炎，2002）。布依语是布依族的本民族语言，属于汉藏语系壮侗语族壮傣语支（喻世长，2007）。布依族除使用布依语外，还使用其他语言。例如，居住在贵州省黔南布依族苗族自治州荔波县境内的人说属于汉藏语系壮侗语族的莫语（Mak or Mo）（倪大白，2007a），是一种处于危险等级的濒危语言；说属于汉藏语系壮侗语族的佯僙语（Rao or Ten, Yanghuang）的人目前归为布依族（倪大白，2007b），分布在贵州省黔南布依族苗族自治州平塘县及与平塘县接界的惠水县和独山县，是一种处于危险等级的濒危语言。布依族过去没有自己的文字，一般使用汉文。1956 年中央人民政府组织专家创制了以拉丁字母为基础的布依族拼音文字方案。布依族以农业为主,主要种植水稻,手工业以纺织为主。布依族习惯近水而居,山寨依山傍水,周围生长着茂密的竹林和风水树,寨前田畴,河溪环绕,整个居住环境十分别致。大多数布依族群众信仰的传统宗教是一种处于神教雏形的民族宗教——"摩教"。

二、民族发展变化与分布格局

新中国成立以来,布依族人口总体呈增长的趋势(图 2-28;国务院人口普查办公室,1983;国务院人口普查办公室和国家统计局人口和就业统计司,1993,2002,2012)。

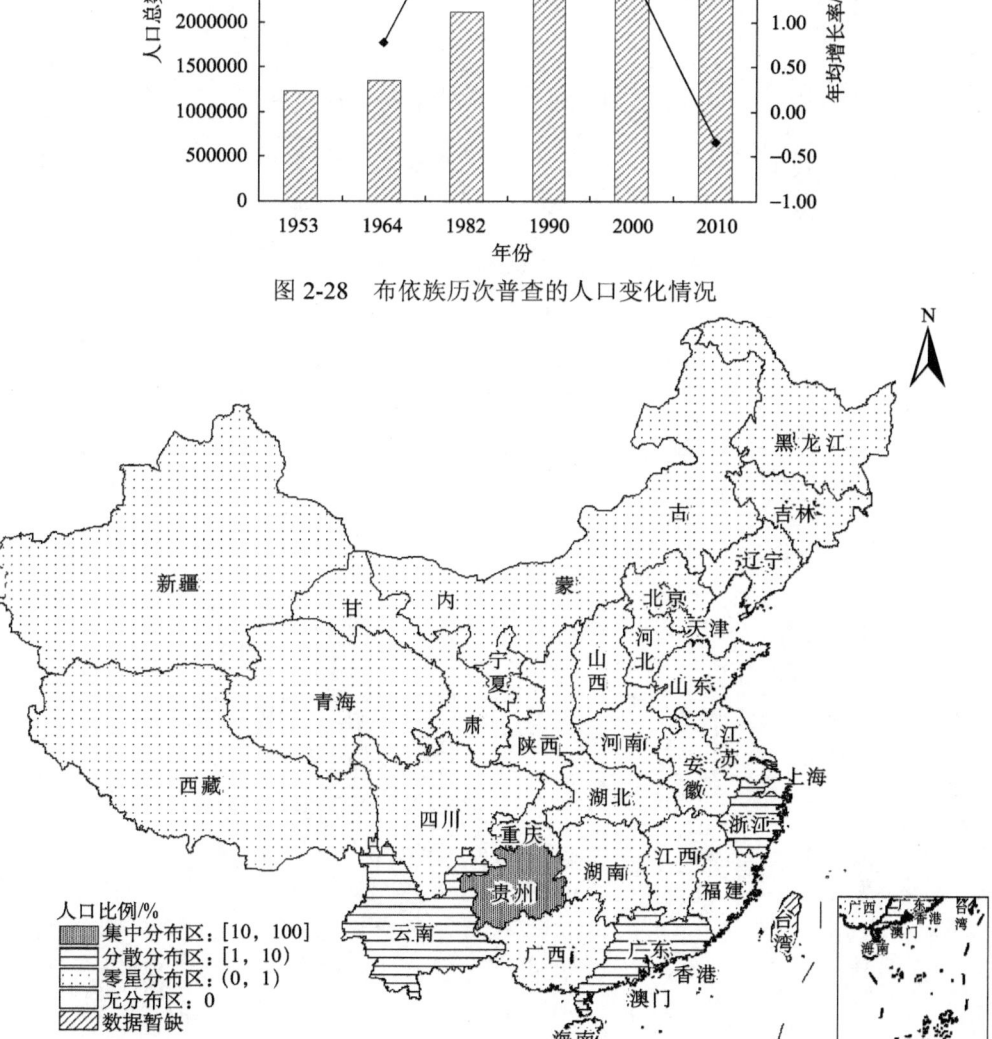

图 2-28 布依族历次普查的人口变化情况

图 2-29 布依族分布的省域格局

在人口分布比重上，布依族的分布表现为三种区域类型，即集中分布区、分散分布区和零星分布区（图2-29）。集中分布区为贵州，该省的布依族人口总数达到2510565人，占全国布依族总人口数量的比例约为87.48%。分散分布区是浙江、广东和云南，这3个省份的布依族人口总数为248881人，占全国布依族总人口数量的比例约为8.67%。除上述省份外，其余省份均属于零星分布区，这些省份的布依族人口总数为110588人，占全国布依族总人口数量的比例约为3.85%，其中，西藏的布依族人口最少，仅有81人。

第三章 人口较多且分布较狭民族地理

第一节 哈萨克族民族地理

哈萨克族有1462588人（国务院人口普查办公室和国家统计局人口和就业统计司，2012），属于蒙古人种北方类型。哈萨克族是古代中亚塞种人和中国北方、西北族群融合而成的民族，于16世纪时形成，今主要分布于新疆北部，是中蒙之间、中哈之间和中吉之间非主体型跨界民族。

一、民族基本特征

哈萨克族体质特征主要表现为蒙古人种北方类型，但明显具有高加索人种血缘成分。其体质特征表现为（李树春，2010）：身材较高大，黑色直形发，眉毛中等；头型属特圆头型、高头型和阔头型；面型属阔面型和中面型；眼裂开度中等，眼裂斜度内外平行，蒙古褶微显，上眼睑皱褶发育好；鼻翼高度和突度中等，鼻尖和鼻基部方向向前，鼻根较高，属狭鼻型和中鼻型；耳垂多圆形；上唇高度中等，红唇中等厚。

哈萨克族长期生活于北方、西北地区，今主要集中分布于新疆北部（阿力肯，2002）。哈萨克语（Kazak）是哈萨克族的本民族语言，属于阿尔泰语系突厥语族西匈语支。我国的哈萨克语分为东北和西南两个方言。属于东北方言的地区有伊犁哈萨克自治州的阿勒泰专区、塔城专区、新源县和尼勒克县两个直属县及自治州境外的博尔塔拉蒙古自治州、乌鲁木齐县、木垒哈萨克自治县、巴里坤哈萨克自治县和甘肃省阿克赛哈萨克自治县等地。属于西南方言的有伊犁哈萨克自治州的特克斯县、察布查尔县、霍城县和伊宁县（李增祥，2007b）。在文字方面，我国的哈萨克族于1954年对以阿拉伯字母为基础的哈萨克文进行了改进。1959年又为哈萨克族设计了以拉丁字母为基础的新文字方案（李增祥，2007b）。哈萨克族传统上以逐水草而居的游牧业为主，现多定居从事牧业。哈萨克族人民在历史上曾信仰过的宗教有原始崇拜，如自然崇拜、祖先崇拜等，在伊斯兰教占主导地位之前信仰过萨满教、摩尼教、佛教、景教等。13~14世纪，伊斯兰教才在哈萨克族中占据了统治地位。

二、民族发展变化与分布格局

新中国成立以来，哈萨克族人口总体呈增长的趋势（图3-1；国务院人口普查办公室，1983；国务院人口普查办公室和国家统计局人口和就业统计司，1993，2002，2012）。

在人口分布比重上，哈萨克族的分布表现为两种区域类型，即集中分布区和零星分布区（图3-2）。集中分布区为新疆，该自治区的哈萨克族人口总数为1418278人，占全国哈萨克族总人口数量的比例约为96.97%。除上述省份外，其余省份均为零星分布区，这些省份的哈萨克族人口总数为44310人，占全国哈萨克族总人口数量的比例约为3.03%，其中，黑龙江的哈萨克族人口数最少，为165人。

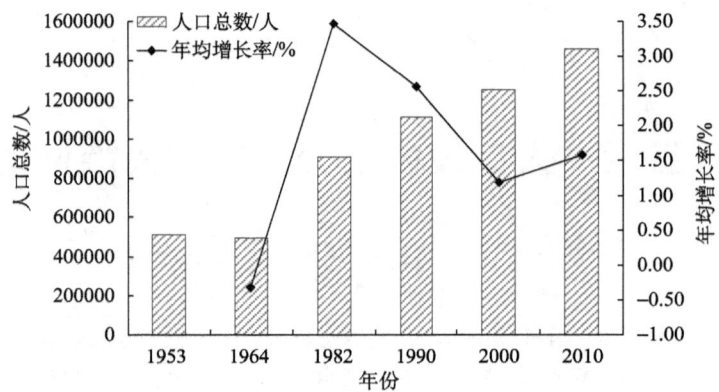

图 3-1 哈萨克族历次普查的人口变化情况

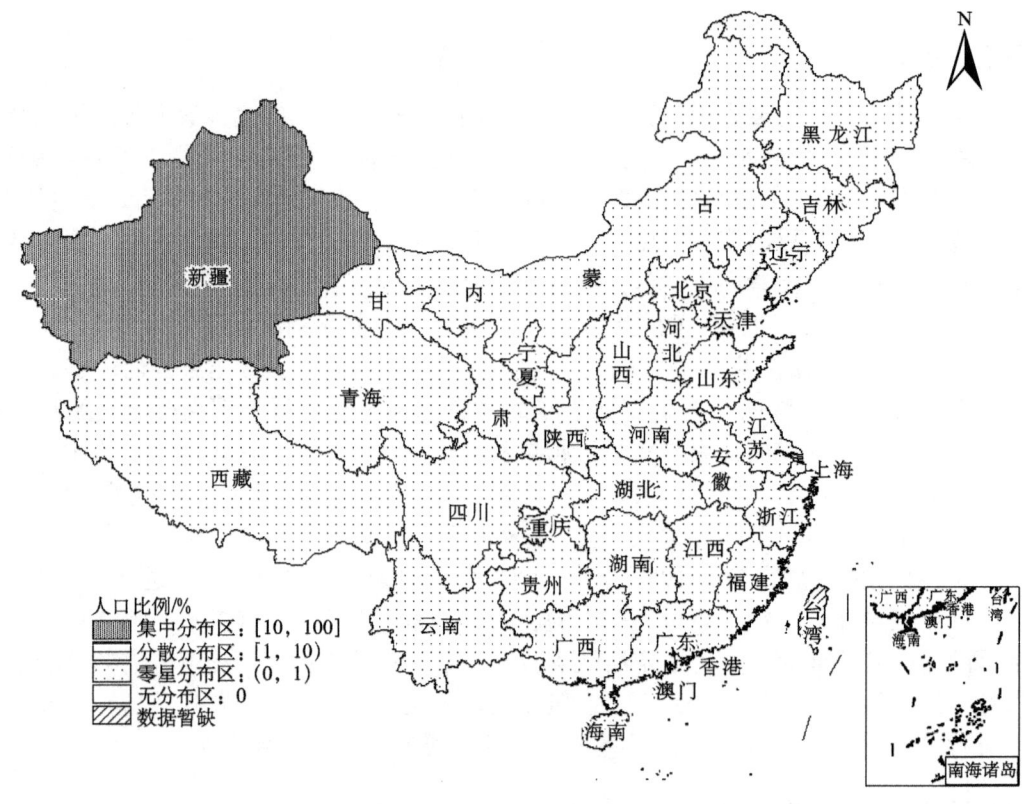

图 3-2 哈萨克族分布的省域格局

第二节 侗族民族地理

侗族有 2879974 人（国务院人口普查办公室和国家统计局人口和就业统计司，2012），属于蒙古人种南方类型。侗族为古"百越"族系之一的西瓯一支发展而来，于宋形成民族共同体，后分布地不断变迁。侗族主要分布于贵州、湖南和广西等省份，具有典型的山地民族社会文化特征。

一、民族基本特征

侗族是典型的蒙古人种南方类型。其体质特征表现为（李树春，2010）：身材较矮小；头型多阔头型、圆头型、高头型；面型多为中面型和狭面型；眼裂开度中等，眼裂斜度外高内低，大多有蒙古褶，上眼睑皱褶发育好；鼻根低平，鼻梁直，鼻尖向前，鼻基部水平和上翘，鼻翼高度和突度中等，鼻孔多倾斜型；耳垂多圆形和方形，半数人有达尔文结节；口裂较宽，正唇或凸唇型，下颏直型。

侗族长期活动于西南的贵州、广西、湖南、湖北等省份，今主要聚居于贵州、广西、湖南三省交界的山地河谷坝区及湖北南部，基本连成一片（杨筑慧，2002）。侗语（Kam or Dong）是侗族的本民族语言，属于汉藏语系壮侗语族侗水语支（中国大百科全书编委会，1988）。侗语分南、北两个方言，每个方言又分三个土语（梁敏，2007a）。侗族有本民族文字——属拼音文字类型的侗文，曾使用过古侗字（戴庆厦，2009）。1958年创制了拉丁字母形式的侗文方案。侗文的创制和推广对侗族的文学遗产，提高侗族人民的文化水平起到了积极的推动作用。侗族有佬侗、佼侗、但侗三大支系。侗族是一个以稻作为主的农耕民族，兼有家禽饲养和捕鱼活动，手工业未从农业中分离。侗族社会没有形成统一的宗教，而是信奉多种神灵，主要有自然崇拜、灵魂与祖先崇拜和萨子崇拜（萨子崇拜反映了南部地区的侗族对女神的崇拜）。

二、民族发展变化与分布格局

新中国成立以来，侗族人口总体呈增长的趋势（图3-3；国务院人口普查办公室，1983；国务院人口普查办公室和国家统计局人口和就业统计司，1993，2002，2012）。

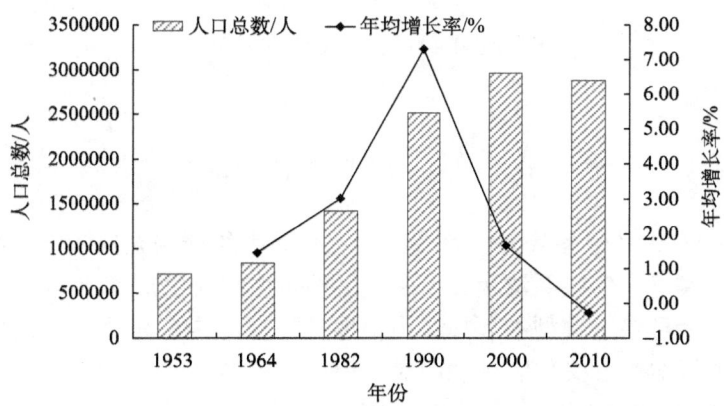

图3-3 侗族历次普查的人口变化情况

在人口分布比重上，侗族的分布表现为三种区域类型，即集中分布区、分散分布区和零星分布区（图3-4）。集中分布区是贵州、湖南和广西，这3个省份的侗族人口总数为2592453人，占全国侗族总人口数量的比例约为90.02%，其中贵州的侗族人口总量最多，达到1431928人，占全国侗族总人口数量的比例为49.72%。分散分布区是浙江、广东和湖北，这 3 个省份的侗族人口总数为 223801 人，占全国侗族总人口数量的比例约为 7.77%。除上述省份外其余均属于零星分布区，这些省份的侗族人口总数为 63720 人，占全国侗族总人口数量的比例约为 2.21%，甘肃的侗族人口最少，仅有 28 人。

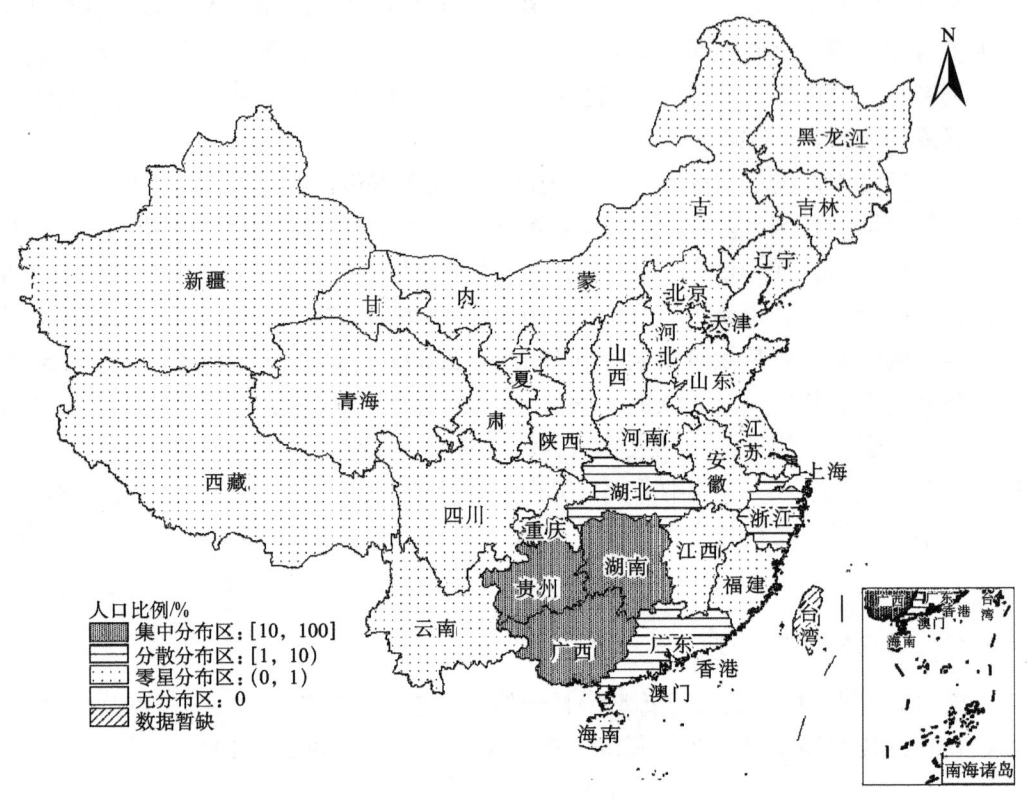

图 3-4 侗族分布的省域格局

第三节 傣族民族地理

傣族有 1261311 人（国务院人口普查办公室和国家统计局人口和就业统计司，2012），属于蒙古人种南方类型。傣族系滇西、滇南地区的远古居民发展而来，长期生活于滇西、滇南地区。傣族的生活环境是典型的雨林、山地地理环境，这在其社会文化特征中表现明显。傣族支系较多，服饰等社会文化区域性明显。傣族是中越之间、中缅之间和中老之间非主体型跨界民族，在越南、缅甸和老挝称泰、掸族。

一、民族基本特征

傣族是典型的蒙古人种南方类型。其体质特征表现为（李树春，2010）：身材亚中等偏矮；头型属于中头型；皮肤颜色为棕黄色；男性多为中面型，女性多为阔面型；发直而黑，男性眉毛较浓，女性眉毛中等；眼色深褐，眼裂开度中等，眼裂斜度外高内低，蒙古褶微显；鼻根高度中等，鼻梁平直，鼻尖水平，鼻孔男多三角形，女多卵圆；耳垂呈圆形；多为凸唇型，下颌直型；红唇中等厚。

傣族世代居住于滇西、滇南地区，今主要分布在云南省的西双版纳傣族自治州、德宏傣族景颇族自治州（刀波，2002）傣语（Dai）是傣族的本民族语言，属于汉藏语系壮侗语族壮傣语支（周耀文，2007）。傣语分四种方言：德宏方言、西双版纳方言、红金方言、金平方言。傣族有本民族文字——属拼音文字类型的傣文（中国大百科全书编委会，1986）。原有傣文因使用地区和文字形式的不同，分为傣仂文（西双版纳傣文）、傣哪文（德宏傣文）、傣绷文和金平傣文（又称傣端文）四种。中华人民共和国建立后，根据本民族的意愿，对傣仂文和傣哪文分别进行改进（中国大百科全书编委会，1988）。傣族分为傣讷、傣泐、傣亚、傣格、傣皓、傣朗姆、傣亮、傣艮、傣绷9个支系。傣族主要从事山地农业，手工业以纺织、竹编、制陶为主。傣族是古百越族群的后裔，大多分布在滇西南和滇南的边境地带。傣族聚居的地区一般海拔低、气温高、雨水多、湿度大，易霉腐，易虫蛀，临江河，水患频。傣族现在绝大部分民众信仰小乘佛教，在民间也有灵鬼崇拜、自然崇拜、祖灵崇拜、图腾崇拜、巫术崇拜等原始宗教。

二、民族发展变化与分布格局

新中国成立以来，傣族人口总体呈增长的趋势（图3-5；国务院人口普查办公室，1983；国务院人口普查办公室和国家统计局人口和就业统计司，1993，2002，2012）。

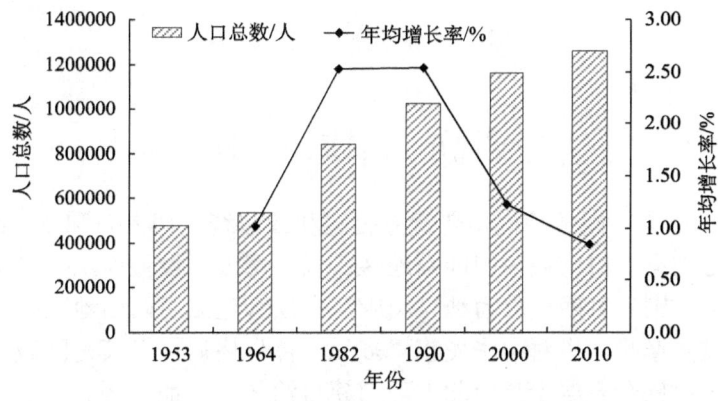

图3-5 傣族历次普查的人口变化情况

在人口分布比重上，傣族的分布表现为两种区域类型，即集中分布区和零星分布区（图3-6）。集中分布区是云南，该省份的傣族人口总数达到了1222836人，占全国傣族总人口数量的比例约为96.95%。除集中分布区云南外，其余省份均属于零星分布区，这些省份的傣族人口总数为38475人，占全国傣族总人口数量的比例约为3.05%，在零星分布区中青海的傣族人口最少，仅有31人。

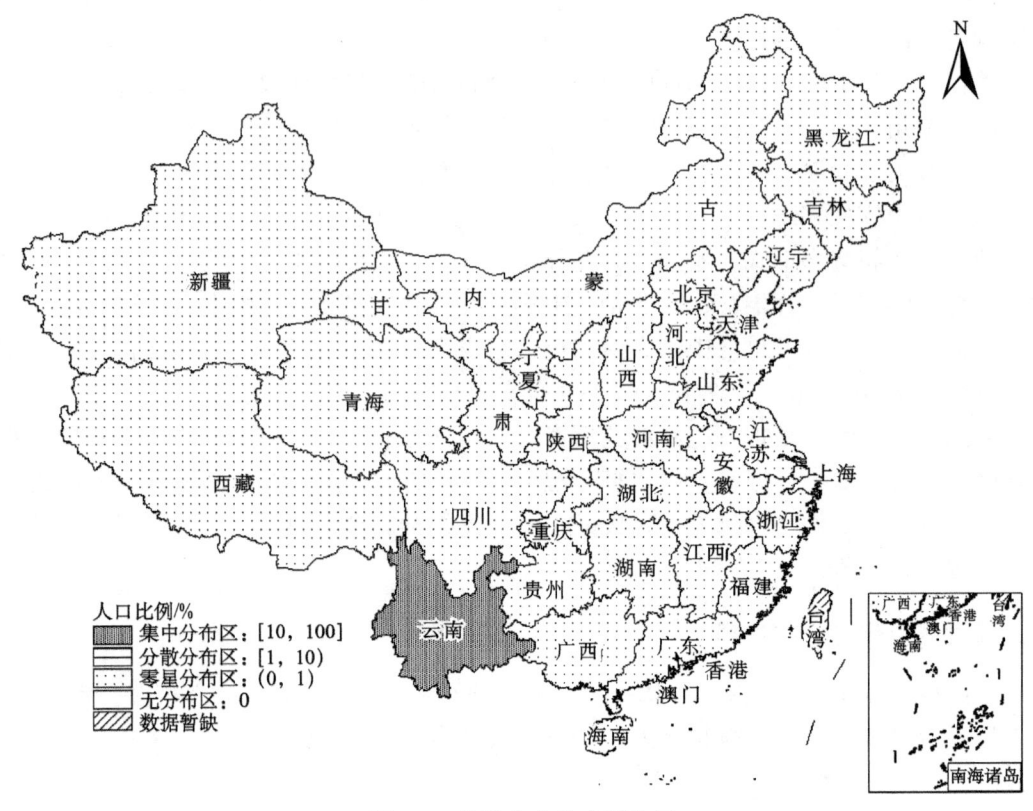

图 3-6　傣族分布的省域格局

第四节　白族民族地理

白族为 1933510 人（国务院人口普查办公室和国家统计局人口和就业统计司，2012），属于蒙古人种南方类型。白族系中国西南地区古代"僰人"发展而来，"僰人"与古羌人有一定渊源，于"大理国"时期形成为独立民族。白族曾建立了西南地区的统一政权，对西南地区民族格局有重要影响，也对中华民族"多元一体"格局，尤其是区域性的"多元一体"格局有重要影响。白族今多居于滇西北大理白族自治州及其他地区。

一、民族基本特征

白族属于蒙古人种南方类型。其体质特征表现为（李树春，2010）：身材中等，肤色较浅，深褐色眼，黑色直形发；男性多中头型，女性多圆头型；面型属中面型；眼裂开度中等，眼裂斜度外高内低，蒙古褶微显；鼻根高度中等，鼻梁较直，鼻尖方向水平，鼻基部略上翘，属狭鼻型；耳垂多方形或三角形；红唇中等厚。

白族长期活动在云南省的大理白族自治州及与之西北部接壤的怒江傈僳族自治州东南部的兰坪白族普米族自治县（王昭武，2002）。白语（Bai）是白族的本民族语言，属于汉藏语系藏缅语族彝语支。白语划分为剑川、大理和碧江三种方言。剑川方言分为剑川、鹤庆两个土语，其分布在剑川、鹤庆和云龙、洱源、兰坪、丽江、泸水的部分地区。大理方言分为大理、祥云两个土语，其分布在下关市、大理、洱源、宾川、祥云、弥渡、漾濞、南涧、永平、保山、南华、沅江、昆明和云龙的大部分地区。碧江方言分为碧江、兰坪两个土语，其分布在兰坪、泸水（原碧江县）维西和云龙、洱源的部分地区（徐琳和赵衍荪，2007）。白族曾参照汉字创制了一种方块白文，用来书写白族的历史、民俗和诗歌。白族以山地农业为主要经济活动，在坪区种植水稻、小麦，在山区种植玉米、荞麦，兼营牧、商、手工业等业。白族的宗教信仰呈现多元化，有本民族土生土长的宗教"本主崇拜"及佛教、基督教、道教和天主教。

二、民族发展变化与分布格局

新中国成立以来，白族人口总体上呈增长的趋势（图3-7；国务院人口普查办公室，1983；国务院人口普查办公室和国家统计局人口和就业统计司，1993，2002，2012）。

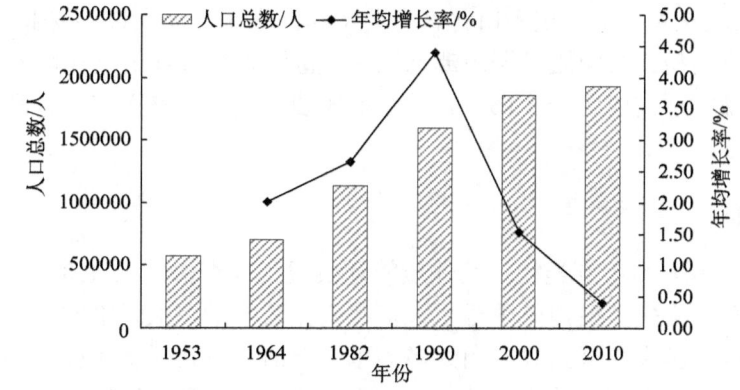

图 3-7 白族历次普查的人口变化情况

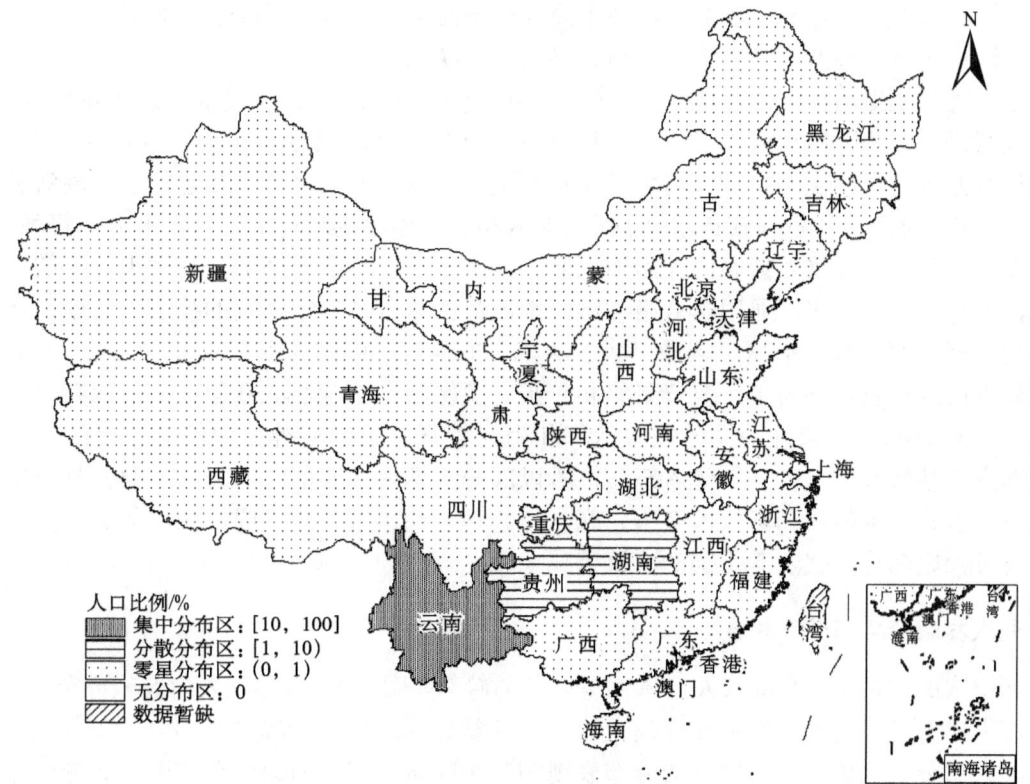

图 3-8 白族分布的省域格局

在人口分布比重上，白族的分布表现为三种区域类型，即集中分布区、分散分布区和零星分布区（图3-8）。集中分布区是云南，云南的白族人口总数为1564901人，占全国白族总人口数量的比例约为80.94%。分散分布区是贵州和湖南，这两个省份的白族人口总数为295188，占白族总人口数量的比例约为15.27%。除上述3个省份外其余均属于零星分布区，这些省份的白族人口总数为73421人，占白族总人口数量的比例约为3.8%，其中，黑龙江的白族人口最少，仅有149人。

第五节 傈僳族民族地理

傈僳族有702839人（国务院人口普查办公室和国家统计局人口和就业统计司，2012），属于蒙古人种南方类型。傈僳族世居川滇怒江、澜沧江、金沙江的高山峡谷地带，是典型的高山峡谷地理环境类型民族之一，16~17世纪形成独立民族，支系较多。傈僳族是中缅之间非主体型跨界民族。

一、民族基本特征

傈僳族属于蒙古人种南方类型。其体质特征表现为（李树春，2010）：身材矮小；眼裂开度多为中等偏窄，眼裂斜度内外平行，大多数人无蒙古褶，上眼睑皱褶发育较好；鼻梁多为直型，鼻根较高，鼻尖和鼻基底方向大多为水平向前，鼻孔形状为卵圆形和椭圆形，鼻翼微突，大多属狭鼻型；上唇皮肤部多数较直，为正唇型，红唇中等厚，多数人耳壳无达尔文结节，眉嵴微显，颧骨多数较突出，整个面部扁平而宽，大多呈椭圆形或卵圆形，面型属狭面型、过狭面型，头型大多属于中头型、高头型和狭头型。

傈僳族长期生活在滇西北地区（李茂林，2002）。傈僳语（Lisu）是傈僳族的本民族语言，属于汉藏语系藏缅语族彝语支（木玉璋和段伶，2007）。傈僳族现在使用三种文字：一是20世纪初西方传教士创制的拉丁大写字母正反颠倒形式的拼音文字，主要通行于云南省怒江傈僳族自治州、德宏傣族景颇族自治州、保山地区和耿马傣族佤族自治县的一部分基督教徒中；二是20世纪20年代维西县农民汪忍波创制的音节文字，其中一小部分是利用汉字的音读和训读，也有一些象形字，通用于云南省维西地区；三是1957年创制的拉丁字母新文字，主要通用于怒江傈僳族自治州，翻译出版了课本、书报等（中国大百科全书编委会，2009）。傈僳族以山地耕牧经济为主，兼营采集和狩猎。傈僳族在20世纪50年代，仍保存着非常浓厚的万物有灵的自然崇拜的原始宗教信仰和祖先崇拜，至今多神原始信仰在民间还大量存在。西方的基督教于1913年传入怒江，所以部分傈僳族人还信仰基督教。傈僳族保留着氏族制度的遗迹，各村寨和家族内有茶、麻、竹、鸟、鸡、鼠、蛇、虎、熊、猴、羊、鱼、峰等十几种氏族名称，代表着不同的血缘亲属关系。

二、民族发展变化与分布格局

新中国成立以来，傈僳族人口总体呈增长的趋势（图3-9；国务院人口普查办公室，1983；国务院人口普查办公室和国家统计局人口和就业统计司，1993，2002，2012）。

在人口分布比重上，傈僳族的分布表现为三种区域类型，即集中分布区、分散分布区和零星分布区（图3-10）。集中分布区在云南，其傈僳族人口总数为668336人，占全国傈僳族总人口数量的 95.09%。分散分布区是四川，其傈僳族人口总数为 21082 人，占全国傈僳族总人口数量的比例约为 3%。除上述两个省份外其余均属于零星分布区，这些省份的傈僳族人口总数为 13421 人，占全国傈僳族总人口数量的比例约为 1.91%，宁夏的傈僳族人口总数最少，只有 17 人。

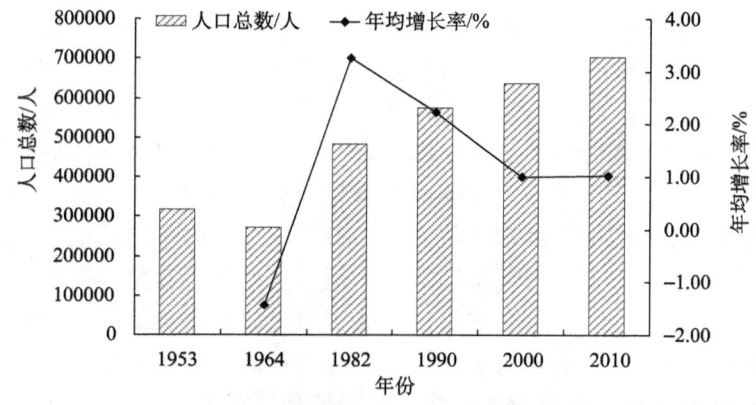

图 3-9　傈僳族历次普查的人口变化情况

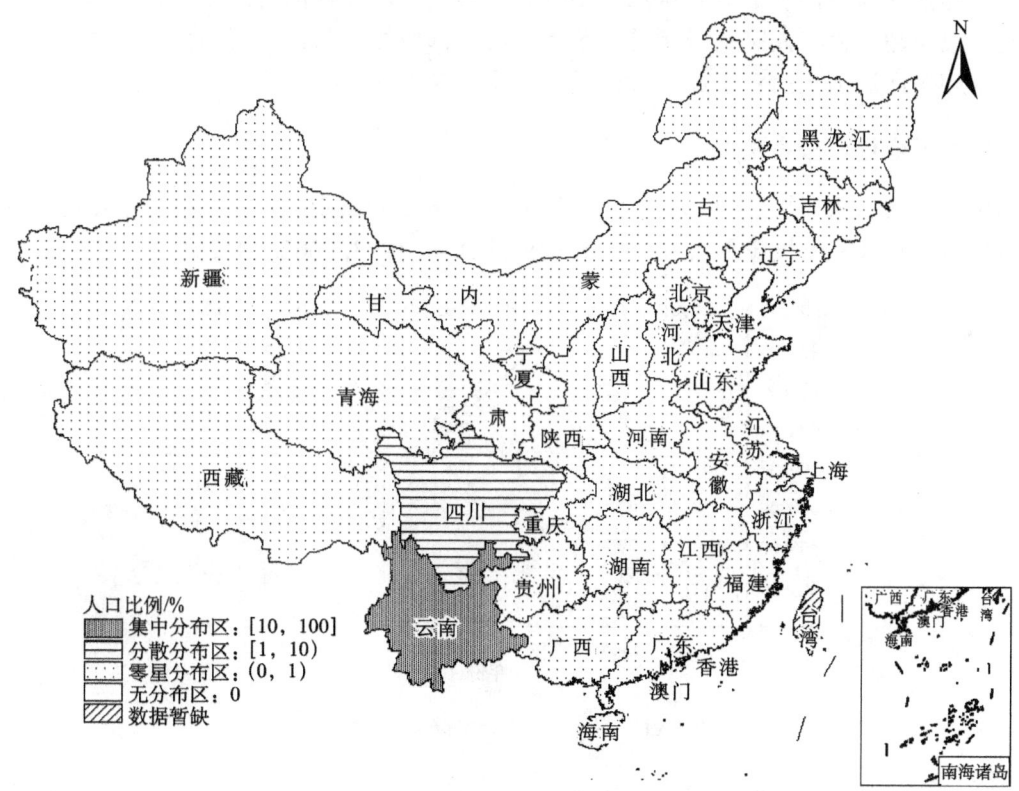

图 3-10　傈僳族分布的省域格局

第六节　黎族民族地理

黎族人口为 1463064 人（国务院人口普查办公室和国家统计局人口和就业统计司, 2012），属于蒙古人种南方类型。黎族源于我国古代南方"百越"族群之一"骆越",长期活动于广东西南部、广西西部、海南岛以至越南北部,今集中分布于海南。

一、民族基本特征

黎族是典型的蒙古人种南方类型。其体质特征表现为(李树春,2010):身材亚中等;黑发直形,发旋多为单旋顺时针方向;头型多中头型偏圆头型、高头型和狭头型;面型男性为中面型,女性多阔面型;浅褐色眼,眼裂开度中等偏宽,眼裂斜度外高内低,多缺失蒙古褶,上眼睑皱褶发育好;鼻根中等偏低,鼻梁直凸型,鼻尖和鼻基底上翘,属中鼻型;耳垂多圆形,多数无达尔文结节;红唇中等偏厚,唇型前突,属突唇型。

黎族世代生活于海南省中、西部(周杰晶,2002)。黎语是黎族的本民族语言,黎语可分为侾方言、美孚方言、加茂方言、本地方言、杞方言,属于汉藏语系壮侗语族黎语支(郑贻青,2007b)。在文字方面,政府非常重视发展少数民族的语言文字,积极帮助尚无文字的民族解决文字问题,于 1957 年创制了以拉丁字母为基础的黎文方案(中国大百科全书编委会,1986)。黎族分为侾黎、杞黎、本地黎、美孚黎和赛黎五个支系。黎族以稻作农耕为主,副业以饲养家禽为主,手工业未从农业中分离。黎族村落多在河谷阶地上,一般几十户聚集在一起,也有超过百户人家在一起的。黎族人民信仰原始宗教,崇拜自然与祖先。佛教和道教传入黎族生活的地区后对黎族社会生活产生了一定的影响。

二、民族发展变化与分布格局

新中国成立以来,黎族人口总体呈增长的趋势(图 3-11;国务院人口普查办公室,1983;国务院人口普查办公室和国家统计局人口和就业统计司,1993,2002,2012)。

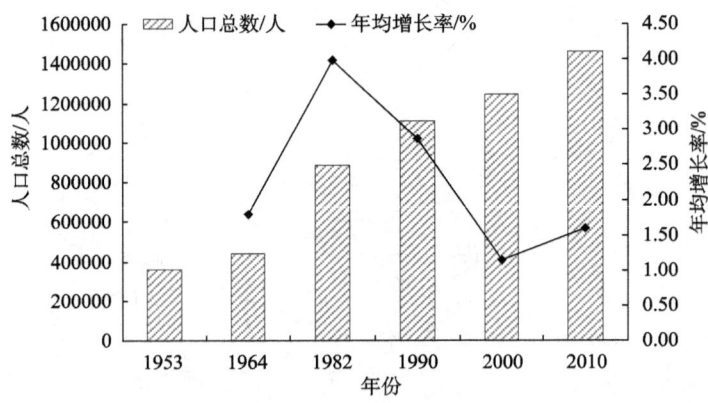

图 3-11 黎族历次普查的人口变化情况

在人口分布比重上,黎族的分布表现为三种区域类型,即集中分布区、分散分布区和零星分布区(图 3-12)。集中分布区是海南,该省的黎族人口总数是 1262262 人,占全国黎族总人口数量的比例约为 86.28%。分散分布区是广东和贵州,这两个省份的黎族人口总数是 154752 人,占全国黎族总人口的比例约为 10.58%。除上述省份外其余均属零星分布区,这些省份的黎族人口总数为 46050 人,占全国黎族总人口数量的比例约为 3.15%,在零星分布区中甘肃的人口最少,为 517 人。

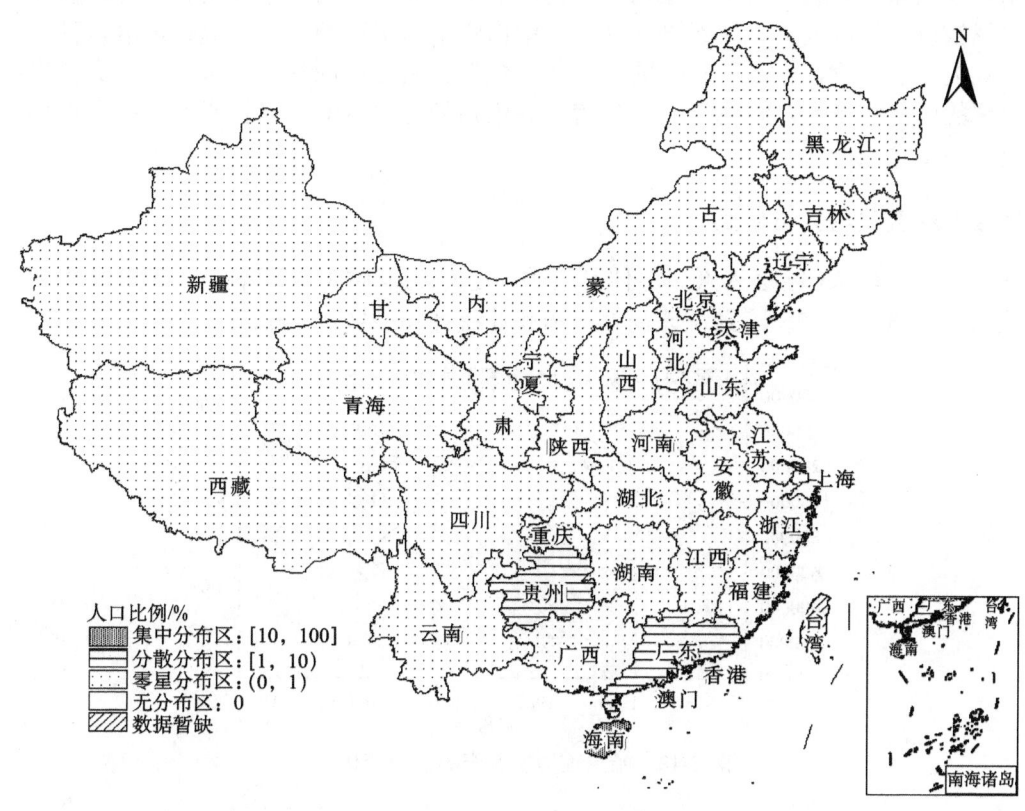

图 3-12 黎族分布的省域格局

第七节 哈尼族民族地理

哈尼族人口为 1660932 人（国务院人口普查办公室和国家统计局人口和就业统计司，2012），属于蒙古人种南方类型。哈尼族与古羌人有渊源，古羌人南迁后在唐文献中的"和夷"与哈尼族族源关系密切，今集中分布于云南省。哈尼族支系较多，其生存环境是典型的山地地理环境，并创造了著名的人地协调共生范例——哈尼梯田。哈尼族是中越之间、中缅之间和中老之间跨界民族，在老挝称卡戈族，在缅甸称为高族。

一、民族基本特征

哈尼族属于蒙古人种南方类型。其体质特征表现为（李树春，2010）：身材较矮小，肤色较浅，黑褐色眼，黑色直形发，眉毛稀少；头型属中头型偏圆头型；面型属阔面型；眼裂开度中等，眼裂斜度外高内低，有蒙古褶，大多有上眼睑皱褶；鼻根高度中等，鼻梁较直，鼻尖和鼻基底方向水平，鼻翼高度中等，鼻孔多为椭圆形，属阔鼻型；耳垂多圆形；红唇较薄，属凸唇型。

哈尼族活动于滇中、南地区（李批然，2002）。哈尼语（Hani）是哈尼族的本民族语言，哈尼语可分为哈雅、碧卡和豪白三种方言，属于汉藏语系藏缅语族彝语支（李永燧，2007a）。在文字方面，1949 年以前哈尼族没有自己的文字，有些地方曾刻木结绳记事。1957 年党和政府帮助哈尼族创造了一种以拉丁字母为基础的文字，在红河哈尼族彝族自治州试验推行，至今仍在使用（中国大百科全书编委会，1986）。

哈尼族支系主要有：哈尼、豪尼、碧约、卡都、斡纽、阿木、糯比、梭比、拉乌和苦聪等。哈尼族以山地农业为主要经济活动，其中山腰地带多种植水稻，高山地区多种植玉米、荞麦、豆类等农作物，形成了独特的"哈尼景观"。哈尼族的村寨大多建在凉爽的半山上，选择平缓的山梁做寨址。哈尼族的宗教信仰有原始的万物有灵、多神崇拜和祖先崇拜，有少数地方信仰基督教。

二、民族发展变化与分布格局

新中国成立以来，哈尼族人口总体呈增长的趋势（图3-13；国务院人口普查办公室，1983；国务院人口普查办公室和国家统计局人口和就业统计司，1993，2002，2012）。

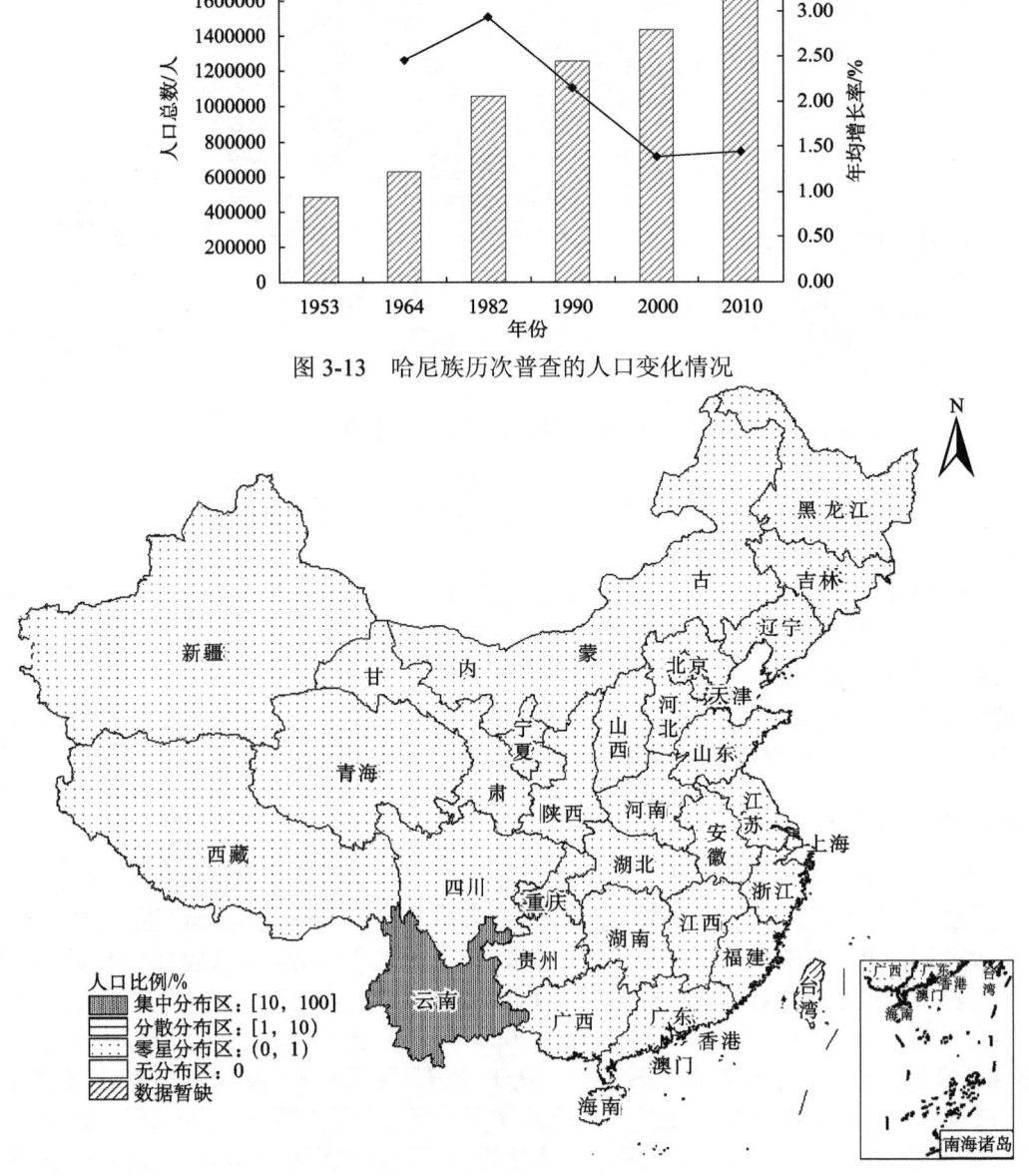

图 3-13 哈尼族历次普查的人口变化情况

图 3-14 哈尼族分布的省域格局

在人口分布比重上，哈尼族的分布表现为两种区域类型，即集中分布区和零星分布区（图3-14）。集中分布区是云南，该省份的哈尼族人口总数达到 1629508 人，占全国哈尼族总人口数量的比例约为 98.11%。除上述省份外，其余省份均属于零星分布区，这些省份的哈尼族人口总数为 31424 人，占全国哈尼族总人口数量的比例约为 1.89%，其中，青海的哈尼族人口最少，共 17 人。

第八节　仡佬族民族地理

仡佬族人口为 550746 人（国务院人口普查办公室和国家统计局人口和就业统计司，2012），属于蒙古人种南方类型。仡佬族源于古代濮人，隋唐时形成独立民族，今主要分布于贵州西部、北部、东北部。仡佬族主要生活在山地地理环境。仡佬族支系较多，支系常以服饰颜色命名。仡佬族文字研究近年或有新进展。

一、民族基本特征

仡佬族是典型的蒙古人种南方类型。其体质特征表现为（李树春，2010）：身材亚中等偏矮。眼裂斜度男性外高内低，女性内外平行，多数人有蒙古褶。男性鼻梁多为直型和波浪型，女性鼻梁多为凹型和直型，男性鼻根中等高，女性鼻根多低平，鼻基底呈水平向前，鼻翼甚突，属中鼻型。大多数人耳壳无达尔文结节。上唇皮肤高度中等，多为正唇型。男性红唇中等厚，女性红唇中等偏薄。额部直立和微斜，面部男性狭窄多为过狭面型，女性以狭面型为主，头型多属圆头型、高头型和狭头型。

仡佬族长期生活于西南的贵州、云南、广西等省份（雷晓斌，2002），今集中分布于贵州西部、北部、东北部。仡佬语（Gelao）是仡佬族的本民族语言，可分为稿、阿欧、哈给、多罗四种方言（贺嘉善，2007），属于汉藏语系壮侗语族仡央语支（贺嘉善，2007）。过去以为仡佬族没有文字，2008 年 9 月，贵州省仡佬学会付尔光、田金海、郑继强等遍访云南文山、湖南湘西地区、四川南部、广西西北部和贵州全境等仡佬族地区，据民间传闻线索和实地考察走访，在黔北仡佬族一位姓李的家中寻找到了《九天大濮史录》，说明仡佬族有自己的文字。《九天大濮史录》书中记录的仡佬文字均用朱砂书写，汉字为黑墨，全书共 6000 余字，全部为对应译录，《九天大濮史录》中的部分文字与位于关岭布依族苗族自治县城东约 15km 晒甲山半山的"红崖天书"部分文字相似，进一步情况尚待研究。在仡佬族内部各支系之间有不同的称谓，根据仡佬族生存环境及社会生活习惯的不同将仡佬族分为若干支系，（民国）《贵州通志·土民志》将仡佬族的支系分为：花仡佬、红仡佬、剪头仡佬、打牙仡佬、锅圈仡佬、打铁仡佬、披袍仡佬、水仡佬、土仡佬和雅意仡佬。仡佬族以山地农业为主，生产稻谷、豆类等，同时饲养家畜、家禽和种植各种蔬菜。仡佬族居住多选半山腰而建村，民谚说："高山苗，水仲家（布依族旧称），仡佬住在岩旮旯"。仡佬族原崇拜祖先，祭祀蛮王老祖，信仰原始宗教。清代以后，受汉族的影响也信奉佛教、道教、儒教。

二、民族发展变化与分布格局

新中国成立以来，仡佬族人口总体上呈增长的趋势（图 3-15；国务院人口普查办公室，1983；国务院人口普查办公室和国家统计局人口和就业统计司，1993，2002，2012）。

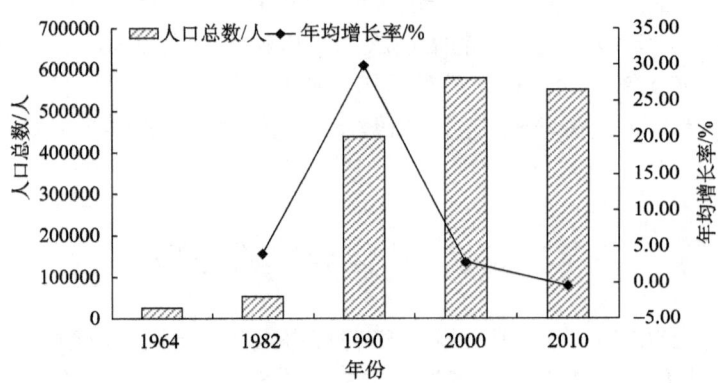

图 3-15 仡佬族历次普查的人口变化情况

在人口分布比重上，仡佬族的分布表现为三种区域类型，即集中分布区、分散分布区和零星分布区（图 3-16）。集中分布区是贵州，该省仡佬族的人口总量为 495182 人，占全国仡佬族总人口数量的比例约为 89.91%。分散分布区是浙江和广东，这两个省份仡佬族的人口总量为 28682 人，占全国仡佬族总人口数量的比例约为 5.21%。除上述省份外其余均属于零星分布区，这些省份的仡佬族人口总数为 26882 人，占全国仡佬族总人口数量的比例约为 4.88%，其中西藏的仡佬族人口分布最少，为 27 人。

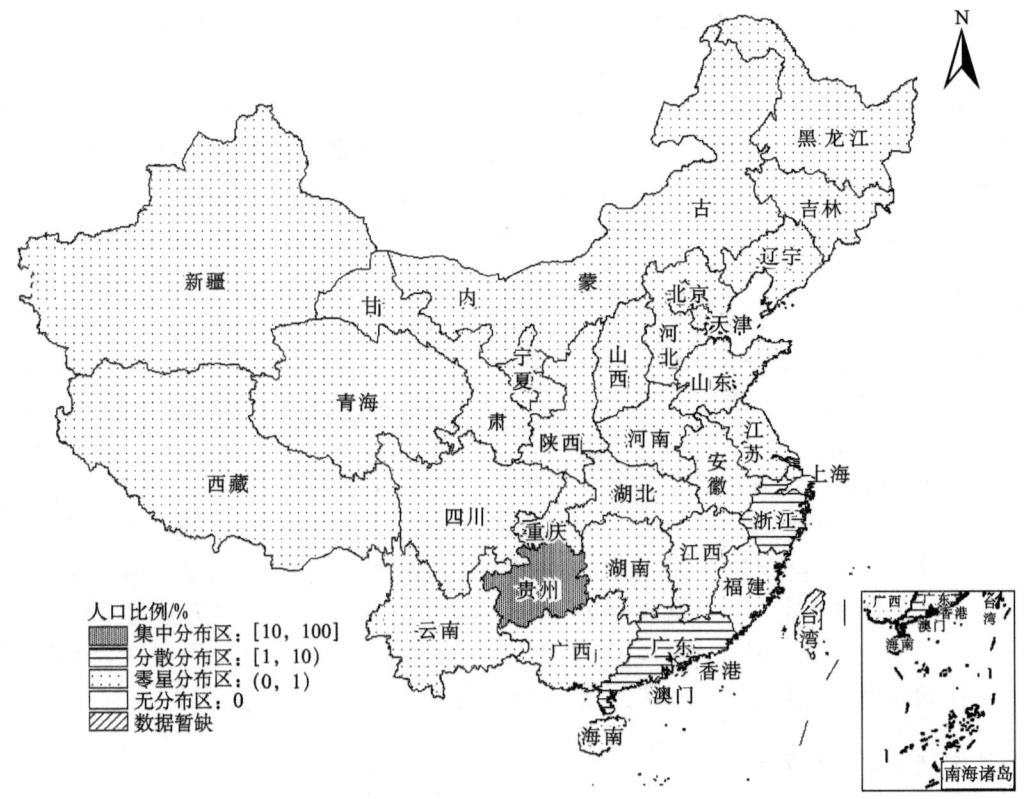

图 3-16 仡佬族分布的省域格局

第九节　佤族民族地理

佤族人口为 429709 人（国务院人口普查办公室和国家统计局人口和就业统计司，2012），属于蒙古人种南方类型。佤族自古生活于我国西南地区，历史时期分布地多有变迁，今在中国境内主要分布于滇西南地区。佤族支系较多，是中缅之间和中老之间非主体型跨界民族，在国外称其为拉佤、雷拉族。

一、民族基本特征

佤族是典型的蒙古人种南方类型。其体质特征表现为（李树春，2010）：身材亚中等，肤色黄；发黑直型，头型属圆头型、高头型和阔头型；男女均性属长躯干型；男性多宽肩型、中骨盆型；女性多中肩型、窄骨盆型；面型属狭面型；眼色多褐色，眼裂斜度外高内低，大多有上眼睑皱褶；鼻根高度中等，鼻梁多直型，属狭鼻型；耳垂多圆形。

佤族长期生活于滇西南地区，今尤集中聚居于临沧地区西部和思茅地区西南部（陈国庆，2002）。佤语是佤族的本民族语言，佤语可分为三大方言，即布饶方言、阿佤方言和佤方言。她属于南亚语系孟-高棉语族佤-德昂语支（中国大百科全书编委会，1988）。佤族有本民族文字——属拼音文字类型的佤文，曾使用过撒喇文（周植志和颜其香，1984）。英国传教士传播基督教创制的佤文，使用范围很小。新中国成立以后，1957 年党和人民政府为其创制了以拉丁字母为基础的拼音文字（中国大百科全书编委会，2009）。佤族的支系主要有阿佤（勒佤）、布饶人、佤崩、佤固德、佤（乌）腊人、恩人与宋人 7 个。佤族以旱地农耕为主要生计方式，次之为水田（多为梯田）。佤族的宗教信仰主要有本民族的原始宗教"礼比梅依"、基督教和佛教。佛教又有大、小乘佛教之分。至今绝大多数佤族仍信奉本民族的"礼比梅依"。

二、民族发展变化与分布格局

新中国成立以来，佤族人口总体呈增长的趋势（图 3-17；国务院人口普查办公室，1983；国务院人口普查办公室和国家统计局人口和就业统计司，1993，2002，2012）。

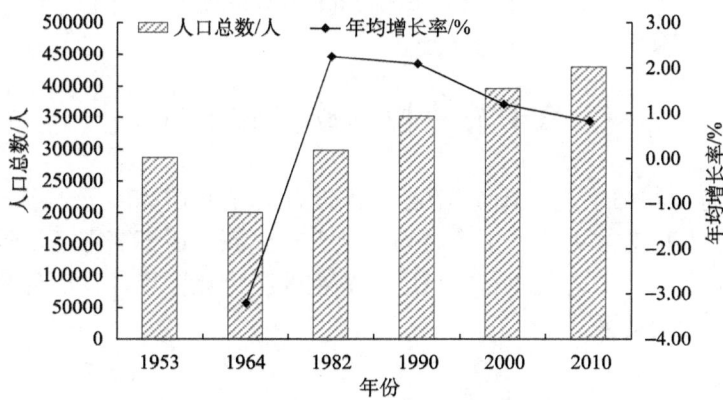

图 3-17　佤族历次普查的人口变化情况

在人口分布比重上，佤族的分布表现为三种区域类型，即集中分布区、分散分布区和零星分布区（图3-18）。集中分布区是云南，该省的佤族人口总量最多，达到400814人，占全国佤族总人口数量的比例为93.28%。分散分布区是山东和广东，这两个省份的佤族人口总数为10337人，占全国佤族总人口数量的比例约为2.41%。除上述3个省份外其余均属于零星分布区，这些省份的佤族人口总数为18558人，占全国佤族总人口数量的比例约为4.32%，在零星分布区中，佤族人口数最少的青海，仅有20人。

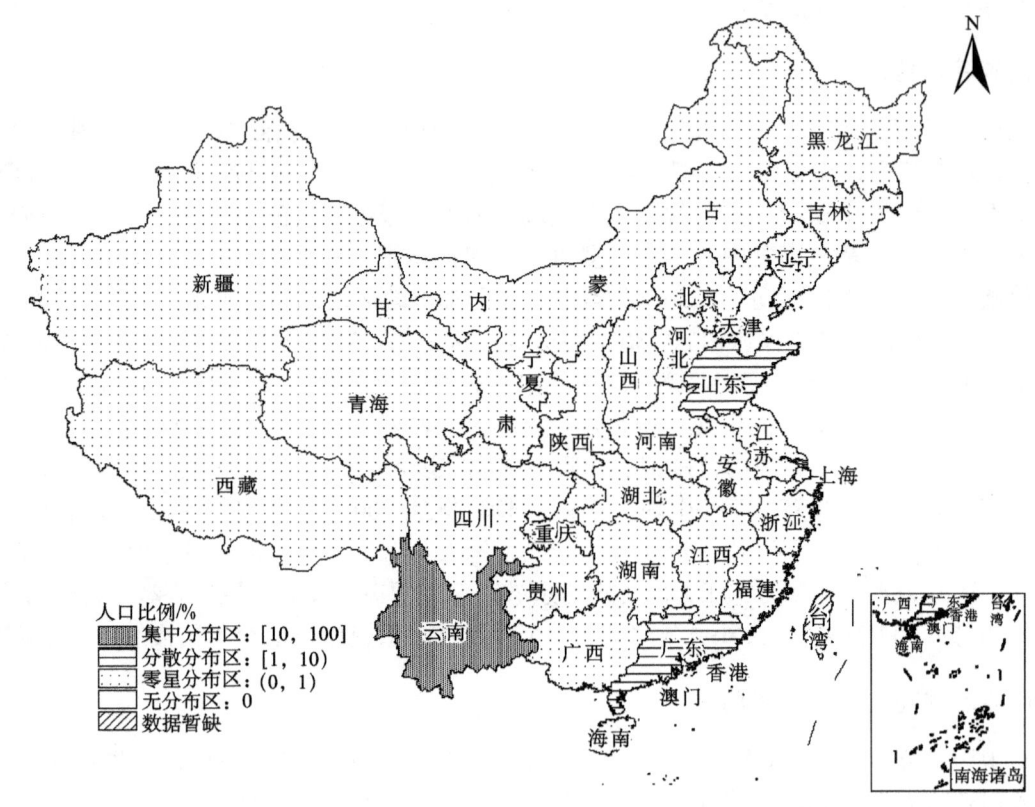

图3-18　佤族分布的省域格局

第十节　拉祜族民族地理

拉祜族人口为485966人（国务院人口普查办公室和国家统计局人口和就业统计司，2012），属于蒙古人种南方类型。拉祜族与古羌人有渊源，后不断南迁，约唐时形成独立民族。拉祜族是中缅之间、中老之间和中越之间非主体型跨界民族，在国外称么舍族，在中国境内集中分布于滇西南地区。

一、民族基本特征

拉祜族属于蒙古人种南方类型。其体质特征表现为（李树春，2010）：身材矮小，皮肤浅黄褐色，发黑直，体毛和胡须极少。眼裂开度中等，眼裂斜度内外平行，上眼睑褶皱发育好，多数人有蒙古褶。鼻梁凹型，鼻根中等高，鼻尖上翘，鼻翼高度中等，鼻孔形状呈卵圆形，属狭鼻型。上唇皮肤平直，多为正唇型。耳壳大多缺失达尔文结节，耳垂圆形。眉嵴较突出，颧骨突出，面部扁平，多属狭面型，头型属圆头型、高头型和中头型。

拉祜族长期生活于滇西南地区（杨春，2002），拉祜语是拉祜族的本民族语言，属于汉藏语系藏缅语族彝语支，在国内仅有拉祜纳、拉祜西两个方言（张蓉兰和马世册，2007）。拉祜族在历史上原本没有文字。部分地区的拉祜族曾使用过西方传教士创制的拉丁字母的文字，但未能推广。新中国成立后，在政府的帮助下，于 1957 年创制了拼音文字（中国大百科全书编委会，2009）。拉祜族可分为拉祜纳、拉祜西两个支系。虽然在拉祜族内部所属支系不同，但这两个支系均有着共同的信仰、共同的文化风俗习惯，他们只是在语言和服饰上存在一定的差别。拉祜族经济活动因居住地环境的不同而有差异：山区密林为周期性的游耕、粗放的畜牧和季节性狩猎；半山区为定居的农业。拉祜族村落多依山傍水而建，传统住宅主要是落地式茅屋和干栏式竹楼，村寨都建在树茂林密的山头和山腰，房屋坐落于茂竹丛林之中。拉祜族传统的精神支柱是厄萨崇拜，"厄萨"即"天神"，是拉祜人民共同崇拜的造物主和守护神。除对厄萨崇拜外他们还信仰万物有灵的原始宗教。随着宗教的传播，拉祜人还信仰佛教、基督教、天主教及一些其他教派。

二、民族发展变化与分布格局

新中国成立以来，拉祜族人口总体呈增长的趋势（图 3-19；国务院人口普查办公室，1983；国务院人口普查办公室和国家统计局人口和就业统计司，1993，2002，2012）。

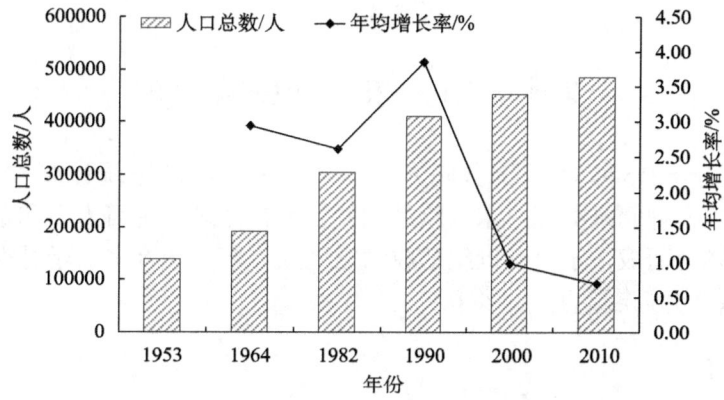

图 3-19　拉祜族历次普查的人口变化情况

在人口分布比重上，拉祜族的分布表现为两种区域类型，即集中分布区和零星分布区（图 3-20）。集中分布区是云南，该省的拉祜族人口总数为 475011 人，占全国拉祜族总人口数量的比例高达 97.75%。除集中分布区外其余省份均属于零星分布区，零星分布区的拉祜族人口数为 10955，占全国拉祜族总人口数量的比例约为 2.25%，西藏的拉祜族人口最少，仅有 4 人。

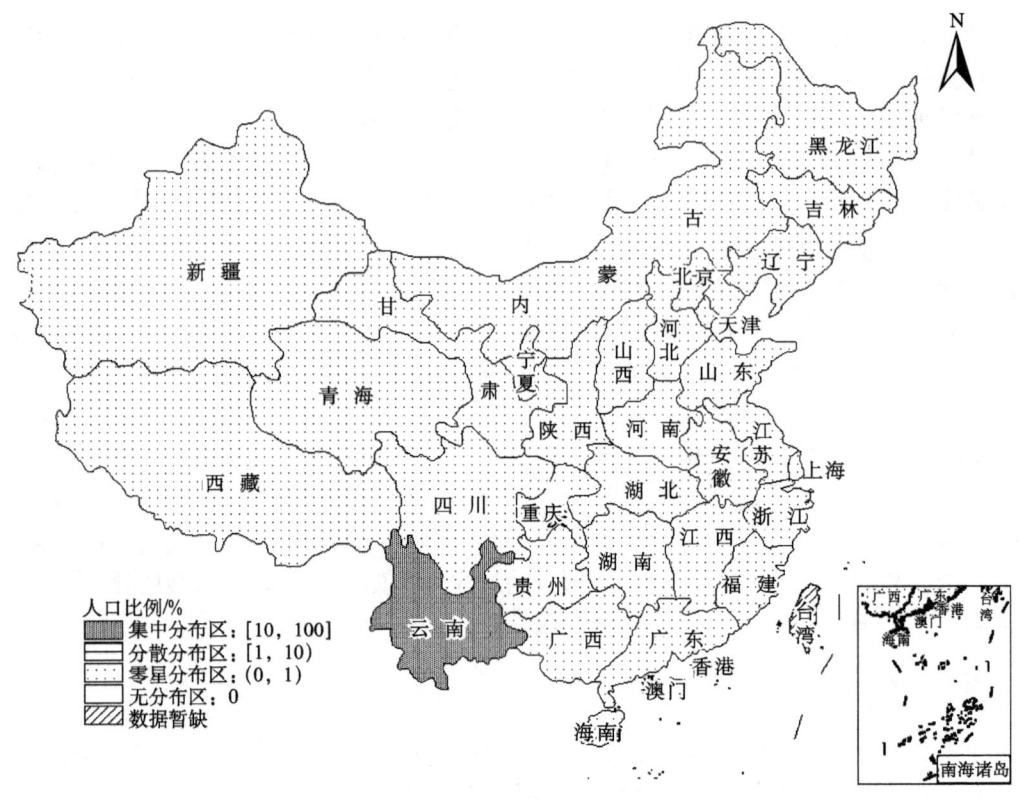

图 3-20 拉祜族分布的省域格局

第十一节 东乡族民族地理

东乡族人口为 621500 人（国务院人口普查办公室和国家统计局人口和就业统计司，2012），属于蒙古人种北方类型。东乡族系元西征所带回之"色目人"和蒙古军驻守于临夏地区与当地居民融合而成，于 14 世纪形成独立民族。东乡族今多居于甘肃和新疆地区，其社会文化多受汉、回等族影响。

一、民族基本特征

东乡族体质特征主要表现为蒙古人种北方类型，其体质特征表现为（李树春，2010）：身材中等，头长而窄，面型以过狭面型和狭面型为主，鼻型为狭鼻型，头型为高头型、狭头型和中头型。

东乡族长期生活于甘肃省临夏回族自治州相互毗邻的东乡族自治县和积石山保安族东乡族撒拉族自治县，今部分聚居于新疆北部的塔城、伊宁地区，所以形成了甘肃、新疆两省区内聚居的分布格局（李雪芹，2002）。东乡语（Santa）是东乡族的本民族语言，属于阿尔泰语系蒙古语族（刘照雄，2007），是一种处于危险等级的濒危语言。东乡族没有本民族文字。东乡经济活动以山地农业为主。东乡族信仰伊斯兰教，教派在东乡地区主要分为两派，即格底目（俗称老教）和伊赫瓦尼（俗称新教）。门宦主要有嘎底勒耶、库尔勒耶、胡菲耶、通称四大门宦，各门宦又有一些分支。

二、民族发展变化与分布格局

新中国成立以来，东乡族人口总体呈增长的趋势（图 3-21；国务院人口普查办公室，1983；国务院人口普查办公室和国家统计局人口和就业统计司，1993，2002，2012）。

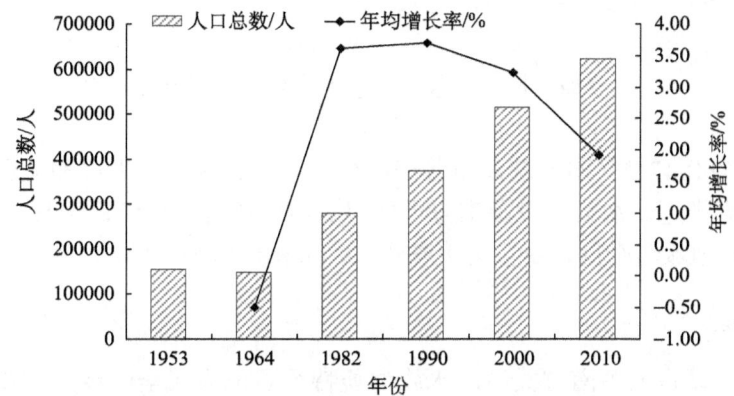

图 3-21 东乡族历次普查的人口变化情况

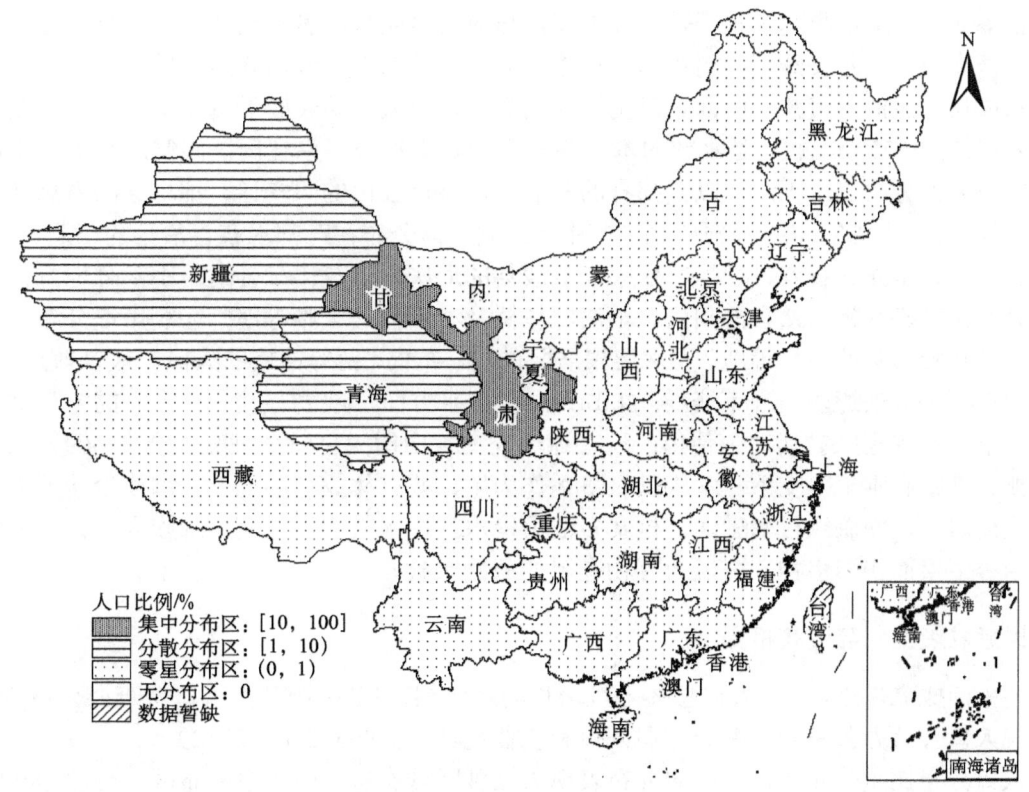

图 3-22 东乡族分布的省域格局

在人口分布比重上，东乡族的分布表现为三种区域类型，即集中分布区、分散分布区、零星分布区（图3-22）。集中分布区是甘肃，其东乡族人口总数为546255人，占全国东乡族总人口数量的比例约为87.89%。分散分布区是新疆和青海，这两个省份的东乡族人口总数为67944人，占全国东乡族总人口数量的比例约为10.93%。除了上述3个省份外其余均属于零星分布区，这些省份的东乡族人口总数为7301人，占全国东乡族总人口数量的比例约为1.17%，广西的东乡族人口最少，仅有17人。

第十二节 水族民族地理

水族人口为411847人（国务院人口普查办公室和国家统计局人口和就业统计司，2012），属于蒙古人种南方类型。水族与我国南方古代"百越"族群有渊源，于秦汉时向单一民族方向发展，宋时活动地域与今同，今多居于贵州、广西和云南等省份，其生存环境属山地类型。

一、民族基本特征

水族是典型的蒙古人种南方类型。水族体质特征表现为（李树春，2010）：身材亚中等偏矮；男性胡须少，黑发直形；头型多过圆头型、高头型和狭头型；面型多中面型；眼裂开度中等，眼裂斜度内外平行，40%的人缺失蒙古褶，上眼睑皱褶发育好；男性鼻根中等，女性鼻根多低平；男性鼻基底水平，女性上翘，鼻翼突度明显，多属阔鼻型；耳垂多方形或三角形，耳壳缺失达尔文结节；男性为正唇型，女性为凸唇型，红唇厚度中等。

水族长期生活于贵州、广西、云南等西南省份，今天主要聚居于贵州省的三都水族自治县（刘培红，2002）。水语是水族的本民族语言，属于汉藏语系壮侗语族侗水语支。水语不分方言，大致分为三个土语，以三都县的三洞话、靠近独山的阳安话、都匀县的潘洞话各自成为三洞土语、阳安土语、潘洞土语。其中，三洞土语分布在三都水族自治县的三洞、中和、恒丰、九千、水龙、普安、坝街、嘉荣，荔波县的瑶庆，以及榕江县的一小部分地方；阳安土语分布在三都水族自治县的阳安、羊洛、林桥及独山县的董渺等地；潘洞土语分布在都匀县的潘洞和独山县的翁台等地。在水族聚居区的汉、布依、苗等民族的人民一般都兼通水语。水族也有不少人兼通汉语（韦庆稳，2007）。在文字方面，过去有过一种古老的象形文字，称"水书"，多在宗教活动中使用；现在通用汉文（中国大百科全书编委会，2009）。水族有睢柳、睢闽和睢干等支系。水族以农耕稻作为主，兼有林业和手工业。水族聚居区大多是"聚族而居"，同血缘村寨毗连，村寨多依山傍水。在宗教信仰方面，水族人民认为万事万物都由神主宰而崇奉多神，表现为万物有灵的原始宗教。

二、民族发展变化与分布格局

新中国成立以来，水族人口总体上呈增长的趋势（图3-23；国务院人口普查办公室，1983；国务院人口普查办公室和国家统计局人口和就业统计司，1993，2002，2012）。

人口分布比重分布上，水族的分布表现为三种区域类型，即集中分布区、分散分布区和零星分布区（图3-24）。集中分布区是贵州，该省水族的人口总数为348746人，占全国水族总人口的比例约为84.68%。分散分布区是广西、江苏、浙江、云南和广东，这些省份水族的人口总量为53822人，占全国水族总人口的比例约为13.07%。除上述省份外其余均属于零星分布区,这些省份的水族人口总数为 9279 人,占全国水族总人口的比例约为 2.25%,其中西藏的水族人口最少,仅为 14 人。

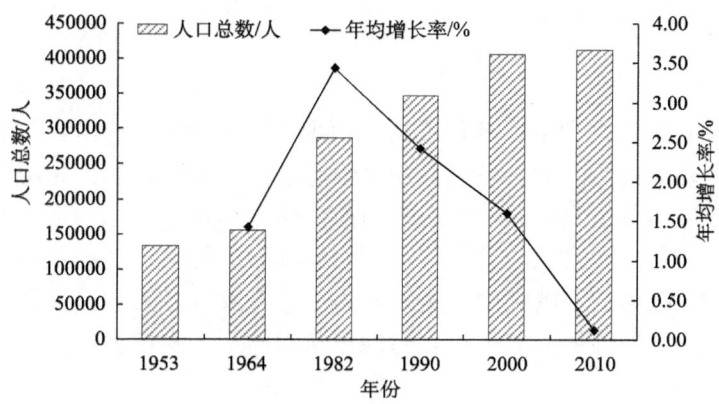

图 3-23 水族历次普查的人口变化情况

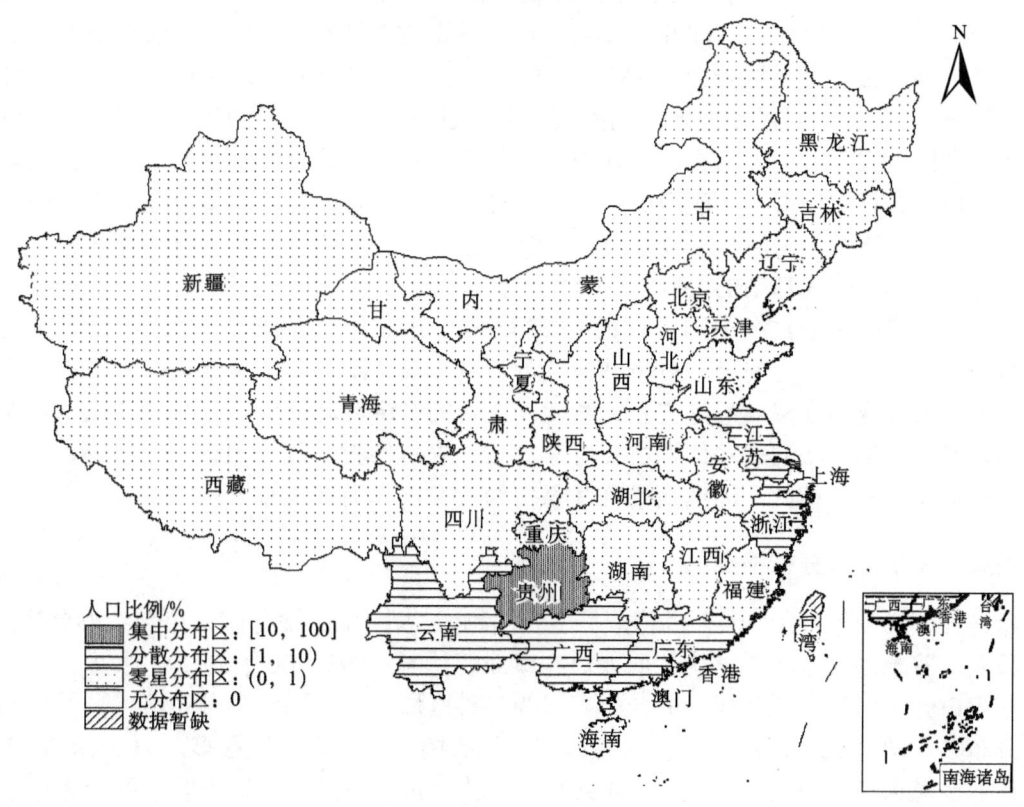

图 3-24 水族分布的省域格局

第十三节 纳西族民族地理

纳西族人口为 326295 人(国务院人口普查办公室和国家统计局人口和就业统计司,

2012),属于蒙古人种南方类型。纳西族可能是秦汉时期从西北南迁的牦牛夷与川西、滇西北土著长期交往融合而形成的民族,今集中分布于滇西北及四川西部。纳西族支系较多,生活环境属山地类型,与汉、藏、彝、白、傈僳等民族有长期交往。

一、民族基本特征

纳西族属蒙古人种南方类型。其体质特征表现为(李树春,2010):身材中等;眼裂开度中等,眼裂斜度外高内低,上眼睑皱褶发育较好,大多无蒙古褶;鼻梁多为直型,次为凹形,鼻根较高,鼻尖和鼻基底方向多呈水平向前,鼻孔形状多为椭圆形,次为卵圆形,鼻翼微突,属狭鼻型;上唇皮肤多数较直,属正唇型。红唇中等厚;多数人耳壳无达尔文结节,耳垂多为方形,次为圆形;眉嵴突度,男性多为中显,女性多为微显;颧骨较突出,整个面部较扁平而宽,大多呈椭圆形或卵圆形。男性多属中面型,女性多属狭面型;头型多属中头型、高头型和狭头型。

纳西族长期活动于西南地区,现主要分布于相互毗邻的滇西北丽江地区(云南丽江纳西族自治县集中分布了纳西族的约90%人口)迪庆藏族自治州及四川省的凉山彝族自治州西缘(木仕华,2002)。纳西语(Nakhi,Naxi)是纳西族的本民族语言,属于汉藏语系藏缅语族彝语支(中国大百科全书编委会,1988)。由于历史上各民族的长期交往接触,一部分居住在汉、藏、彝、白、傈僳等民族地区的纳西族也分别掌握了上述这些民族语言(姜竹仪,2007)。纳西族有本民族文字——纳西文,曾使用过东巴文、哥巴文、玛丽玛萨文。纳西族原有两种文字:一种是表意的象形文字叫东巴文;另一种是表音的音节文字叫哥巴文。用这些文字记下了不少诗歌、传说、故事和宗教经典等,但在群众中未能推广使用。1957年3月,设计了一种以拉丁字母形式为基础的纳西拼音文字方案,并在同年召开的云南省第一次少数民族语言文字科学讨论会上通过(中国大百科全书编委会,1986)。根据居住地的不同及各地经济发展水平、语言、地域的差异,可将纳西族分为纳喜人、纳恒人、拉洛人、阮可人、玛丽玛沙人、纳日人(现称摩梭人)等支系。纳西族主要的经济活动是农业,牧业的比重从坝区向山区逐渐增大。纳西族的宗教信仰主要有东巴教、汉传佛教、藏传佛教、道教等。东巴教是纳西族固有的一种多神教,因纳西语称其祭司为"东巴"而得名。

二、民族发展变化与分布格局

新中国成立以来,纳西族人口总体呈增长的趋势(图3-25;国务院人口普查办公室,1983;国务院人口普查办公室和国家统计局人口和就业统计司,1993,2002,2012)。

在人口分布比重上,纳西族的分布表现为三种区域类型,即集中分布区、分散分布区和零星分布区(图3-26)。集中分布区是云南,该省的纳西族人口数最多,为309858人,占全国纳西族总人口数量的比例高达94.96%。分散分布区是四川,该省的纳西族人口总数为10149人,占全国纳西族总人口数量的比例约为3.11%。除了上述两个省份外其余省份均属于零星分布区,这些省份的纳西族人口数为6288人,占全国纳西族总人口数量的比例约为0.02%,在零星分布区中,纳西族人口数最少的省份是吉林,仅有14人。

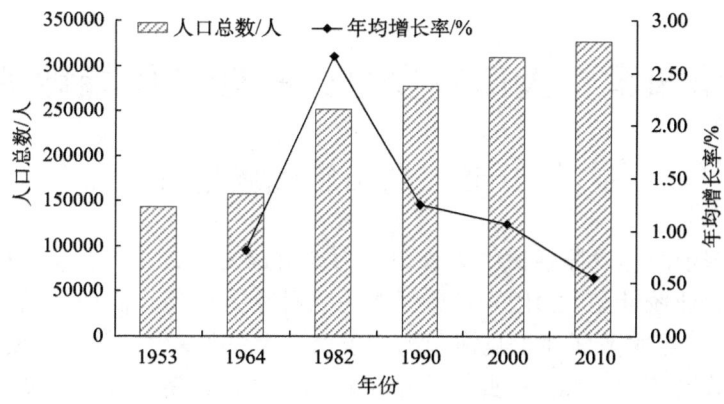

图 3-25 纳西族历次普查的人口变化情况

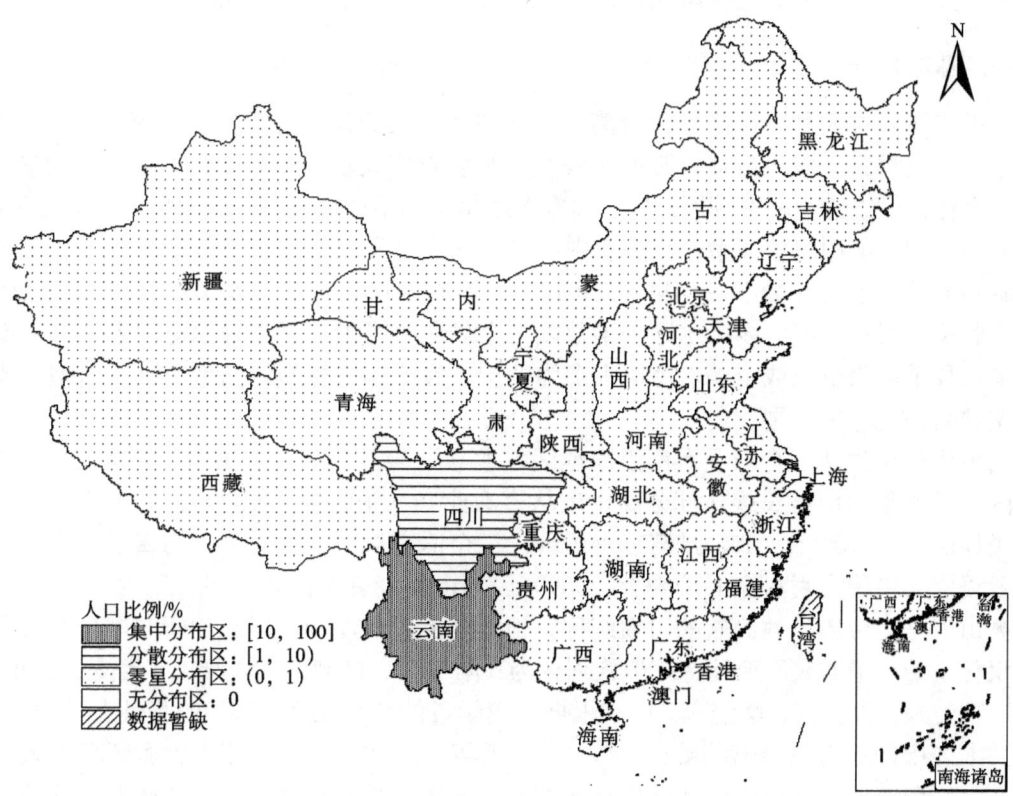

图 3-26 纳西族分布的省域格局

第四章 人口较少且分布较广民族地理

第一节 高山族民族地理

高山族（我国台湾称"原住民"）人口在内地有 4009 人（国务院人口普查办公室和国家统计局人口和就业统计司，2012），属于蒙古人种南方类型。高山族源于我国古代百越族群中闽越的一部分，今主要居住于我国台湾和东南沿海省份，生活环境主要是山地地理环境。高山族是多个少数民族的统称，因此族群结构较为复杂，经济、社会、文化等特征具有多元或多样性。高山族使用多种语言，且多为濒危语言，有的已灭绝。所以，台湾既是我国濒危语言集中分布的地区，又是我国濒危语言中已灭绝语言种数最多的地区。

一、民族基本特征

高山族属蒙古人种南方类型。台湾高山族中阿美人的体质特征如下（李树春，2010）：身材中等，发黑直，肤色较淡。眼间距较宽，眼裂斜度大多水平，多数无上眼睑褶皱，80%以上的个体无蒙古褶。唇中等厚。耳廓大多无达尔文结节，耳垂多为游离型。鼻梁多为凹型，鼻梁属中鼻型。面型属狭面型，头型属中头型、高头型和狭头型。胸围指数较小。台湾高山族中泰雅人的体质特征如下（李树春，2010）：身材亚中等偏矮。发黑直且粗，肤色较淡。鼻长，脸长。眼裂斜度大多为水平，半数以上个体无蒙古褶。唇中等偏薄。半数以上无达尔文结节，耳垂多为游离或附着。鼻梁大多为凹型，鼻梁属中鼻型。面型属过狭面型，头型属圆头型、高头型和中头型。

高山族长期生活于台湾及东南沿海地区，尤其聚居于台湾岛中央山脉两侧 500~3000m 的山区，是典型的山地民族（部分高山族从事渔业）（张崇根，2002）。高山语言是高山族的本民族语言，分泰雅、邹、排湾三个语群，三个语言群所包括的语言均属于南岛语系印度尼西亚语族（中国大百科全书编委会，2009）。高山族没有本民族文字。

高山族是对台湾少数民族的习惯统称。根据学者对台湾少数民族的研究，台湾大学曾把基本汉化了的"平埔人"除外将高山族划分为：阿美人、排湾人、泰雅人、赛夏人、布农人、邹人、雅美人、鲁凯人、卑南人。后来根据台湾学者的意见在"九族"的基础上增加了邵人、噶玛兰人（中国大百科全书编委会，2009）。近年来又增加了太鲁阁人、撒奇莱雅人和赛德克人共 14 个族群。高山族生计结构存在差异，采集、狩猎和捕鱼曾是各族群长期的生计方式，现多向农业转变。高山族现实行一夫一妻制。高山族信仰原始宗教，有祖灵崇拜、图腾崇拜、自然崇拜和巫术。

二、民族发展变化与分布格局

新中国成立后，内地高山族人口总体呈增长的趋势（图 4-1；国务院人口普查办公室，1983；国务院人口普查办公室和国家统计局人口和就业统计司，1993，2002，2012）。

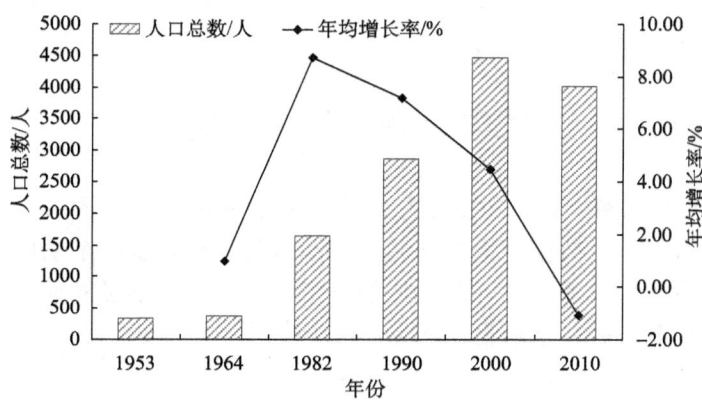

图 4-1　高山族历次普查的人口变化情况

在人口分布比重上，我国内地高山族的分布表现为三种区域类型，即集中分布区、分散分布区和零星分布区（图 4-2）。高山族的集中分布区是河南和福建，这两个省份的高山族人口总数为 1203 人，占大陆高山族总人口数量的比例约为 30.01%。零星分布区是天津、甘肃、黑龙江、青海、陕西、宁夏、山西和西藏，这些省份的高山族人口总数为 137 人，占大陆高山族总人口的比例约为 3.42%，其中，西藏的高山族人口最少，仅有 2 人。除上述省份

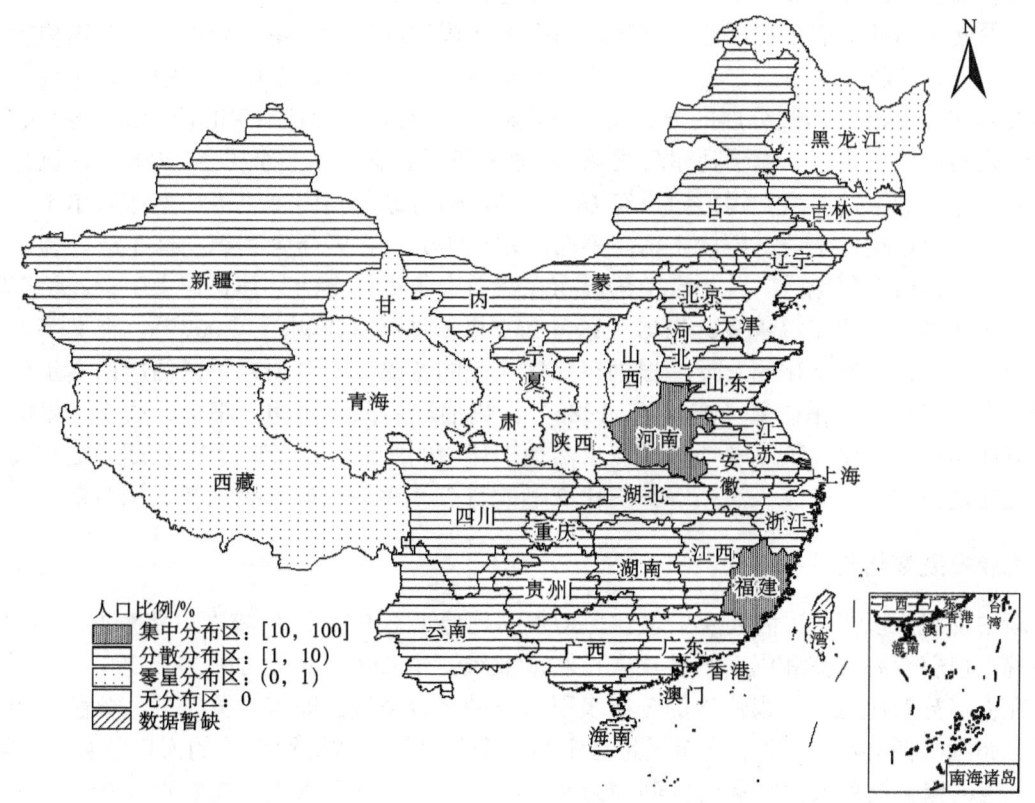

图 4-2　高山族分布的省域格局

外,其余省份均属于分散分布区,这些省份的高山族人口总数为 2669 人,占大陆高山族总人口数量的比例约为 66.58%。

第二节 锡伯族民族地理

锡伯族人口为 190481 人(国务院人口普查办公室和国家统计局人口和就业统计司,2012),属于蒙古人种北方类型。锡伯族源自中国古代东胡系统,东胡后分为鲜卑、乌桓等部,锡伯族为后来位于淖尔河、洮儿河流域的室韦,于金代末年形成独立民族。清西北边防迁徙部分锡伯族至新疆,奠定今东北、新疆分布的格局。锡伯族社会文化多受蒙古族、满族、汉族等影响。

一、民族基本特征

锡伯族是典型的蒙古人种北方类型。其体质特征表现为(李树春,2010):身材中等偏高;黑色直发,发质较硬,男性胡须中等;眼裂斜度多为内外平行,眼裂开度较窄,大多有蒙古褶;鼻梁直,鼻宽大于两眼内角宽,鼻根高度中等,鼻尖和鼻基部方向均为水平,鼻翼高度中等,微突,属狭鼻型;面型男性多为五角形,女性多为卵圆形,属于狭面型;上唇皮肤高度中等,红唇中等偏薄;耳垂多为三角形、圆形和方形;头型属于圆头型或过圆头型、高头型和阔头型;体型属于中等偏宽短型,女性骨盆较宽。

锡伯族起源并形成于我国东北地区,与今东北锡伯族生活环境差异不大。今锡伯族主要分布在辽宁、新疆、黑龙江、吉林等省份,又集中分布于辽宁和新疆(集中于察布查尔锡伯自治县),形成东北、新疆分居的分布格局(吴家多,2002)。锡伯语(Xibo or Xibe, Sibo, Sibe)是锡伯族的本民族语言,属于阿尔泰语系满–通古斯语族满语支(李树兰,2007),已是一种处于濒危等级的濒危语言。锡伯语没有方言差别,但可划分为四个土语:察布查尔土语、孙扎奇土语、伊车嘎善土语、塔城土语。察布查尔土语分布在爱新舍利镇乌珠牛录、伊拉奇牛录为代表的察布查尔地区。孙扎奇土语分布在察布查尔锡伯自治县孙扎奇牛录。伊车嘎善土语分布在霍城县伊车嘎善乡。塔城土语分布在塔城地区(李树兰,2007)。在文字方面,国家为了促进锡伯族文化的发展,根据锡伯族人民的意愿,于 1947 年锡伯族语文工作者改变满文个别字母成为锡伯文(李树兰,1988)。锡伯族的经济活动、服饰、饮食、聚落与居所、信仰等社会文化,既反映了其适应自然地理环境的一面,又反映了因长期迁徙与其他民族(主要是蒙古族、满族、汉族等)文化交融的特点。锡伯族信奉萨满教、喇嘛教。

二、民族发展变化与分布格局

新中国成立以来,锡伯族人口总体呈增长的趋势(图4-3;国务院人口普查办公室,1983;国务院人口普查办公室和国家统计局人口和就业统计司,1993,2002,2012)。

在人口分布比重上,锡伯族的分布表现为三种区域类型,即集中分布区、分散分布区和零星分布区(图4-4)。集中分布区是辽宁和新疆,这两个省份锡伯族的人口总数为 166830 人,占全国锡伯族总人口数量的比例约为 87.58%。其中,锡伯族人口总数排在第一位的省份是辽宁,为 132431 人,约占全国锡伯族总人数量的 69.52%。分散分布区是黑龙江、吉林、内蒙古和北京,这些省份锡伯族的总人口数为 16290 人,占全国锡伯族总人口数量的比例约为 8.55%。除上述省份外其余均属于零星分布区，这些省份的锡伯族人口总数为 7361 人，占全国锡伯族总人口数量的比例约为 3.86%，其中西藏的锡伯族人数最少，仅为 6 人。

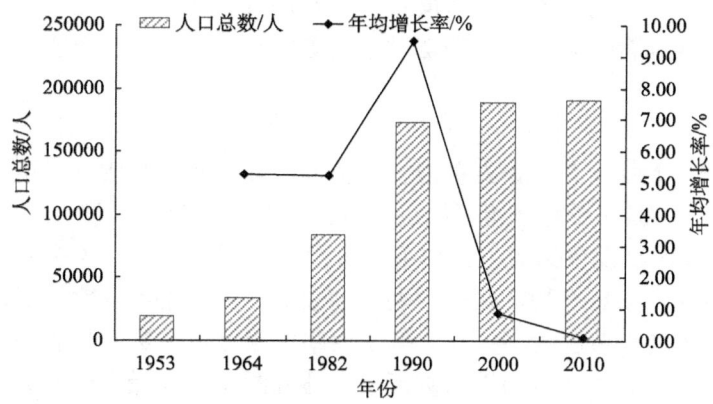

图 4-3 锡伯族历次普查的人口变化情况

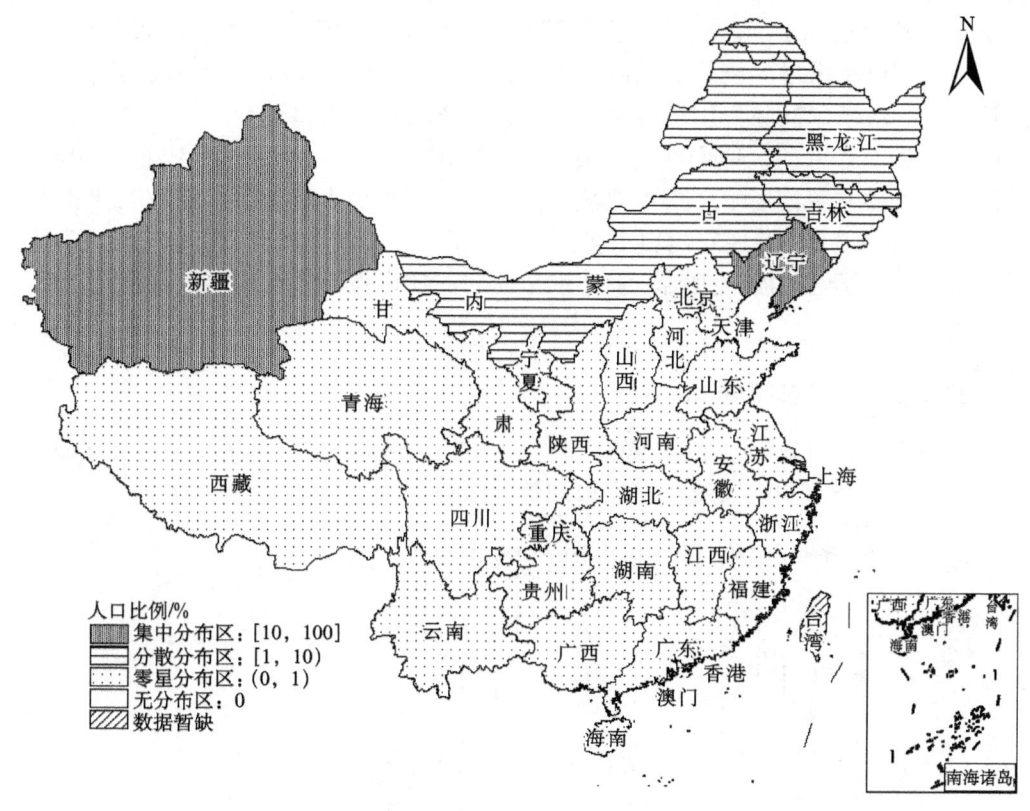

图 4-4 锡伯族分布的省域格局

第三节 塔塔尔族民族地理

塔塔尔族人口为 3556 人（国务院人口普查办公室和国家统计局人口和就业统计司，

2012),属于蒙古人种和高加索人种的混合类型,体质特征接近于中国蒙古人种北方类型。塔塔尔族国外常称鞑靼族,跨中国、俄罗斯、哈萨克斯坦、吉尔吉斯斯坦、乌兹别克斯坦、塔吉克斯坦、蒙古而居,我国境内的塔塔尔族主要是19世纪以后陆续由沙皇俄国的伏尔加河、伏玛河流域迁徙到新疆北部定居的塔塔尔人的后裔,今主要分布于新疆地区。

一、民族基本特征

塔塔尔族是蒙古人种和高加索人种混合的类型,其主要血缘成分是蒙古人种还是高加索人种有待进一步研究,但体质特征明显接近于我国蒙古人种北方类型。其体质特征表现为(李树春,2010):直形发,发色为黑色,眉毛中等发育,眉形以横眉为多;面型男女性均以卵圆形为主;眼裂方向多为水平型,两性眼裂宽度中等;蒙古褶出现率极低,上睑皱褶达睫毛处较多;眼色以褐色和天蓝色为多;鼻宽等于两眼内角宽占多数,鼻翼突度与鼻侧壁平行占多数,鼻翼高度中等,鼻孔形状男性卵圆形,女性椭圆,鼻孔最大横径矢状位多见,鼻尖方向男向前,鼻基部方向,鼻梁形状直,鼻根高度中等;上唇皮肤高度中等为多,上红唇厚度薄型为多;耳垂圆形为多。

塔塔尔族长期活动于新疆,今天主要聚居于新疆的阿勒泰、伊犁、昌吉等地(杜倩萍,2002)。塔塔尔语是塔塔尔族的本民族语言,属于阿尔泰语系突厥语族西匈语支,是一种垂危的濒危语言。塔塔尔族除使用塔塔尔语外,由于塔塔尔族人口较少,居住分散,又与维吾尔族、哈萨克族交往密切,他们现在主要使用维吾尔语或哈萨克语(孙宏开等,2007)。塔塔尔族没有本民族文字。塔塔尔族主要从事商业,也有不少人从事畜牧业、农业和手工业。城市塔塔尔人居平顶土房,建筑材料大多用土坯、砖块、石块和木材等,门一般是朝阴面开。牧区塔塔尔族人为了适应游牧生活,多逐水草而居,住帐篷。塔塔尔族自9世纪以后开始信仰伊斯兰教。

二、民族发展变化与分布格局

新中国成立以来,塔塔尔族人口总体呈增长的趋势(图4-5;国务院人口普查办公室,1983;国务院人口普查办公室和国家统计局人口和就业统计司,1993,2002,2012)。

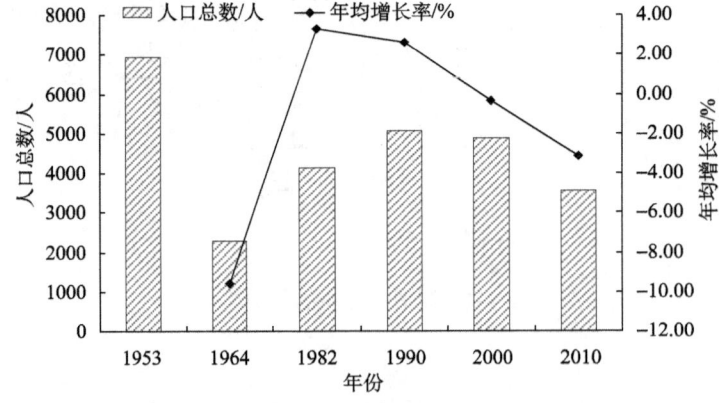

图4-5 塔塔尔族历次普查的人口变化情况

在人口分布比重上，塔塔尔族的分布表现为四种区域类型，即集中分布区、分散分布区、零星分布区和无分布区（图4-6）。集中分布区是新疆，该省塔塔尔族的人口总数为3242人，占全国塔塔尔族总人口数量的比例约为91.17%。分散分布区是广东，该省塔塔尔族的人口总量为55人，占全国塔塔尔族总人口数量的比例为1.55%。无分布区是海南和西藏。除上述省外其余均属于零星分布区，这些省份的塔塔尔族人口总数为259人，占全国塔塔尔族总人口数量的比例约为7.28%，其中，山西、重庆、陕西的塔塔尔族人数最少，分别为1人。

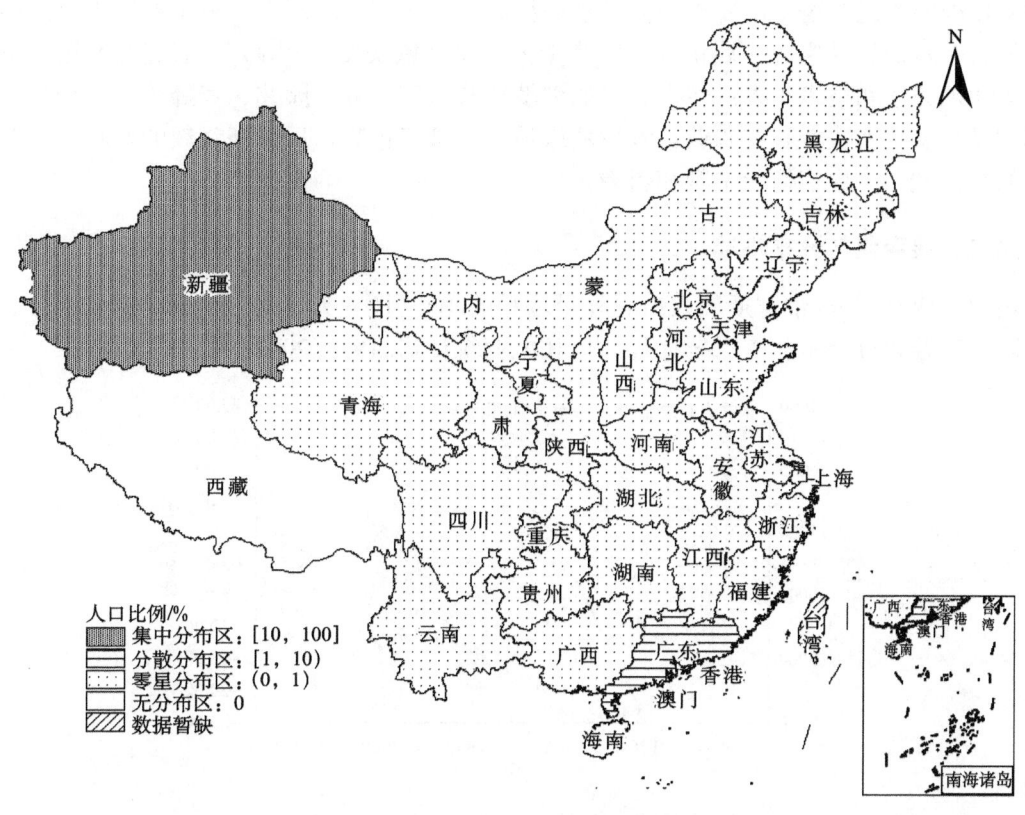

图4-6 塔塔尔族分布的省域格局

第四节 俄罗斯族民族地理

俄罗斯族有15393人（国务院人口普查办公室和国家统计局人口和就业统计司，2012），属于蒙古人种北方类型。俄罗斯族是中俄之间单边主体型、中哈之间非主体型、中吉之间非主体型和中塔之间非主体型跨界民族。中国的俄罗斯族为18世纪后期中俄战争始不断迁入的俄罗斯人形成，今主要分布在新疆和内蒙古。

一、民族基本特征

俄罗斯族体质特征主要表现为蒙古人种北方类型,但明显具有高加索人种血缘成分。其体质特征表现为(李树春,2010):男性总体身材较高,宽胸型、宽肩型和宽骨盆型者相对占优;男性的身材较高且魁梧,躯干较长,腿部和臂部相对较长;女性的身材属中上等且较健壮,躯干长度、腿部和臂部的长度均为中等。

俄罗斯族分布较为分散,主要分布在新疆和内蒙古。其中又集中分布于新疆的乌鲁木齐、塔城、伊犁等地区,内蒙古东部角的额尔古纳地区(龚晓犁,2002)。俄罗斯语(Russian)是俄罗斯族的本民族语言,属于印欧语系斯拉夫语族东支(中国大百科全书编委会,1988)。俄罗斯族有本民族文字——属拼音文字类型的俄文(戴庆厦,2009)。居住在城镇的俄罗斯族多为知识分子和技术工人;住在农村的俄罗斯族从事农业、园艺、养蜂等业;少数在牧区的俄罗斯族从事畜牧业和狩猎业。俄罗斯族最早信仰多神教,后受基督教的影响,信仰基督教中的东正教,少数信仰天主教和新教。

二、民族发展变化与分布格局

新中国成立以来,俄罗斯族人口总体呈增长的趋势(图4-7;国务院人口普查办公室,1983;国务院人口普查办公室和国家统计局人口和就业统计司,1993,2002,2012)。

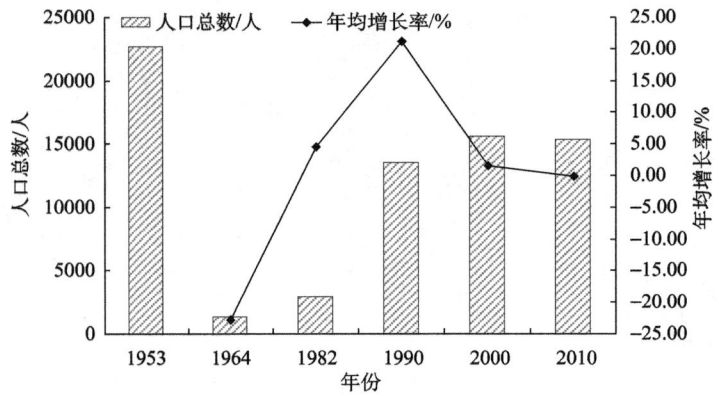

图4-7 俄罗斯族历次普查的人口变化情况

在人口分布比重上,俄罗斯族的分布表现为三种区域类型,即集中分布区、分散分布区和零星分布区(图4-8)。集中分布区是新疆和内蒙古,这两个省份俄罗斯族的人口总数为13162人,占全国俄罗斯族总人口数量的比例约为85.51%,其中,新疆的俄罗斯族人口总量最多,达到8489人,占全国俄罗斯族总人口的比例约为55.15%。分散分布区是北京、黑龙江、上海和辽宁,这些省份的俄罗斯族人口总数为1049人,占全国俄罗斯总人口数量的比例约为6.81%。除上述省份外,其余省份均属于零星分布区,这些省份的俄罗斯族人口总数为1182人,占全国俄罗斯族总人口数量的比例约为7.68%。其中,西藏的俄罗斯族人口总量最少,共3人。

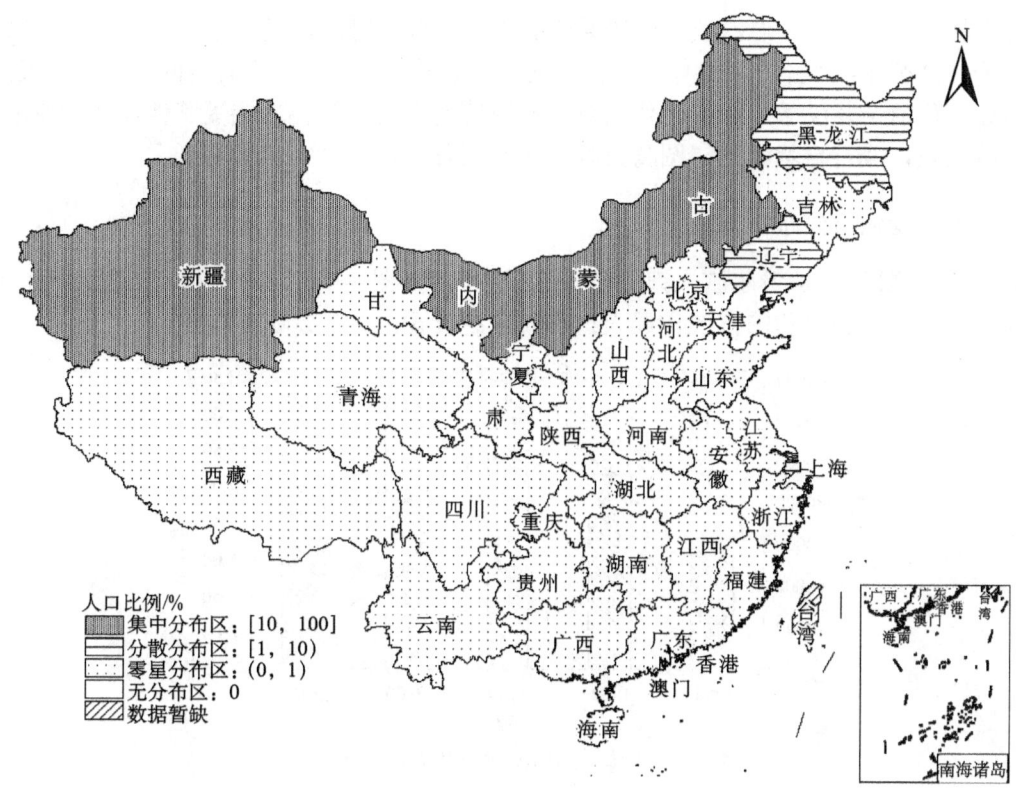

图 4-8 俄罗斯族分布的省域格局

第五节 达斡尔族民族地理

达斡尔族人口为 131992 人（国务院人口普查办公室和国家统计局人口和就业统计司，2012），属于蒙古人种北方类型。达斡尔族或与契丹人有渊源，清代征调青壮年驻防东北、西北边境后奠定今分布格局，今主要分布于内蒙古东部和黑龙江西部。达斡尔族保留着渔猎经济文化特征。

一、民族基本特征

达斡尔族是典型的蒙古人种北方类型。其体质特征表现为（李树春，2010）：身材中等偏高，男性少胡须；头型属圆头型、中头型和高头型；男性属长躯干型，女性属中躯干型；面型男性属中面型，女性属阔面型；眼裂斜度外高内低，多无蒙古褶，大多有上眼睑皱褶；鼻根低平，鼻梁多直型，属狭鼻型；耳垂多三角形，红唇较薄。

达斡尔族主要分布在内蒙古东部和黑龙江西部，新疆西北有少量分布，前两者是达斡尔族长期活动的区域，又集中分布在内蒙古的莫力达瓦达斡尔族自治旗、鄂温克族自治旗和黑龙江的齐齐哈尔市梅里斯达斡尔族区，活动区域仍然具有相对的连续性（满都尔图，2002）。达斡尔语（Dagur or Daur）是达斡尔族的本民族语言，属于阿尔泰语系蒙古语族（仲素纯，2007），是一种处于危险等级的濒危语言。达斡尔族没有本民族文字。达斡尔族经济活动具有多样性特征,(平原)农、牧、渔等兼营。受高纬度地理环境的影响,达斡尔族房舍院落田园排列井然有序,"介"字型草房一律朝南,注重采光,一般一户有两间、三间或五间房。达斡尔族古代信奉萨满教,随着时代的发展和环境的变迁,达斡尔族受其他民族的影响,主要信仰萨满教,兼有自然崇拜、图腾崇拜和宗教崇拜,还信仰喇嘛教等。

二、民族发展变化与分布格局

新中国成立以来,达斡尔族人口总体呈增长的趋势(图 4-9;国务院人口普查办公室,1983;国务院人口普查办公室和国家统计局人口和就业统计司,1993,2002,2012)。

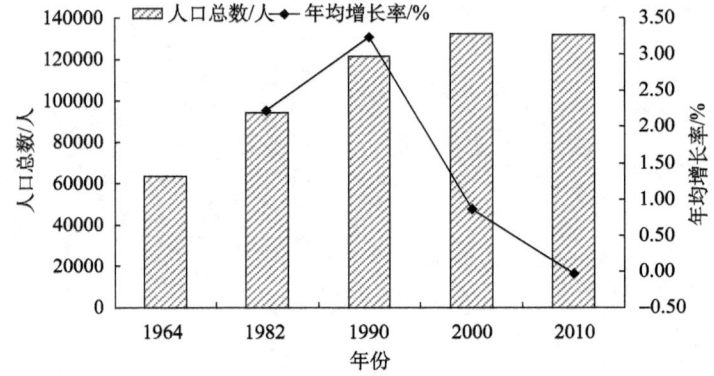

图 4-9 达斡尔族历次普查的人口变化情况

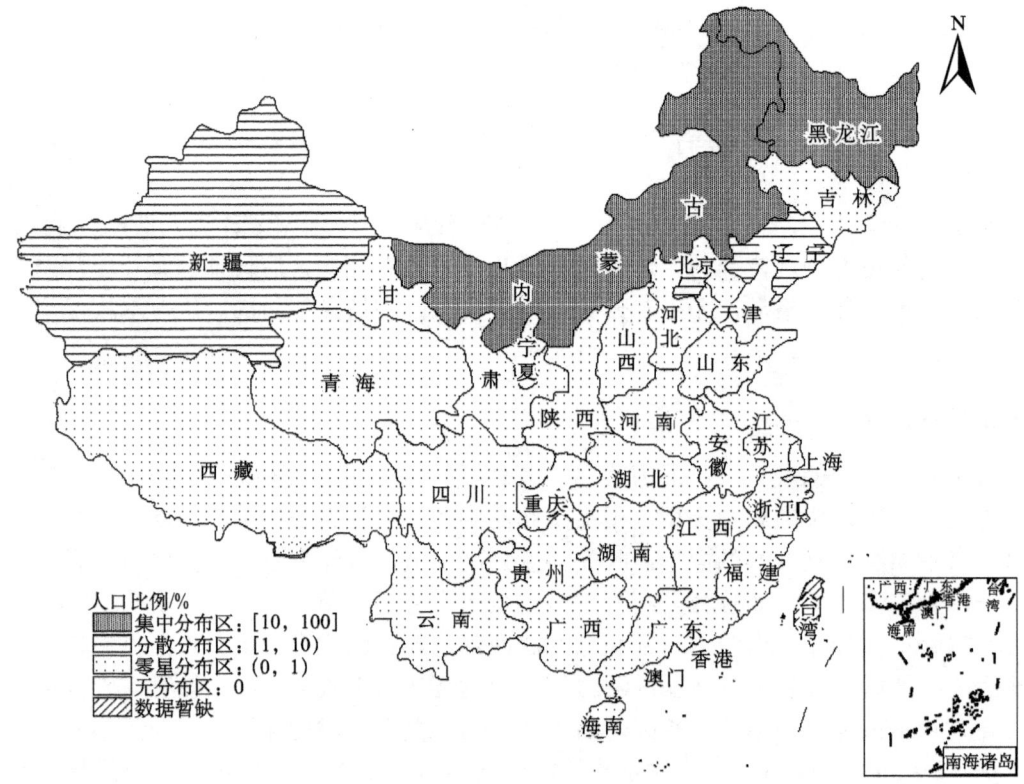

图 4-10 达斡尔族分布的省域格局

在人口分布比重上，达斡尔族的分布表现为三种区域类型，即集中分布区、分散分布区和零星分布区（图4-10）。集中分布区是内蒙古和黑龙江，这两个省份的达斡尔族人口总数为116532人，占全国达斡尔族总人口数量的比例约为88.29%，其中，内蒙古的达斡尔族人口总数最多，达到76255人，占全国达斡尔族总人口数量的比例为57.77%。分散分布区是新疆、北京和辽宁，这3个省份的达斡尔族人口总数为9437人，占全国达斡尔族总人口数量的比例约为7.15%。除上述省份外其余均属于零星分布区，零星分布区达斡尔族的人口总数为6023人，占全国达斡尔族总人口数量的比例约为4.56%，西藏自治区的达斡尔族人口最少，只有5人。

第六节　赫哲族民族地理

赫哲族人口为5354人（国务院人口普查办公室和国家统计局人口和就业统计司，2012），属于蒙古人种北方类型。赫哲族与我国古代东北"肃慎"族群有渊源，至清形成独立民族。赫哲族是中俄之间非主体跨界民族，在俄称为那乃族，在我国境内主要分布于东北地区，尤其分布于黑龙江。赫哲族是典型的渔猎民族，分布地沿河流延伸，社会文化特征具有渔猎色彩。

一、民族基本特征

赫哲族是典型的蒙古人种北方类型。其体质特征表现为（李树春，2010）：身材中等偏高；发形直，发旋多为单旋顺时针方向；眼裂开度较窄，眼裂斜度多为外高内低，大多有蒙古褶；鼻梁较直，鼻尖和鼻基底部方向多为水平向前，属中鼻型和狭鼻型；上唇皮肤部高度中等，红唇较薄；耳垂形状多为三角形和圆形；面部较低而宽，面型男性多为中面型，女性多为阔面型；头圆而高，头型属于过圆头型、高头型和中头型。

赫哲族的集中分布区为黑龙江省的同江市街津口赫哲族乡、同江市八岔赫哲族乡、饶河县四排赫哲族乡（葛馨，2002）。赫哲语（Huzhu Monguor）是赫哲族的本民族语言，属于阿尔泰语系满-通古斯语族满语支（中国大百科全书编委会，1988），是一种处于濒危等级的濒危语言。赫哲语分奇勒恩和赫真两种方言。方言区域以松花江沿岸的勤得利为界。勤得利以上（即松花江上游）为奇勒恩方言（包括饶河县四排），勤得利以下（即松花江下游）为赫真方言（安俊，2007）。奇勒恩方言被联合国教育、科学及文化组织鉴定为一种垂危的濒危语言（Kilen）。赫哲族没有本民族文字。在清代使用过满文（安俊，2007）。赫哲族的经济活动以渔猎为主，兼有农业生产。赫哲族信仰萨满教，萨满教在赫哲族历史上具有深远的影响。赫哲族早年还存在图腾崇拜和灵物崇拜，以及偶像崇拜。

二、民族发展变化与分布格局

新中国成立以来，赫哲族人口总体呈增长的趋势（图4-11；国务院人口普查办公室，1983；国务院人口普查办公室和国家统计局人口和就业统计司，1993，2002，2012）。

在人口分布比重上，赫哲族的分布表现为四种区域类型，即集中分布区、分散分布区、零星分布区和无分布区（图4-12）。集中分布区是黑龙江，该省的赫哲族人口总数为3613人，占全国赫哲族总人口数量的比例约为67.48%。分散分布区是广东、吉林、北京、辽宁、河北、四川、江苏、山东和广西，它们的人口总数为 1238 人，占全国赫哲族总人口数量的比例约为 23.12%。无分布区是西藏。除上述省份外，其余省份均属于零星分布区，这些省份的赫哲族人口总数为 503 人，占全国赫哲族总人口数量的比例约为 9.39%，其中，宁夏的赫哲族人口最少，共 4 人。

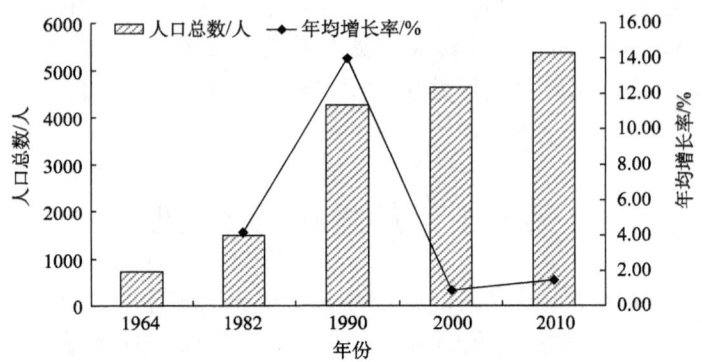

图 4-11 赫哲族历次普查的人口变化情况

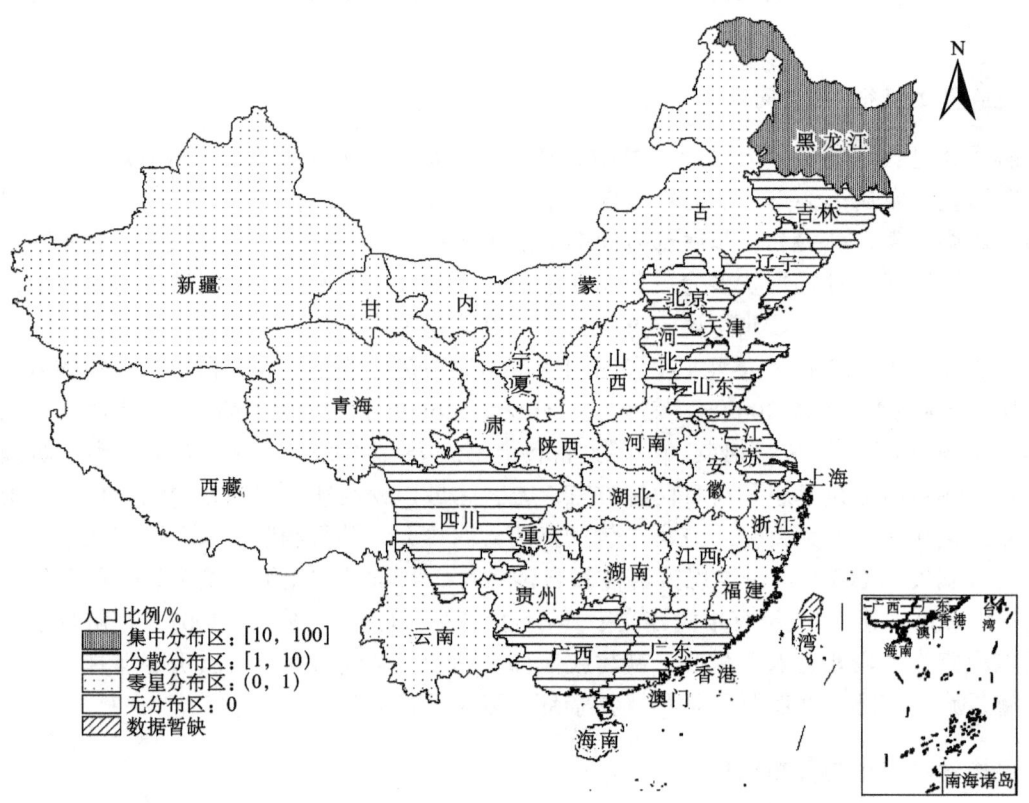

图 4-12 赫哲族分布的省域格局

第七节　鄂伦春族民族地理

鄂伦春族人口为 30875 人（国务院人口普查办公室和国家统计局人口和就业统计司，2012），属于蒙古人种北方类型。鄂伦春族与古代肃慎族群有着亲缘关系，至清代形成独立民族。鄂伦春族是中俄之间非主体型跨界民族，主要分布于中国境内的黑龙江和内蒙古。鄂伦春族是典型的森林民族，尤其传统上以狩猎为生，形成了典型的森林民族文化。

一、民族基本特征

鄂伦春族是典型的蒙古人种北方类型。其体质特征表现为（李树春，2010）：身材偏矮，肤色较深，浅褐色头发；头型多圆头型和过圆头型；面型多阔面型。眼裂开度中等，眼裂斜度外高内低，缺失蒙古褶，无上眼睑皱褶；多属直型鼻；耳垂多为附着的圆形。

鄂伦春族长期活动于大、小兴安岭一带，今主要聚居于内蒙古的呼伦贝尔市的鄂伦春族自治旗，部分聚居于黑龙江的黑河市逊克县新鄂鄂伦春族乡、逊克县新兴鄂伦春族乡、呼玛县白银纳鄂伦春族乡、塔河县十八站鄂伦春族乡（刘晓春，2002）。鄂伦春语（Ongk or Solon）是鄂伦春族的本民族语言，属于阿尔泰语系满-通古斯语族通古斯语支（胡增益和李树兰，2007），已是一种处于垂危等级的濒危语言。鄂伦春族没有本民族文字。鄂伦春族人口较少而且处于小聚居大分散的情况，其中大部分人兼通汉语或达斡尔语。从地区上看，托河乡和古里乡语言使用情况较好，乌鲁布铁镇、阿里河镇次之，诺敏镇的鄂伦春人由于和达斡尔族交往密切，多数人使用达斡尔语（胡增益和李树兰，2007）。鄂伦春族早期以狩猎为生，后以农牧为主，兼营多种经济活动。鄂伦春族原始的宗教形式为自然崇拜、图腾崇拜和祖先崇拜。认为熊与他们有血缘关系，把它看作是自己的祖先。随着萨满的出现，多信仰萨满教。

二、民族发展变化与分布格局

新中国成立以来，鄂伦春族人口总体呈增长的趋势（图 4-13；国务院人口普查办公室，1983；国务院人口普查办公室和国家统计局人口和就业统计司，1993, 2002, 2012）。

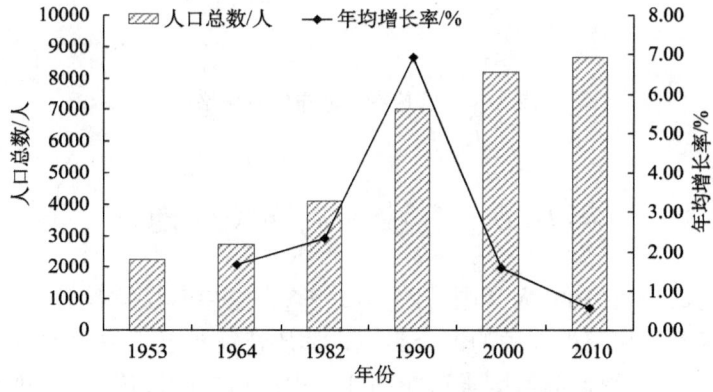

图 4-13　鄂伦春族历次普查的人口变化情况

在人口分布比重上，鄂伦春族的分布表现为四种区域类型，即集中分布区、分散分布区、零星分布区和无分布区（图4-14）。集中分布区是黑龙江和内蒙古，这两个省份的鄂伦春族人口总数为7575人，占全国鄂伦春族总人口数量的比例约为87.48%，黑龙江的鄂伦春族人口总数最多，达到3943人，占全国鄂伦春族总人口数量的比例约为45.54%。分散分布区是辽宁、北京、河北、吉林和山东，这些省份的鄂伦春族人口总数为614人，占全国鄂伦春族总人口数量的比例约为7.09%。无分布区是西藏。除上述省份外，其余省份均属于零星分布区，这些省份的鄂伦春族人口总数为372人，占全国鄂伦春族总人口数量的比例约为4.30%，其中，青海的鄂伦春族人口最少，共2人。

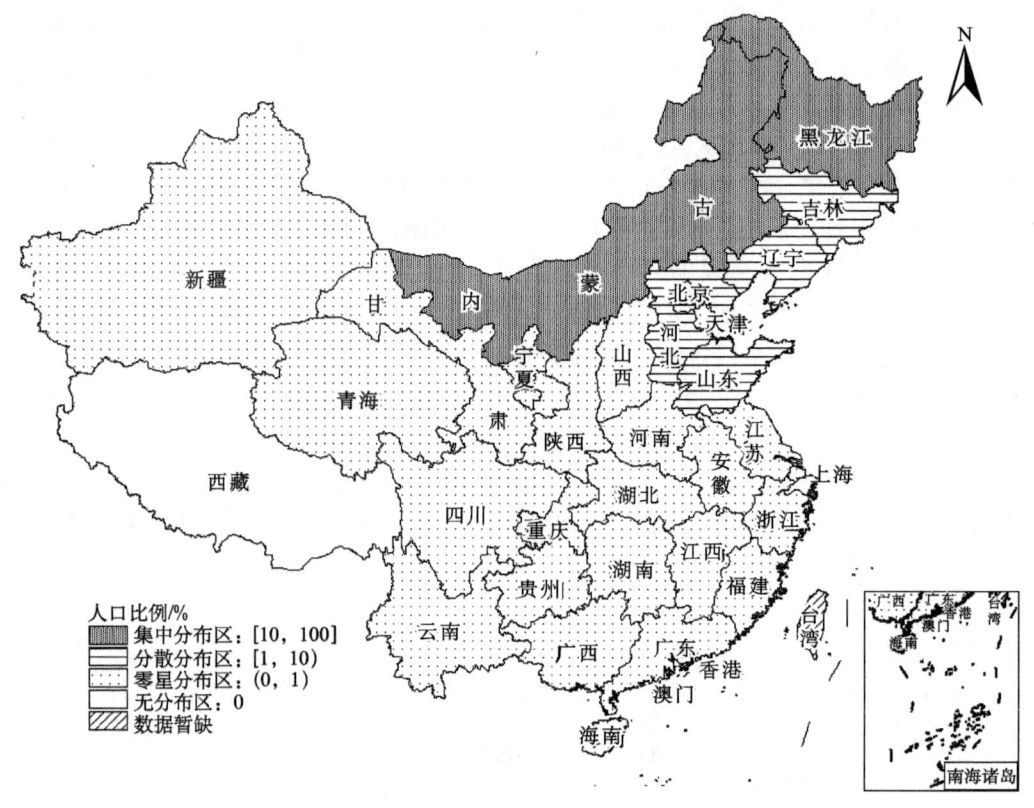

图4-14 鄂伦春族分布的省域格局

第八节 乌孜别克族民族地理

乌孜别克族人口为10569人（国务院人口普查办公室和国家统计局人口和就业统计司，2012），是高加索人种和蒙古人种的混合类型，体质特征接近于中国蒙古人种北方类型。乌孜别克族是14世纪以来受通商等因素影响而迁入中国形成的民族，是中哈之间、中吉之间、中塔之间和中阿之间的非主体型跨界民族，今集中分布于新疆。

一、民族基本特征

乌孜别克族是蒙古人种和高加索人种混合的类型，其主要血缘成分是属蒙古人种还是高加索人种有待进一步研究，但体质特征明显接近于我国蒙古人种北方类型。其体质特征表现为（李树春，2010）：身材偏矮，均具有上眼睑皱褶，蒙古褶出现率则较低；鼻根几乎均为高型，鼻翼高度多为中等；耳垂多为圆形；上唇皮肤高度以中等为主，男性肩部较窄，而躯干下部较宽。

乌孜别克族的核心分布区为新疆的木垒哈萨克自治县大南沟乌孜别克族乡（戴成萍，2002）。乌孜别克语（Uzbek）是乌孜别克族的本民族语言，属于阿尔泰语系突厥语族西匈语支，是一种处于危险等级的濒危语言（中国大百科全书编委会，2009）。乌孜别克族除使用乌孜别克语外，由于孜别克族人居住比较分散，大多数与维吾尔族、哈萨克族杂居在一起，他们把维吾尔语或哈萨克语作为主要的交际工具，同时有一部分人也使用自己的语言（程适良，2007）。中国的乌孜别克族没有本民族文字。居住在城镇的乌孜别克族以商业为主，少数在农业、牧区的乌孜别克族则从事农业和畜牧业。乌孜别克族信仰伊斯兰教的"逊尼派"。

二、民族发展变化与分布格局

新中国成立以来，乌孜别克族人口总体呈增长的趋势（图 4-15；国务院人口普查办公室，1983；国务院人口普查办公室和国家统计局人口和就业统计司，1993，2002，2012）。

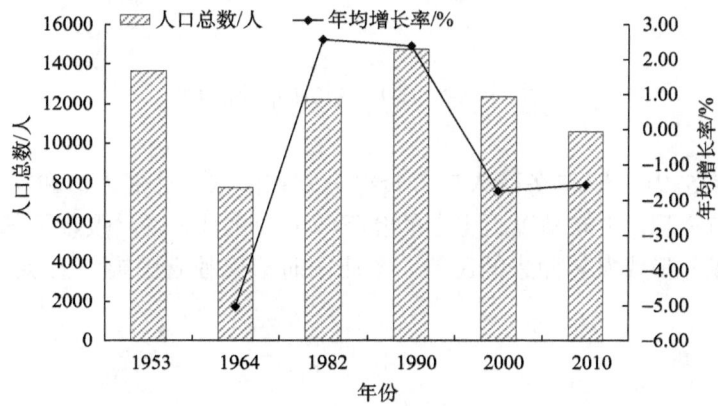

图 4-15 乌孜别克族历次普查的人口变化情况

在人口分布比重上，乌孜别克族的分布表现为三种区域类型，即集中分布区、零星分布区和无分布区（图 4-16）。集中分布区是新疆，该地区乌孜别克族的人口总数为 10114 人，占全国乌孜别克族总人口数量的比例为 95.69%。无分布区是海南和贵州。除上述省份外其余均属于零星分布区，这些省份的乌孜别克族人口总数为 455 人，占全国乌孜别克族总人口数量的比例约为 4.31%，其中，吉林和青海的乌孜别克族人数最少，为 2 人。

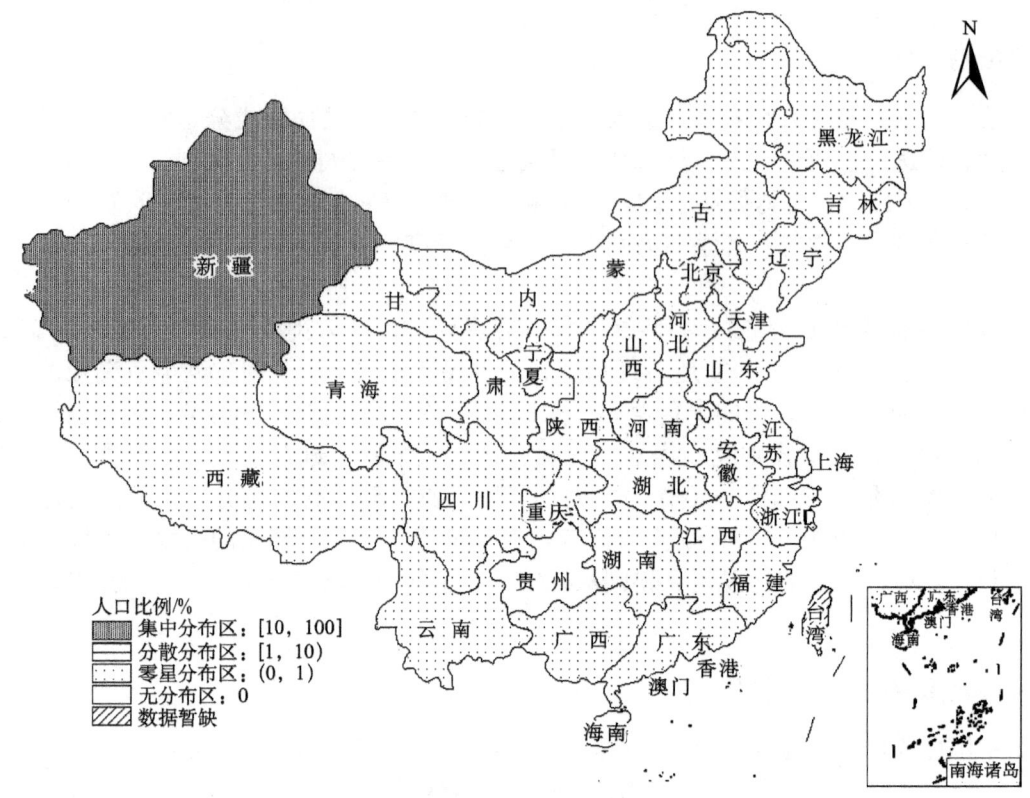

图 4-16 乌孜别克族分布的省域格局

第九节 土族民族地理

土族人口为 8353912 人（国务院人口普查办公室和国家统计局人口和就业统计司，2012），属于蒙古人种北方类型。土族是以历史上的吐谷浑人为主体，以后吸收了部分羌、党项、藏、蒙古、汉等民族成分形成发展而来的民族，至唐宋时形成独立民族。土族主要分布在青海和甘肃两省。

一、民族基本特征

土族体质特征主要表现为蒙古人种北方类型。其体质特征表现为（李树春，2010）：身材中等偏矮；男性眼裂开度大多为中等，女性眼裂开度大多为较宽，上眼睑皱褶发育良好，约半数人有蒙古褶；鼻根高度中等，直鼻梁较多，鼻基部方向水平，鼻孔以圆形和卵圆形为主；耳廓紧贴颅部者较多，男性耳壳达尔文结出现率多于女性，男性耳垂多为方形，女性耳垂多为三角形；面型男性以过狭面、狭面型和中面型为主，女性则为狭面型和中面型为主；头型属于中头型、高头型和狭头型。

土族长期生活于青海东部及与之毗邻的甘肃中部，又集中分布于青海的互助土族自治县、大通回族土族自治县（秦永章，2002）。土族语（Monguor）是土族的本民族语言，属于阿尔泰语系蒙古语族（照那斯图，2007a）。土族语可以分为民和与互助两种方言。其中，民和县土族说的话属民和方言,互助县和其他一些地方的土族说的话属互助方言。土族除使用土族语外,在一定的地域交集处还使用其他民族的语言。例如,在青海同仁县的保安下庄、嘎萨尔等地居住的土族也说保安语(孙照雄,2007)。联合国教育、科学及文化组织将互助土族语方言作为独立的语种互助土族语(Huzhu Monguor),是一种处于濒危等级的濒危语言;同时将民和土族语方言作为独立的语种民和土族语(Minhe Monguor),是一种处于危险等级的濒危语言。在文字方面,国家根据土族人民的意愿,在 1979 年为土族人民创制了拉丁字母形式的拼音文字(照那斯图,2007a)。

土族传统上以畜牧业为主,属于就近山地草地的定居放牧,后以农业为主要经济活动。村庄大多在山脚下,依山傍水搭造,都有方方正正的庭院,院壁高,分上下两层,主体建筑为"大房"。院子正中间有一圆槽,立一根很高的木杆,上面挂着印有经文的布条做成的经幡,现在许多人家已将圆槽改为花坛,种植着牡丹、芍药、大丽花等花卉。土族先民最初信仰萨满教,随着藏传佛教的发展,至明代以后土族几乎全民信仰藏传佛教,并延续至今。

二、民族发展变化与分布格局

新中国成立以来,土族人口总体呈增长的趋势(图 4-17;国务院人口普查办公室,1983;国务院人口普查办公室和国家统计局人口和就业统计司,1993,2002,2012)。

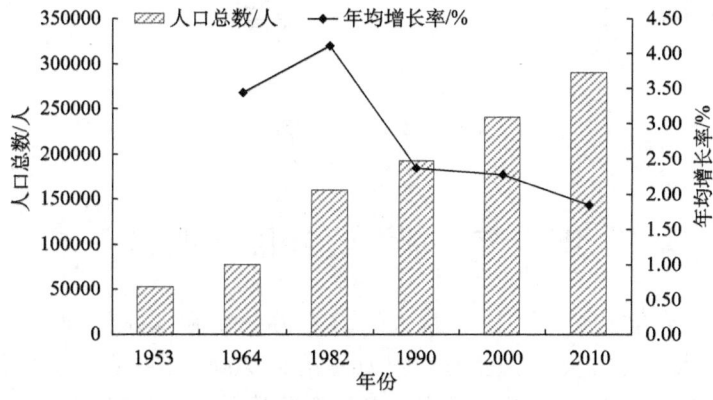

图 4-17 土族历次普查的人口变化情况

在人口分布比重上,土族的分布表现为三种区域类型,即集中分布区、分散分布区和零星分布区(图 4-18)。集中分布区是青海和甘肃,这两个省份土族的总人口数为 235193 人,占全国土族总人口数量的比例约为 81.22%。其中,土族人口总数排在第一位的省份是青海,为 204412 人,约占全国土族总人口数量的 70.59%。分散分布区是广东、云南、贵州、湖南、浙江、福建和新疆,这些省份土族的总人口数为 38248 人,占全国土族总人口数量的比例约为 13.21%。除上述省份外其余均属于零星分布区,这些省份的土族人口总数为 16124 人,占全国土族总人口数量的比例约为 5.57%,其中黑龙江的土族人数最少,为 101 人。

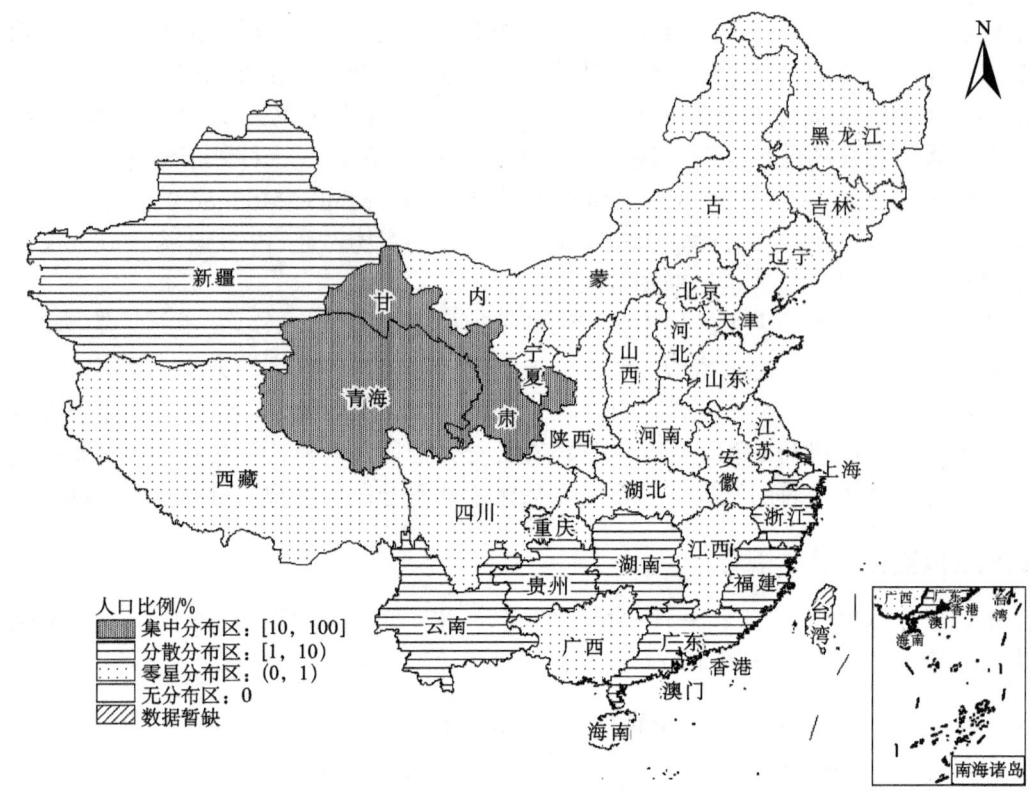

图 4-18　土族分布的省域格局

第十节　鄂温克族民族地理

鄂温克族人口为 30875 人（国务院人口普查办公室和国家统计局人口和就业统计司，2012），属于蒙古人种北方类型。鄂温克族为公元前 2000 年左右从贝加尔湖周围地区迁入中国境内而形成的民族，是中国较早即由境外迁入的民族之一，北魏时所载"北室韦""钵室韦""深末怛室韦"三部与今鄂温克族渊源最为密切，约宋时形成独立民族。鄂温克族是中俄之间非主体型跨界民族，在俄称为埃文克族，主要分布在中国境内的内蒙古和黑龙江。鄂温克族社会文化特征多样，具有农、牧、猎等多元社会文化。

一、民族基本特征

鄂温克族是典型的蒙古人种北方类型。其体质特征表现为（李树春，2010）：身材中等偏矮，肤色浅褐，直形褐色头发；头型男性多中头型，女性多圆头型和超圆头型；面型多中面型和阔面型；眼裂斜度外高内低，有蒙古褶，多无上眼睑皱褶；鼻梁男性多直型，女性多凹型；约半数人有达尔文结节，耳垂较大，多呈游离的圆形。

鄂温克族长期活动于内蒙古东北角及与之交界的黑龙江（朝克，2002）。鄂温克语（Evenki）是鄂温克族的本民族语言，属于阿尔泰语系满-通古斯语族通古斯语支（中国大百科全书编委会，1988），是一种处于濒危等级的濒危语言。鄂温克语划分为海拉尔、陈巴尔虎、敖鲁古雅三种方言。其中，海拉尔方言分布在鄂温克族自治旗、莫力达瓦达斡尔族自治旗、鄂伦春自治旗、阿荣旗、扎兰屯市及黑龙江的讷河市等地。陈巴尔虎方言分布在陈巴尔虎旗。敖鲁古雅方言分布在额尔古纳左旗（胡增益，2007）。鄂温克族除使用鄂温克语外，在一定的地域交集处还使用其他民族的语言。其中，陈巴尔虎旗和鄂温克族自治旗锡尼河东苏木、孟根楚鲁苏木的鄂温克人几乎全部掌握蒙古语；居住在莫力达瓦达斡尔族自治旗、鄂温克族自治旗、阿荣旗、扎兰屯市、鄂温克族自治旗的巴彦托海镇、巴彦嵯岗苏木及黑龙江的鄂温克人则多掌握达斡尔语或汉语；居住在额尔古纳左旗的鄂温克人懂或通汉语（胡增益，2007）。鄂温克族没有本民族文字。鄂温克族由于历史上的迁徙，居住广泛，经济活动有三种类型：分布于草原地区的鄂温克族以牧业为主；分布于东北地区江河流域的鄂温克族兼营农业和狩猎；分布于东北大兴安岭地区的鄂温克族以猎业为主。鄂温克族多数信仰萨满教，崇拜天神、月亮神、火神、"吉雅奇"神（特征畜之神）、"白那查"神（山神）。

二、民族发展变化与分布格局

新中国成立以来，鄂温克族人口总体呈增长的趋势（图4-19；国务院人口普查办公室，1983；国务院人口普查办公室和国家统计局人口和就业统计司，1993，2002，2012）。

在人口分布比重上，鄂温克族的分布表现为四种区域类型，即集中分布区、分散分布区、零星分布区和无分布区（图4-20）。集中分布区是内蒙古，该省的鄂温克族人口总数为26139人，占全国鄂温克族总人口数量的比例约为84.66%。分散分布区是黑龙江、辽宁和北京，这些省份的鄂温克族人口总数为3529人，占全国鄂温克族总人口数量的比例约为11.43%。无分布区是西藏。除上述省份外，其余省份均属于零星分布区，这些省份的鄂温克族人口总数为1207人，占全国鄂温克族总人口数量的比例约为3.91%，其中，贵州的鄂温克族人口最少，仅有1人。

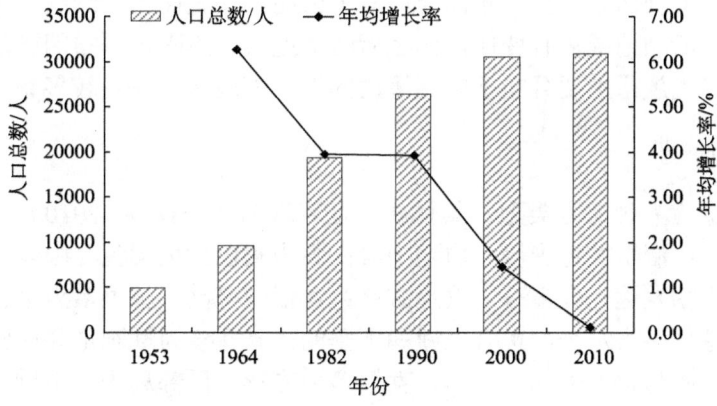

图4-19 鄂温克族历次普查的人口变化情况

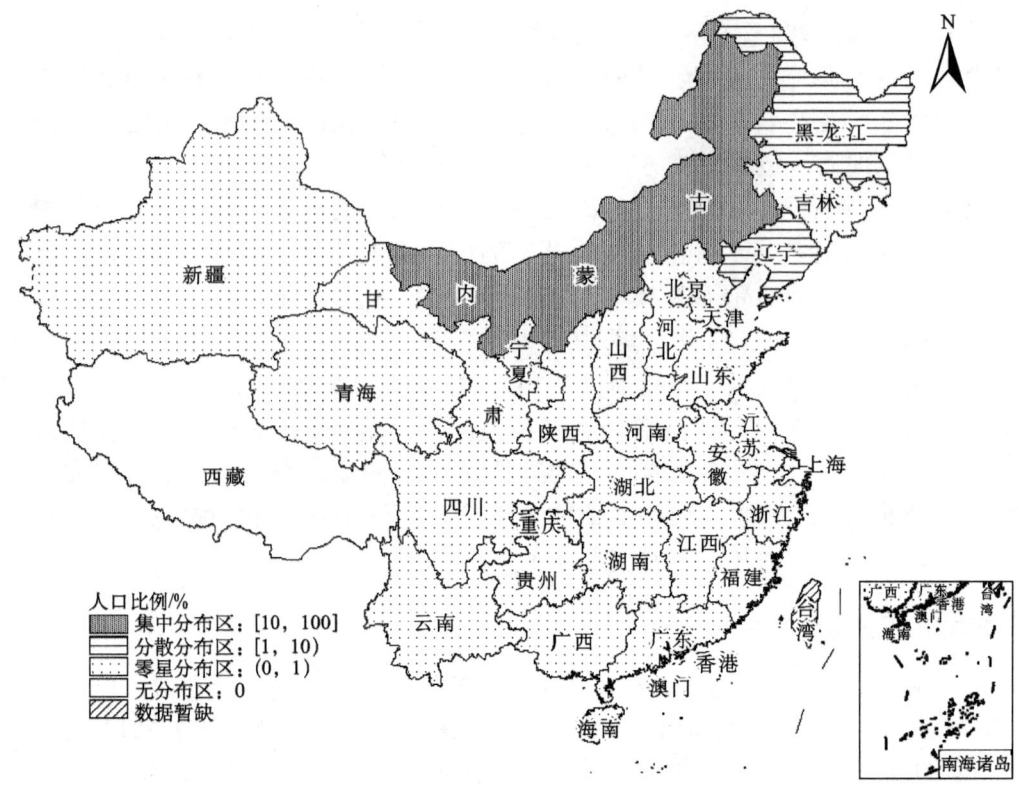

图 4-20 鄂温克族分布的省域格局

第十一节 布朗族民族地理

布朗族人口为 2870034 人（国务院人口普查办公室和国家统计局人口和就业统计司，2012），属于蒙古人种南方类型。布朗族世居于云南，其先民"百濮族"上古时期就活动在今普洱地区，后其活动地域多有变迁，元之后活动地域逐渐固定。布朗族是中缅之间和中老之间非主体型跨界民族，主要分布于中国境内的滇西南地区，支系较多。

一、民族基本特征

布朗族属于蒙古人种南方类型。其体质特征表现为（李树春，2010）：身材矮小；皮肤黄褐色，黑发平直；眉嵴发育中等，眉毛中等；眼为褐色到黑褐色，眼裂开度中等，眼裂斜度外高内低，蒙古褶发达，大多有上眼睑皱褶；鼻根中等高，鼻梁多为平直，少数为凹型或凸型，鼻尖和鼻基部多为水平，也有上翘和下垂的，鼻孔多为椭圆形和卵圆形，鼻型属中鼻型；男性耳垂多为圆形、方形和三角形，女性多为方形；面部扁平，下颌微向前突，大多为凸唇形，红唇中等厚；面型多属阔面型或超阔面型，头型属中头型。

布朗族世代生活于滇西南地区（胡绍华，2002）。布朗语（Blang）是布朗族的本民族语言，属于南亚语系孟-高棉语族佤-德昂语支，是一种处于不安全等级的濒危语言（中国大百科全书编委会，1988）。布朗语可分为两种方言，即布朗方言和乌方言。布朗方言主要分布在西双版纳的景洪和勐海。乌方言有胖品、甘塘、挖墨3个土语。布朗族没有本民族文字。芒人、莽人（钟之重，2011）、克木人、八甲人、"昆格人"、"空格人"等是分布在我国西南地区的族群，现已划入布朗族。布朗族主要从事山地农业。布朗族的居住形式因地制宜。布朗族信仰原始宗教和小乘佛教。原始宗教方面，由于布朗族长期以来居住在山区，有山神、树神、地神、水神等自然崇拜。

二、民族发展变化与分布格局

新中国成立以来，布朗族人口总体呈增长的趋势（图4-21；国务院人口普查办公室，1983；国务院人口普查办公室和国家统计局人口和就业统计司，1993，2002，2012）。

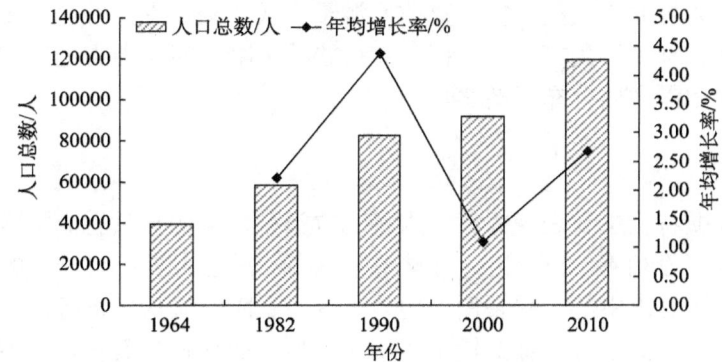

图 4-21 布朗族历次普查的人口变化情况

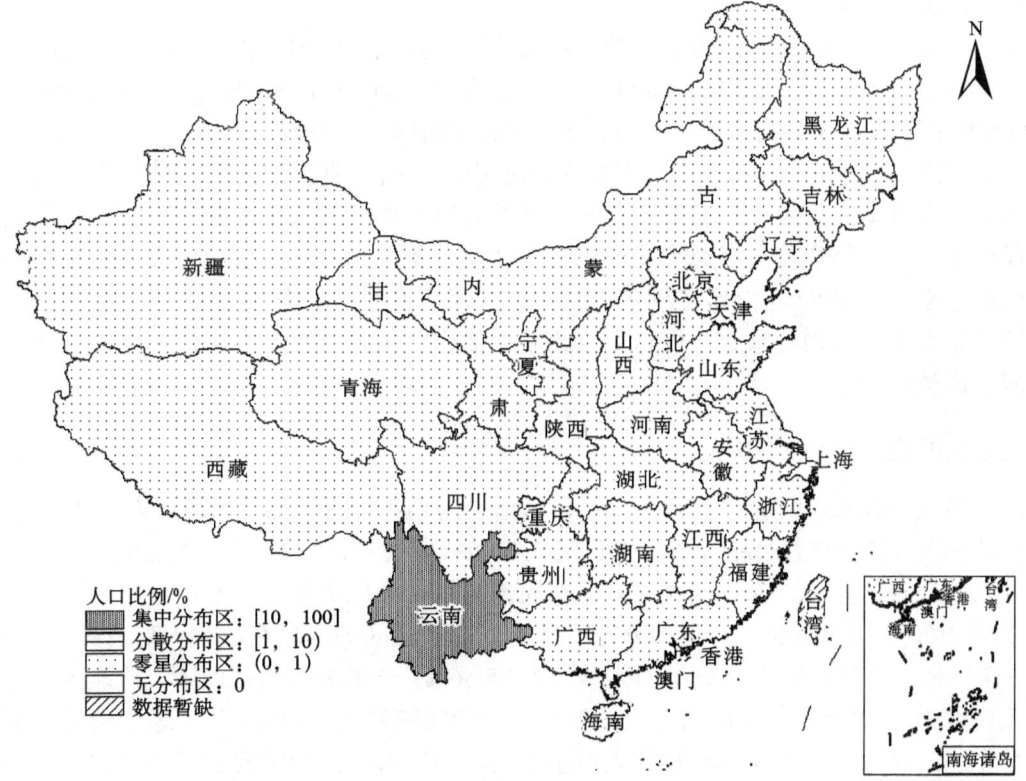

图 4-22 布朗族分布的省域格局

在人口分布比重上，布朗族的分布表现为两种区域类型，即集中分布区和零星分布区（图4-22）。集中分布区为云南，该省的布朗族人口总数为116573人，占全国布朗族总人口数量的比例约为97.44%。除上述省份外，其余均属于零星分布区，这些省份的布朗族人口总数为3066人，占全国布朗族总人口数量的比例约为2.56%，其中，宁夏的布朗族人口最少，仅有2人。

第十二节 柯尔克孜族民族地理

柯尔克孜族人口为186708人（国务院人口普查办公室和国家统计局人口和就业统计司，2012），属于蒙古人种北方类型。柯尔克孜族源于古代"坚昆"，融合了不少匈奴、丁零、乌孙、康居、乌揭、鲜卑等民族成分。柯尔克孜族是中哈之间、中吉之间和中阿之间非主体型跨界民族，今在中国主要分布于新疆。

一、民族基本特征

柯尔克孜族体质特征主要表现为蒙古人种北方类型，但明显具有高加索人种血缘成分。其体质特征表现为（李树春，2010）：身材中等偏高，黑色直发；约一半的人内眼角有发育不等的蒙古褶，眼裂开度中等，眼裂斜度内外平行，上眼睑皱褶发育好；鼻根较高，鼻翼发育较弱，鼻尖向前，鼻高中等，鼻宽较窄，属狭鼻型；面部较高而宽，面型属中面型偏阔面型；红唇较薄；耳垂多为圆形；头长、头宽、头高值都较大，整个头形较圆而高，大多属于圆头型、高头型和阔头型。

柯尔克孜族的核心分布区为新疆的克孜勒苏柯尔克孜自治州及伊犁地区（黑龙江富裕县等地也有少量分布）（胡振华，2002）。柯尔克孜语（Manchurian Kirghiz or Jierjisi, Fuyu Keerkezi）是柯尔克孜族的本民族语言，属于阿尔泰语系突厥语族东匈语支（中国大百科全书编委会，2009），是一种处于垂危等级的濒危语言。柯尔克孜语分为两种方言，两个方言区基本上以克孜勒苏河为界。北部方言区包括的人口及地区都大于南部方言区。柯尔克孜族有本民族文字——属音节文字类型的柯尔克孜文，曾使用突厥文、察合台文。根据柯尔克孜族人民的意愿，于1954年制定了柯尔克孜文的规范化方案（胡振华，2007）。柯尔克孜族传统以游牧业为主，现还有农业。柯尔克孜族早期信仰萨满教，现已大多信仰伊斯兰教，也有信仰藏传佛教的。

二、民族发展变化与分布格局

新中国成立以来，柯尔克孜族人口总体呈增长的趋势（图4-23；国务院人口普查办公室，1983；国务院人口普查办公室和国家统计局人口和就业统计司，1993，2002，2012）。

在人口分布比重上，柯尔克孜族的分布表现为三种区域类型，即集中分布区、分散分布区和零星分布区（图4-24）。集中分布区是新疆，该地区的柯尔克孜族人口总数为180472人，占全国柯尔克孜族总人口数量的比例约为96.66%。分散分布区是西藏，该地区的柯尔克孜族人口数为2678人，占全国柯尔克孜族总人口的比例约为1.43%。除上述省份外其余均为零星分布区，这些省份的柯尔克孜族人口总数为3558人，占全国柯尔克孜族总人口数量的比例约为1.91%，在零星分布区中青海的人数最少，仅有4人。

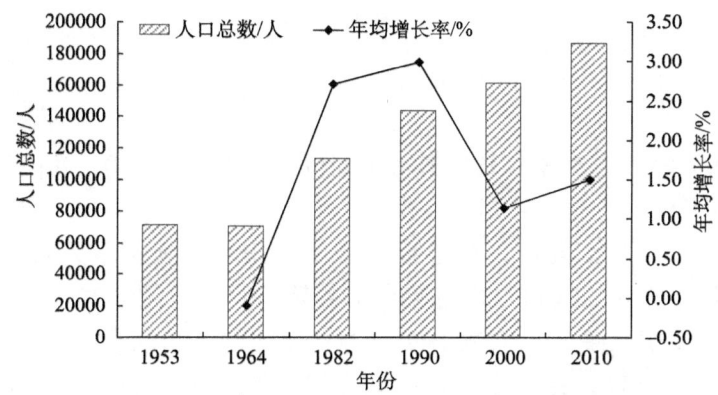

图 4-23　柯尔克孜族历次普查的人口变化情况

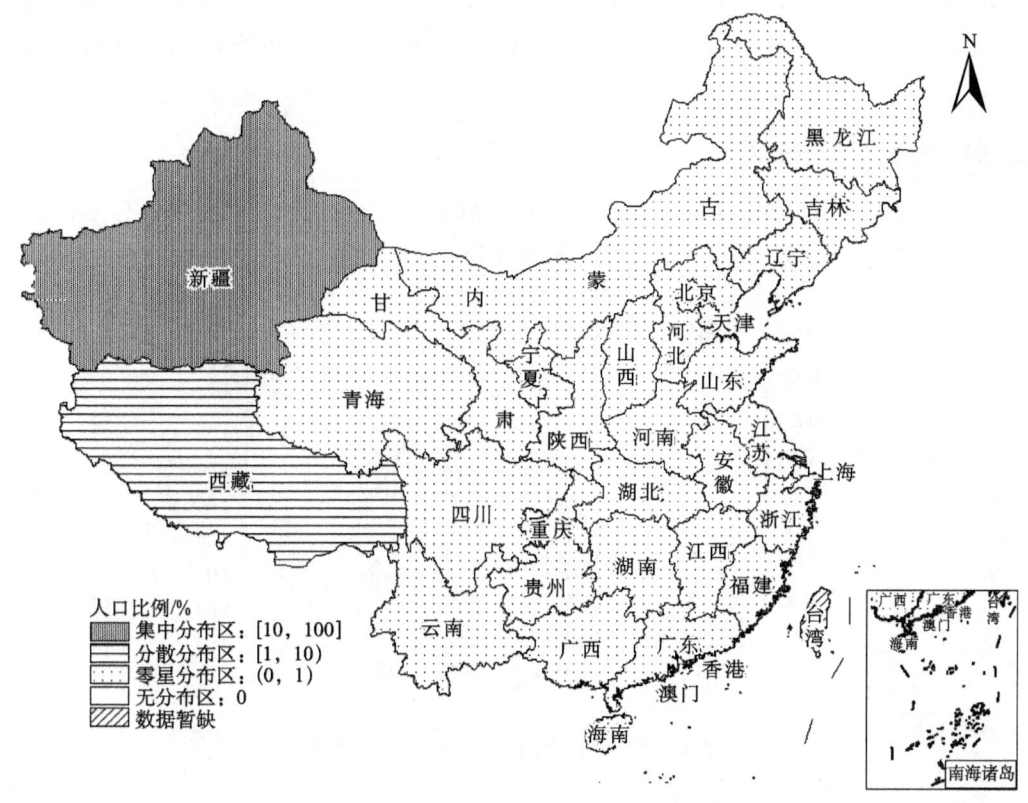

图 4-24　柯尔克孜族分布的省域格局

第十三节　羌族民族地理

羌族人口为 309576 人（国务院人口普查办公室和国家统计局人口和就业统计司，2012），属于蒙古人种北方类型。羌族源于中国古代西北地区的古羌人。古羌人迁徙频繁，至宋代以后只有居住在四川西北部岷江上游和湔江上游的少数羌人保留下来，成为今天的羌族。羌人南下对中华民族"多元一体"格局具有重要影响，尤其对西南民族格局的演变影响深远。

一、民族基本特征

羌族属于蒙古人种南方类型，其体质特征表现为（李树春，2010）：身材亚中等偏矮，体型偏狭长，腿较长，面部狭窄，鼻狭而高。

羌族长期生活于四川西北部，今主要聚居于四川的阿坝藏族羌族自治州的茂县、汶川县、理县、松潘县部分地区和北川羌族自治县等（黄成龙，2002），羌语（Qiang）是羌族的本民族语言，属于汉藏语系藏缅语族羌语支（孙宏开和刘光坤，2007）。羌族主要使用的羌语分南北两种方言。羌族没有本民族文字。羌族主要的经济活动是农业，兼营牧业，副业次之，但部分地区有刀耕火种的现象存在。羌族主要信仰以天神为主的多种崇拜，表现为自然崇拜、祖先崇拜、图腾崇拜。由于自然界中，天、地、山、树与羌人的生活关系最为密切，所以成为他们崇拜的对象。少部分信仰藏传佛教、喇嘛教、基督教、天主教等。

二、民族发展变化与分布格局

新中国成立以来，羌族人口总体上呈增长的趋势（图4-25；国务院人口普查办公室，1983；国务院人口普查办公室和国家统计局人口和就业统计司，1993，2002，2012）。

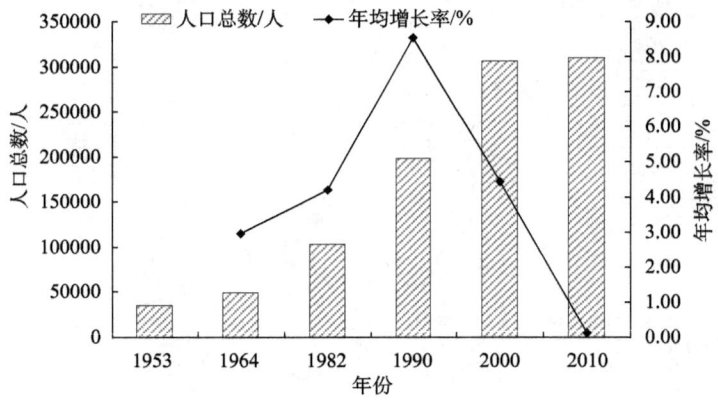

图4-25　羌族历次普查的人口变化情况

在人口分布比重上，羌族的分布表现为两种区域类型，即集中分布区和零星分布区（图4-26）。集中分布区是四川，该省羌族人口总量为296931人，占全国羌族总人口的比例为95.92%。除了集中分布区四川外其余省份均属于零星分布区，这些省份的羌族人口总数为12645人，占全国羌族总人口的比例约为4.08%，在零星分布区中，羌族人口总数最少的是黑龙江，仅有34人。

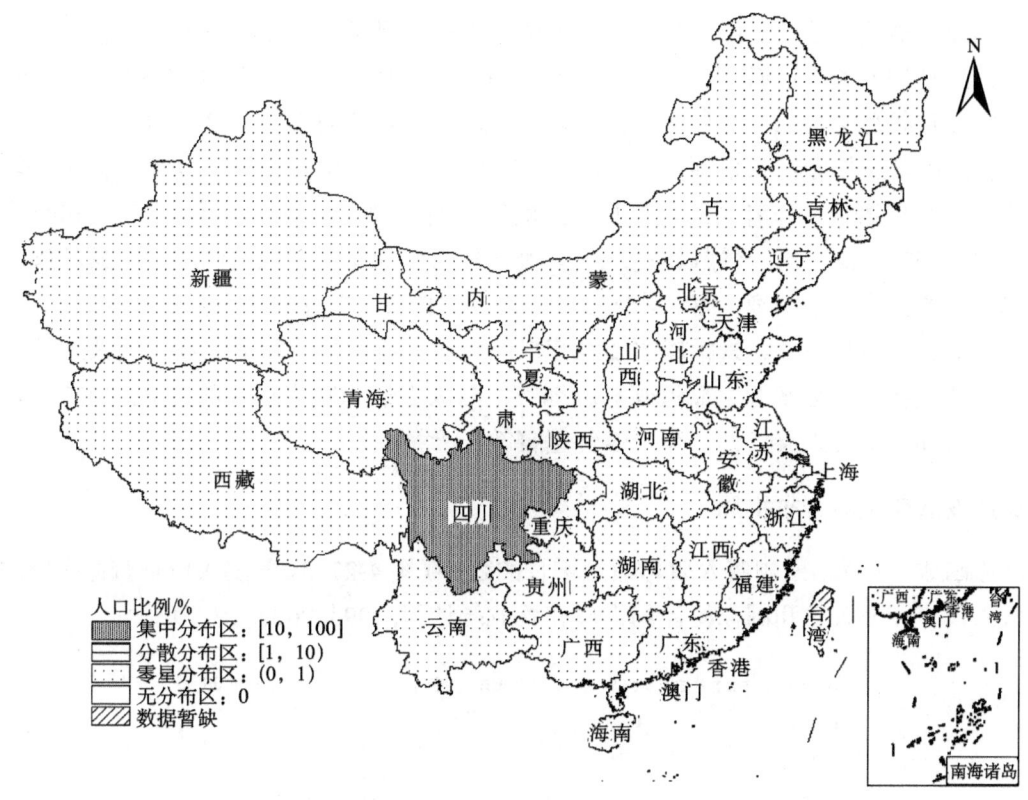

图 4-26 羌族分布的省域格局

第十四节 景颇族民族地理

景颇族人口为 147828 人（国务院人口普查办公室和国家统计局人口和就业统计司，2012），属于蒙古人种南方类型。景颇族与我国古代西北的氐羌族群有渊源，并长期迁徙。景颇族是中缅之间非主体型跨界民族，在缅甸称克钦族，在中国境内主要分布于滇西南地区。景颇族支系较多，使用多种语言。

一、民族基本特征

景颇族属于蒙古人种南方类型。其体质特征表现为（李树春，2010）：身材亚中等偏矮；体毛和胡须稀少，皮肤呈浅黄褐色，黑发，平直而硬；眼为深褐色，眼裂开度较宽，眼裂斜度内外平行，大多有蒙古褶；鼻根中等偏高，鼻翼微突，鼻梁直型，鼻尖向前，多属中鼻型；耳壳缺失，无达尔文结节；嘴型稍突，中等唇厚；颧骨突出，面部扁平，多属中面型和狭面型；头型多属中头型、高头型和狭头型。

景颇族长期活动于滇西南地区，今集中分布于云南的德宏傣族景颇族自治州（岳扎布，2002），景颇语（Jingpho）是景颇族的本民族语言，属于汉藏语系藏缅语族景颇语支，是一种处于危险等级的濒危语言（中国大百科全书编委会，1988）。景颇族的五个支系，分别使用五种不同的语言。景颇语可以分出两个主要土语——恩昆土语和石丹土语。恩昆土语主要分布在盈江县铜壁关区；石丹土语主要分布在盈江县卡场区（孙宏开等，2007）。景颇族文字有景颇文和载瓦文两种，两种文字都是以拉丁字母为基础的拼音文字。中华人民共和国成立后，我国语言工作者在原景颇文的基础上，对一些声韵母拼法进行了改革。载瓦文创制于1957年，是我国语言工作者为满足载瓦支系的需要而创制的文字。今天，景颇文和载瓦文在景颇族地区均被广泛使用。景颇族是一个有着强烈而明确支系意识的民族，在景颇族内部，对自己所属的支系非常明确，而对外均以"景颇族"自称。在景颇族内部的五支系为：景颇、载瓦、勒期、浪峨和波拉。景颇族主要经营旱地农业，兼营牧业和手工业。景颇族是山居民族，村寨都建在山上近水源、靠近森林的地方，与大自然相映成趣（陆元鼎，2003）。景颇族的宗教信仰主要是鬼灵信仰，少数信仰基督教、天主教。

二、民族发展变化与分布格局

新中国成立以来，景颇族人口总体呈增长的趋势（图4-27；国务院人口普查办公室，1983；国务院人口普查办公室和国家统计局人口和就业统计司，1993，2002，2012）。

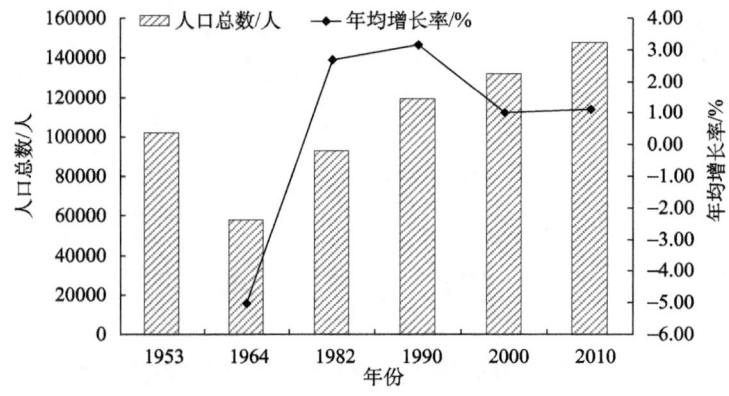

图4-27 景颇族历次普查的人口变化情况

在人口分布比重上，景颇族的分布表现为三种区域类型，即集中分布区、零星分布区和无分布区（图4-28）。集中分布区是云南，该省景颇族的人口总数为142956人，占全国景颇族总人口数量的比例约为96.70%。无分布区是西藏。除上述省份外其余均属于零星分布区，这些省份的景颇族人口总数为4872人，占全国景颇族总人口数量的比例约为3.30%，青海的景颇族人数最少，仅有5人。

第四章 人口较少且分布较广民族地理

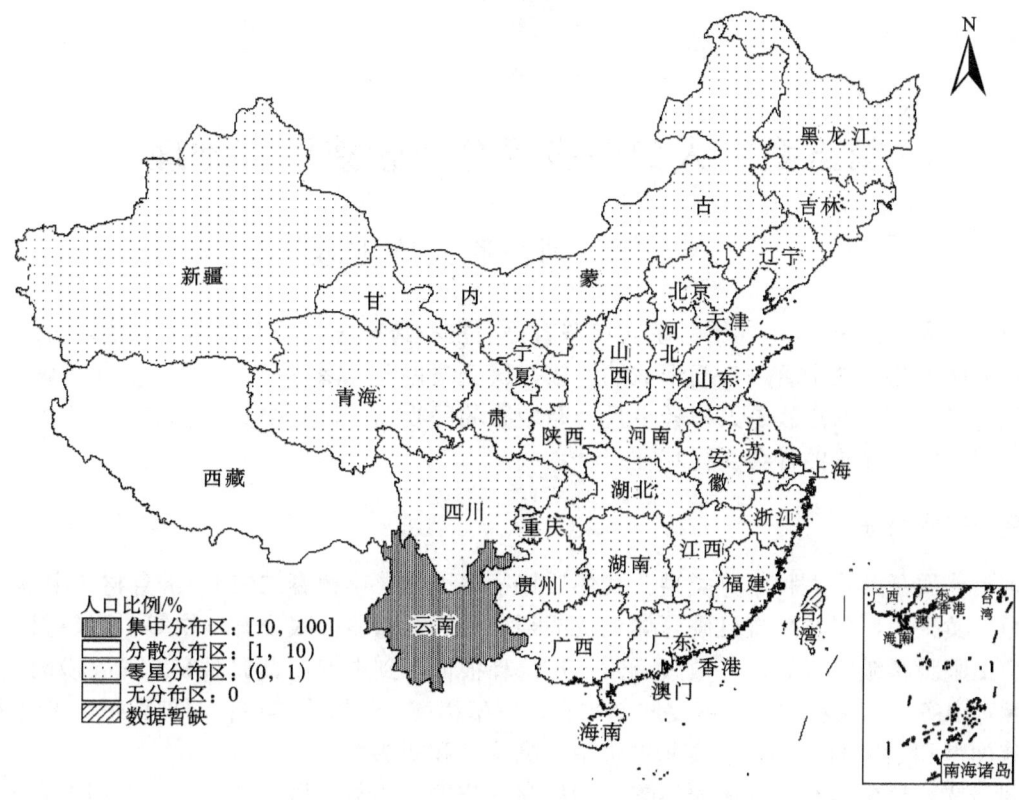

图 4-28 景颇族分布的省域格局

第五章 人口较少且分布较狭民族地理

第一节 阿昌族民族地理

阿昌族人口为 39555 人（国务院人口普查办公室和国家统计局人口和就业统计司，2012），是古羌人南下与当地土著融合而形成的民族，属于蒙古人种南方类型。阿昌族是中缅之间非主体型跨界民族。阿昌族是人口较少且分布较狭的民族之一，集中分布于滇西德宏地区。阿昌族表现为山地民族的社会文化特征。

一、民族基本特征

阿昌族属于蒙古人种南方类型。其体质特征表现为（李树春，2010）：身材亚中等偏矮；肤色呈浅黄褐色，黑发平直且硬，体毛及胡须少，眉脊微显；眼裂开度中等，眼裂斜度内外平行，上眼睑褶皱发育好，多数人无蒙古褶；鼻根低平到中等，鼻翼微突，鼻孔横向呈卵圆形，鼻宽中等，属狭鼻型；上唇皮肤部平直，唇型稍突，红唇中等厚；面部扁平，颧骨突出，多属狭面型和过狭面型；头型多属中头型、高头型和阔头型。

阿昌族长期生活在云南德宏傣族景颇族自治州的陇川县户撒阿昌族乡、梁河县囊宋阿昌族乡、九保阿昌族乡等相互毗邻的地区（李彬，2002）。阿昌语是阿昌族的本民族语言，属于汉藏语系藏缅语族缅语支，是一种处于危险等级的濒危语言。阿昌语分三种方言：陇川方言、梁河方言、潞西方言。陇川方言分布在陇川县户撒阿昌族乡一带；梁河方言分布在梁河县遮岛镇一带；潞西方言分布在潞西县江东乡一带，另外，少量散居在保山地区腾冲、龙陵两县的阿昌族，他们讲的话也属于潞西方言。阿昌族除使用阿昌语作为主要交际工具外，由于长期同汉族联系密切，有不少人已会讲汉语。陇川一带同傣族接触较多的阿昌族，有些也会傣语（戴庆夏和崔志超，2007）。阿昌族没有本民族文字。阿昌族过去以采集、狩猎为生，现从事山地农业，且认识到了不同自然地理环境的差别及对应的应用方式，如擅长于平坝种植水稻，山腰则种植玉米和薯类等（杨圣敏和丁宏，2003）。阿昌族宗教信仰呈多元化形态，包括小乘佛教、道教和信仰鬼神崇拜祖先的原始宗教。

二、民族发展变化与分布格局

新中国成立以来，阿昌族人口总体上呈增长的趋势（图 5-1；国务院人口普查办公室，1983；国务院人口普查办公室和国家统计局人口和就业统计司，1993，2002，2012）。

在人口分布比重上，阿昌族的分布表现为四种区域类型，即集中分布区、分散分布区、零星分布区和无分布区（图 5-2）。集中分布区为云南，该省的阿昌族人口总数为 38059 人，占全国阿昌族总人口数量的比例约为 96.22%。分散分布区是广东，该省的阿昌族人口总数为 623 人，占全国阿昌族总人口数量的比例约为 1.58%。无分布区是海南和西藏。除上述省份外其余均属于零星分布区，这些省份的阿昌族人口总数为 873 人，占全国阿昌族总人口数量的比例约为 2.21%。其中，甘肃和青海的阿昌族人口最少，分别只有 1 人。

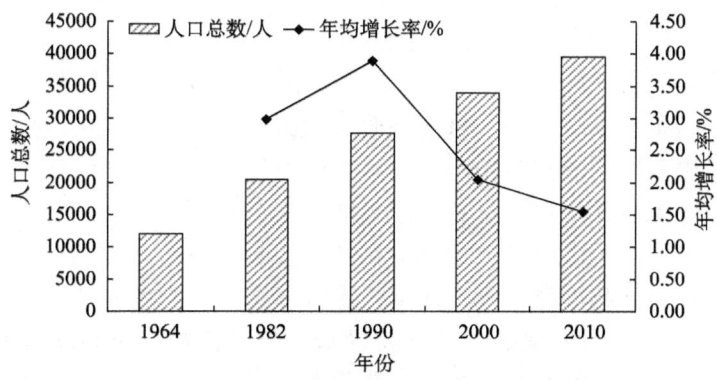

图 5-1　阿昌族历次普查的人口变化情况

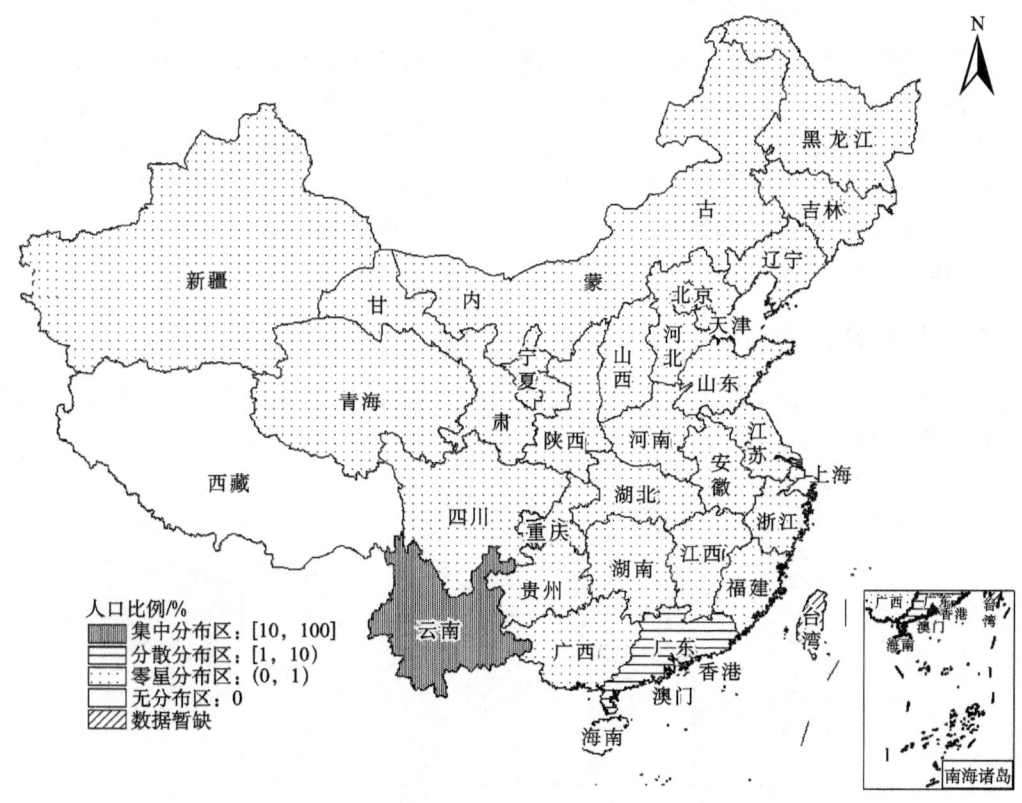

图 5-2　阿昌族分布的省域格局

第二节　普米族民族地理

普米族人口为 42861 人（国务院人口普查办公室和国家统计局人口和就业统计司，2012），属于蒙古人种南方类型。普米族源出中国古代的氐羌系统，晋方有"西番"之载，13 世纪时随元军南下，明清时形成独立民族，今集中分布于滇西北地区。普米族在生存环境上属山地民族。

一、民族基本特征

普米族属于蒙古人种南方类型。其体质特征表现为（李树春，2010）：身材中等偏高；皮肤浅黄褐色，发黑直，男性胡须极少；眼裂开度中等，眼裂斜度内外平行，多数人无蒙古褶；鼻梁中等高，鼻翼发育中等，鼻孔倾斜呈卵圆形；红唇中等厚，呈正唇型；颧骨突出，面部扁平；耳垂圆形，多数人耳壳无达尔文结节；头长而窄，属中头型、高头型和狭头型；面高而窄，属过狭面型和狭面型；鼻高而窄，属狭鼻型；体型属瘦。

普米族的核心分布区为云南的兰坪白族普米族自治县和宁蒗彝族自治县翠玉傈僳族普米族乡（何向东，2002）。普米语（Pumi）是普米族的本民族语言，属于汉藏语系藏缅语族羌语支。普米语分南部和北部两种方言。其中，南部方言分布在云南兰坪、维西、永胜、丽江等及宁蒗县的新营盘区；北部方言主要分布在四川木里、盐源、九龙等及云南宁蒗县的永宁区。普米族除了使用本民族语言外，多数人还兼通汉语和一些邻近民族语言（陆绍尊，2007）。普米族没有本民族文字。普米族是一个典型的山地耕牧型生计民族。滇西北的普米族村寨中有风格独特的木木累子桥、独木桥、皮囊筏。普米族的宗教信仰主要有自然崇拜、祖先崇拜和古代宗教（"韩规教"），少数地区的普米族也信奉道教、喇嘛教和佛教。其中，"韩规教"最初是在原始崇拜和巫术的基础上发展起来的原始宗教，后来融合苯教而形成独具特色的原始宗教，主要表现为自然崇拜。

二、民族发展变化与分布格局

新中国成立以来，普米族人口总体呈增长的趋势（图 5-3；国务院人口普查办公室，1983；国务院人口普查办公室和国家统计局人口和就业统计司，1993，2002，2012）。

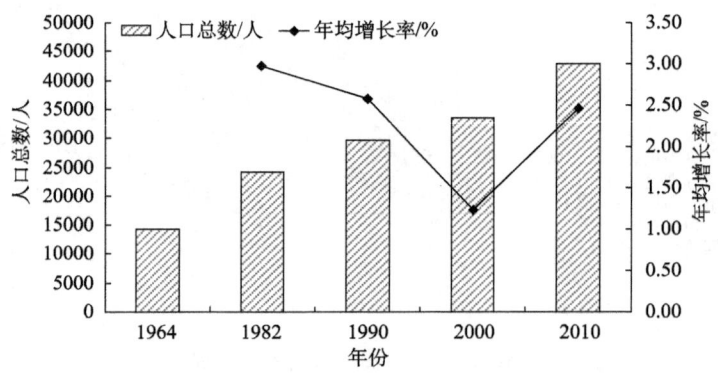

图 5-3　普米族历次普查的人口变化情况

在人口分布比重上，普米族的分布表现为两种区域类型，即集中分布区和零星分布区（图 5-4）。集中分布区为云南，该省普米族人口总量最多，达到 42043 人，占全国普米族总人口数量的比例为 98.09%。除了集中分布区云南外其余均属于零星分布区，这些省份的普米族人口总数为 818 人，占全国普米族总人口数量的比例约为 1.91%。在零星分布区中，山西、海南和青海 3 个省份的普米族人口最少，每个省份仅有 3 人。

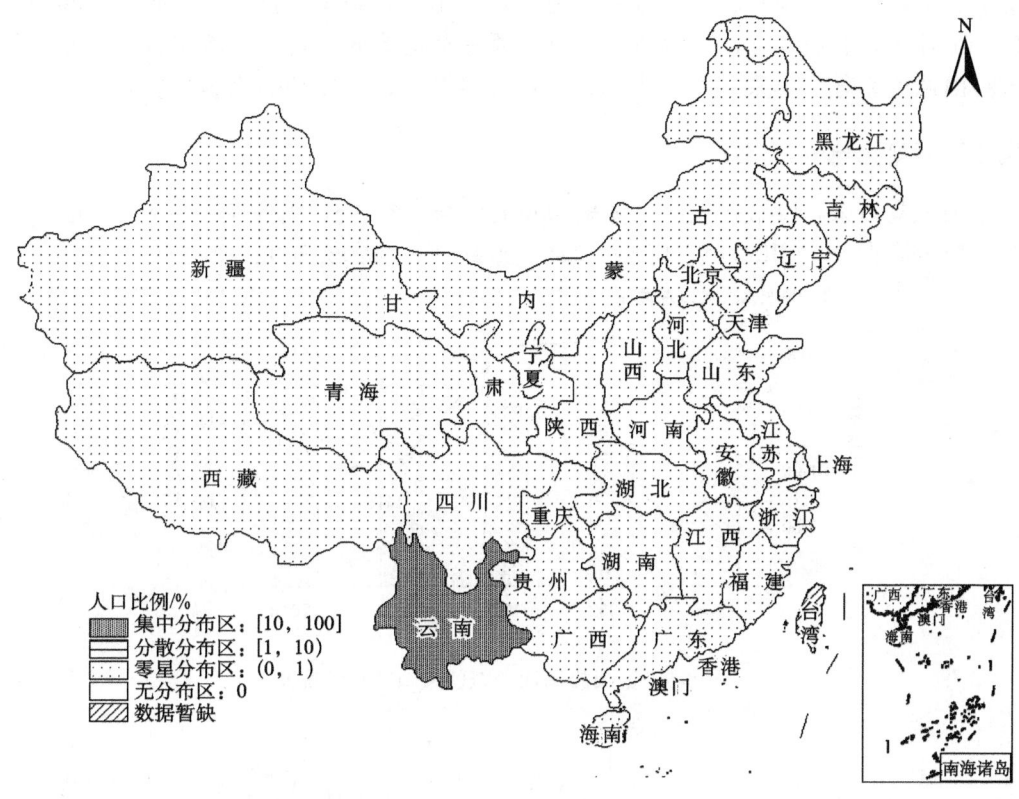

图 5-4 普米族分布的省域格局

第三节 德昂族民族地理

德昂族（又称"崩龙族"）人口为 20556 人（国务院人口普查办公室和国家统计局人口和就业统计司，2012），属于蒙古人种南方类型。德昂族与中国古代"百濮"族群有渊源，至清初形成独立民族。德昂族是中缅之间非主体型跨界民族，在缅甸称崩龙族，中国境内主要分布于滇西地区。

一、民族基本特征

德昂族属于蒙古人种南方类型。其体质特征表现为（李树春，2010）：身材较矮小，鼻宽大于两眼内角宽，属中鼻型，面型属过狭面型，头型属中头型、高头型和狭头型。

德昂族长期活动于滇西的德宏、临沧等地，呈现大分散、小聚居并与其他民族交错杂居的分布特点（陈䒩，2002）。德昂语是德昂族的本民族语言，属于南亚语系孟-高棉语族佤-德昂语支（颜其香，2007），是一种处于危险等级的濒危语言。德昂语可分为纳盎、若买和布雷三种方言。纳盎方言主要分布在镇康、耿马、永德、保山等县、市及潞西县的个别村寨；若买方言主要分布在瑞丽、陇川、畹町等县、市及潞西县的个别村寨；布雷方言主要分布在潞西、盈江、梁河等县、市的大部分德昂族所居住的地区（颜其香，2007）。德昂族没有本民族文字。德昂族以山地农耕为主要生计方式，手工业以纺织、竹编、打制铁器和银器等为主，但手工业多未脱离农业。德昂族在信仰小乘佛教的同时，也保留着对原始宗教的信仰，形成一种由原始宗教和小乘佛教相互渗透、相互融合的错综复杂的宗教信仰。

二、民族发展变化与分布格局

新中国成立以来，德昂族人口总体呈增长的趋势（图5-5；国务院人口普查办公室，1983；国务院人口普查办公室和国家统计局人口和就业统计司，1993，2002，2012）。

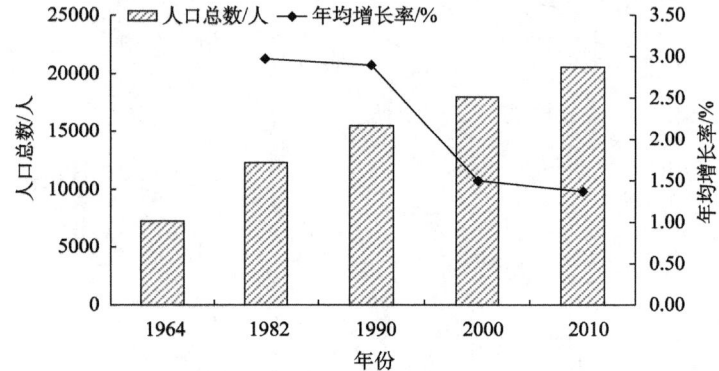

图 5-5　德昂族历次普查的人口变化情况

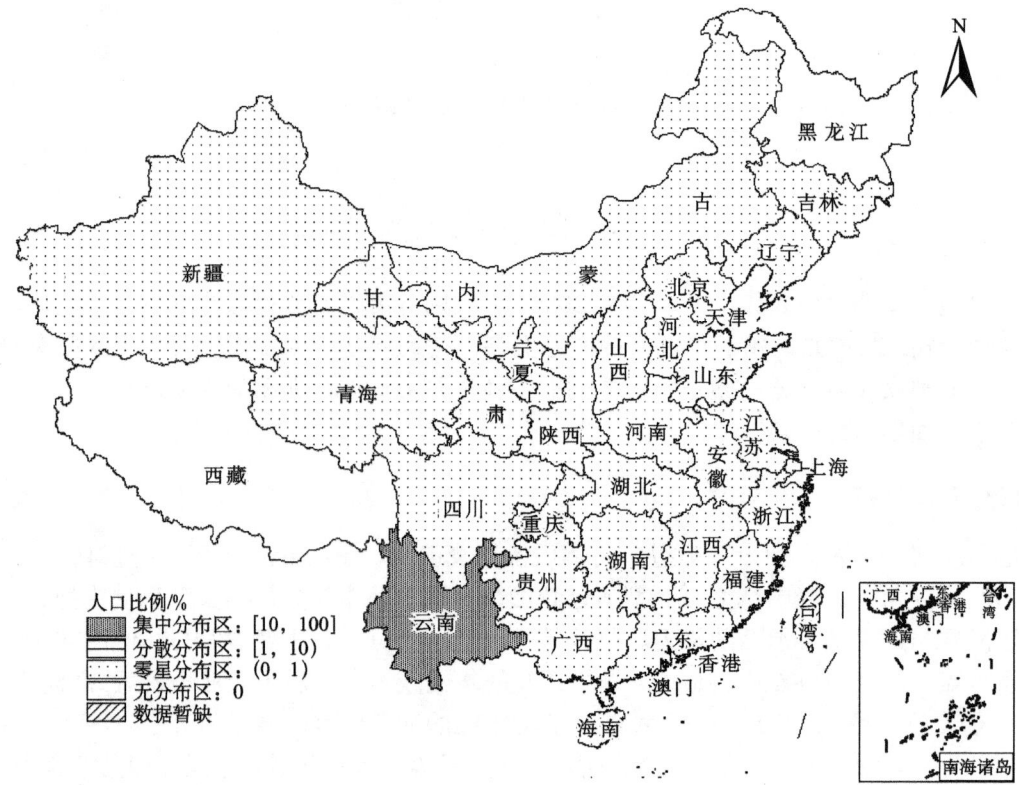

图 5-6　德昂族分布的省域格局

在人口分布比重上，德昂族的分布表现为三种区域类型，即集中分布区、零星分布区和无分布区（图 5-6）。集中分布区是云南，该省德昂族的人口总数为 20186 人，占全国德昂族总人口数量的比例为 98.20%。无分布区是天津、黑龙江和西藏。除了上述省份外其余均属于零星分布区，这些省份的德昂族人口总数为 370 人，占全国德昂族总人口数量的比例约为 1.80%。

第四节 仫佬族民族地理

仫佬族人口为 216257 人（国务院人口普查办公室和国家统计局人口和就业统计司，2012），属于蒙古人种南方类型。仫佬族源于古代我国南方的百越族群，明清有"穆佬"等称谓之载，与今仫佬族的分布地已较为一致。仫佬族属于蒙古人种南方类型，今集中分布于贵州。

一、民族基本特征

仫佬族属于蒙古人种南方类型。其体质特征表现为（李树春，2010）：身高中等偏矮，男性多为黄色肤色，女性多为浅黄色肤色。发色多为黑色。眼色多为黑褐色，上眼睑皱褶出现率较高，多有蒙古褶。鼻根高度男低型率与中等型率接近，女多为低型。鼻翼高度多为中等。男以方型耳垂多见，女以圆型耳垂多见。仫佬族男女均为中头型、高头型、狭头型、中鼻型、中腿型、中肩型、中骨盆型。男为狭面型、长躯干型、窄胸型。女为中面型、中躯干型、中胸型。

仫佬族长期生活于贵州东南与广西西北交界地带（罗琳，2002）。仫佬语是仫佬族的本民族语言，属于汉藏语系壮侗语族侗水语支（王均，2007），是一种处于濒危等级的濒危语言。仫佬族除使用仫佬语外，其支系之一的木佬人使用汉藏语系壮侗语族的木佬语（Mulao），是一种处于濒危等级的濒危语言，分布在黔东南、黔南北部县市（薄文泽，2007）。在一定地域交接处还使用其他民族语言，和汉族来往的都说汉语，跟壮族村寨相毗邻的地区，一般都会说壮语（王均，2007）。仫佬族没有本民族文字。仫佬族以稻作农业为主，有挖煤的活动。道教和佛教的信仰在仫佬族中相当普遍，并且巫、道、佛三教已经结合起来，成为人们宗教活动的主要内容。

二、民族发展变化与分布格局

新中国成立以来，仫佬族人口总体呈增长的趋势（图 5-7；国务院人口普查办公室，1983；国务院人口普查办公室和国家统计局人口和就业统计司，1993，2002，2012）。

在人口分布比重上，仫佬族的分布表现为三种区域类型，即集中分布区、分散分布区和零星分布区（图 5-8）。集中分布区是广西和贵州，这两个省份仫佬族的人口总数为 197261 人，占全国仫佬族总人口数量的比例约为 91.22%。其中，仫佬族人口总数排在第一位的省份是广西，达到 172305 人，约占全国仫佬族总人数量的 79.68%。分散分布区包括广东和浙江，这两个省份仫佬族的人口总量为 13753 人，占全国仫佬族总人口数量的比例约为 6.36%。除上述省份外其余均属于零星分布区，这些省份的仫佬族人口总数为 5243 人，占全国仫佬族总人口数量的比例约为 2.42%，在零星分布区中仫佬族人数最少的省份是西藏，仅有 2 人。

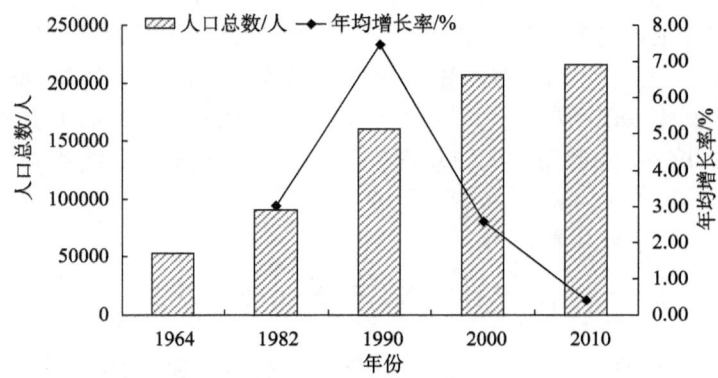

图 5-7　仫佬族历次普查的人口变化情况

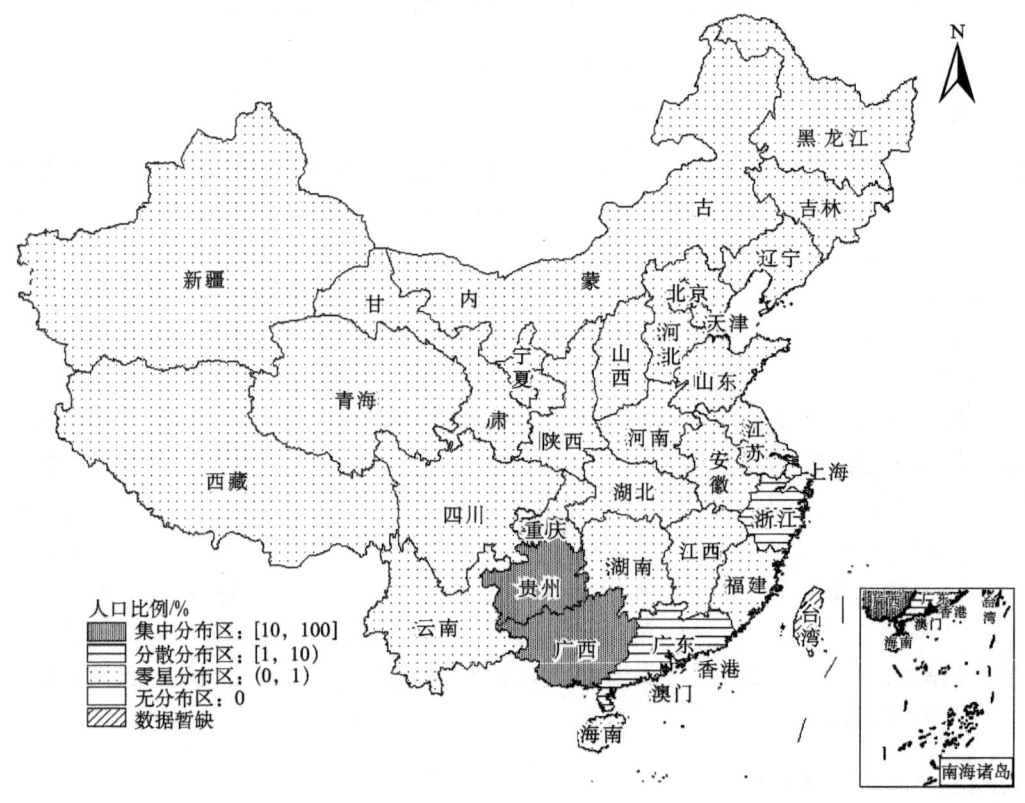

图 5-8　仫佬族分布的省域格局

第五节　毛南族民族地理

毛南族人口为 101192 人（国务院人口普查办公室和国家统计局人口和就业统计司，2012），属于蒙古人种南方类型。毛南族先民是古代"百越"族群的一部分，与三国、南北朝时期岭南的"僚"人关系更为密切，唐宋所载"茆滩""茅滩"等地名与毛南族族名有关，新中国成立后识别为毛南族。毛南族属于蒙古人种南方类型，今主要集中分布于广西、贵州。

一、民族基本特征

毛南族属于蒙古人种南方类型。其体质特征表现为（李树春，2010）：眼裂开度中等，方向上斜形，普遍有蒙古褶；直形鼻梁，鼻翼微突；上唇皮肤高度中等，以突唇为多，红唇厚度适中；耳垂以圆形为主；属圆头型，以超阔面型为主；多为中鼻型；男女身高以矮形为主。

毛南族长期活动于西南地区，今主要聚居于广西的环江毛南族自治县及与之毗邻的贵州的平塘县卡蒲毛南族乡（覃文静，2002）。毛南语是毛南族的本民族语言，属于汉藏语系壮侗语族侗水语支（中国大百科全书编委会，1988），是一种处于不安全等级的濒危语言。毛南族由于长期与壮、汉族杂居和相互交往，许多人都能说壮语和汉语，并通用汉文（中国大百科全书编委会，1986），用汉字记载本民族的民歌、民间传说、历史故事等。为弥补本民族无文字的缺陷，历史上，毛南族人民还模仿汉文形声字的结构方式，假借汉字的音、义来拼写毛南语，构成"土俗字"，用以记载本民族的史诗、民歌和宗教经书等（《毛南族简史》编写组和《毛南族简史》修订本编写组，2008）。毛南族以种植农业为主，有打铁、纺织、织染、竹编等手工业。毛南族的宗教信仰主要是祖先崇拜、多神崇拜及杂有道教的佛教，部分毛南族信奉道教。

二、民族发展变化与分布格局

新中国成立以来，毛南族人口总体呈增长的趋势（图5-9；国务院人口普查办公室，1983；国务院人口普查办公室和国家统计局人口和就业统计司，1993，2002，2012）。

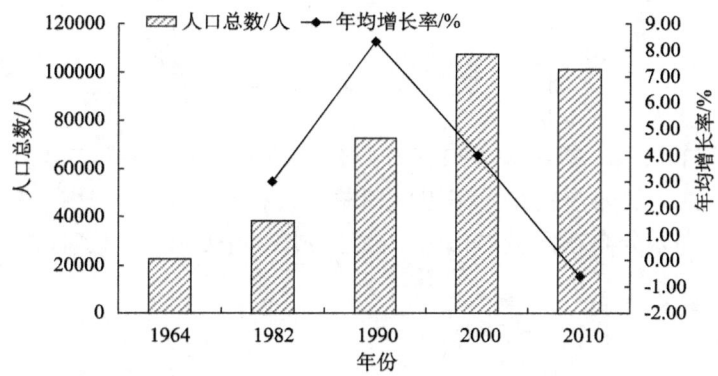

图5-9 毛南族历次普查的人口变化情况

在人口分布比重上，毛南族的分布表现为三种区域类型，即集中分布区、分散分布区和零星分布区（图5-10）。集中分布区是广西和贵州，这两个省份毛南族的人口总数为92919人，占全国毛南族总人口数量的比例约为91.82%。其中，毛南族人口总数排在第一位的省份是广西，为65587人，占全国毛南族总人口数量的比例约为64.81%。分散分布区包括广东和浙江，这两个省份毛南族的总人口数为6216人，占全国毛南族总人口数量的比例约为6.14%。除上述省份外其余均属于零星分布区，这些省份的毛南族人口总数为2057人，占全国毛南族总人口数量的比例约为2.03%，其中西藏的毛南族人数最少，仅有1人。

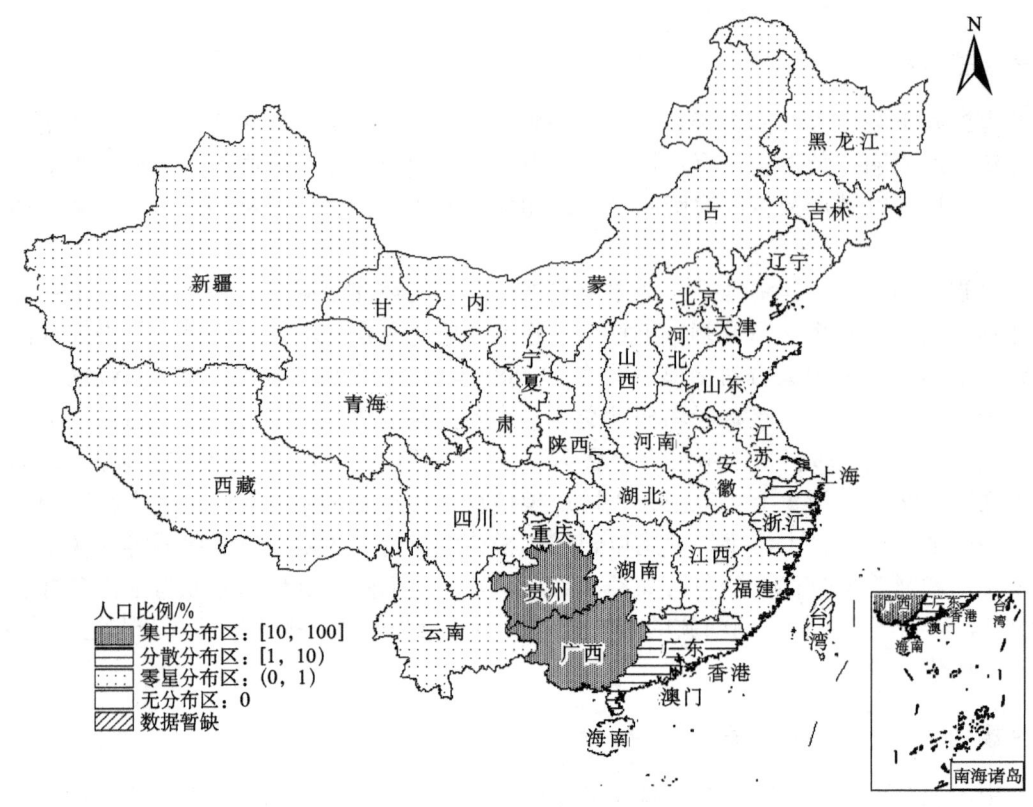

图 5-10　毛南族分布的省域格局

第六节　珞巴族民族地理

珞巴族人口为3682人（国务院人口普查办公室和国家统计局人口和就业统计司，2012），由青藏高原上的远古居民发展而来。珞巴族属蒙古人种北方类型，是中印之间非主体型跨界民族，在中国境内主要分布在西藏的山南、林芝等地。珞巴族使用多种语言，但今已多为濒危语言。

一、民族基本特征

珞巴族属于蒙古人种北方类型。其体质特征表现为（郑连斌等，2009）：头部均为高头型、中头型、中面型。体部均为中腿型、中胸型、中骨盆型。有上眼睑皱褶率较低，鼻翼高度为中型，发色为黑色，眼色以褐色较多，肤色以黄色为主，耳垂类型以三角形为主。

珞巴族长期生活于西藏的山南、林芝等地区（阿岗，2002），珞巴语（Lhoba）是珞巴族的本民族语言，属于汉藏语系藏缅语族喜马拉雅语支（中国大百科全书编委会，2009）。珞巴族除使用珞巴语外，还使用其他语言。其中，自称崩尼和博嘎两个珞巴部落使用属于汉藏语系藏缅语族景颇语支的崩尼和博嘎尔语（欧阳觉亚，2007）；苏龙部落使用属于汉藏语系藏缅语族景颇语支的苏龙语（Sulong or Puroik），分布在西藏自治区喜马拉雅山东段的错那县，是一种处于危险等级的濒危语言（李大勤，2007a）；西藏自治区山南地区隆子县南边的比夏一带的崩如部落使用属于汉藏语系藏缅语族景颇语支的崩如语（Bengru），是一种处于危险等级的濒危语言（李大勤，2007b）；西藏东南部的昌都地区察隅县的察隅河上游及丹巴江流域的珞巴族使用属于汉藏语系藏缅语族景颇语支的义都语（Idu），是一种处于危险等级的濒危语言（孙宏开，2007a）。藏南地区的阿帕塔尼（Apatani）部落（李坚尚，1986），使用塔尼语（Adi，Abor，又译"阿帕语"或"阿帕塔尼语"；孙宏开，1995），是一种处于危险等级的濒危语言。珞巴族没有本民族文字。珞巴族主要从事农业，狩猎是一项重要的经济活动，兼营手工业。珞巴族的宗教信仰有自然崇拜、图腾崇拜、祖先崇拜和巫师等。居住在墨脱、米林一带的珞巴族沿用藏历，所有的节日和祭祀活动与藏族无多大区别。由于珞巴族居住分散，交通不便，各地年节的日期不一，一般定在每年的劳动之后。

二、民族发展变化与分布格局

新中国成立以来，珞巴族人口总体呈增长的趋势（图 5-11；国务院人口普查办公室，1983；国务院人口普查办公室和国家统计局人口和就业统计司，1993，2002，2012）。

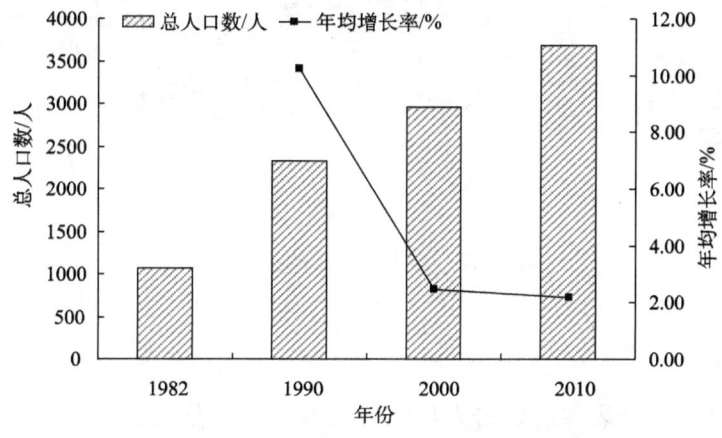

图 5-11 珞巴族历次普查的人口变化情况

在人口分布比重上，珞巴族的分布表现为四种区域类型，即集中分布区、分散分布区、零星分布区和无分布区（图 5-12）。集中分布区为西藏，该省的珞巴族人口总数为 3489 人，占全国珞巴族总人口数量的比例约为 94.76%。分散分布区是贵州，该省的珞巴族人口总数为 85 人，占全国珞巴族总人口的比例约为 2.31%。无分布区是天津、山西、内蒙古、河南、海南和青海。除上述省份外其余均属于零星分布区，这些省份的珞巴族人口总量为 108 人，占全国珞巴族总人口数量的比例约为 2.93%，在零星分布区中江苏、浙江、江西、甘肃、宁夏的珞巴族人口分布最少，均为 1 人。

第七节 撒拉族民族地理

撒拉族人口为 130607 人（国务院人口普查办公室和国家统计局人口和就业统计司，2012），属于蒙古人种北方类型。撒拉族源于中亚撒鲁尔人尕勒莽部，于元时迁居中国境内，而后形成独立民族。撒拉族属蒙古人种北方类型，社会文化特征具有中亚突厥文化、阿拉伯-伊斯兰文化、汉藏文化三者的特征，集中分布于甘肃。

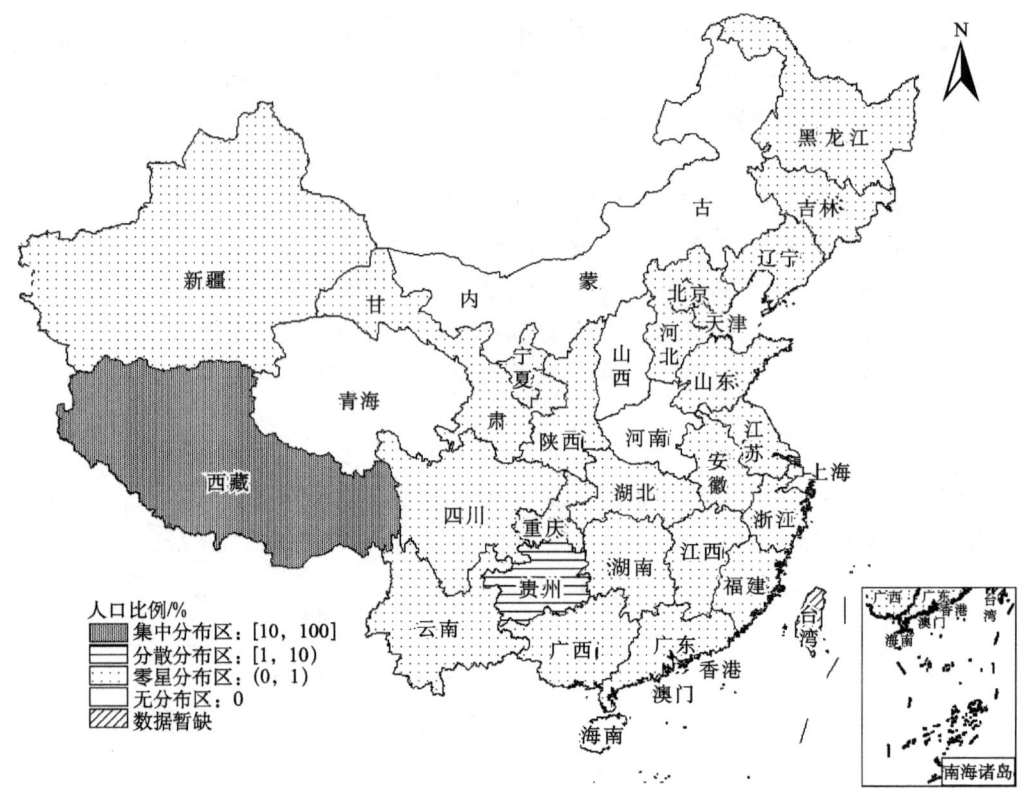

图 5-12 珞巴族分布的省域格局

一、民族基本特征

撒拉族体质特征主要表现为蒙古人种北方类型（李树春，2010）：身材中等偏高；头型多高头型、狭头型和中头型；面型为中面型和狭面型；鼻型为狭鼻型。

撒拉族长期生活于甘肃的循化撒拉族自治县及与之毗邻的化隆回族自治县和积石山保安族东乡族撒拉族自治县（马莉，2002）。撒拉语是撒拉族的本民族语言，属于阿尔泰语系突厥语族西匈语支，是一种处于不安全等级的濒危语言。撒拉族除使用撒拉语外，在一定的地域交集处还使用其他民族的语言。其中，同汉族、回族杂居地区的撒拉族兼通汉语；同藏族杂居地区的撒拉族，有的兼通藏语；散居在新疆伊犁哈萨克自治州境内的撒拉族居民有一部分已分别转用维吾尔语、哈萨克语或汉语（林莲云，2007）。撒拉族没有本民族文字。撒拉族早期以牧业为主，现以农业为主，农业属于高原农业类型，以种植小麦、青稞为主。撒拉族村落依山傍水，聚落结构和布局上可以看出撒拉族属于"围寺聚族而居"的血缘性聚落，大小清真寺遍布撒拉族各个村落，且清真寺具有伊斯兰文化和汉文化的特征。撒拉族信仰伊斯兰教，属逊尼派。撒拉族的建筑特色之一是与宗教场所融合，每个村落都有清真寺。"米那罗"是撒拉族村落的显著标志。

二、民族发展变化与分布格局

新中国成立以来，撒拉族人口总体呈增长的趋势（图 5-13；国务院人口普查办公室，1983；

国务院人口普查办公室和国家统计局人口和就业统计司，1993，2002，2012）。

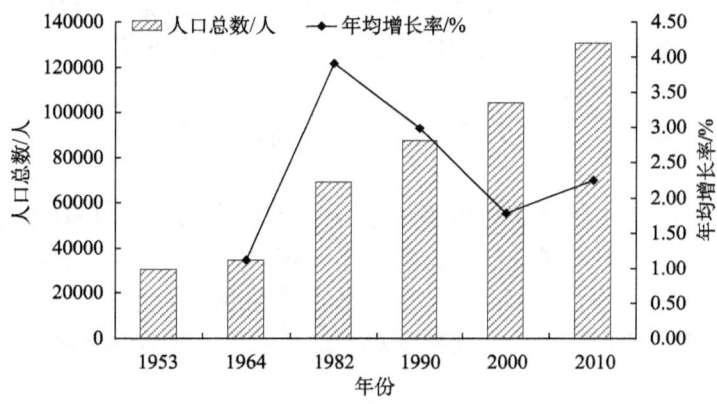

图 5-13　撒拉族历次普查的人口变化情况

在人口分布比重上，撒拉族的分布表现为三种区域类型，即集中分布区、分散分布区和零星分布区（图 5-14）。集中分布区是青海和甘肃，这两个省份的撒拉族人口总数为 120606 人，占全国撒拉族总人口数量的比例约为 92.34%，青海的撒拉族人口总量最多，为 107089 人，占全国撒拉族总人口数量的比例高达 81.99%。分散分布区是新疆，其撒拉族人口总数为

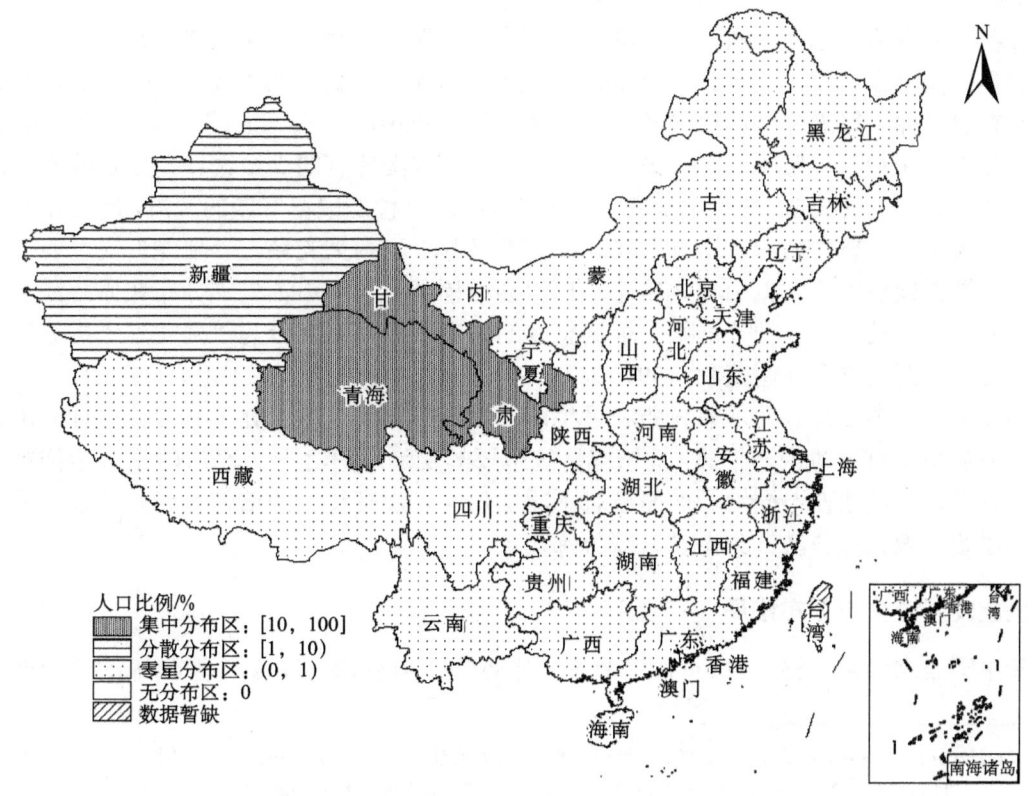

图 5-14　撒拉族分布的省域格局

3728人，占全国撒拉族总人口数量的比例约为2.85%。除了上述3个省份外其余均属于零星分布区，这些省份的撒拉族人口总数为6273人，占全国撒拉族总人口数量的比例约为4.8%，在零星分布区中，黑龙江的撒拉族人口数最少，仅有7人。

第八节 怒族民族地理

怒族人口为37523人（国务院人口普查办公室和国家统计局人口和就业统计司，2012），属于蒙古人种南方类型。怒族是怒江两岸和澜沧江两岸的古老居民，是中缅之间非主体型跨界民族，在中国境内集中分布于滇西北地区。怒族是典型的高山峡谷型地理环境民族，分布呈现典型的沿峡谷延伸特征，社会文化特征典型地反映了其地理环境特征。怒族使用多种语言，多为濒危语言。

一、民族基本特征

怒族属于蒙古人种南方类型。其体质特征表现为（李树春，2010）：女性均为亚中等身高，肤色较深，多为黄色，有一部分人是深黄肤色；大多无蒙古褶，上眼睑大多无皱褶；鼻根低；上唇皮肤高度较低；耳垂三角形率最高；怒族男女均为圆头型、高头型、狭头型、中鼻型、中腿型、中胸型、中肩型、中骨盆；男性为中面型、长躯干型，女性还为阔面型、中躯干型。

怒族长期生活于怒江、澜沧江大峡谷两侧横断山脉的台地上（刘龙初，2002）。怒语是怒族的本民族语言，属于汉藏语系藏缅语族，语支未定（中国大百科全书编委会，1988）。根据怒族的自称，怒语分怒苏语（Nusu）、柔若语（Zaozou or Raoruo）、阿侬语（Nung）（孙宏开等，2007）， 怒族没有本民族文字。怒族是云南特有的少数民族，也是滇西北高原上的一个古老的土著民族。怒族的支系有两种划分法：一种是根据怒族的源流，把其分为"阿龙"（也读作"阿怒"）和"诺苏"（也读作"怒苏"）两大支系。"阿龙"支主要分布在云南怒江傈僳族自治州的贡山独龙族怒族自治县和福贡县；"诺苏"支分布在原碧江县（现泸水县）、兰坪县。另一种分法则是根据怒族的语言差异，将其分为"阿龙""诺苏""阿侬""若柔"四大支系（谢蕴秋，1999）。

怒族主要从事山地农业，兼狩猎和采集，其众多的支系总体上处于从刀耕火种的山林耕作类型向耕猎型过渡阶段。溜索[①]是怒族传统主要的交通工具之一。怒族的宗教信仰神秘而多样，各支系及居住在不同地域的怒族有不同的信仰，没有统一的信仰。但归结起来大概有四种：原始宗教、基督教、天主教、藏传佛教。

二、民族发展变化与分布格局

新中国成立以来，怒族人口总体呈增长的趋势（图5-15；国务院人口普查办公室，1983；国

---

① 溜索是西南高山峡谷地区金沙江、怒江、澜沧江一带较为原始的渡河工具。溜索在中国古代称为撞，明曹学佺撰《蜀中广记》中有记"度索寻撞之桥"，另有"縆桥""悬绳""弦桥"等称。溜索用两条或一条绳索，分别系于河流两岸的树木或其他固定物上。一头高，一头低，形成高低倾斜。绳索有牦牛毛绳、藤编绳及钢丝绳等多种。过渡者将竹、木制做的溜板或特制座位吊在绳索上，借助于绳索的倾斜度溜向彼岸。过去藏、傈僳、怒、独龙等民族多使用溜索渡河，现大部分溜索已被桥梁所取代，只有极少数边远地区仍在使用。

务院人口普查办公室和国家统计局人口和就业统计司, 1993, 2002, 2012）。

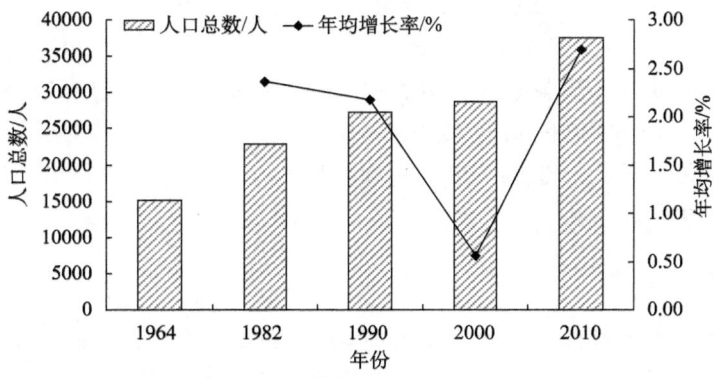

图 5-15 怒族历次普查的人口变化情况

在人口分布比重上，怒族的分布表现为三种区域类型，即集中分布区、分散分布区和零星分布区（图 5-16）。集中分布区是云南，该省的怒族人口总量为 31821 人，占全国怒族总人口数量的比例为 84.80%。分散分布区是海南、广东和西藏，这 3 个省份的怒族人口总量为 2461 人，占全国怒族总人口数量的比例为 6.56%。除了上述 4 个省份外其余均属于零星分布区，这些省份的怒族人口总量为 3241 人，占全国怒族总人口数量的比例约为 8.64%，在零星分布区中青海的怒族人口最少，仅有 5 人。

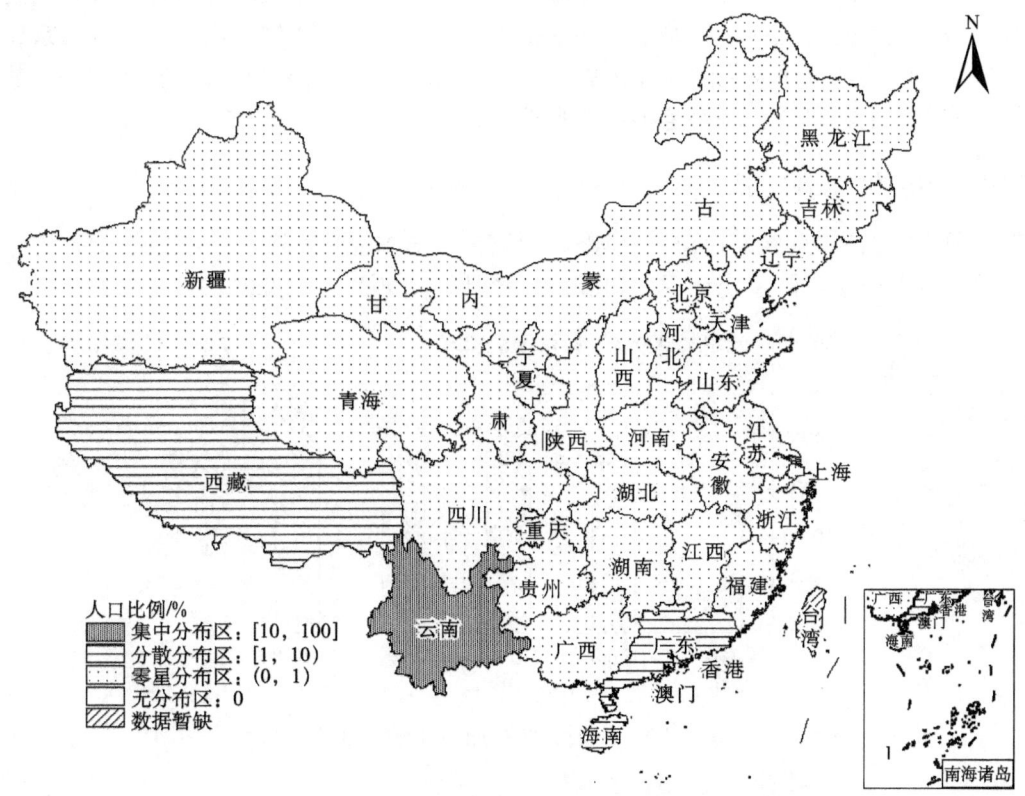

图 5-16 怒族分布的省域格局

第九节　京族民族地理

京族人口为28199人（国务院人口普查办公室，国家统计局人口和就业统计司，2012），属于蒙古人种南方类型。中国的京族来源于越南，为16世纪初从越南迁入中国境内。京族是中越之间主体型跨界民族，在越南也称京族。京族在中国境内主要集中分布于广西，是中国境内唯一的"海洋民族"。

一、民族基本特征

京族是典型的蒙古人种南方类型。其体质特征表现为（廖彦博等，2010）：上眼睑皱褶发育良好；蒙古褶较强；头发均为直发，多为黄色皮肤，鼻翼高度多为中等型；耳垂多为圆形；男性鼻根多为中等型，女性多为低型；男女均属中头型、高头型、狭头型，且属狭面型、中鼻型、中腿型、中胸型、中肩型、中骨盆型；男性属长躯干型、女性属中躯干型；男性身高均值为1651.5mm，女性身高均值为1541.1mm，男女均为中等身材。

京族长期生活于广西防城港的巫头、山心、潭尾三岛（赵令志，2002），京语（Jing）是京族的本民族语言，多数学者认为其属于南亚语系，是一种处于濒危等级的濒危语言（中国大百科全书编委会，2009）。京族内部通用京语，同时绝大多数都会说当地的"白话"（汉语粤方言）。京族在历史上曾经使用过"字喃"，现在已不使用。京族目前没有本民族文字，多用汉字（王连清，2007）。京族以渔业为主，农业次之。京族人信仰多神，没有全民统一的宗教信仰，流行的是一种在原始宗教的基础上，杂糅了道教、佛教而形成的具有京族特色的民间信仰。因其是以海为生的海洋民族，所以它最初信奉的神灵与海洋密切相关，从而形成了供奉镇海大王、海公、海婆等神灵的自然崇拜。

二、民族发展变化与分布格局

新中国成立以来，京族人口总体呈增长的趋势（图5-17；国务院人口普查办公室，1983；国务院人口普查办公室和国家统计局人口和就业统计司，1993，2002，2012）。

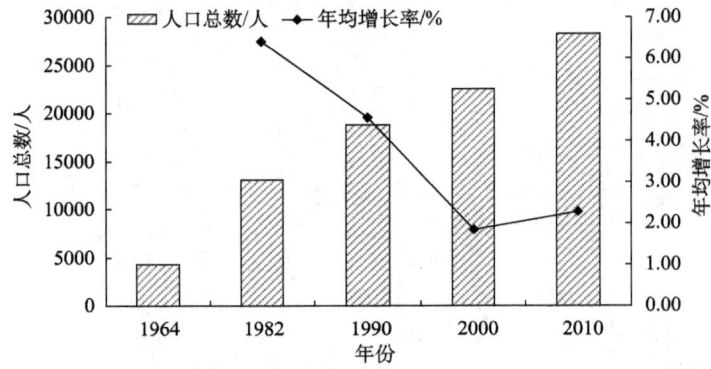

图5-17　京族历次普查的人口变化情况

在人口分布比重上，京族的分布表现为三种区域类型，即集中分布区、分散分布区和零星分布区（图5-18）。集中分布区是广西，该地区的京族人口总数为23283人，占全国京族总人口数量的比例约为82.57%。分散分布区是贵州、云南、广东和江西，这些省份的京族人口总数为2806人，占全国京族总人口数量的比例约为9.95%。除上述省份外，其余省份均属于零星分布区，这些省份的京族人口总数为2110人，占全国京族总人口数量的比例约为7.48%。在零星分布区中，西藏和宁夏的京族人口数最少，分别仅有5人。

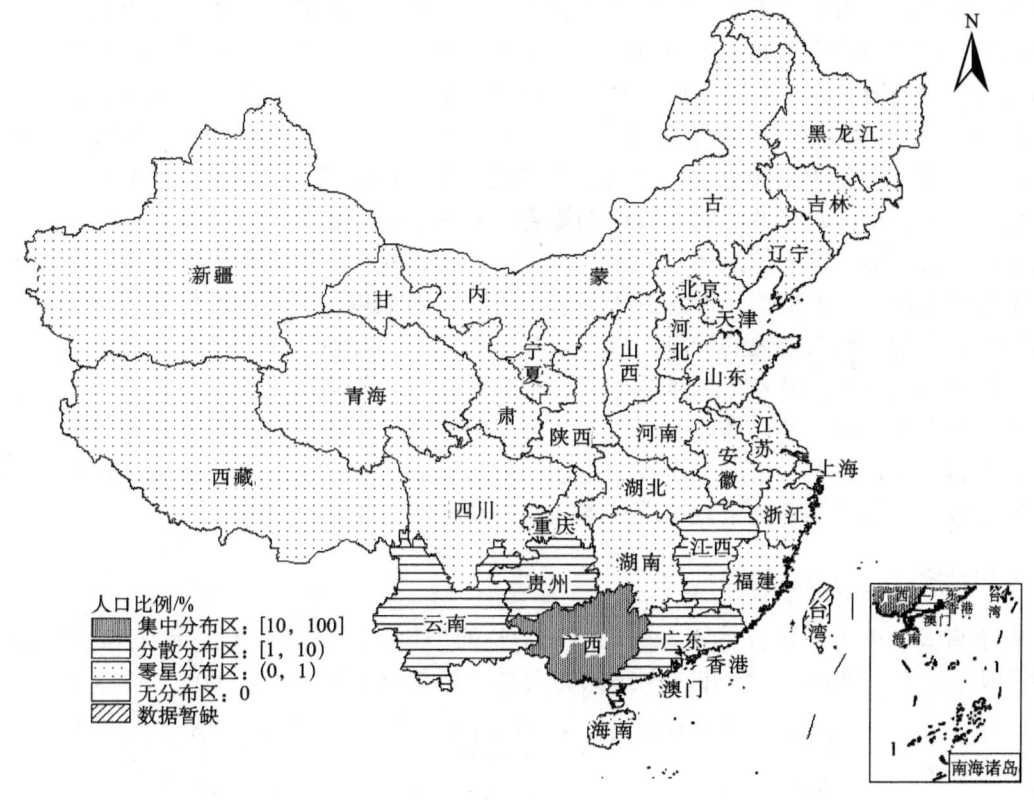

图5-18 京族分布的省域格局

第十节 塔吉克族民族地理

塔吉克族人口为51069人（国务院人口普查办公室和国家统计局人口和就业统计司，2012），属于蒙古人种北方类型。塔吉克族是中吉之间非主体型、中阿之间非主体型和中塔之间主体型跨界民族。公元前2000年前里海以东的中亚草原过着游牧生活的雅利安人即开始迁徙，其中的主要是塞人、粟特人等后发展成为中国的塔吉克族。在中国境内主要集中分布于新疆地区。

一、民族基本特征

塔吉克族主要表现为蒙古人种北方类型。其体质特征表现为（李树春，2010）：身材中等。黑色波形发，男性胡须多，眉毛浓，再生毛多。眼裂开度较宽，无蒙古褶。鼻根高，鼻尖下垂，鼻孔形状椭圆和卵圆形较多，狭鼻狭面，鼻深度较深。耳垂圆形，红唇中等偏薄。面型多为倒卵圆形和卵圆形。体型中等偏宽短型，女性骨盆较宽，头型属中头型和高头型。

塔吉克族长期活动于新疆地区，其中塔什库尔干塔吉克自治县是今主要聚居区（何星亮，2002）。塔吉克语（Sarikoli）是塔吉克族的本民族语言，属于印欧语系印度-伊朗语族的东支（高尔锵，2007），是一种处于危险等级的濒危语言。塔吉克族除使用塔吉克语外，新疆西部的塔吉克族与国外"塔吉克族"语言颇为不同，他们的语言其实不是塔吉克语，而是塔吉克语的一种兄弟语言，属于东南伊朗语言帕米尔语族。这种语言早在明末清初就已经是帕米尔高原一带的通用语。同时，塔吉克族还是中国唯一说伊朗语族语言的民族。它可分为色勒库尔塔吉克语和瓦罕塔吉克语两种方言。色勒库尔塔吉克语（或称色勒库尔语，即英文Sarikoli）是塔什库尔干塔吉克居民日常生活中进行交际的主要口语，是一种不安全等级的濒危语言。莎车、皮山、泽普、叶城等地的塔吉克族和塔什库尔干塔吉克自治县的部分居民，使用瓦罕塔吉克语。由于长期和维吾尔、汉等民族密切交往，塔吉克语中吸收了许多维吾尔语和部分汉语词汇。据调查，目前塔什库尔干的牧民60%以上不同程度地兼通维吾尔语，其中男子大多会说，妇女能说的较少。居住在莎车、泽普和叶城一带的塔吉克农民，由于长期生活在维吾尔族地区，基本上以维吾尔语作为交际工具，大多数人在家中也使用维吾尔语。塔吉克族没有本民族文字。塔吉克族大多居住在气候寒冷的帕米尔高原上，以畜牧业为主，兼营狩猎和副业，过着半定居半游牧的生活。塔吉克族曾信仰过祆教（产生于古代波斯的琐罗亚斯德教）、佛教等多种宗教，现普遍为伊斯兰教的伊斯玛依勒派。

二、民族发展变化与分布格局

新中国成立以来，塔吉克族人口总体呈增长的趋势（图 5-19；国务院人口普查办公室，1983；国务院人口普查办公室和国家统计局人口和就业统计司，1993，2002，2012）。

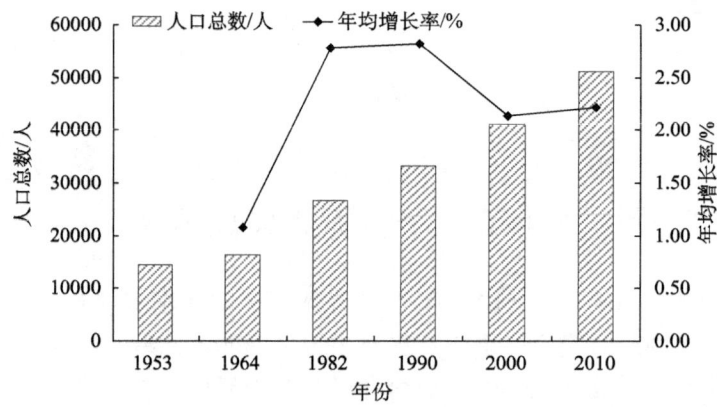

图 5-19 塔吉克族历次普查的人口变化

在人口分布比重上，塔吉克族的分布表现为四种区域类型，即集中分布区、分散分布区、零星分布区和无分布区（图 5-20）。集中分布区是新疆，该地区塔吉克族的人口总数为47261人，占全国塔吉克族总人口数量的比例约为92.54%。分散分布区是浙江，该省塔吉克族的人口总量为3368人，占全国塔吉克族总人口数量的比例约为6.59%。无分布区包括海南、贵州和西藏。除上述省份外其余均属于零星分布区，这些省份的塔吉克族人口总数为 440 人，占全国塔吉克族总人口数量的比例约为 0.86%，其中，山西和宁夏的塔吉克族人数最少，为 1 人。

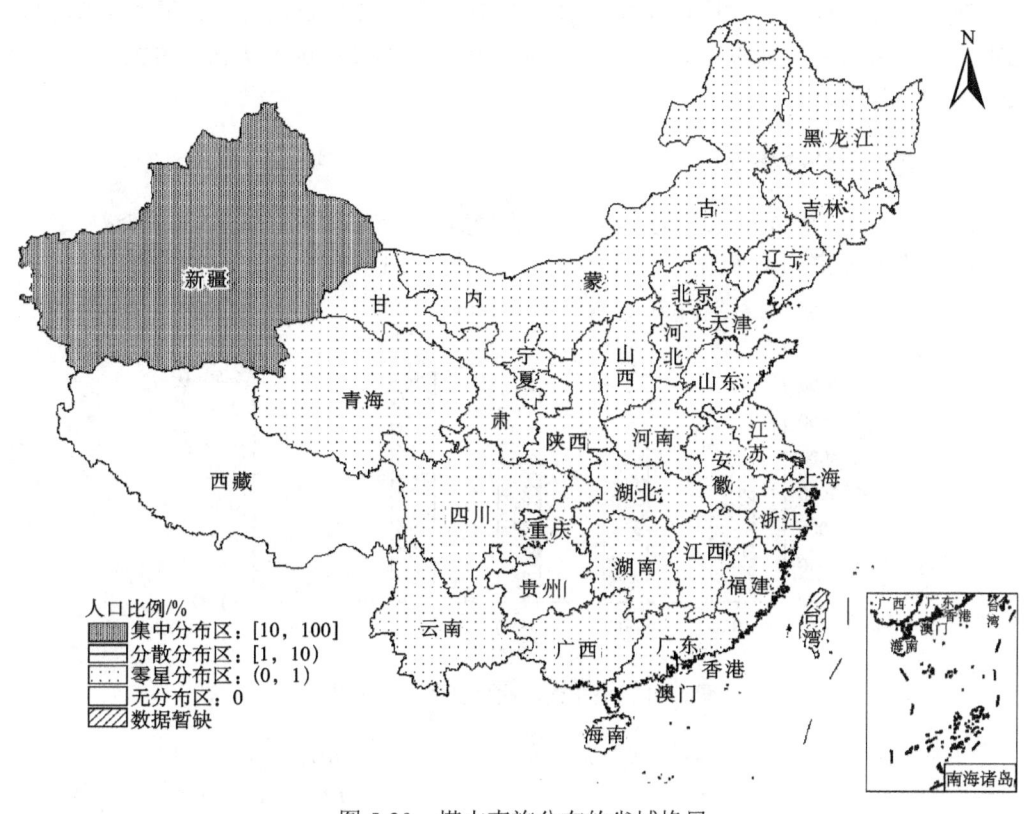

图 5-20　塔吉克族分布的省域格局

第十一节　独龙族民族地理

独龙族人口为 6930 人（国务院人口普查办公室和国家统计局人口和就业统计司，2012），系我国古代氐羌系统南下后留居于独龙江地区而形成，是中缅之间非主体型跨界民族，在中国主要分布于滇西北地区。独龙族属于蒙古人种南方类型，其生活的地理环境是典型的高山峡谷型。

一、民族基本特征

独龙族属于蒙古人种南方类型。其体质特征表现为（李树春，2010）：身材矮小，眼色多为褐色和深褐色。肤色多为黄色。男女均以高头型、狭头型、中胸型、中骨盆型率最高。男性还以中头型、狭面型、中鼻型、长躯干型、中腿型、宽肩型率最高；女性还以圆头型、阔面型、狭鼻型、中躯干型、亚短腿型、窄肩型率最高。鼻根高度男性中型率最高，女性低型率最高。耳垂类型男性的方形率与圆形率接近，女性三角形率最高。上唇皮肤部高度男女均以中等型率最高。

独龙族长期活动于云南怒江傈僳族自治州的贡山独龙族怒族自治县（杨将领，2002），独龙语是独龙族的本民族语言，属于汉藏语系藏缅语族景颇语支（中国大百科全书编委会，

1988），是一种处于危险等级的濒危语言。独龙族内部以本民族语言独龙语作为主要交际工具，有些人还兼通汉语或傈僳语。独龙语分独龙河和怒江两种方言，方言内部差别不大（孙宏开，2007b）。独龙族没有本民族文字。独龙族以刀耕火种的农业为主，同时采集和渔猎占相当比重。独龙族信仰以自然崇拜为主，灵魂、天、鬼在独龙族的观念中占据着重要地位，部分人也信仰基督教。

二、民族发展变化与分布格局

新中国成立以来，独龙族人口总体呈增长的趋势（图 5-21；国务院人口普查办公室，1983；国务院人口普查办公室和国家统计局人口和就业统计司，1993，2002，2012）。

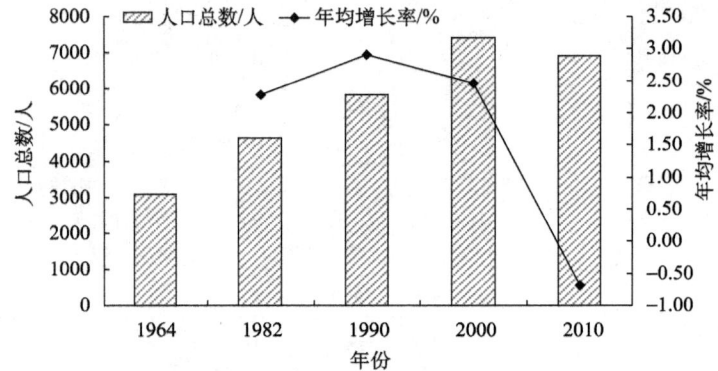

图 5-21 独龙族历次普查的人口变化

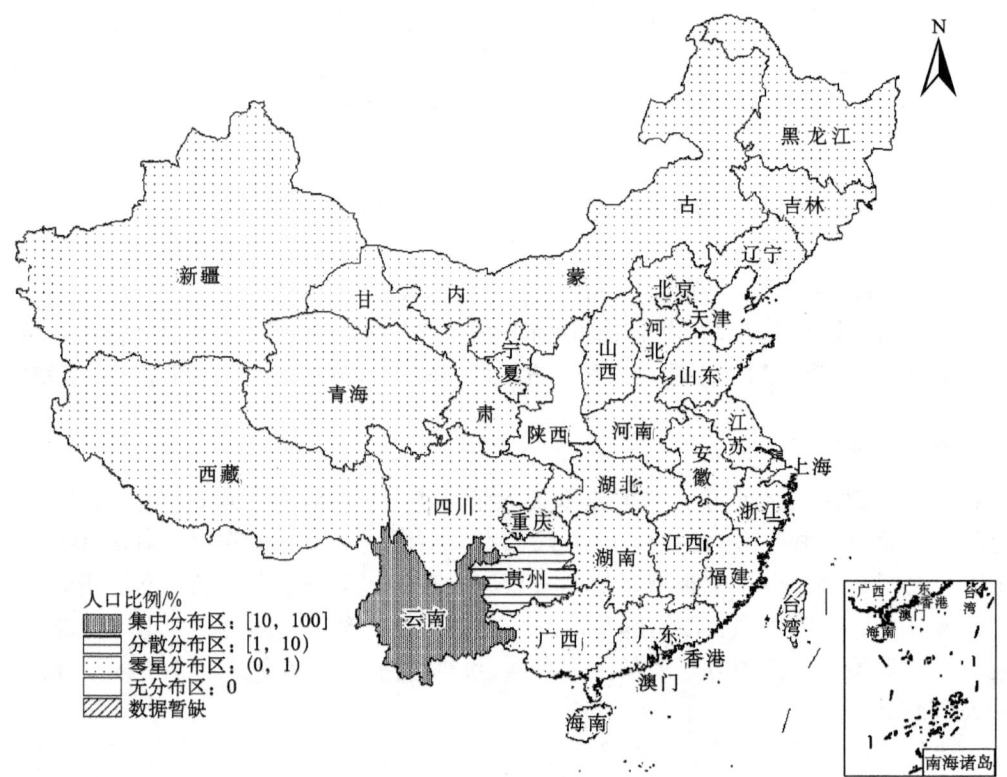

图 5-22 独龙族分布的省域格局

在人口分布比重上，独龙族的分布表现为四种区域类型，即集中分布区、分散分布区、零星分布区和无分布区（图 5-22）。集中分布区是云南，该省的独龙族人口总量达到 6353 人，占全国独龙族总人口数量的比例为 91.67%；分散分布区是贵州，其独龙族人口总量为 87 人，占全国独龙族总人口数量的比例约为 1.26%；无分布区是海南和陕西；除上述省份外其余均属于零星分布区，零星分布区的独龙族人口总数为 490 人，占全国独龙族总人口数量的比例约为 7.07%。

第十二节　裕固族民族地理

裕固族人口为 14378 人（国务院人口普查办公室和国家统计局人口和就业统计司，2012），与我国古代的丁零、铁勒和回纥等有渊源，属于蒙古人种北方类型，今集中分布于甘肃，所使用的东部裕固语和西部裕固均已是濒危语言。

一、民族基本特征

裕固族属于蒙古人种北方类型，其体质特征表现为（李树春，2010）：身材中等偏高；男性以浓眉、横眉为主，女性以细眉、弯眉为主；男性胡须中等；上眼睑皱褶发育好，蒙古褶不明显；鼻梁较高，鼻翼沟发育明显，鼻尖水平，女性鼻尖上翘较多，属狭鼻型。面长而窄，头短且高，头型属于高头型和中头型；面型属于过狭面型。

裕固族长期活动于西北地区，今主要聚居于甘肃的肃南裕固族自治县和肃州区黄泥堡裕固族乡（钟进文，2002）。裕固族有两种语言：东部裕固语（Shira Yugur or Eastern Shira, Enger Yugur）和西部裕固语（Saryg Yugur or Yugur Western, Saryg Yugur），分别属于阿尔泰语系蒙古语族和阿尔泰语系突厥语族东匈语支（照那斯图，2007b；陈宗振，2007），均是处于濒危等级的濒危语言。裕固族曾经使用过回鹘文。近现代他们没有本民族文字，一直使用汉字（陈宗振，2007）。裕固族以畜牧业为主，但定居、半定居的牧民还从事其他经济活动，黄泥堡地区的裕固族则以农业为主。裕固族信仰自然崇拜（"点格尔汗"裕固人的神人）和藏传佛教。

二、民族发展变化与分布格局

新中国成立以来，裕固族人口总体呈增长的趋势（图 5-23；国务院人口普查办公室，1983；国务院人口普查办公室和国家统计局人口和就业统计司，1993，2002，2012）。

在人口分布比重上，裕固族的分布表现为三种区域类型，即集中分布区、分散分布区和零星分布区（图 5-24）。集中分布区是甘肃，该省的裕固族总人口数最多，达到 13001 人，占全国裕固族总人口数量的比例为 90.42%。分散分布区是新疆和青海，这两个省区的裕固族总人口数为 554 人，占全国裕固族总人口数量的比例约为 3.85%。除上述 3 个省份外其余均属于零星分布区，这些省份的裕固族人口总数为 823 人，占全国裕固族总人口数量的比例约为 5.72%，在零星分布区中贵州的裕固族人口数最少，仅有 1 人。

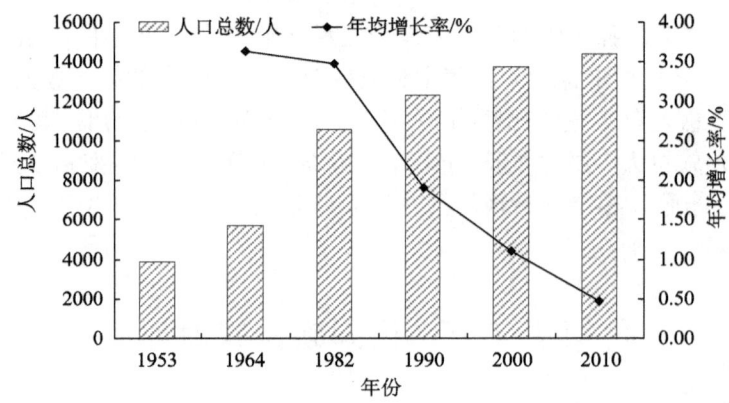

图 5-23 裕固族历次普查的人口变化情况

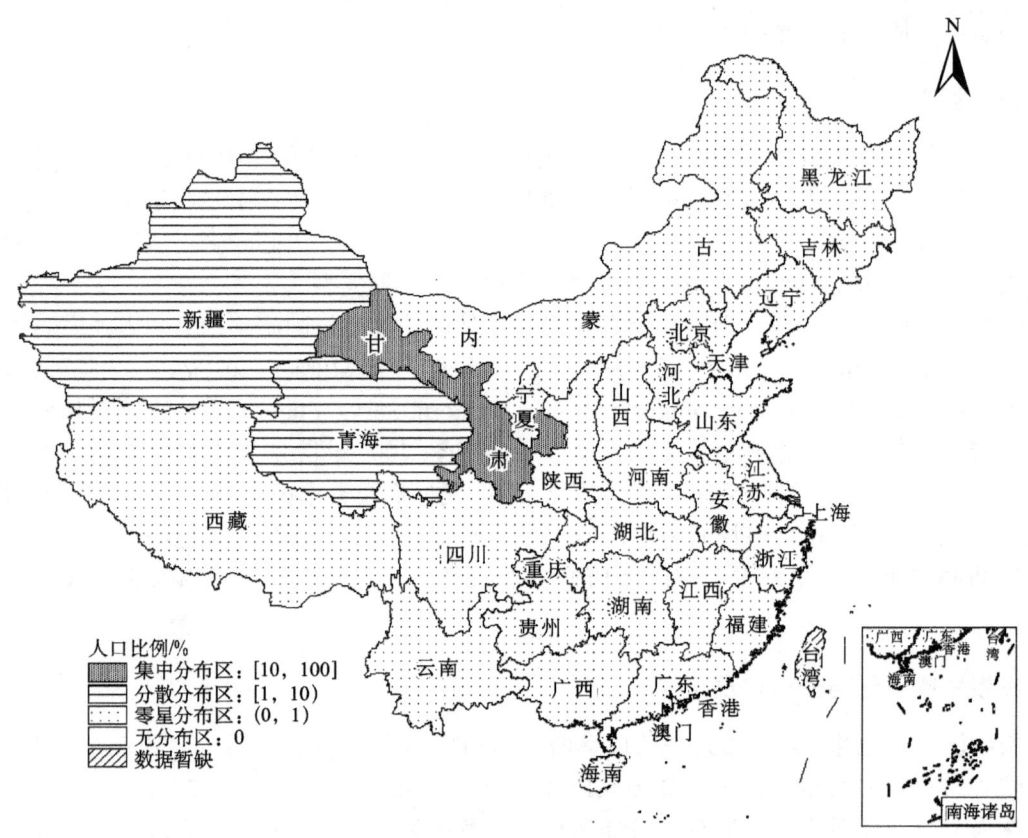

图 5-24 裕固族分布的省域格局

第十三节 门巴族民族地理

门巴族人口为 10561 人（国务院人口普查办公室和国家统计局人口和就业统计司，2012），由门隅地区土著居民发展而来，属蒙古人种北方类型，是中印之间非主体型、中不之间的主体型跨界民族，在中国境内集中分布于西藏。门巴族使用多种语言，多为濒危语言。

一、民族基本特征

门巴族主要表现为蒙古人种北方类型。其体质特征表现为（郑连斌等，2009）：蒙古褶率低，上眼睑皱褶率低。鼻翼高度以中等型率最高，鼻根高度男性均以中等型率最高，女性均以低型率最高；上唇皮肤部高度以中等型率最高，发色均为黑色，眼色褐色率最高，肤色以黄色率最高。

门巴族长期生活于青藏高原南缘，今主要聚居于西藏的错那县麻麻门巴族乡、错那县贡日门巴族乡、错那县吉巴门巴族乡、错那县勒门巴族乡、林芝县更章门巴族乡（张江华，2002）。门巴语（Cuona Menba or Moinba, Central Monpa Tawang Monpa）是门巴族的本民族语言，属于汉藏语系藏缅语族藏语支（中国大百科全书编委会，1988），是一种不安全等级的濒危语言。门巴语可分南部和北部两种方言。墨脱门巴语（Motuo Menba），是一种危险等级的濒危语言（陆绍尊，2007）。门巴族除使用门巴语外，还使用属于汉藏语系藏缅语族藏语支的仓洛语（Tsangluo）（张庆川，2007），主要分布在西藏自治区墨脱县的北崩、墨脱、德兴、邦兴四个乡和林芝县的东久乡，是一种不安全等级的濒危语言。墨脱县的门巴族则使用藏语。门巴族没有本民族文字。门巴族主要从事农业，兼营牧业和采集。门巴族的宗教信仰较为复杂，既信仰原始宗教，也信仰藏传佛教。

二、民族发展变化与分布格局

新中国成立以来，门巴族人口总体呈增长的趋势（图 5-25；国务院人口普查办公室，1983；国务院人口普查办公室和国家统计局人口和就业统计司，1993, 2002, 2012）。

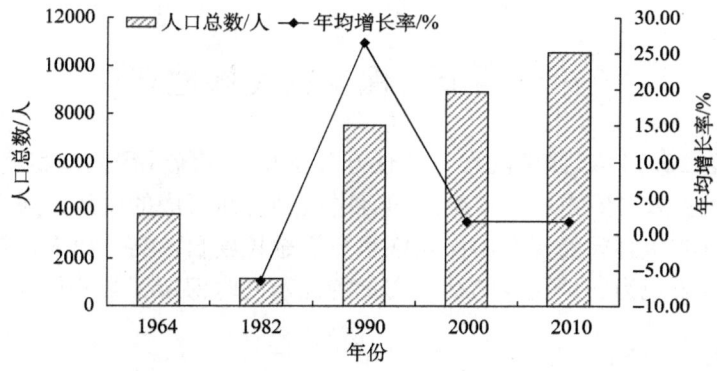

图 5-25 门巴族历次普查的人口变化情况

在人口分布比重上，门巴族的分布表现为三种区域类型，即集中分布区、分散分布区和零星分布区（图 5-26）。集中分布区是西藏，该地区门巴族的人口总数为 9663 人，占全国门巴族总人口数量的比例约为 91.50%。分散分布区是江苏，该省门巴族的总人口数为 136 人，占全国门巴族总人口数量的比例约为 1.29%。除上述省份外其余均属于零星分布区，这些省份的门巴族人口总数为 762 人，占全国门巴族总人口数量的比例约为 7.22%，在零星分布区的省份中黑龙江、海南、宁夏的门巴族人数最少，仅为 1 人。

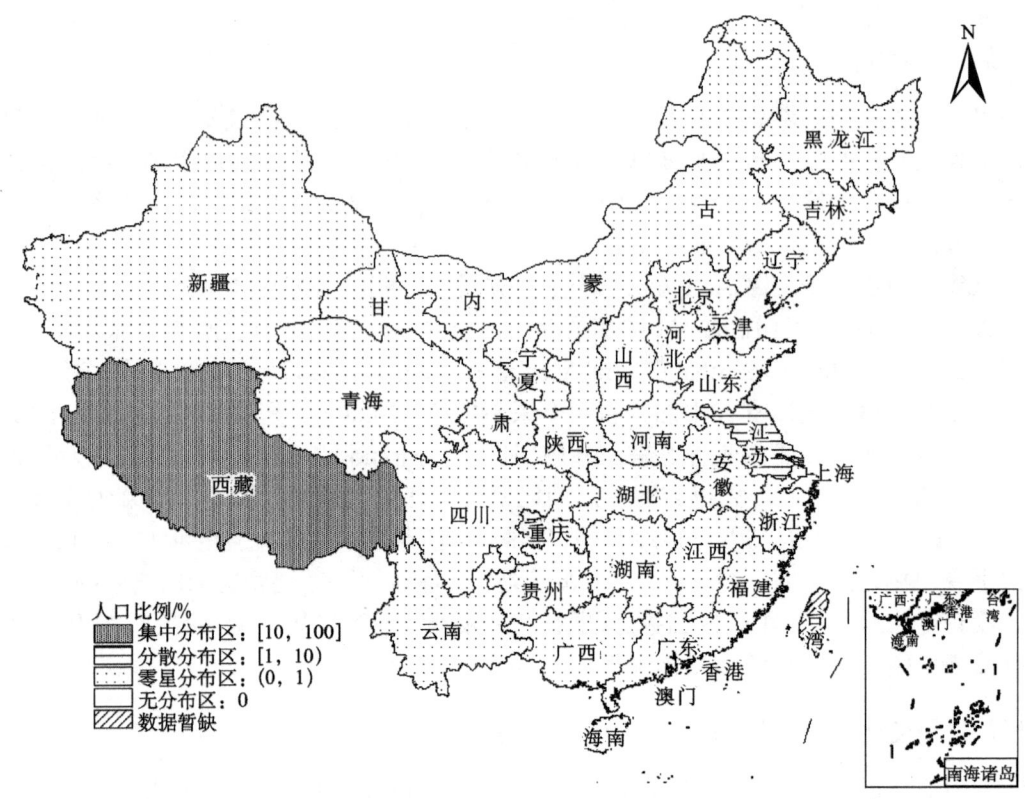

图 5-26 门巴族分布的省域格局

第十四节　保安族民族地理

保安族人口为 20074 人（国务院人口普查办公室和国家统计局人口和就业统计司, 2012），是 13 世纪以来色目人与蒙古、藏、土、回等民族融合而形成的民族，属于蒙古人种南方类型。保安族集中分布于甘肃的积石山保安族东乡族撒拉族自治县，属人口较少且分布较狭的民族之一。保安族表现为山地民族的社会文化特征，同时保留了某些伊斯兰文化特征。

一、民族基本特征

保安族虽与北方民族有渊源，但因民族融合，更多地表现为蒙古人种南方类型特征，属于蒙古人种南方类型。其体质特征为（金力和褚嘉佑, 2006）：身材中等偏矮，鼻型为狭鼻型，面型为狭面型和过狭面型，头型属于高头型、中头型和狭头型。

保安族长期生活在甘肃的积石山保安族东乡族撒拉族自治县（马沙, 2002）。保安族的本民族语言是保安语（Bonan，汉语拼音 Bao an），属于阿尔泰语系蒙古语族（刘照熊, 2007），是一种处于危险等级的濒危语言。保安族没有本民族文字。保安族的传统经济活动主要是种植小麦、大麦和荞麦等的旱作农业，部分地区是牧业。保安族信仰伊斯兰教，有新教和老教两个教派，分属于嘎底林耶派和伊合瓦尼派。这两个教派在保安族地区又发展出"崖头"和"高赵家"两个门宦（宋恩常, 1985）。

二、民族发展变化与分布格局

新中国成立以来，保安族人口总体呈增长的趋势（图 5-27；国务院人口普查办公室，1983；国务院人口普查办公室和国家统计局人口和就业统计司，1993，2002，2012）。

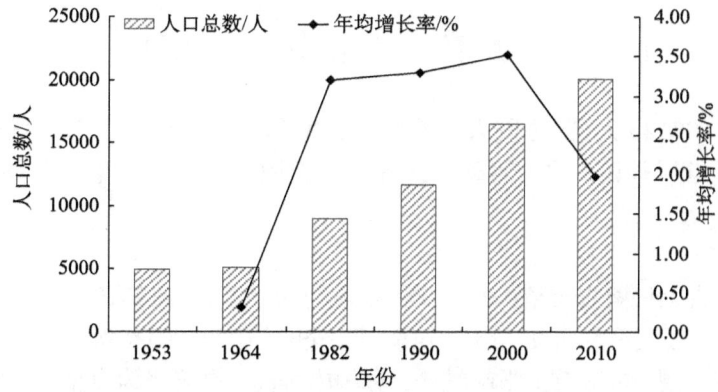

图 5-27　保安族历次普查的人口变化情况

在人口分布比重上，保安族的分布表现为四种区域类型，即集中分布区、分散分布区、零星分布区和无分布区（图 5-28）。集中分布区是甘肃，该省的保安族人口总数为 18170 人，

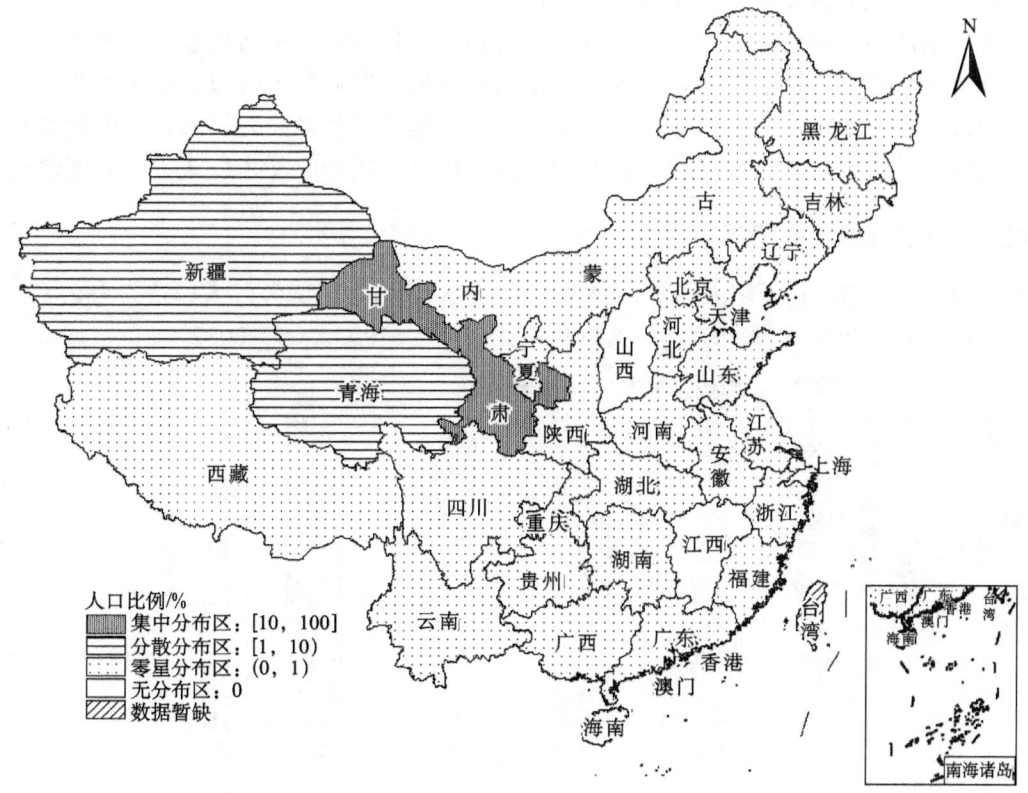

图 5-28　保安族分布的省域格局

占全国保安族总人口数量的比例约为 90.52%。分散分布区是青海和新疆,这两个省区的保安族人口总数为 1472 人,占全国保安族总人口数量的比例约为 7.33%。无分布区是山西、江西和海南。除上述省份外其余省份均属于零星分布区,这些省份的保安族人口总数为 432 人,占全国保安族总人口数量的比例约为 2.15%,其中,广西的保安族人口最少,仅有 1 人。

第十五节　基诺族民族地理

基诺族人口为 23143 人(国务院人口普查办公室和国家统计局人口和就业统计司,2012),是云南独有民族,世居基诺山区,属蒙古人种南方类型,其生活环境是典型的山地地理环境。

一、民族基本特征

基诺族属于蒙古人种南方类型,其体质特征表现为(李树春,2010):身材矮小;肤色为浅黄色,眼为深褐色,黑发平直而硬,眉毛中等;眼裂开度中等,眼裂斜度外高内低,大多有从显著到中等显著的蒙古褶,多数有上眼睑皱褶;鼻根中等高,鼻梁多为直型,鼻尖、鼻基部水平向前,鼻翼中等,鼻孔形状多为椭圆形,属阔鼻型;耳垂多为方形。面部扁平度中等,下颌微向前突,上唇皮肤部较高,红唇中等厚;男性属阔面型,女性属过阔面型,头型属中头型。

基诺族的核心分布区为云南的景洪市基诺山基诺族乡(刀伟,2002),基诺语(Jinuo)是基诺族的本民族语言,属于汉藏语系藏缅语族彝语支(盖兴之,2007),是一种处于危险等级的濒危语言。基诺族在日常生活中一般使用基诺语,广大干部和学生还兼用汉语。毗邻傣族地区的基诺族还兼用傣语。基诺语有攸乐、补远两种方言。基诺族没有本民族文字。基诺族经济活动直到 20 世纪 50 年代还处于刀耕火种的山地农业发展阶段。基诺族的宗教信仰以祖先崇拜为内容的原始宗教为主,自然崇拜为辅。基诺族是以"刀耕火种"山地农业为主的古老民族,其主要仪式有砍地仪式、烧地仪式、播种仪式、吃新米仪式、叫谷魂仪式等。

二、民族发展变化与分布格局

新中国成立以来,基诺族人口总体呈增长的趋势(图 5-29;国务院人口普查办公室,1983;国务院人口普查办公室和国家统计局人口和就业统计司,1993,2002,2012)。

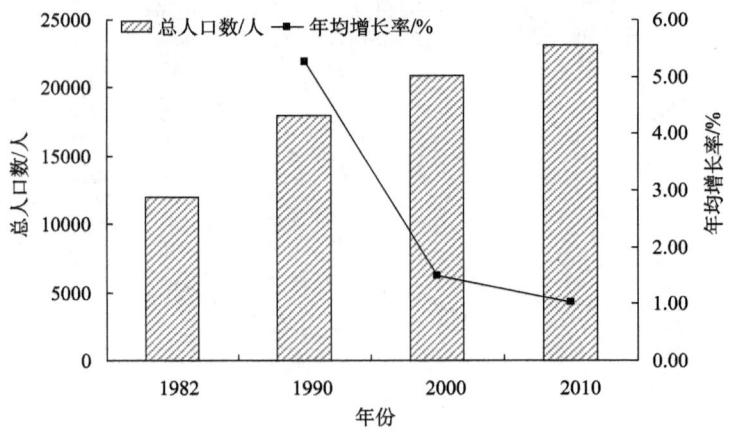

图 5-29　基诺族历次普查的人口变化情况

在人口分布比重上,基诺族的分布表现为两种区域类型,即集中分布区和零星分布区(图5-30)。集中分布区是云南,该省基诺族的人口总数为 22759 人,占全国基诺族总人口数量的比例高达 98.34%。除上述省份外,其余省份均属于零星分布区,这些省份的基诺族人口总数为 384 人,占全国基诺族总人口数量的比例约为 1.66%。在零星分布区中,山西、黑龙江、海南、西藏和青海的基诺族人口最少,分别只有 1 人。

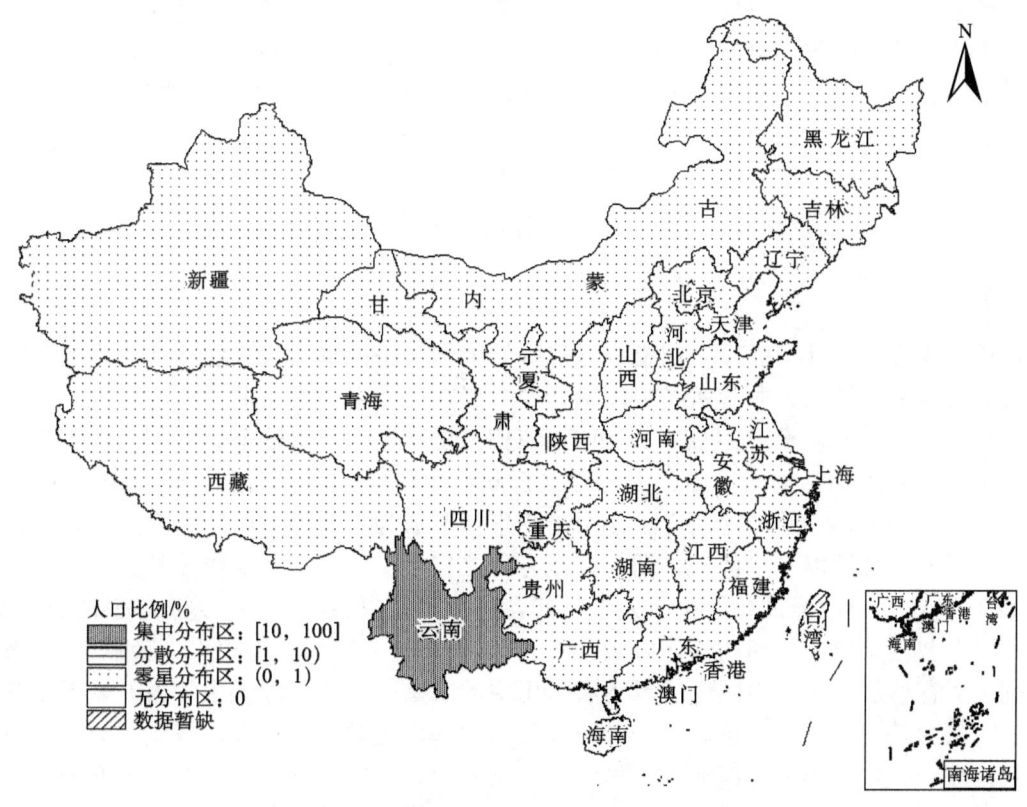

图 5-30 基诺族分布的省域格局

第六章　华侨华人地理

华侨华人是中华民族向外扩展生存空间而形成的，其空间格局是在鸦片战争之后、第二次世界大战前的100年间奠定的。当代华侨华人分布于全球各大洲（南极洲除外），尤其集中分布于亚洲。华侨华人创造了独特的生存空间景观——唐人街，其主要来源于广东、福建、广西、海南、浙江、山东、云南等省份（尤其是前两个省份）。

第一节　华侨华人的含义及其分布演变

一、华侨华人的含义

华侨（或称"旅外华侨"），指定居外国的中国公民；华人（或称"外籍华人"），指华侨或其后裔中已加入、取得所在国国籍者。二者在法律身份上有着本质的区别。

"华侨"一词出现于19世纪末，涵义定型于20世纪初。1883年，郑观应在其《禀北洋通商大臣李傅相为招商局与怡和、太古订立合同》中使用了"华侨"一词；19世纪末、20世纪初，经章炳麟、孙中山等的广泛使用，"华侨"成为"海外爱国华人"的代名词，而许多海外中国人也开始以"华侨"自谓。在西方，"华侨"一词在英文中通常为"the overseas Chinese"，直译为"漂洋过海的中国人"，其含义是"中国旅居者"。关于华侨的身份认定，我国历史上曾经采取不同的政策。1909年，清政府颁布《大清国籍条例实施细则》，按照血统原则，所有移居外国的中国人或者侨居国出生的中国人后裔（即土生华人），无论其是否取得所在国国籍，均视为华侨。这一国籍政策为中华民国政府所沿袭，直到1955年万隆会议，我国政府先后与印度尼西亚、新加坡、马来西亚、泰国、缅甸、尼泊尔等亚洲国家达成解决双重国际问题的协议。我国1980年通过的《中华人民共和国国籍法》明确规定，凡定居外国而尚未取得外国国籍的中国公民（包括其后裔），称作华侨；而我国政府派往外国的公务人员、留学生、考务人员和出国访问、考察、讲学、探亲的居民，以及台湾、香港、澳门的中国居民和经常出入国境的我国边境居民，均不能称作华侨。

至于"华人"一词，早在中国古时就常被用作华侨的称呼，但基于国籍身份的定义，则是在第二次世界大战后才出现的。与之相关的名称，还有"华裔"（基于血统关系，如在北美）和"华族"（基于种族背景，如在新加坡）。在英文中，"华人"通常译为"Chinese abroad"。

据史书记载，早在2000多年前的秦、汉时期，中国人就已经通过陆路和海路与中亚、西亚、东南亚及东北亚发生了联系和交往。汉代有人沿丝绸之路移居中亚、南亚和西亚。唐代，中国商贾居留海外，由行商转为住贾者渐多；唐末，一些人为躲避战乱，纷纷外迁。在阿拉伯、爪哇和苏门答腊岛等地，均可见到移居海外的中国人，这些人可以视为古代出国华侨的前驱。宋代，经济重心南移，南方人口增多，加上航海技术的进步和海外贸易的发展，许多失去土地或者无地耕种的农民漂洋过海谋生，部分进出南洋从事贸易的商人、水手也定居下来，形成初具规模的移民群体。宋末元初，有不少遗老遗少南下，逃入安南、占城等地，出现了中国历史上第一次海外移民浪潮。此后，商业资本主义经济的发展，农业的垦殖和港口的兴建，中国移居南洋者陆续增多。明代中后期，形成中国人向海外移民的第二次浪潮。从鸦片战争到新中国成立的100余年间，是海外华侨社会从初步形成到基本形成的阶段。这一时期，中国东南沿海及边境地区的贫苦群众先后有1000多万人迁往外国侨居，足迹远远超出东南亚，遍及世界各地。中华人民共和国成立至今，是华侨出国史上一个特殊时期。在这一时期，海外华侨的生存、发展环境发生了重大变化，华侨社会开始向华侨华人社会转变。华侨华人聚居区也几乎遍及全球各大洲的各个国家，尤其是近百年来中国移民罕至的拉丁美洲、非洲和中东各地，现已经出现了数以万计的华侨华人聚居区。

二、华侨华人空间分布的演变

华侨华人在世界五大洲的分布，其空间基本格局是在鸦片战争之后、第二次世界大战前的100年间奠定的。随着时间的推移，生存、发展环境的变化，华侨华人对居留地也不断进行调整。他们之中有的在当地安家立业，有的在所在国内迁移，有的返回祖国，也有的辗转到第三国发展。特别是第二次世界大战后，华侨华人到第三国谋生的再次移民现象日益突出，对海外华侨华人的空间结构产生了极为深刻的影响。

第二次世界大战以前海外华侨空间分布，根据1939年7月编印民国政府第一次海外侨民调查统计资料进行整理的机密文件《南洋华侨调查》（第一辑；台《宏观报》，1994），详情如下：

1922年海外华侨人数是7133910人，1925年海外华侨人数是8677000人，1937年海外华侨人数是7838891人。具体分布情况为：墨西哥华侨为25000人，其中有27%登记为侨民。苏联华侨为251500人，其中13.5%计33998人登记为侨民。美国华侨人口是74954人，2.3%计1710人登记为侨民。英属殖民地新加坡、马六甲和槟城，华侨人口为663518人，其中1.2%计10428人登记为侨民。在荷属东印度（今印度尼西亚），华侨人口为1232650人，其中0.5%计6198人登记为侨民。法国华侨为17000人，其中有11人，0.05%登记为侨民。泰国华侨为2500000人，越南华侨为381417人（限于当地政策没有人参加登记）。

第二次世界大战以后，华侨华人再移民主要源于东南亚地区。20世纪50年代末至60年代中期，东南亚一些国家和地区，如新加坡、马来西亚、印度尼西亚、缅甸先后发生反华、排华事件，约有50万华侨被迫由侨居地返回中国定居（林金枝，1993）。1975年越南南北统一后，越南当局实行反华、排华的政策，接着柬埔寨、老挝也开始全面排斥、迫害华侨，大量华侨华人流离失所，家破人亡。从1979年起，以上三国大批华侨华人难民被迫返回中国或辗转迁往世界各地，形成历史上时间最长、人数最多的华侨华人再移民。这场迁移涉及人口逾100万，除28万人返回祖国外，其余主要流落或移民北美、西欧和大洋洲各地，其中迁至北美的约50万，前往西欧的约40万，到大洋洲定居的也大约10万人。据统计（王望波和庄国土，2010），越南华侨华人在1951年时曾有150万之众，但到1986年后只剩下约70万人，在30多年的时间里就减少了60%左右。另外，在韩国、朝鲜、蒙古，以及马达加斯加和古巴，也都不同程度的存在人口迁移而导致华侨华人人口减少的现象。与此相反，在北美、西欧和大洋洲的一些发达资本主义国家，华侨华人人口却大量增加。1931年美国华侨华人只有7.4万人，但在第二次世界大战后的1950年便迅速上升到11.76万人，此后以每10年翻一番的速度增长，至2001年，已有人口243万。1947年，澳大利亚只有华侨华人0.9

万多人，但到 2001 年已有 60 多万。1939 年，欧洲仅有 1.7 万华侨华人，2001 年便已超过 145 万人（国务院侨办侨务干部学校，2005）。撇开这些地区同期人口自然增长和大陆新移民数外，它们成为华侨华人再移民的目的地是显而易见的。南美地区，如巴西、委内瑞拉，接收华侨华人再移民人口的数量也很可观。

第二节 当代华侨华人空间分布及其特征

一、空间分布格局

截至 2008 年，海外华人华侨共有 4543 万人（王望波和庄国土，2010）（含新移民 1030 万，其中亚洲 400 万，美洲 350 万，欧洲 170 万，大洋洲 69 万，非洲 50 万），分布于 161 个国家和地区。按洲别统计（图 6-1），华侨华人主要分布在亚洲，美洲次之，大洋洲和非洲较少。对各国华侨华人数量排序，目前华侨华人最多的前 9 个国家依次是印度尼西亚、泰国、马来西亚、新加坡、美国、缅甸、菲律宾、越南和加拿大。各大洲华侨华人分布状况说明如下。

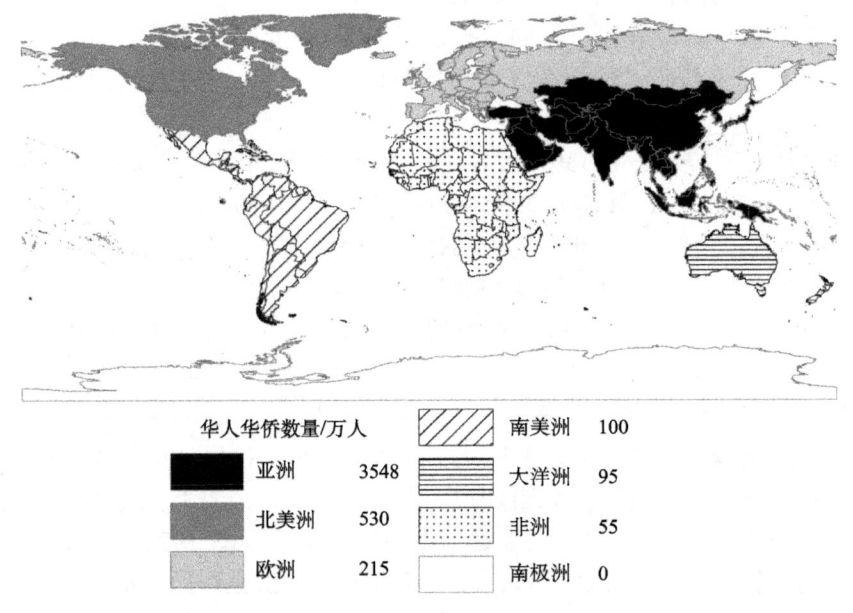

图 6-1 各大洲华侨华人数量分布格局

亚洲：在 38 个国家和地区中，有华侨华人 3548 万（王望波和庄国土，2010），占全球华侨华人总数的 78.10%。分布最集中的地区为东南亚，其中印度尼西亚有 1000 万，泰国逾 700 万，马来西亚 645 万，新加坡 360 万，菲律宾 150 万，缅甸 250 万，越南 140 万，柬埔寨 70 万，老挝 28 万，上述 9 个国家有华侨华人 3343 万，占了全球华侨华人总数的 70.50%。此外，日本、韩国、文莱、印度华侨人口也有一定规模。

美洲：分布在美洲 34 个国家的华侨华人有 630 万（王望波和庄国土，2010），占全球华侨华人总数的 13.87%。其中美国 400 万，加拿大近 130 万，委内瑞拉 18 万，秘鲁 10 万，巴拿马 10 万，阿根廷 10 万，哥斯达黎加、墨西哥各有约 6 万。

欧洲：欧洲 33 个国家中，有华侨华人 215 万（王望波和庄国土，2010），占全球华侨华人总数的 4.73%。其中英国、法国各 60 万，意大利 26 万，俄罗斯 20 万，德国 15 万，荷兰 12 万。

大洋洲：在大洋洲 14 个国家有华侨华人 95 万（王望波和庄国土，2010），占全球华侨华人总数的 2.09%。其中澳大利亚华侨华人最多，有 67 万人；新西兰次之，有 15 万人。

非洲：与其他地区相比，非洲华侨华人数量最少。该地区 42 个国家中，有华侨华人 55 万（王望波和庄国土，2010），占全球华侨华人总数的 1.21%。其中，以南非最多，有 20 万，尼日利亚次之，有 5 万，毛里求斯与马达加斯加各 4 万。

第二次世界大战后华侨华人的再移民有其本身的特点。从空间分布来看，他们大多数由东南亚、南亚和非洲地区迁移到北美、西欧、大洋洲及南美一些国家；从社会环境来看，是由动乱地区迁往安定地区；从经济发展水平来看，则是由贫困落后的发展中国家迁至生活富裕的发达国家。

二、空间分布特点

纵观华侨华人发展的进程，发现近 30 年来其人口绝对数量迅速增长，分布状况发生显著变化。当代华侨华人的空间格局有着以下明显的特点。

（一）分布广泛，集聚而居

（1）集中于东南亚与美洲的部分国家和地区（表 6-1 和表 6-2），其中，整个美洲地区华人华侨约有 630 万（王望波和庄国土，2010）（新移民 350 万），北美洲约有 530 万（新移民 275 万），拉丁美洲约有 100 万（新移民 75 万）。

表 6-1　东南亚华侨华人分布及在当地人口中所占比例

国别	年度	人数/万人	在当地人口中所占比例/%	新移民数/万人
印度尼西亚	2007	1000	4.1	10
泰国	2007	700	11.0	35~40
马来西亚	2006	645	23.7	10~15
新加坡	2007	360	77.0	35
缅甸	2007	250	4.5	100~110
菲律宾	2007	150	1.6	20
越南	2007	140	1.67	10~15
柬埔寨	2007	70	5.0	20~25
老挝	2007	28	4.8	13
文莱	2007	5.6	15.0	—
总计	—	3348.6	5.96	153~283

数据来源：王望波和庄国土，2010.

表 6-2　1941～2006 年加拿大华裔人口数量及所占全国总人口比例

年度	数量/万人	所占国家总人口比例/%
1941	3.5	0.3
1951	3.3	0.2
1961	5.8	0.3
1971	11.9	0.6
1981	30.0	1.2
1991	62.6	2.3
2001	102.9	3.5
2006	121.6	3.9

数据来源：加拿大移民局统计资料，1941～2006 年.

(2) 集中居住于各国的城镇地区 (王望波和庄国土, 2010)。总体而言, 有 7～9 成的华侨、华人定居于各国的城镇地区。从群体绝对数量来看, 华侨华人最多的是新加坡, 人数超过了 250 万; 华侨华人人口逾 50 万的城市有越南的胡志明市、印度尼西亚的雅加达、泰国的曼谷、菲律宾的马尼拉和马来西亚的吉隆坡等; 华侨华人人口在 10 万～50 万的城市, 有马来西亚的槟榔屿、马六甲、怡保, 印度尼西亚的泗水、万隆、棉兰、坤甸, 菲律宾的宿务, 缅甸的仰光, 美国的旧金山、洛杉矶、纽约、休斯敦、华盛顿, 加拿大的温哥华、多伦多, 法国的巴黎和澳大利亚的悉尼、墨尔本等。

(3) 集中居住于城市中的唐人街 (国务院侨办侨务干部学校, 2005)。华侨华人在城市中聚居的某一区域, 称为"唐人街"或"华埠""中国城"(China Town)。据统计, 全世界著名的华人街区有 68 处 (吴景明, 2009) 之多 (详见第三节)。

各地唐人街华侨华人人数不尽相同, 小者数千人, 中者数万人, 大者数十万人; 地域面积也大小不等, 有集中于城市的一个角落、由一条主要大街构成或数条街段组成的, 如北美、西欧、澳大利亚的唐人街; 也有涵括整个都市中心商业区的, 如东南亚国家的城市马尼拉、曼谷、胡志明市、雅加达、新加坡和槟榔屿的唐人街。

(二) 按城乡关系集结分布于某一区域

据乔卫和包涛 (2010) 的统计数据, 2007 年年底, 海外 4000 多万华侨华人中, 粤籍的约有 2000 万, 闽籍的约有 1260 万, 琼籍的约有 300 万, 桂籍的约有 300 万, 浙籍的约有 145 万, 鲁籍的约有 120 万, 滇籍的约有 50 万。由此看来, 海外华人华侨主要来自中国东部沿海一带, 尤其以粤、闽两省最多。

(三) 新华侨华人集聚于发达国家

据资料显示 (王望波和庄国土, 2010), 20 世纪 70 年代以来, 约有 400 万华侨华人定居于发达国家。原居住大陆的约有 200 万, 原居住港、台和东南亚地区的约有 200 万。主要分布在美国 (约 165 万)、加拿大 (约 70 万)、澳大利亚 (约 40 万)、日本 (约 32 万) 和欧洲 (约 70 万), 发达国家的移民激增。1980 年以前, 美国华侨华人仅占世界华侨华人总数的 4%，但 2007 年达到了 12%，日本从先前的 5 万人增长至 80 多万人，韩国华侨华人已经超过 60 万人，澳大利亚从 10 余万增长至 70 万人。

第三节 唐人街空间分布及其华侨华人源地格局

一、唐人街空间分布

华侨华人在城市中聚居的某一区域，称为"唐人街"或"华埠""中国城"（吴美和黄运基，2004）。据不完全统计，全世界有 68 处著名的华人街区（表 6-3）。

表 6-3 世界著名华人街区

亚洲	所属国家	北美洲	所属国家
新加坡唐人街	新加坡	旧金山唐人街	美国
胡志明唐人街	越南	休斯敦唐人街	美国
马六甲唐人街	马来西亚	波士顿唐人街	美国
槟城唐人街	马来西亚	洛杉矶唐人街	美国
吉隆坡唐人街	马来西亚	曼哈顿唐人街	美国
横滨中华街	日本	费城唐人街	美国
神户中华街	日本	华盛顿唐人街	美国
曼谷唐人街	泰国	沙加缅度乐居镇唐人街	美国
普吉唐人街	泰国	檀香山唐人街	美国
马尼拉唐人街	菲律宾	圣盖博古中国城	美国
万象唐人街	老挝	芝加哥唐人街	美国
仁川中国城	韩国	皇后区法拉盛唐人街	美国
仰光唐人街	缅甸	布鲁克林唐人街	美国
博卡拉唐人街	尼泊尔	多伦多唐人街	加拿大
加尔各答唐人街	印度	温尼伯唐人街	加拿大
欧洲	**所属国家**	蒙特利尔唐人街	加拿大
伦敦唐人街	英国	渥太华唐人街	加拿大
伯明翰唐人街	英国	列治文唐人街	加拿大
利物浦唐人街	英国	埃德蒙顿唐人街	加拿大
格拉斯哥唐人街	英国	**大洋洲**	**所属国家**
曼彻斯特唐人街	英国	墨尔本唐人街	澳大利亚
阿姆斯特丹唐人街	荷兰	布里斯本唐人街	澳大利亚
鹿特丹唐人街	荷兰	帕斯唐人街	澳大利亚
马德里唐人街	西班牙	悉尼唐人街	澳大利亚
巴塞罗那唐人街	西班牙	奥克兰唐人街	新西兰
莫斯科华人区	俄罗斯	**南美洲**	**所属国家**
圣彼得堡华人区	俄罗斯	圣保罗唐人街	巴西

续表

欧洲	所属国家	南美洲	所属国家
巴黎13区唐人街	法国	墨西哥城唐人街	墨西哥
雅典唐人街	希腊	哈瓦那唐人街	古巴
安特卫普唐人街	比利时	利马唐人街	秘鲁
里斯本唐人街	葡萄牙	布宜诺斯艾利斯唐人街	阿根廷
科隆中国城	德国	**非洲**	**所属国家**
罗马唐人街	意大利	罗安达唐人街	安哥拉
都柏林唐人街	爱尔兰	约翰内斯堡唐人街	南非

数据来源：吴景明，2009.

其中，著名的唐人街有：越南胡志明市的堤岸区，泰国曼谷的三聘街，菲律宾马尼拉的王彬街，新加坡的牛车水，马来西亚吉隆坡的茨厂街、马六甲的中国街，日本横滨的中华街、长崎的新地中华街、神户的南京町。此外，英国的伦敦、利物浦、曼彻斯特，法国里斯班、西摩尼亚，毛里求斯的路易港，巴西的圣保罗，巴拉圭的东方市（桥头），秘鲁的利马，巴拿马的巴拿马市，古巴的哈瓦那，墨西哥的墨西哥城，加拿大的温哥华、维多利亚、多伦多、渥太华、蒙特利尔，以及美国的旧金山、奥克兰、洛杉矶、蒙特利尔公园市、华盛顿、西雅图、波特兰、纽约、费城、波士顿、休斯敦、檀香山等地，都有唐人街、华埠、中国城。

二、华侨华人源地格局

溯本追源，唐人街的华侨华人主要来自祖国大陆的广东、福建、广西、海南、浙江、山东、云南等省份，其中广东与福建两省的海外侨胞最多，人数分别是2000万和1264万。随着社会发展的嬗变与文化的递进演化，传统意义上的侨乡也发生着新的激变。从2008年年底开始，中国国际广播电视台（China Radio International，CRI）派出一批年轻的记者带着策划、思考与疑问，深入广州、深圳、福清、晋江、温州、厦门、青岛等著名侨乡，行程2万km，历时一年左右完成了调研研究（乔卫和包涛，2010），在此依其资料得出海外侨胞源地空间分布格局，如图6-2所示。

第六章 华侨华人地理

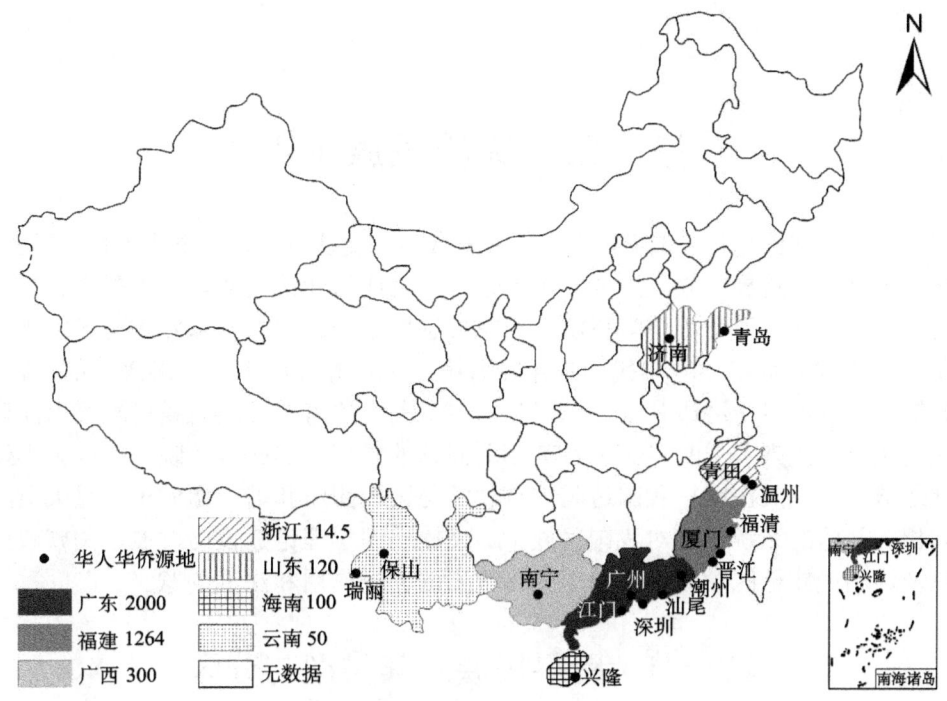

图 6-2 海外侨胞源地空间分布格局

资料来源：乔卫和包涛，2010.

第七章 跨界民族地理

中国是个多民族国家，陆疆绵延万里、邻国众多且交往频繁，历史悠久且疆界变动较大，促使我国成为世界上跨界民族的主要集中区之一，也成为我国民族学、人类学、历史学、语言学、文化学、民族地理学等跨学科研究的重要领域之一。国内学术界对跨界民族及其相关问题的研究始于 20 世纪 80 年代，是伴随着第三次世界民族主义浪潮兴起的，特别是 20 世纪 90 年代初中国启动沿边开放后，国际国内范围内的跨界民族问题日渐突出而逐渐成为学界关注的焦点。我国关于跨界民族及其相关问题的研究虽然起步较晚，但成果丰硕，呈现蓬勃发展之势，其成果在维护我国边疆安全稳定与民族团结和谐方面做出了重大贡献。跨界民族及其相关问题的系统研究对我国民族学、民族地理学理论建设与发展、民族政策制定与实施，以及边疆民族地区和谐稳定发展具有重要的促进作用和深远的意义。

第一节 跨界民族及其类型与分区

一、跨界民族的基本概念及基本要素

关于跨界民族的基本概念，至今尚未有被学术界公认的权威界定或系统阐述。目前，国内学术界在对跨界民族研究的过程中产生了一些与其意义相近的术语，如"跨境民族"、"跨国民族"（丁延松，2005）、"跨国界民族"（王清华和彭朝荣，2008）等。较早对跨界民族进行研究的王建民认为，"跨界民族是指由于长期的历史发展而形成的，分别在两个或多个现代国家中居住的同一民族。'界'是指国界"。他进一步指出："近年来，有人也经常在各种场合使用'跨境民族'一词，境即指国境线，跨境即跨界。不过，在使用中似乎'界'（border）较'境'（area）更确切些，因为境是指区域，讲'跨'区域，不如说'跨'一条边界线更清楚。"最后他又表示，"当然，从实际内涵上来看，我们认为这两个概念基本上没有什么区别"（金春子和王建民，1994）。基于以上论述，刘稚（2004）对跨界民族进行了较为详细的阐述，指出"跨界民族就是指历史上形成的而现在分布在两个或两个以上国家并在相关国家交界地区毗邻而居的同一民族"。跨界民族应当包括三个基本要素：一是历史上形成的原生形态民族；二是同一民族的人们居住在两个或两个以上的相邻国家；三是民族传统聚居地被国界分隔但相互毗邻。分布地域是否跨国相连成片是区分跨界民族和跨国移民族群的主要标志。此概念蕴涵着跨界民族的特点：跨界民族的历史整体性。它有着两层含义：一是现在的跨界民族在历史时期并非是跨国界的；二是尽管现在的跨界民族分属于不同国家，受到不同的政治制度、文化制度的影响，但是历史文化的继承性，又使得跨界民族在文化上和民族情感认同上仍具有相通性。跨界民族聚集地的地域毗邻性，即跨界民族在地理空间上的连续性。因此，本章（及本书）采用"跨界民族"概念来研究在地理空间上连续的、传统分布的被政治疆界隔开的跨界民族。

二、跨界民族问题的产生

跨界民族问题主要包括跨界民族概念及内涵、跨界民族研究两大方面。后者又包括跨界民族问题的产生及研究现状。我国"跨界民族"研究，是基于20世纪80年代第三次世界民族主义兴起及90年代进行沿边开放的背景下，最早由中央民族大学陈永龄于1986年提出的。经过近30年的系统研究，我国跨界民族在历史变迁、语言文化、民俗风情、社会经济等方面取得丰硕的成果，并得出影响跨界民族问题的因素包括政治、经济、文化、民族心理、宗教信仰、泛民族主义等的结论（李学保，2011）。在这些因素中，跨界民族认同与国家认同的失衡——国家政治"区隔力"与传统民族文化"感召力"的相互作用是跨界民族问题产生的前提；跨界民族区域经济发展相对滞后（与国界另一侧的同族及国内其他地区相比较）是其产生的心理认知基础；泛民族主义和外部势力的影响是跨界民族问题激化的外部条件；跨界民族谋求分离、独立的政治欲望，或因跨国民族的政治联合运动而滋长的跨界民族主义刺激外部政治势力的渗透和介入，导致边界战争、跨界民族区域大规模骚乱或政治性群体性事件是其最突出的表现（李学保，2011），如"藏独""新疆暴动"。因此，除已有的研究领域外，还需对边疆安全与民族和谐稳定等新时期跨界民族问题给予关注并进行系统研究。

三、跨界民族的类型及基本特征

民族类型划分是跨界民族研究时必须考虑的问题，根据已有学者对国内外跨界民族类型的研究得出三种分类形式：一是从边界的地理性质来看，跨界民族可分为陆界跨界民族和海界跨界民族；二是从跨界的国家数量看，可分为双边跨界民族和多边跨界民族；三是从跨界民族的构成看，可分为三类，单边主体跨界民族、双边主体跨界民族、非主体跨界民族（张兴堂，2004）。由于我国陆疆长达2万余公里，接壤邻国数多达10余个，境内民族由汉族为主体民族（根据人口数界定）和55个少数民族组成，跨界民族近30个。因此，我国及其与邻国的跨界民族类型按政治地位来划分更具科学性，可分为如下三类：①至少在一国为主体民族，在其他国家为非主体民族的跨界民族（也称"单边主体跨界民族"）。此类跨界民族是指分属不同国家的同一民族在某个或某些国家是主体民族，在其他国家是非主体民族的跨界民族。这一类型的跨界民族由于作为主体民族的一方往往建有独立的民族国家，对分布在其他国家非主体的同一民族具有一定的吸引力，易于导致分布在相邻国家的同一民族在他国内的分离倾向。②在各国都是主体民族的跨界民族（也称"双边主体跨界民族"）。此类跨界民族是指原来具有共同地域的同一民族后来被国家疆界分隔，虽然分属于不同国家，但在相关各国都是主体民族或多数民族。这一类跨界民族的发展前景多数是统一，少数是分解。③在所有国家都是少数民族的跨界民族（也称"非主体跨界民族"）。此类跨界民族是指在两个或两个以上相邻国家都不是主体民族的同一民族群体。这一类型的跨界民族，由于各自逐渐接受了所在国家的主体民族的影响，彼此之间的同一性不断减小，差异性不断扩大，共同的民族意识逐渐淡化，主要趋势是分解，即由原来的一个民族，逐渐分化为不同国家的数个民族（刘稚，2004）。清晰明了的、科学的跨界民族类型及其特征为促进我国民族和谐发展奠定了坚实的理论基础。

四、中国跨界民族区

根据跨界民族的涵义、类型及笔者对民族地理分区的构想，可把我国跨界民族分为：东北跨界民族区、北部跨界民族区、西部跨界民族区和西南跨界民族区四大区（图7-1）。

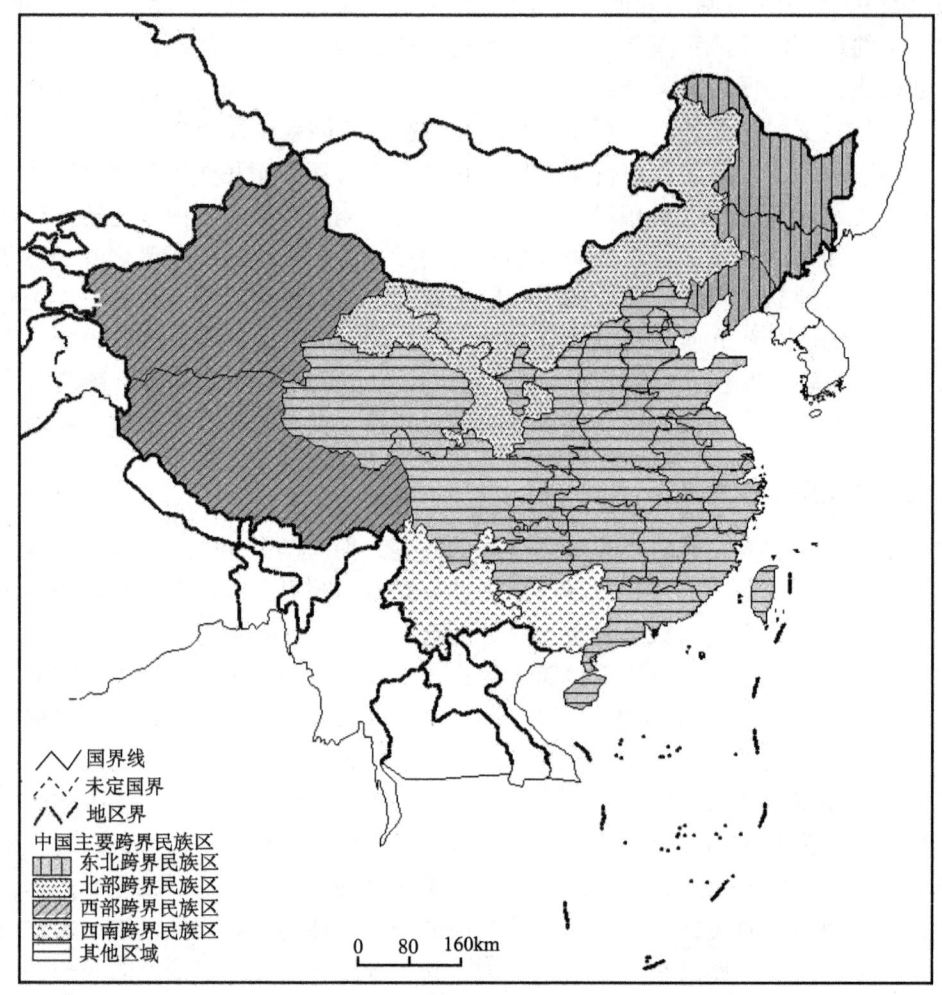

图 7-1　中国跨界民族区

第二节　东北跨界民族区

东北跨界民族区主要分布在地处温带季风气候控制下的东北地区，是我国朝鲜族和赫哲族的主要分布区（图 7-2）。

朝鲜族是跨中国、朝鲜、韩国、俄罗斯而居的跨界民族（金春子和王建民，1994）。分布在中国境内的朝鲜族总人口为 1830929 人（国务院人口普查办公室和国家统计局，2012），主要分布于吉林、黑龙江和辽宁三省。其中，吉林省延边朝鲜族自治州是主要聚集区，该区在地理空间上与朝鲜和俄罗斯相连。朝鲜族作为东北跨界民族之一，其形成原因有：17世纪末至19世纪末为战争和自然灾害导致的自发迁移时期；19世纪初至20世纪50年代为日本入侵朝鲜半岛和东北区引起的政治迁移时期。

赫哲族是跨中、俄两国而居的跨界民族（金春子和王建民，1994）。分布在中国境内的赫哲族人口总数为5354人（国务院人口普查办公室和国家统计局，2012），主要分布在黑龙江下游，大部分集中居住于中国黑龙江省的同江市及苏里江流域和松花江下游区的北温带季风气候的三江平原地区，该区位于中国与俄罗斯的接壤地带。赫哲族形成跨界民族主要由于1858年的《中俄瑷珲条约》和1860年的《中俄北京条约》割去我国黑龙江以北，乌苏里江以东的大片领土（金春子和王建民，1994）。

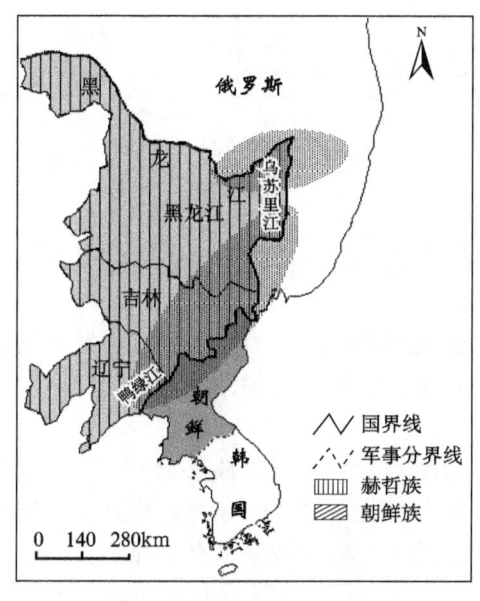

图 7-2 东北跨界民族区

第三节 北部跨界民族区

北部跨界民族区，主要包括蒙古族和鄂温克族两个民族（图7-3）。分布区主要气候类型属于冬季寒冷漫长，夏季炎热短促的温带大陆性气候。

鄂温克族主要是跨中国、俄罗斯两国居住的跨界民族（金春子和王建民，1994）。分布在中国境内的鄂温克族的总人口为30875人（国务院人口普查办公室和国家统计局，2012），主要分布于内蒙古自治区呼伦贝尔市的呼伦贝尔草原，部分分布于黑龙江的大小兴安岭区。此区域地势南高北低，地貌类型复杂多样，河网密集。

蒙古族是跨中国、蒙古、俄罗斯而居住的跨界民族（金春子和王建民，1994）。分布在中国境内的蒙古族总数为5981840人（国务院人口普查办公室和国家统计局，2012），主要分布在内蒙古自治区。中、蒙两国的跨界民族是伴随1924年蒙古人民共和国的成立和1949年的中、蒙建立外交关系而形成的。

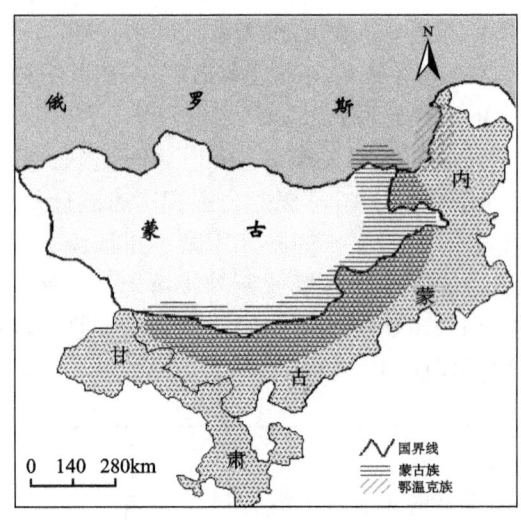

图 7-3　北部跨界民族区

第四节　西部跨界民族区

西部跨界民族区主要位于我国西部内陆地区，是我国跨界民族中门巴族、藏族、回族、维吾尔族、塔塔尔族、俄罗斯族、乌孜别克族、塔吉克族、柯尔克孜族和哈萨克族的主要分布区（图 7-4）。

门巴族是中国、不丹、印度而居的跨界民族（金春子和王建民，1994）。分布在中国境内的门巴族人口总数为 10561 人（国务院人口普查办公室和国家统计局，2012），主要集中居住在西藏东南部。门巴族居住区气候和植被呈垂直分布，复杂多样，从高山寒带植被到山地亚热带植物都有分布。不丹的主要居民自称为主巴，通常又被称作菩提亚人，是西藏移民融合当地土著之后逐渐发展而成的一个与中国门巴族有关的民族；印度将门巴人称为"纠摩"或"秋摩"。

藏族是主要分布在中国青藏高原及周围部分地区的少数民族。由于藏族在历史上的迁徙及其与周围印度、尼泊尔、不丹等国交往频繁，加之这些地区居住着一些与藏族在文化上和民族特点上差异不大的民族，所以可以视其为与藏族属于同一或亲缘关系极为相近的跨界民族（金春子和王建民，1994）。分布在中国境内的藏族人口数为 6282187 人（国务院人口普查办公室和国家统计局，2012）。中国境内的藏族大部分主要居住在平均海拔 4000m 的青藏高原上，大部分地区空气稀薄，日照充足，辐射量大。在印度、尼泊尔等国的菩提亚人是中国西藏的移民后裔；而在南亚诸国中，也将分布在各自国内的、会说藏语的、保持着西藏文化部分特点的居民称为菩提亚人。与此同时，也有观点认为中国与印度、尼泊尔等国之间不存在跨界藏族，仅仅只是存在一个特殊的跨界藏族族群，这就是 1959 年后西藏上层叛乱期间逃往印度的达赖集团及其组织的"流亡政府"，现聚居在印度北部靠近中国一侧的达兰萨拉，构成了中国与相关国家间特殊的跨界民族（李学保，2011）。

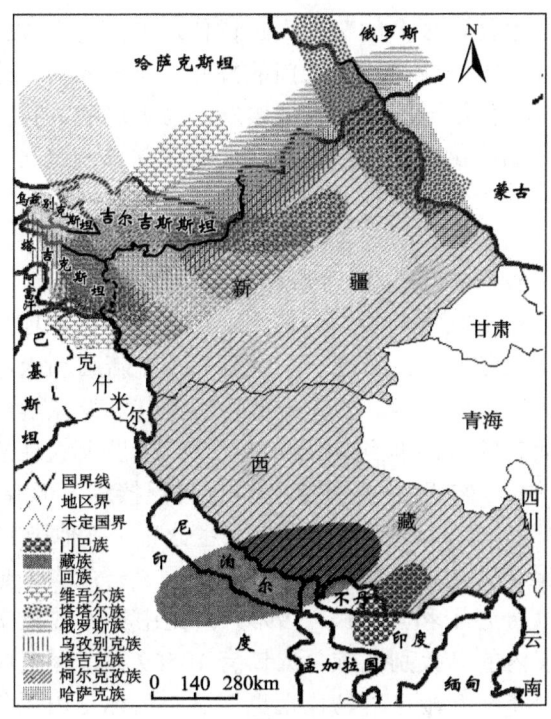

图 7-4 西部跨界民族区

回族是中国分布最广的少数民族之一,同时也是中国、吉尔吉斯斯坦、哈萨克斯坦、乌兹别克斯坦等国的跨界民族(金春子和王建民,1994)。分布在中国境内的回族人口数为 10586087 人(国务院人口普查办公室和国家统计局,2012),主要分部在黄土高原、云贵高原、华北平原和中原地区。中国回族最大的聚居区是宁夏回族自治区,该区域属于温带大陆性半干旱气候,温差较大。回族是由中国国内及国外的多种民族在长期历史发展中形成的民族。居住在中亚境内的回族是 19 世纪下半叶我国西北回族起义失败后迁入俄国境内的回族的后裔。

维吾尔族是分布于中国、哈萨克斯坦、乌兹别克斯坦、吉尔吉斯斯坦、阿富汗、巴基斯坦等国的跨界民族(金春子和王建民,1994),也是中国的少数民族之一。分布在中国境内的维吾尔族人口数为 10069346 人(国务院人口普查办公室和国家统计局,2012)。中国维吾尔族主要聚居的新疆维吾尔自治区属于典型的温带大陆性气候,冬季严寒,夏季炎热,降水量少,新疆南部地区多为沙漠,人们主要聚居在其中的绿洲区。18 世纪中叶~20 世纪初,由于经商等原因部分维吾尔族从中国喀什迁徙到中亚楚河流域与费尔干纳一带;1881 年《中俄伊犁条约》的签订,割让部分领土给俄国致使居住在这些地区的维吾尔族成为俄国臣民;民国时也有部分维吾尔族因为经商和躲避军阀迫害前往中亚;1962 年伊犁塔城边民非法越境时期,部分维吾尔族越境进入中亚地区。

塔塔尔族是中国、俄罗斯、哈萨克斯坦、吉尔吉斯斯坦、乌兹别克斯坦、塔吉克斯坦、蒙古等国的跨界民族(金春子和王建民,1994)。分布在中国境内的塔塔尔族人口总数为 3556 人(国务院人口普查办公室和国家统计局,2012),主要分布在新疆的伊犁哈萨克自治州、乌鲁木齐、昌吉回族自治州等地。中国塔塔尔族居住在具有典型温带大陆性气候的河谷地区。19 世纪以来俄国严重的农奴制度使得鞑靼人(俄国对塔塔尔族的称呼)失去土地被迫迁移,同时政府沉重的兵役制度也使得很多的鞑靼人跨过伏尔加河迁入中国新疆；19世纪后半期由于中俄不平等条约的签订，中国新疆通商大门的打开，鞑靼人随之进入中国开始从事商贸及教育等工作；20世纪30年代第一次世界大战爆发，为了逃避种种灾难，这个时期成为鞑靼人迁入新疆人数最多的时期。鞑靼人迁入新疆之后居住并长期定居下来，以后逐渐发展成为中国的塔塔尔族。

俄罗斯族是在中国、俄罗斯、哈萨克斯坦、吉尔吉斯斯坦、塔吉克斯坦、乌兹别克斯坦等国而居的跨界民族（金春子和王建民，1994），其中以俄罗斯分布最多，是俄罗斯最大的民族。俄罗斯族也广泛分布于东欧各国。分布在中国境内的俄罗斯族总人口为15393人（国务院人口普查办公室和国家统计局，2012），主要分布在新疆和内蒙古，其中，新疆占绝大多数，主要聚居于新疆天山以北地区。少量分布在黑龙江和北京等地区。俄罗斯人是由东斯拉夫人的一个分支发展而来的。15世纪末~16世纪初，俄罗斯人建立了俄罗斯中央集权制国家，随后进行领土扩张，并与被征服地区的当地居民广泛接触，形成俄罗斯现代民族。之后，随着经济的发展、沙皇暴政、战争等原因，俄罗斯人也分布于其他国家或陆续向周围地区迁移。

乌孜别克族是在中国、乌兹别克斯坦、哈萨克斯坦、吉尔吉斯斯坦、塔吉克斯坦、阿富汗等国居住的跨界民族（金春子和王建民，1994），是中亚人数最多的民族，乌兹别克斯坦分布最多。分布在中国境内的乌孜别克族总人口有10569人（国务院人口普查办公室和国家统计局，2012），主要分布在新疆，"乌孜别克"这一名称是由锡尔河以北金帐汗国境内的乌兹别克人带来的，他们南下与中亚河中地区的原有居民融合，形成了乌兹别克族。随后，由于战争带来的领土分割及人口迁移、商业贸易活动等，乌兹别克人也在其他地区发展起来。

塔吉克族是在中国、塔吉克斯坦、吉尔吉斯斯坦、乌兹别克斯坦、阿富汗等国居住的跨界民族（金春子和王建民，1994），是塔吉克斯坦共和国的主体民族，在阿富汗境内也有大量分布。分布在中国境内的塔吉克族总人数为51069人（国务院人口普查办公室和国家统计局，2012），多数分布在新疆的帕米尔高原，少数分布在塔里木盆地。在中亚，从欧亚草原迁徙过来的先民与中亚地区的原居民结合，逐步形成塔吉克族。分为平原山区塔吉克和平原塔吉克，山区塔吉克大多分布在帕米尔高原及附近一带，平原塔吉克族主要分布在中亚平原地区。期间，塔吉克族所在的部分地区成为俄国的殖民地，大片领土被俄国人侵吞。阿富汗的塔吉克人在形成过程中吸收了中亚很多古老民族，以后，也有一些中亚塔吉克人由于各种原因，迁居到阿富汗境内定居。

柯尔克孜族是在中国、吉尔吉斯斯坦、哈萨克斯坦、塔吉克斯坦、阿富汗等国居住的跨界民族（金春子和王建民，1994），吉尔吉斯斯坦人数分布最多，是该国的主体民族。在中亚吉尔吉斯斯坦等国，柯尔克孜被称为"吉尔吉斯"。中亚吉尔吉斯人的居住地区属于大陆性气候，多山地，牧草茂盛；阿富汗吉尔吉斯人居住的地区海拔较高，属于大陆性山地气候。分布在中国境内的柯尔克孜族总人数为186708人（国务院人口普查办公室和国家统计局，2012），主要分布在新疆，处于帕米尔高原和天山支脉的崇山峻岭之中，属于大陆性山地气候。柯尔克孜族的发源地有南西伯利亚西部的叶尼塞河上游地区说，还有10世纪后中亚草原形成说。后因战争等导致柯尔克孜人所在地区被分割或迁移到其他地区。

哈萨克族是在中国、哈萨克斯坦、乌兹别克斯坦、吉尔吉斯斯坦、塔吉克斯坦和蒙古、俄罗斯等国居住的跨界民族（金春子和王建民，1994），主要分布在哈萨克斯坦，是哈萨克斯坦的主体民族。分布在中国境内的哈萨克族人数为1462588人（国务院人口普查办公室和国家统计局,2012:21),主要聚居在新疆,少量分布在青海和甘肃。哈萨克族是由中亚和西伯利亚西南地区的古代游牧民族发展而来的。15世纪,原蒙古帝国的乌兹别克汗国的部分牧民逃到楚河、塔河地区,成为哈萨克人,哈萨克汗国由此建立并发展起来。哈萨克人游牧向其他地区迁移,俄国侵占等,致使哈萨克人广泛分布在中亚及周边地区。

第五节 西南跨界民族区

西南跨界民族区(含华南跨界民族区)是我国少数民族起源地的集中分布区、少数民族的集中分布区、跨界民族的集中区,其跨界民族数占全国的50%。因此,研究西南的跨界民族具有重要意义:①西南地区的民族是全国民族的缩影,研究西南地区跨界民族对研究我国跨界民族具有重要的意义;②对西南边疆地区乃至国家安全与稳定和可持续发展具有重要意义。

西南跨界民族区主要包括傣(泰、掸)族、彝(倮倮)族、哈尼(阿卡、高)族、景颇(克钦)族、傈僳族、拉祜(么舍、么瑟)族、佤(拉佤)族、德昂(崩龙)族、怒族、布朗族(克木人)、独龙族、壮(岱、侬)族、布依族、苗族、瑶族、京(越)族等16个民族(图7-5)。

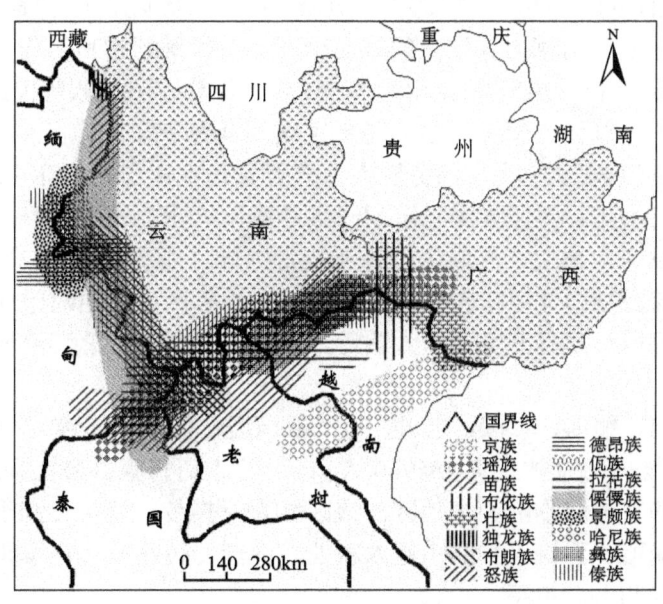

图 7-5 西南跨界民族区

傣(中国)、泰(越南、老挝)、掸(缅甸)、泐(泰国)有着共同族源——百越族系。傣是傣、泰、掸、泐的共同自称,因此,傣族是上述五国的跨界民族(金春子和王建民,1994)。分布在中国境内的傣族总人口为1261311人(国务院人口普查办公室和国家统计局,2012),主要集中分布于云南西双版纳傣族自治州和德宏傣族景颇族自治州及耿马傣族佤族自治县、元江哈尼族彝族傣族自治县、新平彝族傣族自治县等。我国的傣族主要分布在25°N以南的云贵高原西部,属于高温多雨的热带及亚热带季风雨林气候(郝时远等,2002)。特殊的气候，造就了与气候相适应的干栏式建筑和以水稻种植为主的农业活动。傣族成为跨界民族主要是古代战争或局部部落兴衰导致民族迁移和 19 世纪末英、法入侵中国西南地区致使国土变更导致的国家分界线与傣族的自然分界线不重叠而产生的（金春子和王建民，1994）。其中，后者是促成傣族成为现在五国跨界民族的重要因素。

彝族是中国、老挝、越南三国的跨界民族（金春子和王建民，1994）。分布在中国境内的彝族（越南和老挝称为"倮倮族"）人口总数为 8714393 人（国务院人口普查办公室和国家统计局，2012），主要分布于西南地区。中国彝族主要世居于云贵高原和青藏高原的东南边缘山地地带，此分布格局受到其族源——氐羌族群发展的影响。由于彝族的分布地域范围相对较广，所以其分布地区类型复杂（坝区、山区、高寒区均有分布）。

哈尼族是跨中国、越南、老挝、缅甸、泰国五国而居的民族（金春子和王建民，1994）。分布在中国境内的哈尼族总人口为 1660932 人（国务院人口普查办公室和国家统计局，2012），主要分布于云南省红河-元江流域以西的亚热带季风气候区。哈尼族在老挝、泰国被称为卡戈、依戈、戈；在缅甸被称为高族或依高族。云南的哈尼族人在其生产过程中，利用居住地的地貌和气候条件开创了人与自然协调共生的农业生态系统——哈尼梯田，对世界农业可持续发展具有重要意义。

景颇族是与缅甸的克钦族、印度的兴颇人一道跨界而居的同一民族（金春子和王建民，1994）。中国境内的景颇族总人口数为 147828 人（国务院人口普查办公室和国家统计局，2012），集中分布于云南德宏傣族景颇族自治州。中国景颇族和缅甸克钦族，多居住在海拔 1500～2000m 的热带和亚热带高原山区，与汉族、傣族、阿昌族等民族杂居。

傈僳族是跨中国、缅甸、泰国而居的跨界民族（金春子和王建民，1994）。分布在中国境内的傈僳族总人口为 702839 人（国务院人口普查办公室和国家统计局，2012），主要分布于云南怒江傈僳族自治州。傈僳族属于唐朝时"乌蛮"集团之一的后裔，大多分布在"三江并流区"流域的河谷、山地上，气候类型为亚热带气候（明庆忠，2007）。因为"三江并流区"位于滇西北，该区域山体海拔较高，加之"纵向岭谷区"的通道效应，使得来自南海和印度洋的暖湿气流可以沿河谷北上（何大明等，2005）。所以，怒江流域傈僳族的居住区立体气候十分显著。

拉祜族是跨中国、缅甸、泰国、老挝、越南五国居住的少数民族之一（金春子和王建民，1994）。分布在中国境内的拉祜族有 485966 人（国务院人口普查办公室和国家统计局，2012），主要分布于滇西南的普洱和临沧两个地区。该区域为亚热带、热带湿润季风气候区，以农耕为主，部分地区还保留着刀耕火种的山地农耕业。中国的拉祜族，在泰国称为"么瑟"，老挝称为"么舍""卡归"。

佤（拉佤）族是跨中国、缅甸、泰国、老挝而居的跨界民族（金春子和王建民，1994）。分布在中国境内的佤族总人口为 429709 人（国务院人口普查办公室和国家统计局，2012），主要聚居于云南的沧源和西盟两县。佤、拉佤族主要居住在 1000～2000m 的热带、亚热带山区，气候温暖湿润，河流发育，以流水地貌为主。佤族的先民（"濮"的一支），自古就生活于滇西南迄缅甸北部边境地区。历史时期，佤族的分布地域较广。公元 7 世纪以前，因其向外扩展而迁移至泰国北部。泰国现在的分布，源于 11 世纪左右泰族的崛起，使得原居住于阿佤山以北及以南的佤族一部分集中于阿佤山，另一部分留在原地。元代时分布在镇康及其以南的生蒲，就我国而言主要是佤族的先民。

德昂（崩龙）族是跨中、缅而居的跨界民族（金春子和王建民，1994）。分布在中国境内的德昂族总人口为 20556 人，其中云南为 20188 人（国务院人口普查办公室和国家统计局，2012），主要居住在德宏傣族景颇族自治州的潞西市（现为芒市）、梁河县、盈江县、瑞丽市等，临沧市的镇康、耿马、永德等县及保山市隆阳区（黄广成，2012）。我国德昂族大多与景颇、傈僳、佤、汉等民族交错杂居于热带、亚热带季雨林山区，形成垂直立体分布格局。海拔 2000m 以上为傈僳族居住分布区，景颇族居住地区不超过 2000m，汉族和德昂族在比景颇族稍低一些的傣族和少量汉族则居住在 1500m 以下的地区（王铁志，2004）。德昂族成为中缅跨界民族的原因有：①民族迁徙。民族迁移主要发生于元代以来，元中期后麓川（今陇川）的"金齿百夷"崛起，使得原居住于该区的蒲人（德昂族先民）被迫迁移，一部分迁至缅甸山区。同时，明朝的"三征麓川"，迫使一部分蒲人移居今缅甸北掸邦一带。新中国成立后，1958 年的"生产大跃进"及"文化大革命"也促使中国境内的德昂族外迁至缅甸。②边界变动。历史上的中外边界始终处于变动之中，甚至出现界限模糊、不分明的情况，德昂族作为生活在祖国西南边疆的一个少数民族，就在边界的不断变动中，成为了一个跨界民族。在近代帝国主义国家蚕食中国边疆领土的过程中，帝国主义国家对部分中国领土的占据也使得原本生活在中国国土的一部分德昂族成为境外民族（王铁志，2004）。

怒族是中国和缅甸的跨界民族之一（金春子和王建民，1994）。分布在中国境内的怒族总人口数为 37523 人（国务院人口普查办公室和国家统计局，2012），主要聚居于云南怒江傈僳族自治州的泸水、福贡、贡山三县。怒族大多居住在亚热带山地季风气候的怒江沿岸及高黎贡山 1500~2000m 的台地上，多与傈僳族形成杂居聚落格局。怒族形成中缅跨界民族是在 17 世纪中期之后，傈僳族和白族"勒墨人"迁入怒江地区而促使大批怒族迁往高黎贡山以西地区。同时，居住于贡山的怒族部分北迁进入西藏察隅县，进入察隅地区的怒族有一部分南迁，并进入缅甸的北部。

布朗族是中国、老挝、缅甸三国的跨界民族（金春子和王建民，1994）。分布在中国境内的布朗族人口总数为 119639 人（国务院人口普查办公室和国家统计局，2012），主要居住于滇西和滇西南澜沧江中下游两岸海拔 1500~2300m 的山地地带，气候属于有明显干湿季的亚热带山地气候，属于典型的山地跨界民族。主要分布在西双版纳的勐海、景洪、临沧的双江、耿马、永德、云县、镇康、普洱的澜沧、墨江及保山的施甸、昌宁等县（市、自治县）。

独龙族是跨中国、缅甸而居的民族（金春子和王建民，1994）。分布在中国境内的独龙族有 6930 人（国务院人口普查办公室和国家统计局，2012），居住于滇西横断高山峡谷地区，与怒、傈僳、纳西、白、汉等族杂居于独龙河谷及贡山北部。该区域属于亚热带季风气候。居住于独龙河谷的独龙族自认为其先民是从东边的丽江、剑川、兰坪逐渐迁移到怒江贡山一带，再迁至独龙河谷区。在独龙江流域的独龙族继续西迁，分布到今缅甸的迪子江、迪不勒江、骆驼江等流域。近代以来，英国强迫中国政府放弃对缅甸的宗主权，并划定边界，将独龙族地区划入缅甸境内，使得独龙族成为跨界民族。

中国的壮族和越南的岱（侬）族是中越边界地区，分布最广、数量最多的跨界民族（金春子和王建民，1994），他们同属于古代的百越族群。分布在中国境内的壮族有 16926381 人（国务院人口普查办公室和国家统计局，2012），主要分布在广西。中国的壮族、越南的岱（侬）族主要分布于河谷纵横的低山岩溶丘陵区，气候为亚热带或热带季风气候，夏长而热湿，冬短而暖干，主要从事稻作农业。

中国的布依族和越南的都依、布那、热那族是中越边境地区的跨界民族（金春子和王建民，1994）。分布在中国境内的布依族有 2870034 人（国务院人口普查办公室和国家统计局，2012），集中分布于红水河流域的贵州黔南、黔西南地区，少量分布于云南的南盘江流域和广西地区，海拔为 400~1600m 的丘陵、山地地区。在布依族居住区，既有地理空间连续的成片聚居区，又有与汉、苗、瑶、侗等族交错杂居的空间格局。逃避灾荒、谋生需求，使得一部分布依族人陆续从贵州、云南迁往越南，成为跨境而居的民族。

中国的苗族和越南、老挝、泰国、缅甸的赫蒙族是跨中、越、老、泰、缅五国而居、地域空间分布较广、人口较多的一个跨界民族（金春子和王建民，1994）。分布在中国境内的苗族共有 9426007 人（国务院人口普查办公室和国家统计局，2012），主要分布于中国西南边境上的亚热带季风气候区的广西和云南。苗族历史有三次大规模的迁移：①300 多年前，部分杨、江、陆等姓苗族开始从贵州迁入越南北部，然后向西南方向迁移；②200 多年前，金、李、黄、周等姓的部分苗族分两路迁往越南；③距今 100~140 年，1 万多苗族迁到越南。东南亚国家的苗、赫蒙族主要是由中国迁入的，先迁到越南，再迁到东南亚的其他国家。因此，形成现今苗族跨五国而居的分布格局。

瑶族是跨中国、越南、老挝、泰国和缅甸五国而居，是一个居住国家较多，地域分布较广的跨界民族（金春子和王建民，1994）。分布在中国境内的瑶族共有 2796003 人（国务院人口普查办公室和国家统计局，2012），分布于广西、湖南、云南、广东、贵州等。中国瑶族多居住于山区，海拔在 1000~2000m 的南亚热带和中亚热带湿润的山地地区。东南亚地区的瑶族分布，主要是由中国南方各省历史上多个时期、多次迁移而形成的。

京族是跨中国（京族）、越南（越族）、老挝（越族）三国而居的跨界民族（金春子和王建民，1994）。分布在中国境内的京族总人口数为 28199 人（国务院人口普查办公室和国家统计局，2012）。中国的京族是自 15 世纪以来陆续从越南的涂山等地迁入并聚居于山心、巫头、澫尾三海岛，以渔业为主的民族。

第八章 民族地理分区

民族地理分区是民族地理学研究核心而兼具理论及实践意义的内容。民族地理分区是民族地理研究的基础和核心问题，本章第一~第六节选取省域的分区研究尺度，遵循"从定性到定量综合集成"的指导方法，选取了区域民族地理相关的若干定性或定量要素（定量要素的地形起伏度、民族人口总量分布、民族人口比重分布、民族人口种类分布，定性要素的重要地理界线、经济类型、社会文化圈、历史行政建制、民族源地、集中分布区），将全国分为六个民族地理分区：东北民族大区、北部民族大区、西北民族大区、西南民族大区、中部民族大区和东南民族大区（图8-1）。

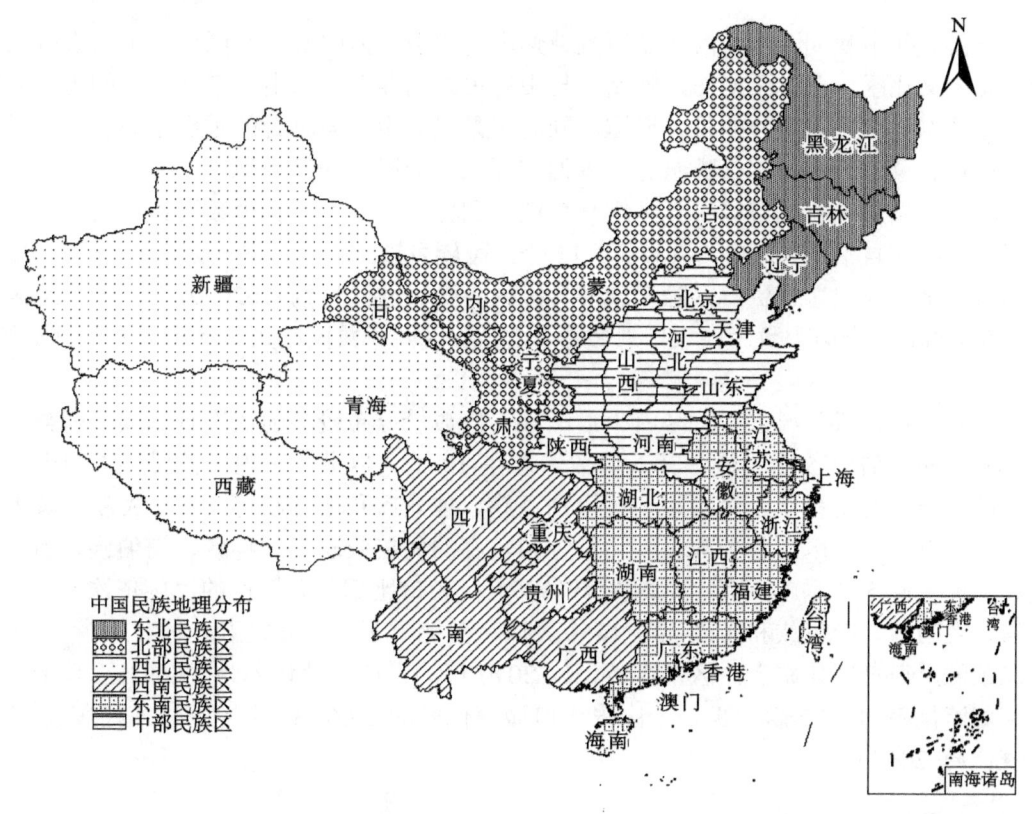

图 8-1 中国民族地理区分区

第一节 东北民族大区

一、民族的地理基础

东北民族区地处我国东北部，118°E～135°E与38°N～53°N，含黑龙江、吉林、辽宁三省。全区国土面积约 78.8 万 km^2，占我国国土面积（指陆域面积）约 8.2%。东临朝鲜，北与俄罗斯相毗邻，西接内蒙古自治区；南部与河北省相连，并含有渤海部分海岸线。在《中国综合自然区划草案》中东北区的区划类型主要包括：ⅠA（寒温带湿润地区）、ⅡA（温带湿润地区）、ⅡB（温带半湿润地区）、ⅢA（暖温带湿润地区）和ⅢB（暖温带半湿润地区）。区内气候以温带大陆性季风气候为主，有丰富的耕地、森林、矿产资源，湿地广布并有多年冻土分布，该区也是我国重要的商品粮生产基地（中国科学院自然区划工作委员会，1959）。

经济发展方面，2012 年区内实现生产总值约 50477 亿元，占国内生产总值的 8.76%，区内各省平均生产总值约 16826 亿元，低于全国平均水平。社会发展方面，区内城镇居民可支配收入合约 20719 元/人，低于全国平均水平的 24565 元/人；农民纯收入合约 8867 元/人，高于全国平均水平的 7917 元/人。综合来看，该区经济、社会发展水平略低于全国平均水平（中华人民共和国国家统计局，2013）。

二、民族的空间结构

新石器时代中晚期，本区内以辽河流域燕山南北地带为中心的区域形成了八大区域文化之一的北方文化区。在本区南部，锦州市与山海关之间存在一西南—东北走向的走廊，即辽西走廊，是沟通山海关内外的重要通道，同时也是民族聚集与融合的重要走廊。该区是满、朝鲜、赫哲、蒙古、达斡尔、鄂温克、锡伯和鄂伦春等民族的发源地。

该区民族聚居区有地市级、县区级、乡镇级和村级。其中，有少数民族自治州 1 个（吉林的延边朝鲜族自治州），自治县（旗）12 个，民族乡镇 178 个。民族人口分布上，据 2010 年的第六次全国人口普查资料，除汉族外，区内少数民族人口约 1020 万人，占本地区人口总数的 9.32%，占全国少数民族人口总数约 9.17%。区内少数民族人口地市分布状况如图 8-2 所示。

在民族人口构成状况上：①区内少数民族人口数量分布较多的依次有满族、朝鲜族、蒙古族、回族和锡伯族 5 个民族，其人口数量均在 10 万人以上；区内少数民族人口数量分布较少的民族依次有德昂族、保安族、乌孜别克族、独龙族和珞巴族等 17 个民族，其人口数量均在百人以下。②区内各少数民族比重分布较高的民族依次为朝鲜族、锡伯族、赫哲族、满族和鄂伦春族 5 个民族，其比重均在 49% 以上；人口比重分布较低的民族依次有东乡族、拉祜族、毛南族、哈尼族和布朗族等 14 个民族，其比重不足万分之五。

民族的人口城镇化率上，区内少数民族 2010 年的人口城镇化率为 47.09%，高于全国少数民族城镇化率的 33.26%，但低于区内人口城镇化率的 57.67%（国务院人口普查办公室和国家统计局，2012）。

三、民族的区域特征

该区少数民族分布较多，民族使用的文字以汉字为主，兼有朝鲜文、锡伯文等其他文字；民族使用的语言类型除汉语外，以阿尔泰语系的满-通古斯语族为主，兼有南岛语系印度尼西亚语族和阿尔泰语系蒙古语族等其他语族的语言。根据联合国教育、科学及文化组织《世界濒危语言图鉴》（*Interactive Atlas of the World's Languages in Danger*，2012），该民族区内有垂危和濒危民族语言的存在，亟待完善少数民族语言的相关保护和传承措施。

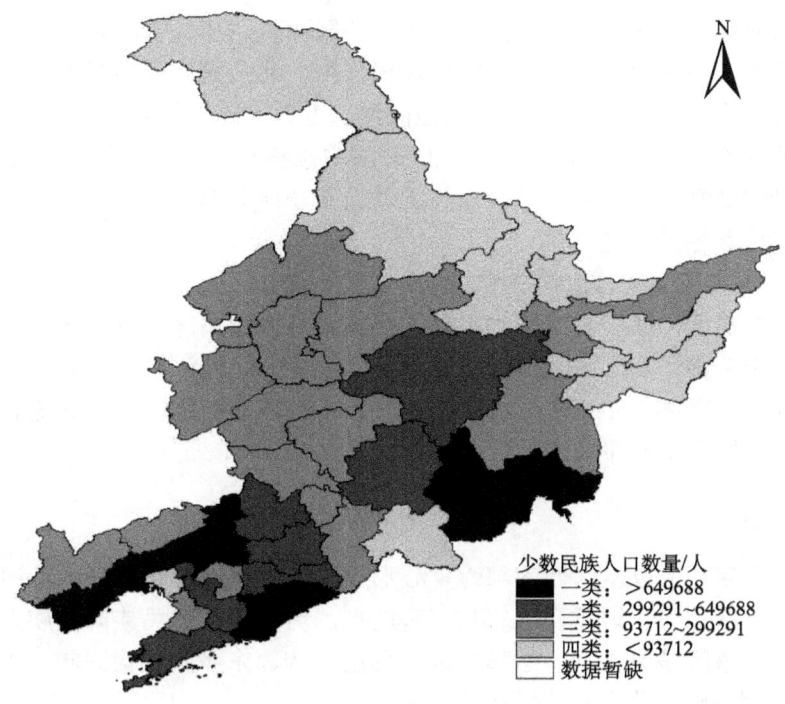

图 8-2 东北民族区少数民族人口数量的地市分布

该区是朝鲜族、蒙古族、满族、锡伯族、赫哲族、达斡尔族、鄂温克族和鄂伦春族等民族的文化核心区。受气候、地貌、植被等因素影响，区内发源、世居和聚居的少数民族在民族特征上也具有一定程度的一致性：生产方式上，区内发源、世居或聚居的民族，大多经历了一个漫长的渔猎经济期，这种渔猎经济的生产方式，深刻影响着区内民族的服饰、饮食及习俗禁忌等方面的内容。民居上，受气候影响，区内少数民族的民居建筑都注重防寒保暖，如朝鲜族房屋内以火炕取暖、满族的"口袋房"便于聚暖、赫哲族的"地窨子"、达斡尔族的"弯子炕"等。服饰上，受气候和生产方式影响，区内民族的传统服饰一般都注重防寒保暖，其原料以兽皮为主，如赫哲族用鱼皮和兽皮制衣、达斡尔族的狍皮袍、鄂伦春族的服饰多用射猎而来的动物的皮缝制等。饮食上，受区内光热、水热组合等自然条件和渔猎类型的经济条件影响，多以大米、小麦等为主食，兼食鱼类和肉类，如朝鲜族以大米饭为主食，满族喜吃黏食，赫哲族除鱼之外，还有瘦肉和小米，鄂伦春族传统的食物主要是野兽肉和鱼等。宗教上，区内民族多信奉萨满教或喇嘛教，也多有原始的自然崇拜。综合而言，东北民族区所具有的民族区域特点为：多发源于山林，以从事传统的渔猎活动为主，对气候寒冷、森林茂密、河网密集、动植物资源丰富的自然环境具有较高的适应性。

第二节 北部民族大区

一、民族的地理基础

北部民族区地处我国北部，92°E～126°E 与 32°N～53°N，含内蒙古、宁夏和甘肃。全区国土面积约 156 万 km²，占我国国土面积（指陆域面积）约 16.21%。自东北起顺时针方向依次与我国黑龙江、吉林、辽宁、河北、山西、陕西、四川、青海和新疆相邻；北部同蒙古和俄罗斯相接壤。在《中国综合自然区划草案》中，北部民族区的区划类型大致包括：ⅠA（寒温带湿润地区）、ⅡB（温带半湿润地区）、ⅡC（温带半干旱地区）、ⅡD（温带干旱地区东部亚地区）、ⅢD（暖温带干旱地区）（中国科学院自然区划工作委员会，1959）。区内气候以温带大陆性干旱、半干旱气候为主，温带草原分布较广，草场资源丰富，是我国重要的畜产品和粮食生产基地。

2012 年，区内实现生产总值约 23872 亿元，约占国内生产总值的 4.14%，区内各省平均生产总值为 7957 亿元，低于全国平均水平。社会发展方面，区内城镇居民可支配收入合约 20591 元/人，低于全国平均水平的 24565 元/人；农民纯收入合约 5795 元/人，低于全国平均水平的 7917 元/人（国务院人口普查办公室和国家统计局，2012）。综合来看，该区经济、社会发展水平低于全国平均水平。

二、民族的空间结构

新石器时代中晚期，以本区西南部为重心形成了八大区域文化之一的黄河上游西部文化区。同时，该区东南部为我国重要的农牧交错地带，历来是少数民族同汉族之间文明冲突与融合的重要地带。该区是蒙古族、达斡尔族、鄂温克族、东乡族、裕固族、锡伯族、羌族、彝族、哈尼族、拉祜族、普米族等民族的发源地。

该区有自治区、地市级、县区级、乡镇级和村级民族聚居区。其中，有少数民族自治区 2 个，分别为内蒙古自治区和宁夏回族自治区，自治州 19 个、自治县（旗）129 个、民族乡镇 48 个。民族人口分布上，据 2010 年的第六次全国人口普查资料，除汉族外，区内少数民族人口约 577 万人，占本地区人口总数的 11.2%，占全国少数民族人口总数约 5.18%。区内少数民族人口地市分布如图 8-3 所示。

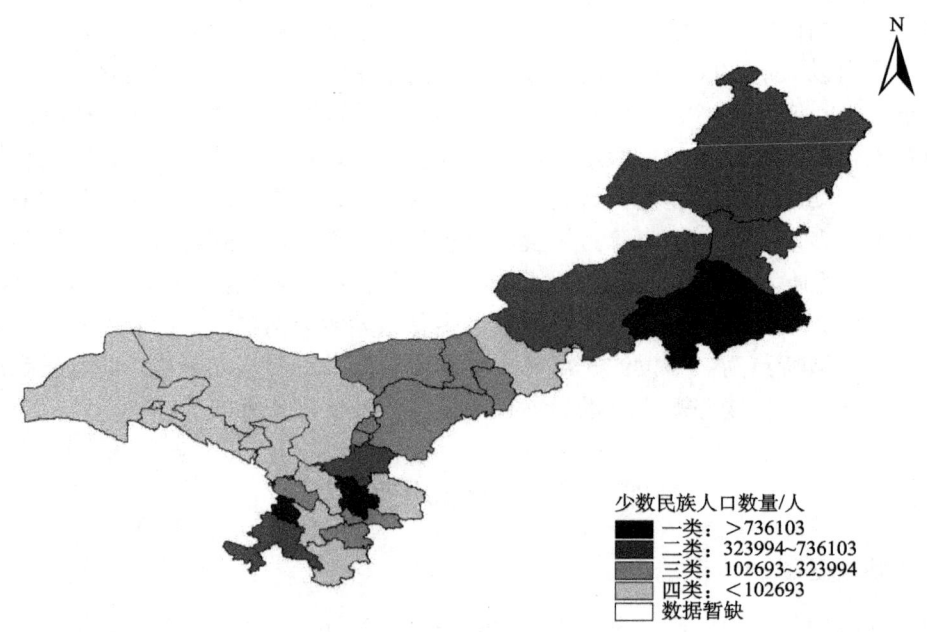

图 8-3　北部民族区少数民族人口数量的地市分布

在民族人口构成状况层面上：①区内少数民族人口数量分布较多的依次有蒙古族、回族、藏族、东乡族和满族 5 个民族，其人口数量均在 45 万人以上；区内百人以下的少数民族依次有珞巴族、德昂族、普米族、基诺族和阿昌族等 13 个民族。②区内各少数民族比重分布较高的民族依次为保安族、撒拉族、裕固族、东乡族和鄂温克族 5 个民族，其比重超过 80%；人口比重不足万分之五的少数民族依次有傣族、布朗族、侗族、哈尼族和珞巴族等 18 个民族。

民族的人口城镇化率上，区内少数民族 2010 年的人口城镇化率为 37.41%，高于全国少数民族城镇化率的 33.26%，但低于区内人口城镇化率的 45.48%。

三、民族的区域特征

该区少数民族分布较多，民族使用的文字以汉字为主，兼有蒙古文、藏文等其他文字；民族使用的语言类型除汉语外，以阿尔泰语系蒙古语族为主，兼有汉藏语系藏缅语族藏语、阿尔泰语系满-通古斯语族满语支等其他语言类型。根据《世界濒危语言图鉴》，该民族区内有濒危民族语言的存在，其语言的濒危与该区域历史时期的民族融合程度较高密切相关。

该区是蒙古族、达斡尔族、鄂温克族、鄂伦春族、俄罗斯族、东乡、撒拉族、保安族、裕固族和藏族等民族的文化核心区。生产方式上，随寒暑逐水草而居，以畜牧畋渔为业，传统游牧经济是其生产方式的主要特点，以蒙古族为最主要的表现，同时兼有游牧与农耕并举、游牧与渔猎并举的生产方式。民居上，区内最具代表性的民居是蒙古族的蒙古包，是游牧生产方式的产物，也是人类活动对自然环境适应的表现。服饰上，适应游牧为主生产方式的蒙古靴、蒙古袍，具有适应长期的畜牧劳动和游牧生活的特点。宗教上，主要有伊斯兰教、藏传佛教、萨满教等，具有不同宗教过渡、融合的特色。饮食上，以奶和肉食为主，如牧区的蒙古族，同时也兼食鱼、肉，或者面食，饮食文化具有明显的兼容性。北部民族区的民族区域特点表现为：生产方式以游牧活动为主，同时也存游牧与农耕或渔猎并举的生产方式，民族对广袤草原及草原—森林、草原—平原过渡的自然环境表现出较高的适应性。

第三节 西北民族大区

一、民族的地理基础

西北民族区地处我国西北部，73°E～103°E 与 26°N～49°N，含新疆、青海和西藏。全区国土面积约 35.2 万 km^2，占我国国土面积（指陆域面积）约 36.67%。自东北起顺时针方向依次与我国甘肃、四川和云南相邻；自东北起逆时针方向依次与蒙古、俄罗斯、哈萨克斯坦、吉尔吉斯斯坦、塔吉克斯坦和阿富汗等多个国家相接壤。在《中国综合自然区划草案》中，西北民族区的区划类型主要有：ⅡD（温带干旱地区东部亚地区）、ⅢD（暖温带干旱地区）、ⅦB（青藏高原区半湿润地区）、ⅦC（青藏高原区半干旱地区）和ⅦD（青藏高原区干旱地区）（中国科学院自然区划工作委员会，1959）。区内气候以高原气候和干旱性大陆气候为主，地貌多表现为高原、山地和盆地，区内高寒冻土、干旱荒漠广布，区域资源的开发利用极为困难。

2012 年，区内实现生产总值约 10100 亿元，占国内生产总值的 1.75%，区内各省平均生产总值为 3367 亿元，远低于全国平均水平。社会发展方面，区内城镇居民可支配收入合约 17854 元/人，低于全国平均水平的 24565 元/人；农民纯收入合约 6131 元/人，低于全国平均水平的 7917 元/人。综合来看，该区经济、社会发展水平低于全国平均水平。

二、民族的空间结构

新石器时代中晚期，以本区东部地区为重心形成了八大区域文化之一的黄河上游西部文化区。同时，该区的东北部是民族走廊中"西北走廊"的相关地带，东南部是民族走廊中"藏彝走廊"的相关地带。该区是达斡尔族、东乡族、撒拉族、保安族、维吾尔族、哈萨克族、柯尔克孜族、塔吉克族、乌孜别克族、塔塔尔族、藏族、门巴族、珞巴族、羌族、彝族、哈尼族、拉祜族、景颇族、普米族等民族的发源地。

该区有自治区、地市级、县区级、乡镇级和村级民族聚居区。其中，有少数民族自治区 2 个，分别为新疆维吾尔自治区和西藏自治区，自治州 11 个、自治县（旗）13 个，民族乡镇 76 个。民族人口分布上，据 2010 年的第六次全国人口普查资料，除汉族外，区内少数民族人口约 1838 万人，占本地区人口总数的 60.39%，占全国少数民族人口总数约 16.51%（国务院人口普查办公室和国家统计局，2012）。区内少数民族人口地市分布如图 8-4 所示。

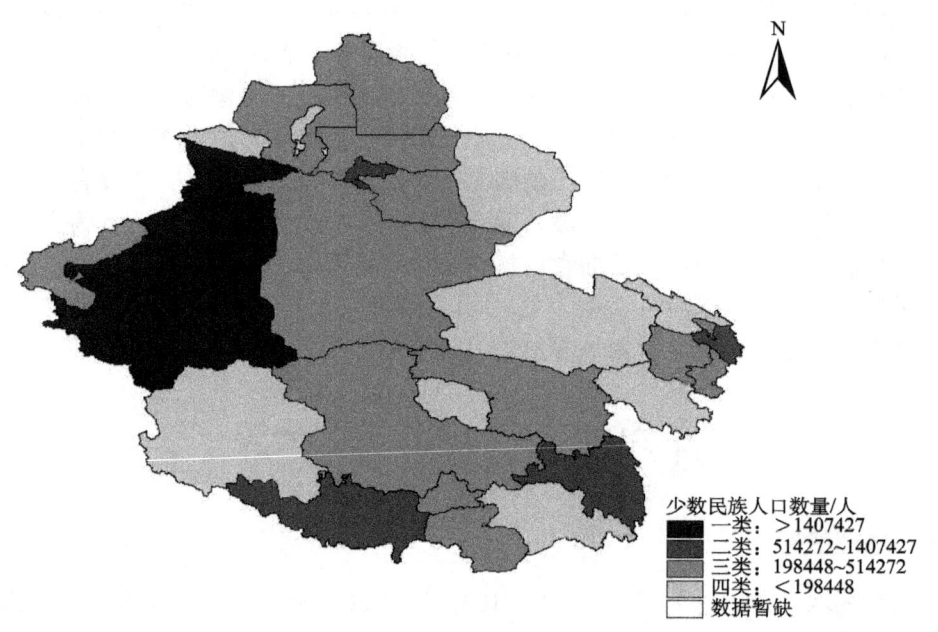

图 8-4 西北民族区少数民族人口数量的地市分布

在民族人口构成状况上：①区内少数民族人口数量分布较多的依次有维吾尔族、藏族、回族、哈萨克族和蒙古族 5 个民族，其人口数量均在 25 万人以上；区内少数民族人口数量分布较少的民族依次有德昂族、基诺族、阿昌族、鄂伦春族和布朗族等约 17 个民族，其人口数量均在百人以下。②区内各少数民族比重分布较高的民族依次为维吾尔族、柯尔克孜族、哈萨克族、乌孜别克族和珞巴族等 8 个民族，其比重均在 90%以上；人口比重分布较低的民族依次有哈尼族、傣族、阿昌族、拉祜族和德昂族等 20 个民族，其比重不足万分之五。

民族的人口城镇化率上，区内少数民族 2010 年的人口城镇化率为 24.14%，低于全国少数民族城镇化率的 33.26%，也低于区内人口城镇化率的 41.17%（国务院人口普查办公室和国家统计局，2012）。

三、民族的区域特征

该区少数民族分布较多，民族使用的文字以汉字为主，兼有维吾尔文、蒙古文、哈萨克文和藏文等其他文字；民族使用的语言类型除汉语外，还有阿尔泰语系突厥语族西匈语、汉藏语系藏缅语族藏语、阿尔泰语系蒙古语族等其他语言类型。根据 2012 年《世界濒危语言图鉴》，该民族区内的语言危险等级以不安全、危险、濒危和垂危三个等级为主，民族语言危机较为严重主要为边境地区，若不加保护，该区少数民族的语言安全状况必将进一步恶化。

该区是蒙古族、维吾尔族、哈萨克族、柯尔克孜族、塔吉克族、土族、撒拉族、藏族、门巴族和珞巴族等民族的文化核心区。生产方式上，受自然条件限制，区内的生产方式主要有两种：藏区以畜牧业为主，新疆则多绿洲农业，同时在天山北麓也有从事牧猎的民族。民居上，总的特点是注重防寒隔热，在藏区寒冷气候条件下有适合畜牧的毡房，也有碉楼等建筑；在干旱的塔里木、准噶尔盆地周边，则以平顶房为主。服饰上，既有适合畜牧的"肥腰、长袖、大襟"特色的藏服，也有适合牧猎的"裕袢"等服饰。宗教上，区内民族多有宗教信仰，主要为藏传佛教和伊斯兰教两种，信仰藏传佛教的主要有藏族和门巴族；而信仰伊斯兰教的则主要有维吾尔族、哈萨克族、柯尔克孜族、塔吉克族和撒拉族等。饮食上，藏区的饮食以酥油茶、青稞和糌粑等为日常主食，新疆的民族则多以面食为主，吃马肉、牛肉、羊肉等。丧俗上，受宗教信仰的影响，区内的丧葬形式主要天葬和土葬等。西北民族区的民族区域特点表现为：生产方式以畜牧和绿洲农业为主，民族对高原、沙漠、戈壁等极端自然环境表现出较高的适应性，民族都有坚定的精神信仰。

第四节 西南民族大区

一、民族的地理基础

西南民族区地处我国西南部，97°E～112°E 与 21°N～34°N，含重庆、四川、贵州、云南和广西。全区国土面积约 134 万 km²，占我国国土面积（指陆域面积）约 13.98%。自西部起顺时针方向依次与我国西藏、青海、甘肃、陕西、湖北、湖南和广东相邻；西南与老挝、缅甸和越南相接壤。在《中国综合自然区划草案》中，西南民族区的区划类型大致包括：ⅣA（亚热带湿润地区西部亚地区）、ⅦB（青藏高原区半湿润地区）和ⅤA（热带湿润地区西部亚地区）（中国科学院自然区划工作委员会，1959）。区内温带、亚热带和热带季风气候均有分布，地形以山原地貌为主，降水丰沛，植被以森林为主。

2012 年，区内实现生产总值约 65479 亿元，占国内生产总值的 11.36%，区内各省平均生产总值为 13096 亿元，低于全国平均水平。社会发展方面，区内城镇居民可支配收入合约 20863 元/人，低于全国平均水平的 24565 元/人；农民纯收入合约 6143 元/人，低于全国平均水平的 7917 元/人。综合来看，该区经济、社会发展水平低于全国平均水平。

二、民族的空间结构

新石器时代中晚期，本区内形成了以成都平原为重心的长江上游西南文化区。同时，该区西北部与西北民族区相接，是"藏彝民族走廊"的核心地带。该区是羌族、白族、傣族、傈僳族、佤族、拉祜族、纳西族、景颇族、布朗族、阿昌族、普米族、怒族、独龙族、基诺族、水族、壮族、仫佬族、毛南族、京族、土家族、黎族等民族的发源地。

该区民族聚居区有地市级、县区级、乡镇级和村级。其中，民族自治区1个，民族自治州14个，自治县（旗）60个，民族乡镇570个。民族人口分布上，据2010年的第六次全国人口普查资料，区内少数民族人口约5109万人，占本地区人口总数的21.7%，占全国少数民族人口总数约45.89%。区内少数民族人口地市分布状况如图8-5所示。

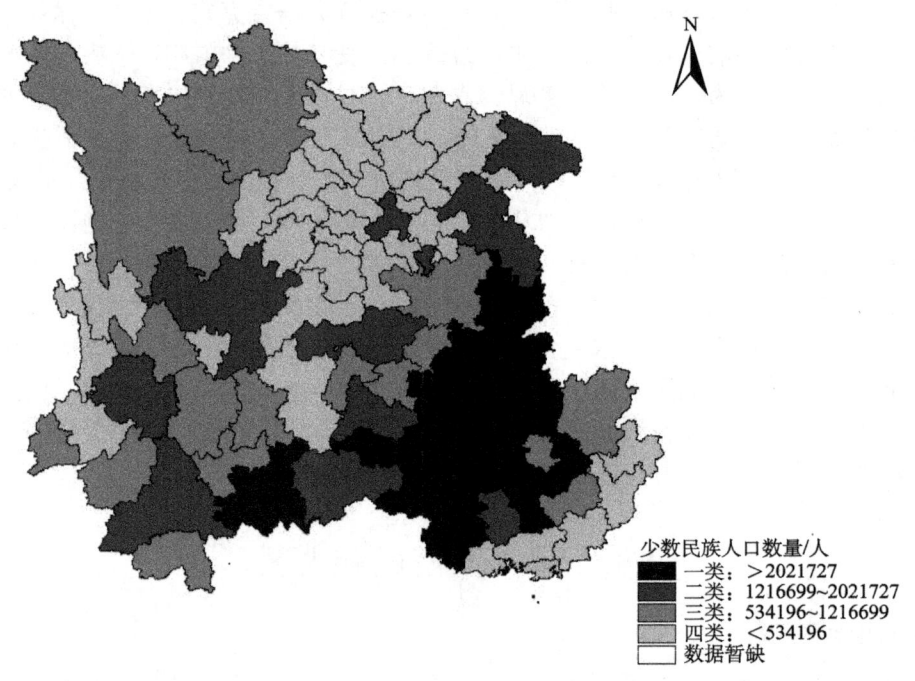

图 8-5　西南民族区少数民族人口数量的地市分布

在民族人口构成状况上：①区内少数民族人口数量分布较多的依次有壮族、彝族、苗族、土家族和布依族5个民族，其人口数量均在260万人以上；区内少数民族人口数量分布较少的民族依次有塔吉克族、乌孜别克族、塔塔尔族、鄂伦春族和裕固族5个民族，其人口数量均在百人以下。②区内各少数民族比重分布较高的民族依次有基诺族、普米族、德昂族、哈尼族和纳西族等23个民族，其比重均在90%以上；人口比重分布较低的民族依次有塔吉克族、维吾尔族和柯尔克孜族3个民族，其比重不足千分之一。

民族的人口城镇化率上，区内少数民族2010年的人口城镇化率为25.41%，低于全国少数民族城镇化率的33.26%，也低于区内人口城镇化率的39.76%。

三、民族的区域特征

该区少数民族分布较多，民族使用的文字以汉字为主，其他为壮文、苗文、彝文、布依文等文字；民族使用的语言类型除汉语外，主要有汉藏语系壮侗语族壮傣语、汉藏语系藏缅语族彝语、汉藏语系壮侗语族苗语、汉藏语系藏缅语族土家语、汉藏语系壮侗语族壮傣语等其他语言类型。根据《世界濒危语言图鉴》，该民族区是我国少数民族语言危险等级最高和濒危语言种类最多的地区，这一状况形成的原因：一方面是该区少数民族种类多且人数较少的少数民族所占比例很大；二是该地区多样的自然、经济和社会状况也时刻影响着民族语言的传承与发展。

该区是藏族、彝族、白族、哈尼族、傣族、傈僳族、佤族、拉祜族、纳西族、景颇族、壮族、瑶族、布朗族、阿昌族、怒族、德昂族、独龙族、基诺族、苗族、仫佬族、毛南族、京族、普米族、布依族、侗族、羌族和土家族等民族的文化核心区。受自然地理环境影响，区内各民族在生产方式上表现出多元化特点，且同一民族的生产方式也不尽相同，农业是区内民族主要的生产方式，此外既有以畜牧业为主的民族，也有以渔猎为传统生产方式的民族。民居上，区内各民族随生存环境的不同，在高原、山地、河谷、坝子等各类自然地理条件下，形成了各种小区域的民居特色，如傣族的干栏式建筑、傈僳族的木楞房等，即使同一民族，由于聚居地的不同，其民居特色也有明显差别。区内民族的服饰多样，仅彝族来说，其服饰就不下200种，傣族的服饰在区内不同的聚居环境下也表现不一，甚至有少数的民族没有形成全民族统一的服饰。区内民族的宗教信仰更是多样，这里也是一个本土宗教的佛道并存、本土宗教与外来教派（主要有伊斯兰教、基督教等）共处的地区，此外，区内有的少数民族至今还保留着自然崇拜的原始信仰。区内饮食文化多样，仅主食而言，区内民族除以稻米为主食较多外，小麦、玉米、荞麦、土豆等皆有生产和食用。在地理环境多样性的孕育下，西南民族区在各民族的发展融合下将本区演化成我国少数民族文化多样性特色最鲜明的区域。西南民族大区的民族区域特点为：区域民族以多样性为特点，表现在民族种类、语言文字、生产方式、民居建筑、宗教信仰及饮食文化等诸多方面。自然环境的整体性、分异性及人地性规律对本区内各民族的作用最为明显，而区内各民族在长期的生产、生活中也以多样的民族文化与这一作用相互适应。

第五节　中部民族大区

一、民族的地理基础

中部民族区地处我国中部地区，105°E～122°E与31°N～42°N，含北京、天津、河北、山西、山东、河南和陕西。全区国土面积约86.8万km^2，占我国国土面积（指陆域面积）约9.04%。自东北起逆时针方向依次与我国辽宁、内蒙古、宁夏、甘肃、四川、重庆、湖北、安徽和江苏相邻；东部临渤海和黄海海域。在《中国综合自然区划草案》中，中部民族区的区划类型主要为：ⅢA（暖温带湿润地区）、ⅢB（暖温带半湿润地区）和ⅢC（暖温带半干旱地区）（中国科学院自然区划工作委员会，1959）。区内气候以暖温带大陆性季风气候为主，地形平坦，黄土广布，植被以温带落叶阔叶林为主。

2010年，区内实现生产总值约163527亿元，占国内生产总值的28.36%，区内各省平均生产总值为23361亿元，高于全国平均水平。社会发展方面，区内城镇居民可支配收入合约23941元/人，略低于全国平均水平的24565元/人；农民纯收入合约8072元/人，略高于全国平均水平的7917元/人。综合来看，该区经济、社会发展水平与全国平均水平大致相当。

二、民族的空间结构

新石器时代中晚期，该区内形成了以豫西、晋南、关中为重心的黄河中游文化区、以山东为重心的黄河下游东方文化区和以甘青地区为重心的黄河上游西部文化区三个区域文化区。该区的北部与北部民族区相接的地区是我国重要的农牧交错地带，也是"中原文化"向北部各民族扩散的重要过渡地带。该区是回族、俄罗斯族、彝族、哈尼族、拉祜族、侗族、高山族、汉族等民族的发源地。

该区民族聚居区有县区级、乡镇级和村级。其中，有少数民族自治县（旗）6个，民族乡89个。民族人口分布上，据2010年的第六次全国人口普查资料，区内少数民族人口约626万人，占本地区人口总数的1.7%，占全国少数民族人口总数约5.62%。区内少数民族人口地市分布如图8-6所示。

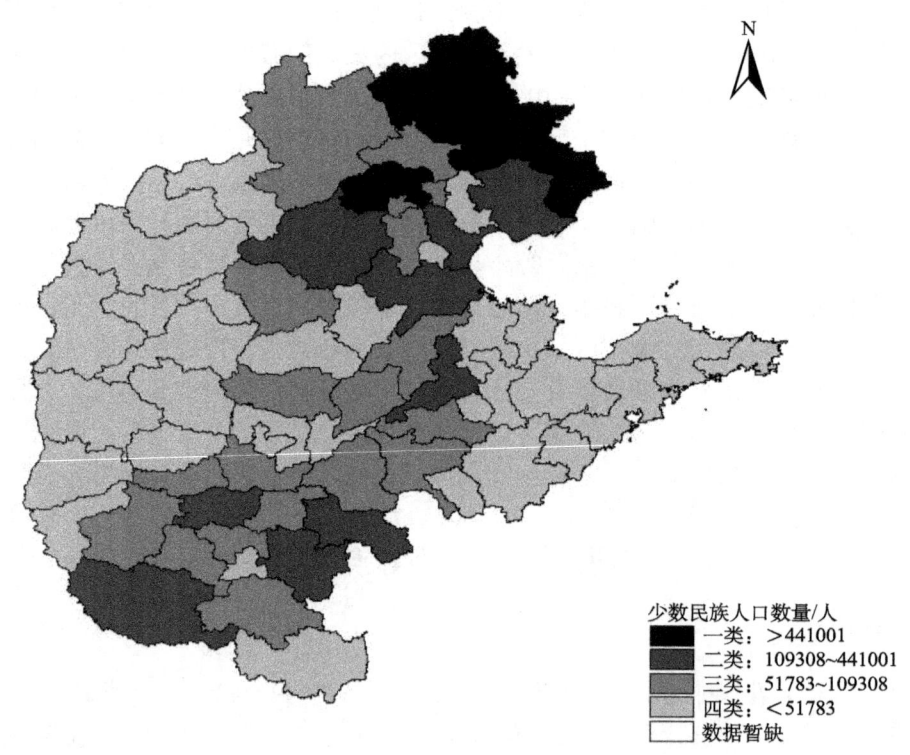

图8-6 中部民族区少数民族人口数量的地市分布

在民族人口构成状况上：①区内少数民族人口数量分布较多的依次有满族、回族、蒙古族和朝鲜族4个民族，其人口数量均在10万人以上；区内少数民族人口数量分布较少的民族依次有珞巴族、保安族、塔塔尔族、基诺族和德昂族等6个民族，其人口数量均在百人以下。②区内各少数民族比重分布较高的民族依次为高山族、满族和回族3个民族，其比重均在25%以上；人口比重分布较低的民族依次有东乡族、塔塔尔族、维吾尔族、柯尔克孜族和保安族等24个民族，其比重不足5‰。

民族的人口城镇化率上，区内少数民族2010年的人口城镇化率为60.9%，高于全国少数民族城镇化率的33.26%，也高于区内人口城镇化率的48.13%。

三、民族的区域特征

该区少数民族分布较少，民族使用的文字以汉字为主，兼有蒙古文等其他文字；民族使用的语言类型除汉语外，兼有阿尔泰语系满-通古斯语族满语、阿尔泰语系蒙古语、阿尔泰语系蒙古语等少数民族语言类型。该区内少数民族分布较少，根据《世界濒危语言图鉴》，区内鲜有少数民族语言濒危。

该区是汉族和蒙古族的民族文化核心区。本区的民族构成以汉族为主，在生产方式上，这一区域是我国农业文明的发源地，其农业发展在历史上的很长一段时期内都处于世界领先水平，农业是区内民族最为传统的生产方式。在民居及其构成上，区内传统民居主要由两部分构成：华北平原上的民族以砖木结构为主的平房，最具代表性的院落为"四合院"；陕北黄土高原地区的民族，充分利用黄土的直立性，创造性地以"窑洞"为住房，形成了极具特色的黄土建筑文化；这些民居都有坐北朝南、注重采光等特点。区内汉族的传统服饰为汉服，已有4000多年历史，且在这一历史时期中，汉服也随着民族融合的不断加强而日趋从产生演化至成熟。区内民族的文化信仰以儒家思想、佛教、道教为主，秉中庸为正统，也是中华民族的主流信仰。饮食上，区内的民族以小麦为主食，以茶和酒为传统饮料，并在数千年的繁衍生息中创造了面食文化、茶文化和酒文化等璀璨于世的民族饮食文化。中部民族区所具有的民族区域特点为：民族多发源于平原地区，以从事传统的农耕活动为主，民族对宜耕宜居的平原环境具有较高的适应性，民族文化的继承与发展比较完善，具有极强的包容性。

第六节 东南民族大区

一、民族的地理基础

东南民族区地处我国东南地区，108°E～124°E与3°N～35°N，含上海、江苏、浙江、安徽、福建、江西、湖北、湖南、广东、海南和台湾（因数据暂缺，后文中所述均不包括台湾）。全区国土面积约122万km^2，占我国国土面积（指陆域面积）约12.71%。自东北起逆时针依次与我国山东、河南、陕西、重庆、贵州和广西相邻，东部及南部临东海、南海、台湾岛及以东海域。在《中国综合自然区划草案》中，东南民族区多属：ⅢB（暖温带半湿润地区）、ⅣA（亚热带湿润地区东部亚地区）和ⅤA（热带湿润地区东部亚地区）（中国科学院自然区划工作委员会，1959）。区内以亚热带、热带季风气候为主，降水丰富、河网密布，农业资源丰富。

2012年，区内实现生产总值约263096亿元，占国内生产总值的45.63%，区内各省平均生产总值为23918亿元，高于全国平均水平。社会发展方面，区内城镇居民可支配收入合约27685元/人，高于全国平均水平的24565元/人；农民纯收入合约9520元/人，高于全国平均水平的7917元/人。综合来看，该区经济、社会发展水平高于全国平均水平。

二、民族的空间结构

新石器时代中晚期，该区内形成了以两湖平原为重心的长江中游文化区、以太湖地区为重心的长江下游东南文化区和以两广地区为重心的南方文化区三大区域文化区。同时，该区内部或西南边缘地带，也是民族走廊中"南岭走廊"的核心区域。该区是回族、傣族、布依族、侗族、水族、仡佬族、壮族、瑶族、土家族、黎族、畲族等民族的发源地。

该区民族聚居区有地市级、县区级、乡镇级和村级。其中，少数民族自治州2个、自治县（旗）19个，民族乡171个。民族人口分布上，据2010年的第六次全国人口普查资料，除汉族外，区内少数民族人口约1571万人，占本地区人口总数的2.95%，占全国少数民族人口总数约14.11%。区内少数民族人口地市分布如图8-7所示。

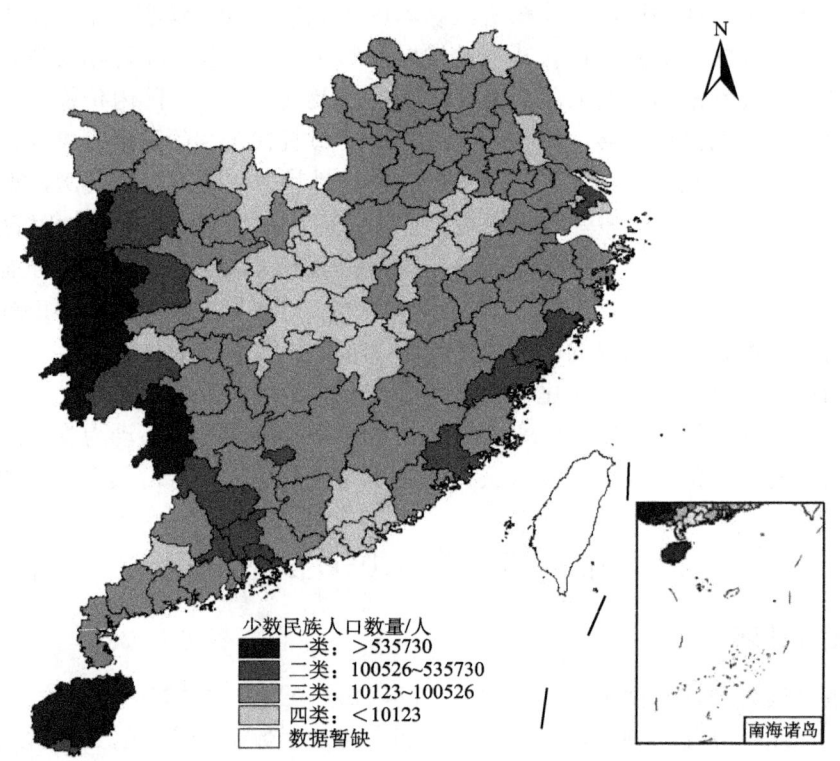

图8-7 东南民族区少数民族人口数量的地市分布

在民族人口构成状况上：①区内少数民族人口数量分布较多的依次有土家族、苗族、黎族、壮族、侗族和瑶族6个民族，其人口数量均在100万人以上；区内少数民族人口数量分布较少的民族依次有珞巴族、保安族、塔塔尔族和基诺族4个民族，其人口数量均在200人以下。②区内各少数民族比重分布较高的民族依次为畲族、黎族和土家族3个民族，其比重均在60%以上；人口比重分布较低的民族依次有维吾尔族、东乡族、藏族、柯尔克孜族和保安族等10个民族，其比重不足百分之一。

民族的人口城镇化率上，区内少数民族2010年的人口城镇化率为42.45%，高于全国少数民族城镇化率的 33.26%，但低于区内人口城镇化率的 55.88%。

三、民族的区域特征

该区的少数民族使用的文字以汉字为主，其他有苗文、黎文、壮文、侗文等文字；民族使用的语言类型除汉语外，主要有汉藏语系壮侗语族苗语、汉藏语系壮侗语族侗水语、汉藏语系壮侗语族壮傣语、汉藏语系苗瑶语族瑶语、汉藏语系藏缅语族土家语、汉藏语系壮侗语族黎语等其他少数民族语言类型。根据《世界濒危语言图鉴》，区内少数民族语言的濒危状况较为严重的地区主要聚集在台湾、湖北、湖南、福建和海南，其中台湾少数民族语言濒危状况最为严重，部分少数民族语言已经灭绝。

该区是苗族、侗族、瑶族、土家族、畲族、黎族和高山族等民族的文化核心区。生产方式上，区内民族多从事农业生产活动，兼有捕鱼、狩猎和采集等其他生产活动。因有较好的光热和水热组合，区内的稻米总产量和单位面积产量都很高；丰沛的降水所形成的密集河网和漫长的海岸线，又为区内渔业发展提供了便利；本区形成了我国的"鱼米之乡"。区内的民族民居以"干栏式"为代表，在不同区域，"干栏式"民居的形式又表现得多样化，如瑶族的砖瓦干栏式结构民居、竹木干栏式结构民居和木质结构的吊脚楼民居等。区内民族服饰表现多样，服饰色彩上多以青、紫、蓝、白、浅蓝等冷色调构成。宗教信仰上，区内民族多不具有统一的宗教形式和派别，而更多地表现为对自然的、图腾的和祖先的崇拜等原始宗教形式。区内民族的饮食以稻米为主食，兼食多种杂粮和海鲜。东南民族大区的区域民族特征表现为：以农业生产活动为主，稻米种植和传统渔业具有代表性；宗教形式原始，建筑风格以较为统一的"干栏式"民居为主；区内民族对热带、亚热带的湿润气候，山地、平原的组合地貌等自然环境的适应性较为明显。

参考文献

阿岗. 2002. 珞巴族//赫时远, 任一飞, 陈英初, 等. 中国少数民族分布图集. 北京: 中国地图出版社.
阿力肯. 2002. 哈萨克族//赫时远, 任一飞, 陈英初, 等. 中国少数民族分布图集. 北京: 中国地图出版社.
阿斯曼·扬. 2004. 有文字的和无文字的社会——对记忆的记录及其发展. 王霄兵译. 中国海洋大学学报(社会科学版), 11(6): 88-90.
阿土. 2004a. 水族的族称——贵州民族知识集锦. 贵州民族研究, 24(2): 16.
阿土. 2004b. 仡佬族的族称——贵州民族知识集锦. 贵州民族研究, 24(1): 104.
安俊. 2007. 赫哲语//孙宏开, 胡增益, 黄行, 等. 中国的语言. 北京: 商务印书馆.
巴·吉格木德. 2007. 蒙医药学史概述——四个发展阶段. 中国民族医药杂志, 13(1): 1-5.
白寿彝. 1989. 中国通史(导论卷). 上海: 上海人民出版社.
宾慧中. 2006. 中国白族传统合院民居营建技艺研究. 上海: 同济大学博士学位论文.
薄文泽. 2007. 木佬语//孙宏开, 胡增益, 黄行, 等. 中国的语言. 北京: 商务印书馆.
常凤玄. 1986. 藏族医学//中国大百科全书编委会. 中国大百科全书·民族卷. 北京: 中国大百科全书出版社.
朝克. 2002. 鄂温克族//赫时远, 任一飞, 陈英初, 等. 中国少数民族分布图集. 北京: 中国地图出版社.
陈彬龢. 2009. 中国文字与书法. 上海: 上海古籍出版社.
陈潮, 陈洪玲. 2003. 中华人民共和国行政区划沿革地图集. 北京: 中国地图出版社.
陈凤贤. 1986. 京族//中国大百科全书编委会. 中国大百科全书·民族卷. 北京: 中国大百科全书出版社.
陈富斌. 1992. 横断事件: 亚洲东部晚新生代的一次重大构造事件. 山地研究, 10(4): 195-202.
陈国强. 1986a. 越//中国大百科全书编委会. 中国大百科全书·民族卷. 北京: 中国大百科全书出版社.
陈国强. 1986b. 高山族//中国大百科全书编委会. 中国大百科全书·民族卷. 北京: 中国大百科全书出版社.
陈国庆. 2002. 佤族//赫时远, 任一飞, 陈英初, 等. 中国少数民族分布图集. 北京: 中国地图出版社.
陈海汶, 陈鸣华. 2009. 和谐中华: 中国的56个民族剪影. 上海: 上海文化出版社.
陈家其. 1996. 近二千年中国重大气象灾害气候变化背景初步分析. 自然灾害学报, 5(2): 18-27.
陈炯光. 1986. 拉祜族//中国大百科全书编委会. 中国大百科全书·民族卷. 北京: 中国大百科全书出版社.
陈连开. 1986. 汉族//中国大百科全书编委会. 中国大百科全书·民族卷. 北京: 中国大百科全书出版社.
陈隆文. 2010. 河洛文明的地理基础. 中国社会科学报, 11-11(8).
陈暨. 2002. 德昂族//赫时远, 任一飞, 陈英初, 等. 中国少数民族分布图集. 北京: 中国地图出版社.
陈其光. 2007a. 巴哼语//孙宏开, 胡增益, 黄行, 等. 中国的语言. 北京: 商务印书馆.
陈其光. 2007b. 巴那语//孙宏开, 胡增益, 黄行, 等. 中国的语言. 北京: 商务印书馆.
陈其光. 2007c. 普标语//孙宏开, 胡增益, 黄行, 等. 中国的语言. 北京: 商务印书馆.
陈士林, 李秀清, 边仕民. 2007. 彝语//孙宏开, 胡增益, 黄行, 等. 中国的语言. 北京: 商务印书馆.
陈婷珠. 2007. 殷商甲骨文字形系统再研究. 上海: 华东师范大学博士学位论文.
陈宗振. 2007. 西部裕固语//孙宏开, 胡增益, 黄行, 等. 中国的语言. 北京: 商务印书馆.
程捷, 刘学清, 高振纪. 2001. 青藏高原隆升对云南高原环境的影响. 现代地质, 15(3): 290-296.
程适良. 2007. 乌孜别克语//孙宏开, 胡增益, 黄行, 等. 中国的语言. 北京: 商务印书馆.
戴成萍. 2002. 乌孜别克族//赫时远, 任一飞, 陈英初, 等. 中国少数民族分布图集. 北京: 中国地图出版社.
戴庆夏, 崔志超. 1985. 阿昌语简志. 北京: 民族出版社.
戴庆夏, 崔志超. 2007. 阿昌语//孙宏开, 胡增益, 黄行, 等. 中国的语言. 北京: 商务印书馆.
戴庆厦. 2009a. 布依文//戴庆厦. 中国少数民族语言文字. 北京: 语文出版社.

戴庆厦. 2009b. 中国少数民族语言文字. 北京: 语文出版社.
刀波. 2002. 傣族//赫时远, 任一飞, 陈英初, 等. 中国少数民族分布图集. 北京: 中国地图出版社.
刀伟. 2002. 基诺族//赫时远, 任一飞, 陈英初, 等. 中国少数民族分布图集. 北京: 中国地图出版社.
道布. 1986. 蒙古文//中国大百科全书编委会. 中国大百科全书·语言文字卷. 北京: 中国大百科全书出版社.
道布. 2007. 蒙古语//孙宏开, 胡增益, 黄行, 等. 中国的语言. 北京: 商务印书馆.
丁桂芳. 2010. 仪式操演与价值记忆: 哈尼族奕车人"苦扎扎"献祭仪式分析. 中南民族大学学报(人文社会科学版), 28(5): 7-12.
丁延松. 2005. "跨界民族"概念辨析. 西北第二民族学院学报, 17(4): 19-23.
杜倩萍. 2002. 塔塔尔族//赫时远, 任一飞, 陈英初, 等. 中国少数民族分布图集. 北京: 中国地图出版社.
杜荣坤. 1986. 柯尔克孜族//中国大百科全书编委会. 中国大百科全书·民族卷. 北京: 中国大百科全书出版社.
杜若甫, 肖春杰, Cavalli-Sforza L L. 1998. 用 38 个基因座的基因频率计算中国人群间遗传距离. 中国科学(生物科学), 28(1): 83-88.
杜若甫, 肖春杰. 1997. 从遗传学探讨中华民族的源与流. 中国社会科学, 18(4): 138-146.
杜玉亭. 1986. 基诺族//中国大百科全书编委会. 中国大百科全书·民族卷. 北京: 中国大百科全书出版社.
范广洲, 程国栋. 2003. 青藏高原隆升对西北地区降水量变化的影响. 高原气象, 22(S): 67-74.
范宏贵. 1986. 壮族//中国大百科全书编委会. 中国大百科全书·民族卷. 北京: 中国大百科全书出版社.
方泰梅. 2002. 壮族//赫时远, 任一飞, 陈英初, 等. 中国少数民族分布图集. 北京: 中国地图出版社.
方小敏, 吕连清, 杨胜利. 2003. 昆仑山黄土与中国西部沙漠发育和高原隆升. 中国科学(地球科学), 31(3): 177-184.
方修琦, 葛全胜, 郑景云. 2004. 环境演变对中华文明影响研究的进展与展望. 古地理学报, 6(1): 85-94.
费孝通. 1980. 关于我国的民族识别问题. 中国社会科学, 1(1): 147-162.
费孝通. 1982a. 民族社会学调查的尝试. 中央民族大学学报(哲学社会科学版), 9(2): 3-10.
费孝通. 1982b. 谈深入开展民族调查问题. 中南民族学院学报(哲学社会科学版), 3(3): 2-6.
费孝通. 1989a. 中华民族的多元一体格局. 北京大学学报(哲学社会科学版), 29(4): 3-25.
费孝通. 1989b. 中华民族多元一体格局. 北京: 中央民族大学出版社.
费孝通. 1997. 简述我的民族研究经历和思考. 北京大学学报(哲学社会科学版), 33(2): 5-13.
费孝通. 2008. 在湘鄂川黔边毗邻地区民委协作会第四届年会的讲话. 北京大学学报(哲学社会科学版), 44(5): 33-38.
封志明, 唐焰, 杨艳昭, 等. 2007. 中国地形起伏度及其与人口分布的相关性. 地理学报, 62(10): 1073-1082.
冯友兰. 2005. 中国哲学简史. 天津: 天津社会科学院出版社.
盖兴之. 2007. 基诺语//孙宏开, 胡增益, 黄行, 等. 中国的语言. 北京: 商务印书馆.
高尔锵. 2007. 塔吉克语//孙宏开, 胡增益, 黄行, 等. 中国的语言. 北京: 商务印书馆.
高华君. 1987. 我国绿洲的分布和类型. 干旱区地理, 9(4): 23-29.
高吉喜, 吕世海, 刘军会, 等. 2009. 中国生态交错带. 北京: 中国环境科学出版社.
高立士. 1998. 傣族支系研究. 中央民族大学学报(哲学社会科学版), 25(6): 26-31.
高强. 2010. 羌人与中华民族多元一体格局. 中华文化论坛, 16(4): 43-47.
葛剑雄, 胡云生. 2007. 黄河与河流文明的历史观察. 郑州: 黄河水利出版社.
葛全胜, 方修琦, 郑景云. 2002. 中国历史时期温度变化特征的新认识——纪念竺可桢《中国过去五千年温度变化初步研究》发表 30 周年. 地理科学进展, 21(4): 311-317.
葛全胜. 2011. 中国历朝气候变迁. 北京: 科学出版社.
葛馨. 2002. 赫哲族//赫时远, 任一飞, 陈英初, 等. 中国少数民族分布图集. 北京: 中国地图出版社.
龚高法, 张丕远, 张瑾瑢. 1987. 历史时期我国气候带的变迁及生物分布界限的推移. 历史地理, 5: 1-10.

龚晓犁. 2002. 俄罗斯族//赫时远, 任一飞, 陈英初, 等. 中国少数民族分布图集. 北京: 中国地图出版社.
谷苞. 1986. 维吾尔族//中国大百科全书编委会. 中国大百科全书·民族卷. 北京: 中国大百科全书出版社.
管彦波. 2010. 民族大迁徙的地理环境因素研究——以中国古代民族迁徙为考察的重点. 西北民族大学学报(哲学社会科学版), 29(3): 122-125.
管彦波. 2011. 民族地理学. 北京: 社会科学文献出版社.
郭大烈, 和志武. 1994. 纳西族史. 成都: 四川民族出版社.
郭家骥. 2008. 地理环境与民族关系. 贵州民族研究, 28(2): 74-83.
郭净, 段玉明, 杨福泉. 1999. 云南少数民族概览. 昆明: 云南人民出版社.
郭平梁. 1986a. 俄罗斯族//中国大百科全书编委会. 中国大百科全书·民族卷. 北京: 中国大百科全书出版社.
郭平梁. 1986b. 塔塔尔族//中国大百科全书编委会. 中国大百科全书·民族卷. 北京: 中国大百科全书出版社.
郭谦. 2005. 湘赣民系民居建筑与文化研究. 北京: 中国建筑工业出版社.
国家民族事务委员会研究室. 2009. 统一多民族的中国和中华民族的多元一体. 北京: 民族出版社.
国务院侨办侨务干部学校. 2005. 华侨华人概述. 北京: 九州出版社.
国务院人口普查办公室, 国家统计局. 2012. 中国 2010 年人口普查资料. 北京: 中国统计出版社.
国务院人口普查办公室, 国家统计局人口和就业统计司. 1993. 中国 1990 年人口普查资料. 北京: 中国统计出版社.
国务院人口普查办公室, 国家统计局人口和就业统计司. 2002. 中国 2000 年人口普查资料. 北京: 中国统计出版社.
国务院人口普查办公室, 国家统计局人口和就业统计司. 2012. 中国 2010 年人口普查资料(上). 北京: 中国统计出版社.
国务院人口普查办公室. 1983. 第三次全国人口普查手工汇总资料汇编(第 4 册). 北京: 国务院人口普查办公室.
郝文明, 王铁志, 丁文楼, 等. 2001. 中国民族. 北京: 中央民族大学出版社.
何大明, 吴绍洪, 彭华, 等. 2005. 纵向岭谷区生态系统变化及西南跨境生态安全研究. 地球科学进展, 20(3): 338-344.
何家礼. 1986. 仡佬族//中国大百科全书编委会. 中国大百科全书·民族卷. 北京: 中国大百科全书出版社.
何向东. 2002. 普米族//赫时远, 任一飞, 陈英初, 等. 中国少数民族分布图集. 北京: 中国地图出版社.
何星亮. 2002. 塔吉克族//赫时远, 任一飞, 陈英初, 等. 中国少数民族分布图集. 北京: 中国地图出版社.
和即仁. 2007. 卡卓语//孙宏开, 胡增益, 黄行, 等. 中国的语言. 北京: 商务印书馆.
贺嘉善. 2007. 仡佬语//孙宏开, 胡增益, 黄行, 等. 中国的语言. 北京: 商务印书馆.
赫时远, 任一飞, 陈英初, 等. 2002. 中国少数民族分布图集. 北京: 中国地图出版社.
侯仁之. 1962. 中国古代地理学简史. 北京: 科学出版社.
侯学煜, 姜恕, 陈昌笃, 等. 1963. 对于中国各自然区的农、林、牧、副、渔业发展方向的意见. 科学通报, 13(9): 8-26.
侯学煜. 1988. 中国自然生态区划与大农业发展战略. 北京: 科学出版社.
侯豫新. 2010. 从"双语教育"看文化接触与文化认同——以濒危语言图瓦语为考察对象. 西南民族大学学报(人文社会科学版), 29(3): 22-26.
胡克森. 2010. 融合——春秋至秦汉时期从分裂走向统一的文化思考. 北京: 人民出版社.
胡梅芳. 2002. 民族服饰要素与创意. 成都: 西南师范大学出版社.
胡庆钧. 1986. 彝族//中国大百科全书编委会. 中国大百科全书·民族卷. 北京: 中国大百科全书出版社.
胡绍华. 2002. 布朗族//赫时远, 任一飞, 陈英初, 等. 中国少数民族分布图集. 北京: 中国地图出版社
胡增益, 李树兰. 2007. 鄂伦春语//孙宏开, 胡增益, 黄行, 等. 中国的语言. 北京: 商务印书馆.
胡增益. 1986. 满族//中国大百科全书编委会. 中国大百科全书·民族卷. 北京: 中国大百科全书出版社.

胡增益. 2007. 鄂温克语//孙宏开, 胡增益, 黄行, 等. 中国的语言. 北京: 商务印书馆.
胡振华. 2002. 柯尔克孜族//赫时远, 任一飞, 陈英初, 等. 中国少数民族分布图集. 北京: 中国地图出版社.
胡振华. 2007. 柯尔克孜语//孙宏开, 胡增益, 黄行, 等. 中国的语言. 北京: 商务印书馆.
黄柏权. 2010. 费孝通先生与"武陵民族走廊"研究. 中南民族大学学报(人文社会科学版), 31(4): 12-17.
黄秉维. 1959. 中国综合自然区划草案. 科学通报, 18: 594-602.
黄秉维. 1989. 中国综合自然区划纲要. 地理集刊, 21: 10-20.
黄成龙. 2002. 羌族//赫时远, 任一飞, 陈英初, 等. 中国少数民族分布图集. 北京: 中国地图出版社.
黄光学, 施联朱. 2005. 中国的民族识别: 56个民族的来历. 北京: 民族出版社.
黄广成. 2012. 从中缅德昂(崩龙)族看跨界民族及其研究中的一些问题. 东南亚南亚研究, 28(2): 68-73.
黄家信. 2000. "族群岛"的形成及特征. 广西民族研究, 16(2): 33-35.
黄其煦. 1987. 东南欧的农耕文化及其农业向欧洲扩展中的作用. 农业考古, 7(1): 129-135.
黄庭辉. 2002. 回族//赫时远, 任一飞, 陈英初, 等. 中国少数民族分布图集. 北京: 中国地图出版社: 29-34.
黄现璠. 1957a. 广西僮族反抗压迫史. 南宁: 广西少数民族社会历史调查组印.
黄现璠. 1957b. 广西省大新县僮族调查资料. 南宁: 广西少数民族社会历史调查组印.
黄现璠. 1957-2-10c. 谈壮歌. 广西日报.
黄现璠. 1957-4-19d. 壮族在广西的历史分布情况. 广西日报.
黄现璠. 1957e. 广西僮族简史. 南宁: 广西人民出版社.
黄现璠, 甘文杰. 2007. 民族调查与研究40年的回顾与思考(下)(遗稿). 广西民族研究, 21(4): 22-33.
吉林师范大学等. 1980. 世界自然地理(上册). 北京: 人民教育出版社.
贾敬颜. 1986. 鲜卑//中国大百科全书编委会. 中国大百科全书·民族. 北京: 中国大百科全书出版社.
江学旺. 2003. 从西周金文看汉字构形方式的演化. 古籍整理研究学刊, 19(2): 30-33.
姜枚, 李海鸥, 王亚军, 等. 2006. 青藏高原隆升对新疆天山山脉地壳-上地幔构造的影响. 地学前缘(中国地质大学), 13(5): 401-407.
姜竹仪. 2007. 纳西语//孙宏开, 胡增益, 黄行, 等. 中国的语言. 北京: 商务印书馆.
角媛梅, 陈国栋, 肖笃宁. 2003. 亚热带山地梯田农业景观稳定性分析——以元阳哈尼族梯田农业景观为例. 云南师范大学学报(自然科学版), 23(2): 55-60.
金春子, 王建民. 1994. 中国跨界民族. 北京: 民族出版社.
金力, 褚嘉佑. 2006. 中华民族遗传多样性研究. 上海: 上海科学技术出版社.
金正镐. 2009. 东北地区传统民居与居住文化研究. 北京: 中央民族大学博士学位论文.
瞿霭堂. 2007. 藏语//孙宏开, 胡增益, 黄行, 等. 中国的语言. 北京: 商务印书馆.
瞿林东. 1999. 关于地理条件与中国历史进程的几个问题. 史学史研究, 21(1): 3-14.
蓝勇. 2000. "刀耕火种"重评——兼论经济史研究内容和方法. 学术研究, 28(1): 98-103.
蓝勇. 2002. 中国历史地理. 北京: 高等教育出版社.
雷晓斌. 2002. 仫佬族//赫时远, 任一飞, 陈英初, 等. 中国少数民族分布图集. 北京: 中国地图出版社.
李彬. 2002. 阿昌族//赫时远, 任一飞, 陈英初, 等. 中国少数民族分布图集. 北京: 中国地图出版社.
李大勤. 2007a. 苏龙语//孙宏开, 胡增益, 黄行, 等. 中国的语言. 北京: 商务印书馆.
李大勤. 2007b. 崩如语//孙宏开, 胡增益, 黄行, 等. 中国的语言. 北京: 商务印书馆.
李道勇. 1986. 布朗族//中国大百科全书编委会. 中国大百科全书·民族卷. 北京: 中国大百科全书出版社.
李德洙. 1994. 中国少数民族文化史. 沈阳: 辽宁人民出版社.
李甫春. 2002. 小议壮族支系. 广西社会科学, 18(6): 216.
李干芬. 1986. 仫佬族//中国大百科全书编委会. 中国大百科全书·民族卷. 北京: 中国大百科全书出版社.
李汉林. 2001. 《百苗图》族称名源探析例举. 贵州民族研究, 21(2): 120-124.
李鸿杰, 任德存, 侯全亮, 等. 1992. 黄河. 北京: 科学普及出版社.

李吉均, 方小敏. 1998. 青藏高原隆升与环境变化研究. 科学通报, 43(15): 1569-1574.

李坚尚. 1986. 试论珞巴族的部落组织. 民族研究, 9(4): 33-39.

李锦芳. 2007a. 布干语//孙宏开, 胡增益, 黄行, 等. 中国的语言. 北京: 商务印书馆.

李锦芳. 2007b. 布央语//孙宏开, 胡增益, 黄行, 等. 中国的语言. 北京: 商务印书馆.

李锦芳. 2007c. 茶洞语//孙宏开, 胡增益, 黄行, 等. 中国的语言. 北京: 商务印书馆.

李克建. 2007. 中国民族分布格局的形成及历史演变. 西南民族大学学报(人文社科版), 29(9): 26-31.

李龙海. 2010. 民族形成之研究. 北京: 科学出版社.

李茂林. 2002. 傈僳族//赫时远, 任一飞, 陈英初, 等. 中国少数民族分布图集. 北京: 中国地图出版社.

李批然. 2002. 哈尼族//赫时远, 任一飞, 陈英初, 等. 中国少数民族分布图集. 北京: 中国地图出版社.

李淇. 1986. 水族//中国大百科全书编委会. 中国大百科全书·民族卷. 北京: 中国大百科全书出版社.

李绍明. 1986. 六江流域民族考察述评. 西南民族大学学报(社会科学版), 8(1): 38-43.

李绍明. 1994. 西南丝绸之路与民族走廊//李绍明. 中国西南的古代交通与文化. 成都: 四川大学出版社.

李绍明. 1995. 李绍明民族学文选. 成都: 成都出版社.

李绍明. 2006. 费孝通论藏彝走廊. 西藏民族学院学报, 27(1): 1-7.

李绍明. 2008. 藏彝走廊民族历史文化. 北京: 民族出版社.

李绍明. 2010. 藏彝走廊研究的回顾与前瞻//袁晓文. 藏彝走廊: 文化多样性、族际互动与发展(上). 北京: 民族出版社.

李树春. 2010. 中国少数民族遗传学概论. 北京: 中央民族大学出版社.

李树兰. 1988. 锡伯文//中国大百科全书编委会. 中国大百科全书·语言文字. 北京: 中国大百科全书出版社.

李树兰. 2007. 锡伯语//孙宏开, 胡增益, 黄行, 等. 中国的语言. 北京: 商务印书馆.

李廷贵, 王慧琴. 1986. 苗族//中国大百科全书编委会. 1986. 中国大百科全书·民族卷. 北京: 中国大百科全书出版社.

李卫东. 2009. 宁夏回族建筑研究. 天津: 天津大学博士学位论文.

李先登. 1993. 试论中国古代文明起源与地理环境之关系//洛阳市第二文物工作队. 河洛文明论文集. 郑州: 中州古籍出版社.

李孝泽, 董光荣. 2006. 中国西北干旱环境的形成时代与成因探讨. 第四纪研究, 26(6): 895-904.

李星星. 2005. 论"民族走廊"及"二纵三横"的格局. 中华文化论坛, 12(3): 124-130.

李学保. 2011. 国内学术界关于跨界民族问题研究中的分歧与思考. 中南民族大学学报(人文社会科学版), 31(5): 49-53.

李雪芹. 2002. 东乡族//赫时远, 任一飞, 陈英初, 等. 中国少数民族分布图集. 北京: 中国地图出版社.

李永燧. 2007a. 哈尼语//孙宏开, 胡增益, 黄行, 等. 中国的语言. 北京: 商务印书馆.

李永燧. 2007b. 桑孔语//孙宏开, 胡增益, 黄行, 等. 中国的语言. 北京: 商务印书馆.

李毓堂. 1986. 裕固族//中国大百科全书编委会. 中国大百科全书·民族. 北京: 中国大百科全书出版社.

李增祥. 2007a. 勉语//孙宏开, 胡增益, 黄行, 等. 中国的语言. 北京: 商务印书馆.

李增祥. 2007b. 哈萨克语//孙宏开, 胡增益, 黄行, 等. 中国的语言. 北京: 商务印书馆.

梁敏. 2007a. 侗语//孙宏开, 胡增益, 黄行, 等. 中国的语言. 北京: 商务印书馆.

梁敏. 2007b. 普标语//孙宏开, 胡增益, 黄行, 等. 中国的语言. 北京: 商务印书馆.

梁启超. 1999. 梁启超全集. 北京: 北京出版社.

廖彦博, 李坤, 郑连斌, 等. 2010. 广西京族体质人类学研究. 人类学学报, 29(1): 100-102.

列宁. 1959. 列宁全集(第38卷). 北京: 人民出版社.

林金枝. 1993. 战后海外华侨华人社会的变化及其特点. 华侨大学学报(社会科学版), 11(3): 1-10.

林莲云. 2007. 撒拉语//孙宏开, 胡增益, 黄行, 等. 中国的语言. 北京: 商务印书馆.

刘保元. 2007. 拉珈语//孙宏开, 胡增益, 黄行, 等. 中国的语言. 北京: 商务印书馆.

刘家军. 2008. 晋以前汉字草书体势嬗变研究. 厦门: 厦门大学博士学位论文.
刘靖年. 2011. 汉字结构研究. 长春: 吉林大学博士学位论文.
刘君德, 靳润成, 周克瑜. 1999. 中国政区地理. 北京: 科学出版社.
刘龙初. 2002. 怒族//赫时远, 任一飞, 陈英初, 等. 中国少数民族分布图集. 北京: 中国地图出版社.
刘培红. 2002. 水族//赫时远, 任一飞, 陈英初, 等. 中国少数民族分布图集. 北京: 中国地图出版社.
刘荣焌. 1986. 蒙古族//中国大百科全书编委会. 中国大百科全书·民族卷. 北京: 中国大百科全书出版社.
刘盛佳. 1990. 地理学思想史. 武汉: 华中师范大学出版社.
刘伟. 2006. 宁夏回族建筑艺术. 银川: 宁夏人民出版社.
刘先光, 杜幼德. 1993. 中国民族地理//中国大百科全书编撰委员会. 中国大百科全书·中国地理. 北京: 中国大百科全书出版社.
刘先照. 1986a. 濮//中国大百科全书编委会. 中国大百科全书·民族卷. 北京: 中国大百科全书出版社.
刘先照. 1986b. 羌//中国大百科全书编委会. 中国大百科全书·民族卷. 北京: 中国大百科全书出版社.
刘晓春. 2002. 鄂伦春族//赫时远, 任一飞, 陈英初, 等. 中国少数民族分布图集. 北京: 中国地图出版社.
刘晓东. 1999. 青藏高原隆升对亚洲季风形成和全球气候与环境变化的影响. 高原气象, 18(3): 129-136.
刘孝瑜, 王炬堡. 1986. 土家族//中国大百科全书编委会. 中国大百科全书·民族卷. 北京: 中国大百科全书出版社.
刘尧汉. 1986. 哈尼族//中国大百科全书编委会. 中国大百科全书·民族卷. 北京: 中国大百科全书出版社.
刘照雄. 2007a. 东乡语//孙宏开, 胡增益, 黄行, 等. 中国的语言. 北京: 商务印书馆.
刘照熊. 2007b. 保安语//孙宏开, 胡增益, 黄行, 等. 中国的语言. 北京: 商务印书馆.
刘振和. 1963. 中国第二寒冷期古气候对黄河水量的影响. 人民黄河, 30(6): 50-52.
刘志杰, 孙永军. 2007. 青藏高原隆升与黄河形成演化. 地理与地理信息科学, 23(1): 79-91.
刘稚. 2004. 跨界民族的类型、属性及其发展趋势. 云南社会科学, 22(5): 89-93.
刘忠波. 1986. 赫哲族//中国大百科全书编委会. 中国大百科全书·民族卷. 北京: 中国大百科全书出版社.
陆绍尊. 1986. 普米族//中国大百科全书编委会. 中国大百科全书·民族卷. 北京: 中国大百科全书出版社.
陆绍尊. 2007a. 门巴语//孙宏开, 胡增益, 黄行, 等. 中国的语言. 北京: 商务印书馆.
陆绍尊. 2007b. 普米语//孙宏开, 胡增益, 黄行, 等. 中国的语言. 北京: 商务印书馆.
陆玉麒. 1994. 云南哀牢山的梯田景观. 热带地理, 15(2): 180-185.
陆元鼎. 2003a. 中国民居建筑(上卷). 广州: 华南理工大学出版社.
陆元鼎. 2003b. 中国民居建筑(下卷). 广州: 华南理工大学出版社.
吕光天. 1986. 鄂温克族//中国大百科全书编委会. 中国大百科全书·民族卷. 北京: 中国大百科全书出版社.
吕思勉. 2009. 中华民族渊流史. 北京: 九州出版社.
罗格平, 陈小钢, 王涛, 等. 2005. 典型绿洲土地利用/土地覆被变化的可视化模拟初步分析. 干旱区地理, 28(1): 45-51.
罗广武. 2008-5-5. 西藏自古以来就是中国的一部分. 光明日报, 3版.
罗琳. 2002. 仫佬族//赫时远, 任一飞, 陈英初, 等. 中国少数民族分布图集. 北京: 中国地图出版社.
罗致平. 1986. 哈萨克族//中国大百科全书编委会. 中国大百科全书·民族卷. 北京: 中国大百科全书出版社.
洛克曼沙卡, 吴灵芝. 2010. 古茶脚下的亚诺山寨. 中国民族, 38(2): 62-64.
马长寿. 2006. 氐与羌. 桂林: 广西师范大学出版社.
马克思, 恩格斯. 1972. 马克思恩格斯选集(第一卷). 北京: 人民出版社.
马莉. 2002. 撒拉族//赫时远, 任一飞, 陈英初, 等. 中国少数民族分布图集. 北京: 中国地图出版社.
马启成. 1986. 保安族//中国大百科全书编委会. 中国大百科全书·民族卷. 北京: 中国大百科全书出版社.
马沙. 2002. 保安族//赫时远, 任一飞, 陈英初, 等. 中国少数民族分布图集. 北京: 中国地图出版社.
马寿千. 1986. 回族//中国大百科全书编委会. 中国大百科全书·民族卷. 北京: 中国大百科全书出版社.

马曜. 1986. 白族//中国大百科全书编委会. 中国大百科全书·民族卷. 北京: 中国大百科全书出版社.
满都尔图. 1986. 达斡尔族//中国大百科全书编委会. 中国大百科全书·民族卷. 北京: 中国大百科全书出版社.
满都尔图. 2002. 达斡尔族//赫时远, 任一飞, 陈英初, 等. 中国少数民族分布图集. 北京: 中国地图出版社.
满志敏. 1992. 黄淮海平原仰韶温暖期的气候特征探讨. 历史地理, 10: 261-272.
毛佑全. 2002. 云南金平芒人的文化习俗概观. 阵地与熔炉, 8(3): 41-44.
毛宗武. 2007a. 炯奈语//孙宏开, 胡增益, 黄行, 等. 中国的语言. 北京: 商务印书馆.
毛宗武, 蒙朝杰. 2007b. 畲语//孙宏开, 胡增益, 黄行, 等. 中国的语言. 北京: 商务印书馆.
蒙朝吉. 2007. 布努语//孙宏开, 胡增益, 黄行, 等. 中国的语言. 北京: 商务印书馆.
蒙凤姣. 2002. 瑶族//赫时远, 任一飞, 陈英初, 等. 中国少数民族分布图集. 北京: 中国地图出版社.
明庆忠. 2007. 三江并流区地貌与环境效应. 北京: 科学出版社.
莫眷盛. 2011. 壮学论 http: //www. kamtai. org. cn/Docment/ArticleShow. asp?ArticleID=1361&Page=2. [2011-07-23].
木仕华. 2002. 纳西族//赫时远, 任一飞, 陈英初, 等. 中国少数民族分布图集. 北京: 中国地图出版社.
木玉璋, 段伶. 2007. 傈僳语//孙宏开, 胡增益, 黄行, 等. 中国的语言. 北京: 商务印书馆.
倪大白. 2007a. 莫语//孙宏开, 胡增益, 黄行, 等. 中国的语言. 北京: 商务印书馆.
倪大白. 2007b. 佯僙语//孙宏开, 胡增益, 黄行, 等. 中国的语言. 北京: 商务印书馆.
牛文元. 2007. 中国可持续发展总论. 北京: 科学出版社.
欧阳觉亚. 2007. 崩尼-博嘎尔语//孙宏开, 胡增益, 黄行, 等. 中国的语言. 北京: 商务印书馆.
潘乃谷. 2008. 费先生讲"武陵行"的研究思路. 北京大学学报(哲学社会科学版), 44(5): 39-46.
潘玉君. 2001. 地理学基础. 北京: 科学出版社.
潘玉君, 武友德. 2009. 地理科学导论(第一版). 北京: 科学出版社.
潘玉君, 武友德. 2014a. 地理科学导论(第二版). 北京: 科学出版社.
潘玉君, 罗明东, 张谦舵, 等. 2014b. 义务教育均衡发展监测、评价与预警(上、下卷). 北京: 北京大学出版社.
潘玉君, 伊继东, 孙俊, 等. 2014c. 中国民族地理. 北京: 科学出版社.
潘玉君, 张谦舵, 肖翔, 等. 2015. 教育地理区划研究. 北京: 科学出版社.
盘朝月. 1988. 瑶族支系及其分布浅谈. 贵州民族研究, 9(1): 91-95.
普列汉诺夫. 1961. 普列汉诺夫哲学著作选集(卷 4). 北京: 生活·读书·新知三联书店.
普忠良. 2002. 彝族//赫时远, 任一飞, 陈英初, 等. 中国少数民族分布图集. 北京: 中国地图出版社.
芊一之. 1986. 土族//中国大百科全书编委会. 中国大百科全书·民族卷. 北京: 中国大百科全书出版社.
钱穆. 1983. 文化学大义. 台北: 台北正中书店.
钱学森, 于景元, 戴汝为. 1990. 一个科学新领域——开放的复杂巨系统(包括社会系统)及其方法论. 自然杂志, 13(1): 3-10.
乔卫, 包涛. 2010. 中国侨乡侨情调查. 北京: 中国广播电视大学出版社.
秦永龙. 1997. 汉字书法通解. 北京: 文物出版社.
秦永章. 2011. 试议"西北民族走廊"的范围和地理特点. 中央民族大学学报(哲学社会科学版), 38(3): 67-72.
秦永章. 2002. 土族//赫时远, 任一飞, 陈英初, 等. 中国少数民族分布图集. 北京: 中国地图出版社.
邱锷锋, 李道勇, 聂锡珍. 2007. 佤语//孙宏开, 胡增益, 黄行, 等. 中国的语言. 北京: 商务印书馆.
邱昊, 周灵. 2011. 雅致逸人, 善宜长存——新疆伊犁察布查尔锡伯族民居建筑剖析. 新建筑, (6): 132-135.
秋浦. 1986. 鄂伦春族//中国大百科全书编委会. 中国大百科全书·民族卷. 北京: 中国大百科全书出版社: 109-112.
全国科学技术名词审定委员会. 2006. 地理学名词(第二版). 北京: 科学出版社.

全国图书馆文献缩微复制中心. 2002. 内蒙古史志(第三卷). 北京: 全国图书馆文献缩微复制中心.
全国政协文史和学习委员会暨云南省政协文史委员会. 2010. 德昂族百年实录. 北京: 中国文史出版社.
全国政协文史和学习委员会暨云南政协文史委员会. 2010. 佤族百年实录. 北京: 中国文史出版社.
任浩. 2003. 羌族建筑与村寨. 建筑学报, 39(8): 62-64.
任美锷, 包浩生. 1992. 中国自然区域开发及整治. 北京: 科学出版社.
任美锷, 杨纫章, 包浩生. 1979. 中国自然区划纲要. 北京: 商务印书馆.
施联朱. 1986. 畲族//中国大百科全书编委会. 中国大百科全书·民族卷. 北京: 中国大百科全书出版社.
施联朱. 2009. 民族识别与民族研究文集. 北京: 中央民族大学出版社.
施雅风, 孔昭宸, 王苏民, 等. 1993. 中国全新世大暖期鼎盛阶段的气候与环境. 中国科学(地球科学), 23(8): 865-872.
石茂明. 2002. 苗族//赫时远, 任一飞, 陈英初, 等. 2002. 中国少数民族分布图集. 北京: 中国地图出版社.
石硕. 2009. 藏彝走廊: 文明起源和民族源流. 成都: 四川人民出版社.
石硕. 2010. 关于藏彝走廊的民族与文化格局——试论藏彝走廊的文化分区. 西南民族大学学报(人文社科版), 32(12): 1-6.
斯钦朝克图. 2007. 康家语//孙宏开, 胡增益, 黄行, 等. 2007. 中国的语言. 北京: 商务印书馆.
宋恩常. 1985. 中国少数民族宗教初编. 昆明: 云南人民出版社.
宋恩常. 1986a. 独龙族//中国大百科全书编委会. 中国大百科全书·民族卷. 北京: 中国大百科全书出版社.
宋恩常. 1986b. 怒族//中国大百科全书编委会. 中国大百科全书·民族卷. 北京: 中国大百科全书出版社.
宋蜀华. 1986. 傣族//中国大百科全书编委会. 中国大百科全书·民族卷. 北京: 中国大百科全书出版社.
苏日娜. 2009. 少数民族服饰. 北京: 中国社会科学出版社.
孙宏开, 胡增益, 黄行, 等. 2007. 中国的语言. 北京: 商务印书馆.
孙宏开, 刘光坤. 2007. 羌语//孙宏开, 胡增益, 黄行, 等. 中国的语言. 北京: 商务印书馆.
孙宏开. 1981. 羌语简志. 北京: 民族出版社.
孙宏开. 1982. 独龙语简志. 北京: 民族出版社.
孙宏开. 1995. 藏缅语疑问方式试析. 民族语文, 16(5): 1-11.
孙宏开. 2007a. 义都语//孙宏开, 胡增益, 黄行, 等. 中国的语言. 北京: 商务印书馆.
孙宏开. 2007b. 独龙语//孙宏开, 胡增益, 黄行, 等. 中国的语言. 北京: 商务印书馆.
孙鸿烈. 2005. 中国生态系统. 北京: 科学出版社.
孙俊桥, 项之园, 张扬汪. 2008. 羌寨聚落的空间形态特征及其美学价值. 新建筑, 24(3): 106-109.
孙湘君, 汪品先. 2005. 从中国古植被记录看东亚季风的年龄. 同济大学学报(自然科学版), 33(9): 1137-1159..
孙照雄. 2007. 保安语//孙宏开, 胡增益, 黄行, 等. 中国的语言. 北京: 商务印书馆.
覃文静. 2002. 毛南族//赫时远, 任一飞, 陈英初, 等. 中国少数民族分布图集. 北京: 中国地图出版社.
谭德宇. 2002. 土家族//赫时远, 任一飞, 陈英初, 等. 中国少数民族分布图集. 北京: 中国地图出版社.
唐晓峰. 2010. 从混沌到秩序: 中国上古地理思想史述论. 北京: 中华书局.
田德生. 2007. 土家语//孙宏开, 胡增益, 黄行, 等. 中国的语言. 北京: 商务印书馆.
田继周. 1986. 佤族//中国大百科全书编委会. 中国大百科全书·民族卷. 北京: 中国大百科全书出版社.
童恩正. 1994. 中国北方与南方古代文明发展轨迹之异同. 中国社会科学, 24(5): 164-181.
汪之力, 张祖刚, 等. 1994. 中国传统民居建筑. 济南: 山东科学技术出版社.
王东, 孙俊. 滇东南彝族城子古村土掌房的环境审美探析. 南方建筑, 18(5): 91-95.
王恩涌, 刘继生, 沈伟烈, 等. 2004. 中国政治地理. 北京: 科学出版社.
王恩涌, 胡兆量, 周尚意, 等. 2008. 中国文化地理. 北京: 科学出版社.
王辅世, 应琳. 2007. 苗语//孙宏开, 胡增益, 黄行, 等. 中国的语言. 北京: 商务印书馆.

王宏道. 1986. 纳西族//中国大百科全书编委会. 中国大百科全书·民族卷. 北京: 中国大百科全书出版社.
王会昌. 1996. 2000年来中国北方游牧民族南迁与气候变化. 地理科学, 16(3): 83-88.
王会昌. 2010. 中国文化地理(第二版). 武汉: 华中师范大学出版社.
王慧琴. 1988. 关于苗族支系的研究. 贵州民族研究, 9(2): 119-125.
王均. 2007a. 仫佬语//孙宏开, 胡增益, 黄行, 等. 中国的语言. 北京: 商务印书馆.
王均. 2007b. 壮语//孙宏开, 胡增益, 黄行, 等. 中国的语言. 北京: 商务印书馆.
王连清. 2007. 京语//孙宏开, 胡增益, 黄行, 等. 中国的语言. 北京: 商务印书馆.
王青林. 2007. 土族民居中的大房. 中国土族, 8(2): 45.
王清华. 1998. 哀牢山自然生态与哈尼族生存空间格局. 云南社会科学, 17(2): 74-77.
王清华, 彭朝荣. 2008. "跨国界民族"概念与内涵的界定. 云南社会科学, 26(4): 19-23.
王锐. 2006. 赫哲族建筑艺术产生发展与保护. 佳木斯大学社会科学学报, 12(4): 69-71.
王铁志. 2004. 德昂族经济发展和社会变迁. 北京: 中央民族大学博士学位论文.
王望波, 庄国土. 2010. 2008年海外华侨华人概述. 北京: 世界知识出版社.
王文光, 尤伟琼. 2010. 新中国成立以来云南民族识别的认识与反思. 云南民族大学学报(哲学社会科学版), 28(3): 10-15.
王希恩. 2010. 中国民族识别的依据. 民族研究, 31(5): 1-15.
王星光. 2005. 中国全新世大暖期与黄河中下游地区的农业文明. 史学月刊, 36(4): 5-13.
王星光, 张新斌. 2000. 黄河与科技文明. 郑州: 黄河水利出版社.
王元林. 2006. 费孝通与南岭民族走廊研究. 广西民族研究, 22(4): 109-116.
王跃, 李森, 王建华. 1996. 试论青藏高原隆升对中国沙漠形成演化的影响. 干旱区研究, 13(2): 20-24.
王蕴智. 1994. 史前陶器符号的发现与汉字起源的探索. 华夏考古, 8(3): 95-105.
王昭武. 2002. 白族//赫时远, 任一飞, 陈英初, 等. 中国少数民族分布图集. 北京: 中国地图出版社.
王铮, 黎华群, 孔祥德, 等. 2005. 气候变暖对中国农业影响的历史借鉴. 自然科学进展, 15(6): 706-713.
王钟翰. 1986. 肃慎//中国大百科全书编委会. 中国大百科全书·民族卷. 北京: 中国大百科全书出版社.
王钟翰. 1994. 中国民族史. 北京: 中国社会科学出版社.
韦庆稳. 2007. 水语//孙宏开, 胡增益, 黄行, 等. 中国的语言. 北京: 商务印书馆.
吴忱, 许清海, 马永红 等. 2001. 黄河下游河道变迁的古河道证据及河道整治研究. 历史地理, 17: 1-28.
吴传钧, 陆大道, 郭来喜, 等. 1998. 中国经济地理. 北京: 科学出版社.
吴从众. 1986. 门巴族//中国大百科全书编委会. 中国大百科全书·民族卷. 北京: 中国大百科全书出版社.
吴家多. 2002. 锡伯族//赫时远, 任一飞, 陈英初, 等. 中国少数民族分布图集. 北京: 中国地图出版社.
吴景明. 2009. 世界著名华人街区——唐人街. 长春: 吉林人民出版社.
吴静, 王铮. 2008. 2000年来中国人口地理演变的Agent模拟分析. 地理学报, 63(2): 185-194.
吴美, 黄运基. 2004. 唐人街. 广州: 花城出版社.
吴锡浩, 安芷生. 1996. 黄土高原黄土-古土壤序列与青藏高原隆升. 中国科学(地球科学), 26(2): 103-109.
吴忠军. 1998. 侗族源流考. 广西民族学院学报(哲学社会科学版), 22(3): 70-73.
武自立. 2007. 末昂语//孙宏开, 胡增益, 黄行, 等. 中国的语言. 北京: 商务印书馆.
席承藩, 张俊民, 丘宝剑, 等. 1984. 中国自然区划概要. 北京: 科学出版社.
夏鼐. 1985. 中国文明的起源. 北京: 文物出版社.
夏纬瑛. 1981. 管子地员篇校释. 北京: 中国农业出版社.
肖春杰, 杜若甫. 2000. 中国人群基因频率的主成分分析. 中国科学(生物科学), 5(4): 434-442.
肖夫. 1986. 锡伯族//中国大百科全书编委会. 中国大百科全书·民族卷. 北京: 中国大百科全书出版社.
肖家成. 1986. 景颇族//中国大百科全书编委会. 中国大百科全书·民族卷. 北京: 中国大百科全书出版社.
肖之兴. 1986. 塔吉克族//中国大百科全书编委会. 中国大百科全书·民族卷. 北京: 中国大百科全书出版社.

谢蕴秋. 1999. 云南境内的少数民族. 北京: 民族出版社.
邢公畹. 2007. 汉语//孙宏开, 胡增益, 黄行, 等. 中国的语言. 北京: 商务印书馆.
徐建新. 2008. 横断走廊: 高原山地的生态与族群. 昆明: 云南教育出版社.
徐杰舜. 1992. 汉民族发展史. 成都: 四川人民出版社.
徐杰舜, 周耀明, 徐华龙, 等. 1999. 雪球——汉民族的人类学分析. 上海: 上海人民出版社.
徐琳, 赵衍荪. 2007. 白语//孙宏开, 胡增益, 黄行, 等. 中国的语言. 北京: 商务印书馆.
徐平. 1992. 试论羌族多元一体格局的形成. 中央民族大学学报, 19(4): 23-28.
徐仁瑶. 1986. 瑶族//中国大百科全书编委会. 中国大百科全书·民族卷. 北京: 中国大百科全书出版社.
徐艳文. 2012. 俄罗斯族的木刻楞. 上海房地, 11(3): 58.
徐英. 2006. 中国北方游牧民族造型艺术研究. 北京: 中央民族大学博士学位论文.
徐昭峰. 2010. 夏国家兴起于中原地区的地理因素探析. 古代文明, 4(3): 68-73.
宣德五, 金祥元, 赵习. 1985. 朝鲜语简志. 北京: 民族出版社.
雅森·吾守尔. 2002. 维吾尔族//赫时远, 任一飞, 陈英初, 等. 中国少数民族分布图集. 北京: 中国地图出版社.
严圣钦. 1986. 朝鲜//中国大百科全书编委会. 中国大百科全书·民族卷. 北京: 中国大百科全书出版社.
严圣钦. 2002. 朝鲜族//赫时远, 任一飞, 陈英初, 等. 中国少数民族分布图集. 北京: 中国地图出版社.
颜洁. 2009. 历史文献中的沙人——少数民族支系研究之一. 广西民族研究, 23(1): 77-87.
颜其香. 2007. 德昂语//孙宏开, 胡增益, 黄行, 等. 中国的语言. 北京: 商务印书馆.
杨春. 2002. 拉祜族//赫时远, 任一飞, 陈英初, 等. 中国少数民族分布图集. 北京: 中国地图出版社.
杨翠英, 普驰达岭. 2009. 彝族自称及其支系问题刍议. 毕节学院学报, 15(2): 20-22.
杨大禹, 朱良文. 2010. 云南民居. 北京: 中国建筑工业出版社.
杨广. 2011-1-3. 探秘世界文化遗产——永定客家土楼. 羊城晚报, 12版.
杨建新. 1986. 东乡族//中国大百科全书编委会. 中国大百科全书·民族卷. 北京: 中国大百科全书出版社.
杨建新. 2006. 民族迁徙是解读我国民族关系格局的重要因素. 烟台大学学报(哲学社会科学版), 19(1): 66-78.
杨将领. 2002. 独龙族//赫时远, 任一飞, 陈英初, 等. 中国少数民族分布图集. 北京: 中国地图出版社.
杨堃. 1984. 论民族概念和民族分类的几个问题. 中国社会科学, 1(1): 49-57.
杨梅, 周翔, 姜莉芳, 等. 2009. 台湾少数民族概况. 北京: 民族出版社.
杨圣敏, 丁宏. 2003. 中国民族志. 北京: 中央民族大学出版社.
杨圣敏, 丁宏. 2008. 中国民族志(修订本). 北京: 中央民族大学出版社.
杨吾扬. 1989. 地理学思想简史. 北京: 高等教育出版社.
杨宇振. 2002. 中国西南地域建筑文化研究. 重庆: 重庆大学博士学位论文.
杨玉珍. 2008. 黄河的历史变迁及其对中华民族发展的影响刍议. 古地理学报, 10(4): 435-439.
杨毓才. 1986. 傈僳族//中国大百科全书编委会. 中国大百科全书·民族卷. 北京: 中国大百科全书出版社.
杨毓骧. 1986. 德昂族//中国大百科全书编委会. 中国大百科全书·民族卷. 北京: 中国大百科全书出版社.
杨筑慧. 2002. 侗族//赫时远, 任一飞, 陈英初, 等. 中国少数民族分布图集. 北京: 中国地图出版社.
姚兆麟. 1986. 珞巴族//中国大百科全书编委会. 中国大百科全书·民族卷. 北京: 中国大百科全书出版社.
耀荃. 1986. 黎族//中国大百科全书编委会. 中国大百科全书·民族卷. 北京: 中国大百科全书出版社.
叶富琼. 2010. 金平莽人地区农业扶贫开发的探讨. 云南农业, 16(5): 49-50.
叶禾. 2006. 少数民族民居. 北京: 中国社会科学出版社.
佚名. 2010-1-15. 择山而建的拉祜族民居. 中国民族报, 12版.
尹绍亭. 1989. 试论云南民族地理. 地理研究, 8: (1): 40-49.
俞灵. 2009-4-19. 丹砂文化: 一个民族遥远而又清晰的记忆. 中国民族报, 9版.
喻世长. 2007. 布依语//孙宏开, 胡增益, 黄行, 等. 中国的语言. 北京: 商务印书馆.

岳扎布. 2002. 景颇族//赫时远, 任一飞, 陈英初, 等. 中国少数民族分布图集. 北京: 中国地图出版社.
云南民族事务委员会. 1999. 云南民族文化大观丛书——彝族文化大观. 昆明: 云南民族出版社.
扎洛. 2002. 藏族//赫时远, 任一飞, 陈英初, 等. 中国少数民族分布图集. 北京: 中国地图出版社.
张崇根. 2002. 高山族//赫时远, 任一飞, 陈英初, 等. 中国少数民族分布图集. 北京: 中国地图出版社.
张家驹. 1957. 两宋经济重心的南移. 武汉: 湖北人民出版社.
张江华. 2002. 门巴族//赫时远, 任一飞, 陈英初, 等. 中国少数民族分布图集. 北京: 中国地图出版社.
张民. 1986. 侗族//中国大百科全书编委会. 中国大百科全书·民族卷. 北京: 中国大百科全书出版社.
张敏. 1998. 从史前陶文谈中国文字的起源与发展. 东南文化, 14(1): 46-52.
张敏. 2002. 自然环境变迁与北魏的兴衰——兼论十六国割据局面的出现. 北京: 首都师范大学博士学位论文.
张宁. 2011. 克木语使用状况调查研究, 云南民族大学学报(哲学社会科学版), 29(5): 138-143.
张丕远, 葛全胜, 张时煌, 等. 1997. 2000年来我国旱涝气候演化的阶段性和突变. 第四纪研究, 10(1): 12-20.
张庆川. 2007. 仓洛语//孙宏开, 胡增益, 黄行, 等. 中国的语言. 北京: 商务印书馆.
张冉, 刘晓东, 安芷生. 2008. 青藏高原古高度重建方法研究进展. 海洋地质与第四纪地质, 28(5): 129-136.
张蓉兰, 马世册. 2007. 拉祜语//孙宏开, 胡增益, 黄行, 等. 中国的语言. 北京: 商务印书馆.
张善余. 2003. 中国人口地理. 北京: 科学出版社.
张锡彤. 1986. 乌孜别克族//中国大百科全书编委会. 中国大百科全书·民族卷. 北京: 中国大百科全书出版社.
张兴堂. 2004. 跨界民族与我国周边外交. 北京: 中央民族大学博士学位论文.
张英志, 李知仁. 1986. 布依族//中国大百科全书编委会. 中国大百科全书·民族卷. 北京: 中国大百科全书出版社.
张勇. 2010. 中国城市民族区运行研究. 北京: 中央民族大学出版社.
张允锋, 赵学娟, 赵迁远, 等. 2008. 近2000年中国重大历史事件与气候变化的关系. 气象研究与应用, 29(1): 20-24.
赵令志. 2002. 京族//赫时远, 任一飞, 陈英初, 等. 中国少数民族分布图集. 北京: 中国地图出版社.
赵松乔. 1983. 中国综合自然区划的一个新方案. 地理学报, 38(1): 1-10.
赵习. 2007. 朝鲜语//孙宏开, 胡增益, 黄行, 等. 中国的语言. 北京: 商务印书馆.
赵相如. 2007. 维吾尔语//孙宏开, 胡增益, 黄行, 等. 中国的语言. 北京: 商务印书馆.
照那斯图. 2007a. 土族语//孙宏开, 胡增益, 黄行, 等. 中国的语言. 北京: 商务印书馆.
照那斯图. 2007b. 东部裕固语//孙宏开, 胡增益, 黄行, 等. 中国的语言. 北京: 商务印书馆.
郑度等. 2008. 中国生态地理区域系统研究. 北京: 商务印书馆.
郑继强. 2012-4-6. "红崖天书": 悬疑500年, 原为仡佬族古文字? 中国民族报, 9版.
郑景云, 张丕远, 葛全胜. 2001. 过去2000年中国东部干湿分异的百年际变化. 自然科学进展, 11(1): 65-70.
郑连斌, 陆舜华, 张兴华, 等. 2009. 珞巴族与门巴族的体质特征. 人类学学报, 28(4): 401-407.
郑贻青. 2007a. 回辉话//孙宏开, 胡增益, 黄行, 等. 中国的语言. 北京: 商务印书馆.
郑贻青. 2007b. 黎语//孙宏开, 胡增益, 黄行, 等. 中国的语言. 北京: 商务印书馆.
郑振峰. 2006. 甲骨文字构形系统研究. 上海: 上海教育出版社.
中国大百科全书编委会. 1988. 中国大百科全书·语言文字卷. 北京: 中国大百科全书出版社.
中国大百科全书编委会. 2009a. 中国大百科全书·卷1(第二版). 北京: 中国大百科全书出版社.
中国大百科全书编委会. 2009b. 中国大百科全书·卷10(第二版). 北京: 中国大百科全书出版社.
中国大百科全书编委会. 2009c. 中国大百科全书·卷12(第二版). 北京: 中国大百科全书出版社.
中国大百科全书编委会. 2009d. 中国大百科全书·卷13(第二版). 北京: 中国大百科全书出版社.
中国大百科全书编委会. 2009e. 中国大百科全书·卷15(第二版). 北京: 中国大百科全书出版社.

中国大百科全书编委会. 2009f. 中国大百科全书·卷16(第二版). 北京: 中国大百科全书出版社.
中国大百科全书编委会. 2009g. 中国大百科全书·卷17(第二版). 北京: 中国大百科全书出版社.
中国大百科全书编委会. 2009h. 中国大百科全书·卷19(第二版). 北京: 中国大百科全书出版社.
中国大百科全书编委会. 2009i. 中国大百科全书·卷2(第二版). 北京: 中国大百科全书出版社.
中国大百科全书编委会. 2009j. 中国大百科全书·卷21(第二版). 北京: 中国大百科全书出版社.
中国大百科全书编委会. 2009k. 中国大百科全书·卷22(第二版). 北京: 中国大百科全书出版社.
中国大百科全书编委会. 2009l. 中国大百科全书·卷23(第二版). 北京: 中国大百科全书出版社.
中国大百科全书编委会. 2009m. 中国大百科全书·卷24(第二版). 北京: 中国大百科全书出版社.
中国大百科全书编委会. 2009n. 中国大百科全书·卷26. 第二版. 北京: 中国大百科全书出版社.
中国大百科全书编委会. 2009o. 中国大百科全书·卷27(第二版). 北京: 中国大百科全书出版社.
中国大百科全书编委会. 2009p. 中国大百科全书·卷3(第二版). 北京: 中国大百科全书出版社.
中国大百科全书编委会. 2009q. 中国大百科全书·卷30(第二版). 北京: 中国大百科全书出版社.
中国大百科全书编委会. 2009r. 中国大百科全书·卷4(第二版). 北京: 中国大百科全书出版社.
中国大百科全书编委会. 2009s. 中国大百科全书·卷5(第二版). 北京: 中国大百科全书出版社.
中国大百科全书编委会. 2009t. 中国大百科全书·卷6(第二版). 北京: 中国大百科全书出版社.
中国大百科全书编委会. 2009u. 中国大百科全书·卷7(第二版). 北京: 中国大百科全书出版社.
中国大百科全书编委会. 2009v. 中国大百科全书·卷8(第二版). 北京: 中国大百科全书出版社.
中国大百科全书编委会. 2009w. 中国大百科全书·卷9(第二版). 北京: 中国大百科全书出版社.
中国大百科全书总编委员会《民族》编辑委员. 1986. 中国大百科全书·民族卷. 北京: 中国大百科全书出版社.
中国大百科全书总编委员会《中国地理》编辑委员. 1993. 中国大百科全书·中国地理. 北京: 中国大百科全书出版社.
中国科学院《中国自然地理》编辑委员会. 1985. 中国自然地理·总论. 北京: 科学出版社.
中国科学院自然科学史研究所地学史编写组. 1984. 中国古代地理学史. 北京: 科学出版社.
中国科学院自然区划工作委员会. 1959. 中国综合自然区划初稿. 北京: 科学出版社.
中国社会科学院, 澳大利亚人文科学院. 1987. 中国语言地图集. 香港: 朗文出版(远东)有限公司.
中国植被编辑委员会. 1995. 中国植被. 北京: 科学出版社.
中华人民共和国国家统计局. 2013. 中国统计年鉴. 北京: 中国统计出版社.
中华人民共和国民政部. 2011a. 2011年中华人民共和国行政区划手册. 北京: 中国地图出版社.
中华人民共和国民政部. 2011b. 中华人民共和国乡镇行政区划简册. 北京: 中国统计年鉴出版社.
钟进文. 2002. 裕固族//赫时远, 任一飞, 陈英初, 等. 中国少数民族分布图集. 北京: 中国地图出版社.
钟之重. 2011-8-9. "云南经验"的中国意义. 中国民族报, 1版.
仲素纯. 2007. 达斡尔语//孙宏开, 胡增益, 黄行, 等. 中国的语言. 北京: 商务印书馆.
周国炎. 2002. 布依族//赫时远, 任一飞, 陈英初, 等. 中国少数民族分布图集. 北京: 中国地图出版社.
周杰晶. 2002. 黎族//赫时远, 任一飞, 陈英初, 等. 中国少数民族分布图集. 北京: 中国地图出版社.
周立三. 2000. 中国农业地理. 北京: 科学出版社.
周平. 2009. 对民族国家的再认识. 政治学研究, 20(4): 89-99.
周书灿. 2007. 20世纪中国历史气候研究述论. 史学理论研究, (4): 127-136.
周廷儒. 1982. 古地理学. 北京: 北京师范大学出版社.
周耀文. 2007. 傣语//孙宏开, 胡增益, 黄行, 等. 中国的语言. 北京: 商务印书馆.
周有光. 1998. 汉字型文字的综合观察. 中国社会科学, 19(2): 175-190.
周有光. 2007. 人类文字的历史分期和发展规律. 民族语文, 29(1): 3-8.
周植志, 颜其香. 1984. 佤语简志. 北京: 民族出版社.

周植志, 颜其香. 2007. 布朗语//孙宏开, 胡增益, 黄行, 等. 中国的语言. 北京: 商务印书馆.
周宗贤. 1986. 毛南族//中国大百科全书编委会. 中国大百科全书·民族. 北京: 中国大百科全书出版社.
朱筱敏, 康安, 韩德馨, 等. 2003. 柴达木盆地第四纪环境演变、构造变形与青藏高原隆升的关系. 地质科学, 38(3): 413-424.
竺可桢. 1925a. 南宋时代我国气候之揣测. 科学, 10(2): 151-164.
竺可桢. 1925b. 中国历史上气候之变迁. 东方杂志, 22(3): 84-99.
竺可桢. 1972. 中国近五千年来气候变迁的初步研究. 中国科学, 1973(2): 15-38.
邹逸麟. 1993. 黄淮海平原历史地理. 合肥: 安徽教育出版社.
《阿昌族简史》编写组, 《阿昌族简史》修订本编写组. 2008. 阿昌族简史(修订本). 北京: 民族出版社.
《白族简史》编写组, 《白族简史》修订本编写组. 2008. 白族简史(修订本). 北京: 民族出版社.
《保安族简史》编写组, 《保安族简史》修订本编写组. 2008. 保安族简史(修订本). 北京: 民族出版社.
《布朗族简史》编写组, 《布朗族简史》修订本编写组. 2008. 布朗族简史(修订本). 北京: 民族出版社.
《布依族简史》编写组, 《布依族简史》修订本编写组. 2009. 布依族简史(修订本). 北京: 民族出版社.
《朝鲜族简史》编写组, 《朝鲜族简史》修订本编写组. 2009. 朝鲜族简史(修订本). 北京: 民族出版社.
《楚雄彝族自治州概况》编写组, 《楚雄彝族自治州概况》修订本编写组. 2007. 楚雄彝族自治州概况. 北京: 民族出版社.
《达斡尔族简史》编写组, 《达斡尔族简史》修订本编写组. 2008. 达斡尔族简史(修订本). 北京: 民族出版社.
《傣族简史》编写组, 《傣族简史》修订本编写组. 2009. 傣族简史(修订本). 北京: 民族出版社.
《德昂族简史》编写组, 《德昂族简史》修订本编写组. 2008. 德昂族简史(修订本). 北京: 民族出版社.
《东乡族简史》编写组, 《东乡族简史》修订本编写组. 2008. 东乡族简史(修订本). 北京: 民族出版社.
《侗族简史》编写组, 《侗族简史》修订本编写组. 2008. 侗族简史(修订本). 北京: 民族出版社.
《独龙族简史》编写组, 《独龙族简史》修订本编写组. 2008. 独龙族简史(修订本). 北京: 民族出版社.
《俄罗斯族简史》编写组, 《俄罗斯族简史》修订本编写组. 2008. 俄罗斯族简史(修订本). 北京: 民族出版社.
《鄂伦春族简史》编写组, 《鄂伦春族简史》修订本编写组. 2008. 鄂伦春族简史. 北京: 民族出版社.
《鄂温克族简史》编写组, 《鄂温克族简史》修订本编写组. 2008. 鄂温克族简史(修订本). 北京: 民族出版社.
《高山族简史》编写组, 《高山族简史》修订本编写组. 2008. 高山族简史(修订本). 北京: 民族出版社.
《哈尼族简史》编写组, 《哈尼族简史》修订本编写组. 2008. 哈尼族简史(修订本). 北京: 民族出版社.
《哈萨克族简史》编写组, 《哈萨克族简史》修订本编写组. 2008. 哈萨克族简史(修订本). 北京: 民族出版社.
《赫哲族简史》编写组, 《赫哲族简史》修订本编写组. 2008. 赫哲族简史(修订本). 北京: 民族出版社.
《回族简史》编写组, 《回族简史》修订本编写组. 2009. 回族简史(修订本). 北京: 民族出版社.
《基诺族简史》编写组, 《基诺族简史》修订本编写组. 2008. 基诺族简史(修订本). 北京: 民族出版社.
《京族简史》编写组, 《京族简史》修订本编写组. 2008. 京族简史(修订本). 北京: 民族出版社.
《景颇族简史》编写组, 《景颇族简史》修订本编写组. 2008. 景颇族简史(修订本). 北京: 民族出版社.
《柯尔克孜族简史》编写组, 《柯尔克孜族简史》修订本编写组. 2008. 柯尔克孜族简史(修订本). 北京: 民族出版社.
《拉祜族简史》编写组, 《拉祜族简史》修订本编写组. 2008. 拉祜族简史(修订本). 北京: 民族出版社.
《黎族简史》编写组, 《黎族简史》修订本编写组. 2009. 黎族简史(修订本). 北京: 民族出版社.
《傈僳族简史》编写组, 《傈僳族简史》修订本编写组. 2008. 傈僳族简史(修订本). 北京: 民族出版社.
《珞巴族简史》编写组, 《珞巴族简史》修订本编写组. 2009. 珞巴族简史(修订本). 北京: 民族出版社.

《满族简史》编写组，《满族简史》修订本编写组. 2009. 满族简史(修订本). 北京: 民族出版社.
《毛南族简史》编写组，《毛南族简史》修订本编写组. 2008. 毛南族简史(修订本). 北京: 民族出版社.
《门巴族简史》编写组，《门巴族简史》修订本编写组. 2008. 门巴族简史(修订本). 北京: 民族出版社.
《蒙古族简史》编写组，《蒙古族简史》修订本编写组. 2009. 蒙古族简史(修订本). 北京: 民族出版社.
《苗族简史》编写组，《苗族简史》修订本编写组. 2009. 苗族简史(修订本). 北京: 民族出版社.
《仫佬族简史》编写组，《仫佬族简史》修订本编写组. 仫佬族简史(修订本). 北京: 民族出版社.
《纳西族简史》编写组，《纳西族简史》修订本编写组. 2008. 纳西族简史(修订本). 北京: 民族出版社.
《怒族简史》编写组，《怒族简史》修订本编写组. 2008. 怒族简史(修订本). 北京: 民族出版社.
《普米族简史》编写组，《普米族简史》修订本编写组. 2008. 普米族简史(修订本). 北京: 民族出版社.
《羌族简史》编写组，《羌族简史》修订本编写组. 2008. 羌族简史(修订本). 北京: 民族出版社.
《畲族简史》编写组，《畲族简史》修订本编写组. 2009. 畲族简史(修订本). 北京: 民族出版社.
《水族简史》编写组，《水族简史》修订本编写组. 2008. 水族简史(修订本). 北京: 民族出版社.
《塔吉克族简史》编写组，《塔吉克族简史》修订本编写组. 2008. 塔吉克族简史(修订本). 北京: 民族出版社.
《土家族简史》编写组，《土家族简史》修订本编写组. 2009. 土家族简史(修订本). 北京: 民族出版社.
《佤族简史》编写组，《佤族简史》修订本编写组. 2008. 佤族简史(修订本). 北京: 民族出版社.
《维吾尔族简史》编写组，《维吾尔族简史》修订本编写组. 2009. 维吾尔族简史(修订本). 北京: 民族出版社.
《乌孜别克族简史》编写组，《乌孜别克族简史》修订本编写组. 2008. 乌孜别克族简史(修订本). 北京: 民族出版社.
《锡伯族简史》编写组，《锡伯族简史》修订本编写组. 2008. 锡伯族简史(修订本). 北京: 民族出版社.
《瑶族简史》编写组，《瑶族简史》修订本编写组. 2009. 瑶族简史(修订本). 北京: 民族出版社.
《彝族简史》编写组，《彝族简史》修订本编写组. 2009. 彝族简史(修订本). 北京: 民族出版社.
《仡佬族简史》编写组，《仡佬族简史》修订本编写组. 2008. 仡佬族简史(修订本). 北京: 民族出版社.
《裕固族简史》编写组，《裕固族简史》修订本编写组. 2008. 裕固族简史(修订本). 北京: 民族出版社.
《中国少数民族》修订编辑委员会. 2009. 中国少数民族(修订本). 北京: 民族出版社.
《中华古文明大图集》编辑委员会. 1992. 中华古文明大图集(第一部). 北京: 人民日报出版社.
《壮族简史》编写组，《壮族简史》修订本编写组. 2009. 壮族简史(修订本). 北京: 民族出版社.